प्राच्य ज्योतिष के रहस्य और दुर्लभ शुभाशुभ योग

आचार्य पं. सुशांत राज

डायमंड बुक्स

ISBN : 978-81-288-2996-3

प्रकाशक	:	**डायमंड पॉकेट बुक्स (प्रा.) लि.** X-30, ओखला इंडस्ट्रियल एरिया, फेज-2 नई दिल्ली - 110020
फोन	:	11-41611861, 40712100
फैक्स	:	11-41611866
ई-मेल	:	Sales@dpb.in
वेबसाइट	:	www.dpb.in
संस्करण	:	2010
मुद्रक	:	आदर्श प्रिंटर्स, शहदरा दिल्ली - 32

Prachya Jyotish Ke Rahasya Tatha Durlabh Shubhashubh Yog
by : Acharya Pt. Sushant Raj

पूर्व कथन

जिज्ञासाएं और दिव्य पुरुष

आदिकाल से समाज में अनेक अलौकिक घटनाओं के उल्लेख मिलते हैं। इन रहस्यमयी घटनाओं के पीछे वैज्ञानिक अनुसंधान हों या न हों, लेकिन कुछ सिद्ध पुरुष और उनकी साधनाएं अवश्य हैं जिन्होंने अनंत शक्ति की खोज तथा सूक्ष्म शक्तियों के बारे में ज्ञान प्राप्त किया। यद्यपि ये अलौकिक शक्तियां विश्वास पर आधारित हैं, लेकिन इनका रहस्य आध्यात्मिक विज्ञान से परिपूर्ण माना गया है। धर्म भी आदिकाल से मानव जीवन का महत्वपूर्ण अंग रहा है और अनेक रहस्य भी धर्म से जुड़े हैं। किसी ने परमात्मा के सगुण स्वरूप को देखा है तो कोई निर्गुण स्वरूप पर विश्वास करता है। इसीलिए परमात्मा को पाने के कितने ही मार्ग और विधियां हैं। कितनी ही सहायक शक्तियों की कल्पना की गई है। भले ही इन शक्तियों से आज कुछ भ्रांतियां जुड़ गई हों, लेकिन इन रहस्यमयी शक्तियों का अस्तित्व और प्रभाव आज भी है।

अध्यात्म और ज्योतिष में रुचि होने के कारण मेरे मन में अनेक जिज्ञासाएं थी, जैसे तपस्या में लीन कोई व्यक्ति बिना कुछ खाए पिए कैसे वर्षों तक जीवित रह सकता है, कैसे कोई व्यक्ति अपने शरीर को भारहीन कर लेता है कि वह जल पर चल सके अथवा हवा में उड़ सके। कैसे कोई व्यक्ति हजारों किलोमीटर दूर किसी दूसरे व्यक्ति से साक्षात्कार कर लेता है अथवा कैसे कोई व्यक्ति मेंढक की तरह महीनों भूमि के अंदर रहकर तप कर लेता है। जमीन के अंदर वह कैसे श्वांस ही नहीं फेफड़ों की गति को भी रोक लेता है। कैसे कोई व्यक्ति किसी दूसरे के बारे में उसका भूत और भविष्य सब–कुछ जान लेता है। यही नहीं ज्योतिष में ग्रहों की स्थिति और गणना सूत्रों के आधार पर किसी व्यक्ति की आयु और जीवन की घटनाओं के बारे में सटीक बता देते हैं। सैकड़ों साल बाद होने वाले ग्रहण या अन्य खगोलीय घटना के बारे में भी पूर्व में ही घोषणा की जाती है। बिना किसी उपकरण या यंत्र के ऋषि–मुनियों ने कैसे ये सब गणना की और वैज्ञानिक आधार पर गणना सूत्र रचे। क्या प्रकृति की शक्तियों को कोई वश में कर सकता है। कैसे योगी पुरुष क्षुद्रतम परमाणु से लेकर अनंत शक्ति को वशीभूत कर लेते हैं। प्राणायाम क्या सिर्फ शारीरिक योग क्रिया है, अथवा इसके द्वारा सूक्ष्म शक्तियों की सहायता से प्राण पर विजय प्राप्त की जाती है। ईश्वर, देवता, आत्मा, प्रेतात्मा आदि के बारे में क्या किसी ने अनुसंधान किया और इनके बारे में ज्ञान प्राप्त कर अनुभव के आधार पर सर्वसुलभ बनाया। क्या कोई

सिद्ध पुरुष किसी व्यक्ति के ग्रह योग और प्रारब्ध में परिवर्तन कर सकता है। यदि हां तो कैसे? इसी प्रकार के अनेक प्रश्न और जिज्ञासाएं मेरे मस्तिष्क में उत्पन्न होती थी। अंततः मेरे मन में किसी ऐसे सिद्ध पुरुष की खोज की कामना उत्पन्न हुई जो इनका समाधान कर सके। अनेक ग्रंथों में मैंने पढ़ा था कि प्राच्य विद्या के सिद्ध साधक आज भी उत्तराखंड में हैं, इसके लिए मैंने किसी ऐसे दिव्य पुरुष की खोज और उनसे साक्षात्कार के लिए देवभूमि उत्तराखंड की यात्रा का कार्यक्रम बनाया।

भारत के भाल उत्तराखंड के बारे में इसी तरह की अनेक बातों ने मुझे उत्साहित किया कि मैं बदरीनाथ की यात्रा करूं, जहां मुझे कोई सिद्ध पुरुष अवश्य ही मिलेगा। यह संपूर्ण देवभूमि सत्यं शिवं सुंदरम् से ओतप्रोत है। यहां अनेक हिमशिखर भगवान शंकर के नाम से जाने जाते हैं। बदरीनाथ में नीलकंठ की हिमाच्छादित पर्वत श्रृंखलाओं ने तो हमेशा ही मुझे आकर्षित किया है। छह माह तक बर्फीली चादर ओढ़े रहने वाली यह पर्वतमाला ऋषि–मुनियों की साधना के साथ ही तपस्थली का भी केंद्र रही है, इसलिए मैंने उत्तराखंड के द्वार हरिद्वार के रास्ते बदरीनाथ जाने की योजना बनाई। रहस्यमय परिकल्पनाओं, श्रद्धा व भक्ति के साथ मैं दिल्ली से सीधे बस द्वारा हरिद्वार पहुंचा और दो दिन वहां रुका। इतिहास में उल्लेख मिलता है कि विश्वनाथ मंदिर को तोड़ने के बाद जब औरंगजेब केदारनाथ जा रहा था तो मार्ग में उसे एक सिद्ध फकीर मिला जिसने उसे केदारनाथ न जाने की सलाह दी थी, लेकिन औरंगजेब नहीं माना और जब वह नंदी के पास पहुंचा तो उसने एक वार किया। जनश्रुति है कि औरंगजेब के वार से नंदी से रक्त की धारा बह निकली। इसके बाद वह आगे नहीं बढ़ा और हरिद्वार के मंदिरों को भी उसने कोई क्षति नहीं पहुंचाई। चीनी यात्री ह्वेन सांग ने भी हरिद्वार का वर्णन किया है। उसने लिखा है कि यहां केवल तीन पुराने मंदिर हैं जिनमें उसने नारायणी शिला, माया देवी और भैरव के दर्शन किए। लार्ड कनिंघम ने भी मायापुरी का ऐतिहासिक वर्णन किया। यहीं पर भगवान शिव की ससुराल दक्ष का क्षेत्र कनखल है जहां आज भी वह यज्ञ कुंड विद्यमान है जिसमें शिव के अपमान के कारण पार्वती ने स्वयं को अग्नि की भेंट कर यज्ञ को नष्ट कर दिया था।

हरिद्वार में पौराणिक काल के अनेक मंदिर हैं, जिनमें ललतारौ के पश्चिम में विल्व पर्वत के आंचल में सागौन के वृक्षों से घिरा विल्वकेश्वर मंदिर है। विल्व वृक्ष के नीचे स्थित शिवलिंग के वाम भाग में पाषाण से ढकी हुई एक गुफा है। इस गुफा में अनेक योगियों ने साधना की थी, जिनमें ऋज्वीक मुनि का भी नाम है। इस स्थान के बारे में एक चमत्कारिक घटना भी जुड़ी है। कहा जाता है कि यहां श्रावण मास में कृष्ण पक्ष की चतुर्दशी को अर्द्धरात्रि के समय महान ज्योति के दर्शन होते हैं। इसी विल्व के वृक्ष के नीचे बैठकर पार्वती ने तपस्या की थी। आदि गुरु शंकराचार्य ने यहां शिवलिंग की प्राण प्रतिष्ठा की थी। विल्वकेश्वर मंदिर में इंजीनियरों ने जब भी शिवलिंग के ऊपर छत डालने का काम शुरू किया गया पूर्ण नहीं हुआ और छत गिर गई। इसका कारण कोई नहीं जान सका है। यहीं पर नील पर्वत पर मां दक्षिण काली का सिद्धपीठ मंदिर है। पहले यहां बलि प्रथा भी

थी, लेकिन अब नारियल की भेंट चढ़ती है। इस मंदिर के पीठाधीश्वर ब्रह्मचारी कैलाशानंद जी बताते हैं कि देश–विदेश से अनेक महापुरुष यहां सिद्धियां प्राप्त करने आते रहते हैं। जनश्रुति है कि इस मंदिर में रात्रि में शंख और घंटा ध्वनि सुनाई देती है। समुद्र मंथन के दौरान भगवान शिव ने विषपान करने के बाद नीलधारा में ही स्नान किया और नील पर्वत की तलहटी में ही विश्राम किया था, इसीलिए इस पर्वत का नाम नील पर्वत हुआ। इससे इस मंदिर का महत्व और भी अधिक बढ़ जाता है। नील पर्वत पर चंडी देवी पुल से आगे गौरी शंकर मंदिर है। नील पर्वत की ख्याति गिरिराज के रूप में होती है। इस मंदिर में स्वयंभू शिवलिंग स्थापित हैं। वर्तमान में यहां जो मंदिर है उसका निर्माण जम्मू के राजा सुचेत सिंह ने उन्नीसवीं शताब्दी में कराया था।

हरिद्वार के चमत्कारिक और पौराणिक स्थलों के दर्शन करने के बाद मैंने अपनी यात्रा प्रारंभ की और पीयूष पांडेय को भी देहरादून से ऋषिकेश बुलवा लिया, ताकि आगे की यात्रा उनके साथ प्रारंभ की जाए। ऋषिकेश से हम श्रीनगर गए। यहां कमलेश्वर मंदिर की स्थापना आदि शंकराचार्य द्वारा की गई थी। रावण वध के बाद भगवान श्रीराम ने कमलेश्वर मंदिर में शिव की पूजा की थी। स्वामी विवेकानंद ने भी यहां पूजा की थी। आज भी यह मंदिर विश्व में प्रसिद्ध है और यहां देश–विदेश से श्रद्धालु मनौतियां मनाने आते हैं। यहीं पर आदि शंकराचार्य द्वारा स्थापित श्रीयंत्र टापू है। कहा जाता है कि इस यंत्र के उलटा बन जाने पर उन्होंने योग शक्ति से सीधा कर दिया था। इसके बारे में यह भी जनश्रुति है कि श्रीयंत्र देखने से चक्कर आने लगते हैं।

कमलेश्वर मंदिर में भगवान के दर्शन के बाद जैसे ही हम बाहर निकल रहे थे, कि एक साधु ने हमें पुकारा। प्रसाद देने के साथ उन्होंने हमसे पूछा कि बदरीनाथ की यात्रा पर जा रहे हैं। उनका अगला प्रश्न उत्तर के साथ था, किसकी खोज में निकले हो किसी सिद्ध पुरुष की। हमने सकारात्मक उत्तर दिया, लेकिन मन ही मन आश्चर्यचकित रह गए कि कैसे इस साधु को हमारे मन के बारे में पता लग गया। साधु ने कहा, खोज किसी बाह्य की नहीं बल्कि अपनी करो। जिससे मिलना चाहते हो वह बाहर नहीं तुम्हारे अंतर में है। ज्ञान कहीं बाहर नहीं अपितु स्वयं के अंतर में है, सिर्फ आंखें खोलने की देरी है।

उन्होंने कहा कि समस्त ज्ञान तुम्हारे चित्त में विद्यमान है, जो सत्व पदार्थों से भरा हुआ है। लेकिन रज और तम पदार्थों ने उसे ढका हुआ है। प्राणायाम और योग साधना के द्वारा इस आवरण को हटाया जा सकता है। उन्होंने कहा कि जिसने भी सोचा कि ईश्वरीय शक्ति कहीं बाहर है वे चूक गए। उसे पाने के लिए कहीं जाने की आवश्यकता नहीं है, अपने पास आना है। कहीं बाहर खोजना नहीं है, बल्कि अपने भीतर जागना है। यही प्राणायाम है। यही योग है। यात्री भी तुम हो, यात्रा भी तुम ही हो, और यात्रा का गंतव्य भी तुम हो। कहीं खोजना नहीं है अपने भीतर जगाना है।

उक्त साधु के चेहरे का तेज उत्प्रेरक की तरह हमारे मन में अनेक प्रश्नों को जन्म दे रहा था। उन्होंने बताया कि कुछ ज्ञान पाने के लिए वह ईश्वरीय कृपा से बाल्यावस्था से ही साधनाओं में लीन रहे और देश के अनेक सिद्धपीठों पर जाकर विभिन्न साधनाएं कर सिद्धियां प्राप्त की हैं। इसी बीच संध्या होने पर वह साधु अपनी पूजा अर्चना में चले गए, लेकिन हमें लगा कि उनके ज्ञान से हम तो जैसे अभिभूत और सम्मोहित हो गए। उनके शब्दों ने हमारे विचारों को उद्वेलित कर दिया। हम भी मंदिर के निकट धर्मशाला में रात्रि विश्राम के लिए चले गए, लेकिन आंखों की नींद तो जैसे कहीं वैचारिक दुनिया में खो गई थी। अगले दिन प्रातः हम उठे और तो सोचा कि उक्त साधु से भेंटकर कुछ और ज्ञानवर्द्धन किया जाए। हमने उनकी काफी खोज की किंतु वह हमें कहीं नहीं मिले हां उनका नाम सुशांत राज मालूम हुआ। इसके बाद आगे की यात्रा के लिए हमने अपने कदम बढ़ाए ही थे कि पता चला कि हेलंग के पास फिर मार्ग अवरुद्ध है। वहां पहाड़ से टूटकर एक बड़ी चट्टान मार्ग पर आ गिरी थी। जिस प्रकार प्रकृति हमें जीवन देती है, यदि उसकी अनुकंपा न हो तो हमें सांस लेने के लिए ऑक्सीजन न मिले। शायद यह चट्टान हमारा मार्ग रोककर प्रकृति की ओर से विरोध जताकर हमें सचेत कर रही थी। यहां से

हेलंग करीब दस किलोमीटर दूर था और वहां से इतनी ही दूर जोशीमठ।

गोविंदघाट में ही हमारी पुराने मित्र पुलिस विभाग में कार्यरत बलवंत सिंह जी से अचानक भेंट हो गई। उनके साथ ही हम पर्वत श्रृंखला के बारह मोड़ों वाले मार्ग से होते हुए आगे बढ़े। यहां से हमें बदरीधाम के दर्शन होने लगे थे। मार्ग में हम हनुमान मंदिर पहुंचे। कहा जाता है कि जो मनुष्य बिना हनुमान के दर्शन किए सीधे बदरीविशाल जाते हैं उनकी मनोकामना पूर्ण नहीं होती। भगवान शिव की तपोभूमि कैलाश और हिमालय पर्वत श्रृंखला में अनेक ऋषि–मुनियों ने वर्षों तक पहाड़ों की कंदराओं में बिना कुछ खाए–पिए तप किया, और कर रहे हैं। बदरीनाथ का मंदिर समुद्र तल से 19204 फीट की ऊंचाई पर यह मंदिर नर और नारायण पर्वत श्रृंखला से घिरा है तथा नीलकंठ पर्वत श्रृंखला की पृष्ठभूमि में स्थित है। यहां बदरी के वन हैं, जिस कारण इसका नाम बदरी धाम पड़ा। नाथ संप्रदाय के आधिपत्य में आने से केदारधाम और बदरीधाम का नाम केदारनाथ और बदरीनाथ पड़ गया। बर्फ सी ठंडी अलकनंदा के बाएं तट पर स्थित इस मंदिर के सामने तप्त पानी के दो कुंड हैं, जिनमें भयंकर शीत में भी गर्म जल आता है। भागवत पुराण में इस मंदिर का वर्णन आया है। उसमें एक स्थान पर श्रीकृष्ण उद्धव से कहते हैं कि कलियुग में सिर्फ बद्रिकाश्रम में मिलेंगे। उन्होंने अपनी पादुकाएं उद्धव को दी और कहा कि इन्हें बदरीनाथ के मंदिर में पूजा के लिए रख दो। आज भी यहां इन पादुकाओं की पूजा होती है। आठवीं सदी में आदि शंकराचार्य जी ने शालीग्राम शिला में भगवान बदरीनारायण की गढ़ित की हुई मूर्ति अलकनंदा के पास एक गुफा में पाई। इस मूर्ति को उन्होंने तप्त कुंड के पास एक गुफा में स्थापित किया। यह गुफा आज भी नारद गुफा के नाम से जानी जाती है। मंदिर में भगवान बदरीविशाल की शालीग्राम की शिला 3.3 इंच की है। उनके दाहिनी ओर गणेश जी, कुबेर जी और उद्धव जी की तथा बांई ओर लक्ष्मी जी, नर और नारायण तथा देवऋषि नारद जी की मूर्तियां हैं। यहां पूजा रावल पंडित संपन्न कराते हैं। ये दक्षिण भारत के केरल राज्य के नंबूदरी ब्राह्मण (शंकराचार्य परिवार के) हैं। यह आश्चर्यजनक ही है कि भगवान शिव के हिमपर्वत नीलकंठ क्षेत्र विष्णुजी की पूजा होती है।

इसके बाद हम जैसे ही थोड़ा और ऊपर की ओर स्थित झोपड़ी पर पहुंचे तो यह देखकर चकित रह गए कि सुशांत राज हमें यहां मिले। उन्होंने हमें भोजन में गुच्छी नामक शाक की भुज्जी दी। और बताया कि इस शाक के सेवन से शीत नहीं सताती। उन्होंने धर्म,

अध्यात्म और योग में हमारी रुचि देखते हुए अनेक ऐसी बातें बताई जिन्हें जानने के लिए हमारे मन मस्तिष्क में वर्षों से जिज्ञासा थी। जैसे कोई साधु कैसे बिना कुछ खाए–पिए वर्षों तक समाधि या तप–साधना में लीन रहता है। यह उनकी योग साधना और प्रकृति के आशीर्वाद का ही परिणाम है। उन्होंने बताया कि योगी पुरुष पृथ्वी के गुरुत्वाकर्षण बल की भांति पेड़–पौधों से शक्ति प्राप्त करते हैं। यही ऊर्जा उन्हें जीवन शक्ति प्रदान करती है। पेड़–पौधों से श्वांस के द्वारा आक्सीजन तो सभी जीव लेते हैं, लेकिन योगी पुरुष सूक्ष्म शक्ति के द्वारा उक्त आक्सीजन के अलावा सूक्ष्म ऊर्जा को भी आकर्षित कर ग्रहण कर लेते हैं। यही ऊर्जा सिर में मस्तिष्क से बूंद के रूप में मुंह में टपकती है। उन्होंने बताया कि इसे खेचरी विद्या कहते हैं। अधिकांश योगी पुरुष इसी विद्या के द्वारा समाधि अथवा तपोसाधना के दौरान जीवन शक्ति प्राप्त करते हैं। उन्होंने हमें बताया कि बदरीनाथ मंदिर के सामने वाले पहाड़ पर कोई वनस्पति नहीं है, इसलिए इस पहाड़ में अनेक रत्नादि दुर्लभ वस्तुएं हैं। उन्होंने हमें चट्टान का एक टुकड़ा दिखाया जिसे देखकर हम चकित रह गए कि ऊपर से साधारण सी चट्टान दिखने वाले टुकड़े के पीछे नीलम जैसा रत्न था। यहां से हम सुशांत राज के साथ बाबा विश्वनाथ की नगरी उत्तरकाशी पहुंचे। यहां विश्वनाथ मंदिर में भगवान स्वयंभू शिवलिंग के रूप में मां शक्ति के त्रिशूल के साथ विराजमान हैं। इसी तरह भ्रमण करते हुए हम बाड़ाहाट पट्टी में काल भैरव मंदिर पहुंचे। इस मंदिर के निकट ही मां अन्नपूर्णा का मंदिर है। मंदिर में मां अन्नपूर्णा की स्वर्ण की मूर्ति है। इसके उत्तर में परशुराम की तपस्थली है तथा भगवान की दशावतार मूर्तियां हैं। आरती के बाद सुशांत जी ने बताया कि उत्तरकाशी में भी उन्होंने तप साधना की है। शिव बाबा के इस मंदिर में स्थित त्रिशूल पाताल लोक तक जाता है और इसकी गहराई कोई नहीं जानता। ज्योतिष और सूक्ष्म शक्ति के बारे में सुशांत राज से ज्ञानार्जन और अनेक शंकाओं के समाधान के साथ मैं देहरादून होते हुए दिल्ली लौटा। मेरी यह यात्रा आठ साल पुरानी है, जब मैं दैनिक समाचार पत्र अमर उजाला मेरठ में कार्यरत था। इस अवधि में विभिन्न टीवी चैनलों और समाचार पत्र–पत्रिकाओं में पं. सुशांत राज द्वारा जितनी भविष्यवाणियां की गई, वे सभी आश्चर्यजनक रूप से सत्य निकली।

– सन्तोष वर्मा, पत्रकार

विलक्षण साधक : आचार्य पं. सुशांत राज

एक कहावत है कि पूत के पांव पालने में ही दिख जाते हैं। महान आत्माएं भी कुछ विशेष योग में जन्म लेती हैं। चैतन्य महाप्रभु और रामकृष्ण परमहंस के जन्मयोग में ही देहरादून में ज्योतिषाचार्य पं. सुशांत राज का जन्म हुया। उनके पिता श्री चतर सिंह राज सेना में अधिकारी रहे। पं. सुशांत राज को बाल्यावस्था से ही ईश्वर भक्ति के प्रति अगाध श्रद्धा थी। यह प्रेरणा उन्हें अपनी माताजी श्रीमती सावित्री देवी जी से मिली, जो कि बहुत पूजा–पाठ करने वाली हैं। सुशांत के दादाजी श्री प्रताप सिंह सेना में थे और उन्होंने दूसरे विश्व युद्ध में भाग लिया। ब्रिटिश सरकार ने उन्हें जमींदार की उपाधि से सम्मानित किया था। सुशांत राज के नानाजी श्री नैनसिंह कर्मकांडी पंडित थे।

सुशांत राज जब देहरादून में स्कूल में पढ़ रहे थे तो उन्हें बालपन में ही मंत्र जाप, ध्यान और साधना की ऐसी लगन लगी कि स्कूल छोड़कर नदियों के किनारे चले जाते और ध्यान लगाकर बैठ जाते। अध्यापकों के कहने पर उनकी खोज होती तो वह नदियों के किनारे या कहीं किसी गुफा में बैठे मिलते। परेशान होकर एक बार स्कूल के प्रधानाचार्य ने उनके पिता को कहा कि आजकल बच्चे स्कूल छोड़कर सिनेमा देखने जाते हैं या बाजार घूमने, लेकिन सुशांत तो स्कूल छोड़कर नदियों के किनारे या गुफाओं में जाता है, अगर कहीं यह बालक नदी में डूब गया अथवा किसी जानवर ने हमला कर दिया तो...।

लेकिन बालक सुशांत पर तो जैसे पूर्व जन्मों के संस्कारों का प्रभाव स्पष्ट दिखाई दे रहा था कि यह बालक दिव्य शक्तिवान श्रेष्ठ आत्मा है। एक बार वह घर छोड़कर बदरीनाथ जाने के लिए बस में बैठ गए थे, कि उनके पिता ने देख लिया और तुरंत ही बस से उतार कर उन्हें घर ले गए। बचपन में ही एक बार वह भागकर बदरीनाथ पहुंच गए जहां उन्हें एक सिद्ध गुरु बाबा मिले। उन्हें बालक की दिव्यता

का आभास हुआ और अपना शिष्य बना लिया। ज्ञान प्राप्ति के लिए सुशांत जी ने गुरु बाबा की काफी सेवा की। बाबा ने उन्हें प्राणायाम की प्रचलित विधियों के अलावा विशिष्ट प्रयोगों के द्वारा अनेक विधियों का ज्ञान दिया। उन्हें अनेक सूक्ष्म शक्तियों का साक्षात्कार भी कराया। बदरीनाथ में छह–छह माह तक बर्फ पर बैठकर, नदियों के जल में महीनों खड़े होकर और पहाड़ों की गुफाओं में बिना कुछ खाए पिए महीनों तक तप जैसी कठिन साधनाएं सुशांत जी ने आसानी से कर ली, क्योंकि उनके मन में श्रद्धा का भाव था तो ईश्वर से मिलन की प्यास भी थी। इसलिए उन्होंने अनेक उन गूढ़ रहस्यों को भी आसानी से पा लिया जिनके लिए साधक लंबी तपस्या करते हैं।

सुशांत जी घर में प्रतिदिन साधना करते थे। एक दिन जब वे पेड़ के नीचे बैठकर साधना कर रहे थे, तो उन्हें ऐसा लगा कि जैसे कोई महिला पीछे से उनका गला घोंट रही हो। साधना करते समय वह पेंडुलम की भांति आगे पीछे होते। ध्यान करने के बाद जब वे उठते तो उनके बैठने की दिशा भी बदल जाती। मुंह पूर्व के बजाय पश्चिम हो जाता। उन्होंने इस बारे में अपने गुरुजी को बताया। गुरुजी ने कहा कि वहां किसी महिला ने आत्महत्या की थी और उसकी आत्मा वहां पेड़ पर है, जो साधना में बाधा डाल रही है। जब उन्होंने यह बात अपने माता–पिता को बताई तो सत्य निकली। इस पर वह पेड़ को कटवाकर जला दिया गया तो कभी कोई बाधा नहीं हुई।

पं. सुशांत राज को बाल्यावस्था से ही त्राटक साधना में अति आनंद आता था। एक बार पूजा करते समय सर्प सूक्त का पाठ करने के दौरान सर्प भी प्रगट हो गए थे। एक बार साधना के दौरान शेर जैसा कोई जानवर वहां आया। इस पर उन्होंने त्रिशूल उठाकर मारा। लेकिन वह जानवर तो नहीं भागा बल्कि त्रिशूल टूटकर दो हिस्सों में बंट गया। उस जानवर ने तब भी सुशांत को कुछ नहीं कहा।

बाल्यावस्था में एक बार सुशांत जी का परिवार उन्हें लेकर मथुरा घूमने गया। वहां वे अचानक बीमार पड़ गए और आंखें भी पलट गईं। इस पर उनकी माताजी परेशान हुई और एक बाबा को दिखाया। उक्त बाबा ने कहा कि यह बालक बहुत लंबी आयु जियेगा और काफी यश कमाएगा। गुरु जी ने सुशांत जी के बारे में पूर्व में ही भविष्यवाणी कर दी थी कि यह बालक दिव्य गुणों से परिपूर्ण है और आगे चलकर अपनी साधना और सिद्धियों के द्वारा समाज की सेवा करेगा तथा विश्व में अपना नाम कमाएगा। सुशांत जी संन्यास लेना चाहते थे, लेकिन गुरु जी ने मना कर दिया था। इसके बाद वह परिवार में वापस आ गए। मन लगाकर पढ़ाई की। कोलकाता, हैदराबाद, बेंगलुरु और दिल्ली में पढ़ाई के बाद उन्होंने ऑटो मोबाइल इंजीनियर की डिग्री ली। टाटा और मारुति कंपनियों में वर्क्स मैनेजर की नौकरी भी की, लेकिन सुशांत राज जी का मन तो ज्योतिष और साधनाओं में लगा रहता था। दिल्ली और मुंबई में नौकरी करते समय उन्होंने अनेक नेताओं और अभिनेताओं की कुंडलियां देखकर उनके बारे में भविष्यवाणियां की। इस दौरान भी वह साधना और ध्यान में व्यस्त रहते थे। सुशांत राज सभी धर्मों को बराबर स्थान देते हैं। दिल्ली में वह नियमित रूप से हजरत निजामुद्दीन की दरगाह पर जाते और वहां वजू आदि करके कव्वाली का आनंद लेते थे। वे गिरजाघरों में भी जाते तो गुरुद्वारों में गुरुवाणी सुनने में भी उन्हें आनंद आता था। सुशांत राज से जब भी शादी की बात की जाती तो वह कहते कि शादी नहीं संन्यास लेकर साधना करेंगे। लेकिन उनके गुरुजी तो कह चुके थे कि वह गृहस्थ में रहकर समाज की सेवा करेंगे, और ठीक ऐसा ही हुआ। एक बार उनके पिता के मित्र परिवार सहित उनके यहां आए हुए थे। उनकी पुत्री मोहिनी सुशांत के साधु जीवन से प्रभावित थी। उसने सुशांत से कहा कि माता–पिता के प्रति दायित्व को देखते हुए उनकी आकांक्षाओं के बारे में सोचो। श्रवण कुमार ने तो अपने माता–पिता को सारे तीर्थ करा दिए थे। इस लिए जीवन पर पहला हक माता–पिता का है। इस पर सुशांत ने कहा कि मुझ जैसे अघोरी साधु से कौन शादी करेगा? तुम करोगी। इस पर मोहिनी ने हां में उत्तर दे दिया। इस पर तो सुशांत तो स्तब्ध रह गए। शायद यह दिव्य आत्मा का दिव्य आत्मा से मिलन ही था। उन्होंने पूछा कि तुम जिम्मेदारी का बोझ उठाओगी, मोहिनी ने इसका तुरंत हां में उत्तर दिया। इसका परिणाम दोनों की शादी के रूप में हुआ।

पं. सुशांत राज जी ने देशभर में अनेक सिद्धपीठों के दर्शन किए और वहां कुछ आश्चर्यजनक घटनाएं भी हुईं। एक बार सुशांत राज आंध्र प्रदेश के तत्कालीन राज्यपाल नारायण दत्त तिवारी के आग्रह पर तिरुपति जी के दर्शन के लिए गए। वहां उन्होंने काफी देर तक भगवान के अपलक दर्शन किए। इसी बीच वह पदमावती का कर्ज देना भूल गए और मंदिर से बाहर आ गए, लेकिन तभी उन्हें इसका आभास हुआ तो वे पुनः मंदिर गए और बिना पंक्ति में लगे कर्ज चुका कर आ गए। मैसूर में जब वे महिषासुर देवी मंदिर गए तो उस समय मंदिर बंद होने का समय हो गया था, कि तभी मंदिर से एक व्यक्ति आया और उन्हें अंदर ले गया। उक्त व्यक्ति ने उन्हें मां के दर्शन कराए तथा मां के गले की माला उनके गले में डाल दी। उन्होंने अनेक ज्योतिर्लिंगों के दर्शन किए। ओंकारेश्वर में उन्होंने गर्भगृह में काफी देर तक बैठकर पूजा की तो औरंगाबाद में घुष्मेश्वर मंदिर, उज्जैन में महाकाल मंदिर और अजंता एलोरा की गुफाओं में बैठकर उन्होंने कई साधनाएं की।

इंदौर में खजराना के गणेश मंदिर में जहां ग्रिल के बाहर से भगवान के दर्शन होते हैं, वहां के महंत ने इनकी विलक्षण प्रतिभा से अभिभूत होकर उन्हें अंदर बुलाकर दर्शन कराए। सुशांत जी ने असम में कामाख्या देवी मंदिर में तो कोलकाता के कालीबाड़ी आदि स्थानों पर तप साधनाएं की। झारखंड के रजरप्पा स्थित छिन्नमस्ता देवी के मंदिर में उन्होंने कई दिन तक तप व साधना की। यह मंदिर तांत्रिक साधना का सबसे बड़ा क्षेत्र है। यहां मां की मूर्ति के आगे दीपक नहीं जलता और न ही कोई अन्य कृत्रिम प्रकाश। क्योंकि मां को प्रकाश पसंद नहीं है। मंदिर में कोई खिड़की भी नहीं है, लेकिन अंदर सब कुछ दिखाई देता है। यहां मां की मूर्ति के आगे रतिक्रीड़ा में रत युगल है, लेकिन पुरुष नीचे और स्त्री ऊपर है। यह मां को पसंद नहीं है। मां का कहना है कि अगर ऐसा हुआ तो सृष्टि में बाधा आएगी और वह संसार को नष्ट कर देंगी।

नेपाल के काठमांडु स्थित प्रसिद्ध पशुपति नाथ मंदिर में सुशांतजी ने कई बार साधनाएं और पूजा अर्चना की है। यहां भगवान शिव के 108 मंदिर हैं। एक बार मुख्य पूजा के समय काफी भीड़ थी। मुख्य पुजारी ने जैसे ही पवित्र सिक्के फेंके सारी भीड़ उधर ही

मुड़ गई और सुशांत जी को सीधे मंदिर में प्रवेश मिल गया। उन्होंने वहां महामृत्युंजय और रुद्रपाठ सहित अनेक जप किए। बाद में जब मंदिर के मुख्य पुजारी ने रुद्राक्ष की माला फैंकी तो वह पं. सुशांत जी के गले में पड़ी।

सम्मान

पं. सुशांत राज भारतीय ज्योतिष परिषद के महासचिव हैं। उन्होंने सन् 2007 में देहरादून में ज्योतिष महाकुंभ का आयोजन कराया। प्राच्य ज्योतिष और सटीक भविष्यवाणियों के लिए परिषद के सन् 2010 में इलाहाबाद में आयोजित कार्यक्रम में सुशांत राज को ज्योतिष रत्न की उपाधि से विभूषित किया गया। इसी कड़ी में नई दिल्ली में आयोजित एक कार्यक्रम में सुशांत राज को ग्रेट इंटरनेशनल एस्ट्रोलॉजर अवार्ड एवं देवज्ञ अवार्ड से सम्मानित किया गया। हरिद्वार में महाकुंभ 2010 के दौरान उन्हें सम्मानित किया गया।

प्रसिद्ध भविष्यवाणियां

पं. सुशांत राज ने देश– विदेश के अनेक राजनेताओं और अभिनेताओं, खिलाड़ियों और देश व मौसम के बारे में भविष्यवाणियां की। इनमें परवेज मुशर्रफ की वर्दी जाएगी, बेनजीर भुट्टो की हत्या होगी, उत्तर प्रदेश में मायावती बहुमत से सत्ता में आएगी, उत्तराखंड में त्रिशंकु विधानसभा में भाजपा की सरकार बनेगी। भुवन चंद्र खंडूड़ी मुख्यमंत्री होंगे, लेकिन पार्टी में भारी विरोध होगा। मुख्यमंत्री खंडूड़ी की कुर्सी जाएगी तथा रमेश पोखरियाल निशंक होंगे मुख्यमंत्री। सचिन तेंदुलकर को चोट का खतरा। हिमाचल में कांग्रेस की सरकार आएगी, गुजरात में नरेंद्र मोदी का ग्राफ गिरेगा यद्यपि सरकार भाजपा की ही होगी। फिल्म अभिनेता संजय दत्त शीघ्र ही जेल से रिहा होंगे। शेयर मार्केट धड़ाम होगा। लोकसभा चुनाव में उत्तराखंड में पांचों सांसद कांग्रेस के जीतेंगे। प्रतिभा पाटिल होंगी राष्ट्रपति। जम्मू कश्मीर में विघटनकारी शक्तियां सिर उठाएंगी और केंद्र को हस्तक्षेप करना पड़ेगा। उत्तराखंड और उत्तरी राज्यों में प्राकृतिक आपदाएं आएंगी। महंगाई कम होगी संसद में विपक्ष इसे नहीं बनाएगा मुद्दा। मुंबई हमले के दोषी पाकिस्तानी आतंकवादी अजमल कसाब की फांसी की सजा लंबे समय तक अमल में नहीं लाई जा सकेगी।

–अशोक कुमार शर्मा

14 Blank

सर्मपण

उत्तराखंड के यशस्वी मुख्यमंत्री **डॉ. रमेश पोखरियाल 'निशंक'** को, जिन्होंने अन्य महान कार्यों के साथ संत समाज को भी सम्मान एवं निरंतर संरक्षण दिया।

16 Blank

अनुक्रमणिका

18 Blank

भूमिका

क्यों लुप्त हो रहीं प्राच्य विद्याएं

ॐ गणानांत्वा गणपतिं गुं हवामहे कविंकवीनामुप श्रवस्तमम्।
ज्येष्ठराजं ब्रह्माणाब्रह्माणस्पतआ नः श्रृण्वन्नूतिभिः सीदसानम्।।

ऋग्वेद के उक्त मंत्र के द्वारा समस्त गणों के पति गणेशजी के स्मरण और नमन के साथ मैं अपनी बात प्रारंभ करता हूं। ॐ का व्यक्त स्वरूप गणपति ही हैं। जिस प्रकार प्रत्येक मंत्र का प्रारंभ ॐ से होता है उसी प्रकार समस्त विद्या का प्रारंभ गणेशजी से होता है। वे सभी देवताओं में प्रतिभाशाली, बुद्धिमान और विघ्नविनाशक हैं। विश्व के सबसे पहले ज्योतिषी भी गणेशजी ही हैं। मां पार्वती की जिद पर शनि की दृष्टि के कारण उनका शिरोच्छेदन हो गया था। किसी भी कार्य का प्रारंभ गणेशजी के बिना संभव ही नहीं है, इसीलिए यह मुहावरा भी बन गया है कि किसी भी काम को शुरू करने को भी श्रीगणेश ही कहते हैं। गणेशजी विघ्नकर्ता तो हैं ही वे सर्वमांगल्यकर्ता भी हैं। कलिकाल में गणेशजी ही समस्त कामनाओं की पूर्ति करने वाले हैं। ज्योतिष में केतु को मोक्ष का कारक माना जाता है, और गणेशजी केतु ग्रह के देवता हैं। मानव शरीर में मूलाधार चक्र का संबंध भी अष्टम भाव से है। कुंडलिनी जागरण में मूलाधार चक्र का स्वामी गणेशजी को ही बताया गया है। मूलाधार में अवस्थित शक्ति का नाम गणेश है। ज्योतिष विद्या में सफलता के लिए गणेशजी का आशीर्वाद महत्वपूर्ण होता है। इसीलिए मैं इस पुस्तक को

लेखनी के अधिष्ठाता भगवान गणेशजी के जन्मदिन गणेश चतुर्थी के दिन प्रारंभ कर रहा हूं।

भारतीय संस्कृति में सृष्टि को चलाने वाली शक्ति को मां की संज्ञा दी गई है, और संपूर्ण ब्रह्मांड के मूल में शक्तिस्वरूपा मां ही हैं जिन्हें मां काली अथवा अन्य नामों से पुकारा गया है। समस्त ज्ञान गुरु से ही मिलता है और गुरु बड़े भाग्य से मिलता है। एकलव्य को अपवाद मान लें तो बिना गुरु के ज्ञान संभव नहीं है। वेदों को ज्ञान का भंडार कहा गया है। हमारे ऋषि–मुनियों ने समस्त ज्ञान को वेदरूपी ग्रंथों में संजो दिया है। भारतीय ज्योतिषियों ने ही सर्वप्रथम ब्रह्मांड का ज्ञान प्राप्त किया। उन्होंने विभिन्न ग्रहों के गुण और स्वभाव के बारे में उस समय ज्ञात कर लिया था, जब माप आदि के लिए आधुनिक यंत्र नहीं थे। वैदिक गणित के सूत्रों को आज अमेरिका की खगोल विज्ञान संस्था नासा भी प्रयोग कर रही है। ज्योतिष अथर्ववेद के अंतर्गत आता है। संपूर्ण विश्व से विद्या ग्रहण करने के लिए लोग भारत आया करते थे तथा आज भी आते हैं। मंत्र, यंत्र और तंत्र की शक्ति के प्रयोग में भारत विश्वविख्यात था। मंत्रों की शक्ति के कारण ही आज भी वैज्ञानिक द्वापर युग में अर्जुन को श्रीकृष्ण के द्वारा दिए गए उपदेश को शून्य में खोज रहे हैं। क्योंकि शब्द एक ऊर्जा है और ऊर्जा एक–दूसरे में रूपांतरित होती है, कभी नष्ट नहीं होती। इसलिए मंत्रों में शक्ति है। मंत्रों के द्वारा ही किसी भी देवता का आवाहन कर उनकी पूजा अर्चना कर प्रसन्न करके उनसे आशीर्वाद लिया जाता है। मंत्र शब्दों का पूर्ण समूह है। मंत्रों का उच्चारण देवताओं को प्रसन्न करने के लिए किया जाता है। ऋषि–मुनियों ने हजारों वर्षों मंत्र साधनाएं की और हमारा मार्गदर्शन किया। मंत्रों के उच्चारण में शब्दों के कंपन विभिन्न तरंगों के द्वारा अपना प्रभाव और शक्ति दिखाते हैं। पुराणों के अनुसार, ऋषियों ने मंत्रों को इच्छापूर्ति के लिए भी सिद्ध किए हैं। मंत्र साधना कठिन है, लेकिन अभ्यास से सफलता निश्चित मिलती है। मंत्र साधना के लिए पुरातनकाल में ऋषि–मुनि वनों में पर्वतों की कंदराओं में जाते थे। आज तो वन ही समाप्त होते जा रहे हैं। पहाड़ भी अपना स्वरूप खोने लगे हैं। लेकिन आज के आधुनिक काल में भी ऐसे संत हैं जो सार्वजनिक जीवन को छोड़ समाज की भलाई और परोपकार, ईश्वर में आस्था, दयालुता और धैर्य भी हो।

धर्म आदि काल से मनुष्य के जीवन का हिस्सा है और सदैव रहेगा। अनेक रहस्य इससे जुड़े हैं। मनुष्य परमात्मा को पाने के लिए अनेक मार्गों और विधियों को अपनाता

आया है। अनेक सहायक शक्तियों का उल्लेख भी धर्म में मिलता है, भले ही समय–समय पर इन विचारों से भ्रांतियां और अंधविश्वास जुड़ गए हों, लेकिन इन रहस्यात्मक शक्तियों का अस्तित्व आज भी है। लेकिन कुछ विशेष संत, सिद्धपुरुष और योगीजन ही इन शक्तियों का प्रयोग करते हैं। अपार शक्तियों के स्वामी परमात्मा का नाम मन में समा सकता है और दूसरी ओर मन ही ऐसा है जो शीघ्रता से वश में आने वाला नहीं है। मन के वश में आने से ही सारे भटकाव दूर हो जाते हैं। मन को वही वश में कर सकता है जिसने योग के माध्यम से सभी इंद्रियों को वश में कर लिया हो।

संपूर्ण जगत के मूल में पांच तत्व अग्नि, पृथ्वी, जल, आकाश और वायु है। इनके साथ ही ब्रह्मांड के सूर्यादि सभी ग्रहों का सभी जीवों पर प्रभाव पड़ता है। आकाश में जो तत्व गति करता है वह वायु है। हमारे शरीर में पांच प्रकार की वायु होती है– प्राण, अपान, समान, व्यान और उदान। यह वायु शरीर में पांच स्थानों पर कार्य करती है। जो तेजोमय ऊर्जा ऊपर की ओर जाती है उसे अग्नि कहते हैं। अग्नि समस्त ऊष्मा, ऊर्जा और तेज का मूलाधार तत्व है। अग्नि हमारे शरीर में पित्त के रूप में रहती है, जो पांच स्थानों पर पांच प्रकार से कार्य करती है। जठराग्नि के मंद होने से पाचन क्रिया बिगड़ जाती है। पृथ्वी पर 75 प्रतिशत जल है, तथा हमारे शरीर में भी जल की मात्रा 70 प्रतिशत है। संसार की समस्त सरसता व तरलता का कारण जल ही है। जल की शुद्धता का हमारे शरीर और स्वास्थ्य से सीधा संबंध है। सारे जगत के ठोस भाग और गुरुत्वाकर्षण का मूल आधार पृथ्वी है। समस्त प्रकार के पदार्थ पृथ्वी से ही उत्पन्न होते हैं। पृथ्वी समस्त जड़ और चेतन जगत का पालन पोषण भी करती है। इसीलिए हम पृथ्वी को माता कहते हैं। हमारे शरीर में पृथ्वी का भाग 30 प्रतिशत है। यह शरीर पृथ्वी तत्वों से ही बना है और अंत में मिट्टी में ही मिल जाता है। प्रकृति बड़ी दयालु है, लेकिन प्रकृति को अपनी अवज्ञा भी स्वीकार्य नहीं है। हम बेमौसम पौधा तो लगा सकते हैं, पर उसमें फल नहीं आता और यदि आ भी जाए तो वो स्वाद नहीं आता उसका प्राकृतिक स्वाद है।

भारत के ऋषियों ने सर्वप्रथम ज्ञात कर लिया था कि सभी ग्रह सूर्य का परिभ्रमण कर रहे हैं, और मनुष्य के जन्म के समय आकाश में जो ग्रह जिस स्थान अथवा राशि में होता है, उस व्यक्ति के जीवन और स्वभाव पर उन ग्रहों का ही प्रभाव होता है। इसी के आधार पर जन्मकुंडली का निर्माण किया जाता है, जिसमें मनुष्य के जीवन ही नहीं बल्कि उसके प्रारब्ध का भी विवरण होता है। वेदों में लिखा है कि यदि कोई ग्रह अनुकूल नहीं है, और मनुष्य के जीवन में उस ग्रह से जुड़े अशुभ फल हो रहे हैं तो उन्हें संबंधित ग्रह की पूजा और शांति कर अनुकूल बनाया जा सकता है। प्रारब्ध में जो लिखा है उसे बदला तो नहीं जा सकता, लेकिन ग्रहों के अशुभ फलों को न्यून अवश्य किया जा सकता है इसमें कोई शंका नहीं है। ऋषि–मुनियों ने शुभ मुहूर्त की खोज भी ग्रहादि के गोचर और अन्य आकलन से ही की है। इसीलिए समस्त कार्यों को करने के लिए शुभ ग्रह योग अर्थात् शुभ मुहूर्त का विचार किया जाता है। रावण

ज्योतिष विद्या में पारंगत था, इसीलिए भगवान राम ने लक्ष्मण को उसके पास भेजा था कि वह उससे इस विद्या के बारे में ज्ञान प्राप्त कर सकें। ज्योतिष गणित पर आधारित है, और विश्व को गणित का ज्ञान भी भारत ने ही दिया है। इतिहास बताता है कि अनेक देशों से लोग ज्योतिषादि सीखने के लिए भारत आते थे।

जिस प्रकार रसायन शास्त्र के बारे में है कि जब तक प्रयोगशाला में जाकर एक निर्दिष्ट प्रणाली का अनुसरण न किया जाए, विभिन्न द्रव्यों को निश्चित अनुपात में मिलाकर उनका परीक्षण न किया जाए तब तक रसायनशास्त्री नहीं बन सकते। खगोलशास्त्री बनने के लिए वेधशाला में जाकर दूरबीन आदि के द्वारा ताराओं और ग्रहों का पर्यवेक्षण करना आवश्यक है। उसी प्रकार धार्मिक होने के लिए निष्काम, शुद्ध स्वभाव से साधना आवश्यक है। इंद्रियां हमें सत्य का जहां तक अनुभव करा सकती हैं, हमने उससे उच्चतर सत्य की प्राप्ति की है। हम जानते हैं कि किसी विषय का यथार्थ ज्ञान प्राप्त करने के लिए पर्यवेक्षण आवश्यक हैं, लेकिन उचित विश्लेषण के बिना विज्ञान भी निरर्थक हो जाता है।

हमारे मन की शक्तियां बिखरी पड़ी हैं। वे प्रकाश की किरणों की तरह हैं। यदि उन्हें केंद्रीभूत किया जाए तो वे सब कुछ आलोकित कर देती हैं। यही ज्ञान का एकमात्र उपाय है। बाह्य जगत हो या अंतर्जगत इसी को प्रयोग में लाना चाहिए। वैज्ञानिक जिस सूक्ष्म पर्यवेक्षण शक्ति का बहिर्जगत में करते आए हैं, मनस्तान्वेषी उसी का प्रयोग मन पर करते हैं। बचपन से हम केवल बाहरी वस्तुओं में मनोनिवेश करते आए हैं। अंतर्जगत में मनोनिवेश की हमने शिक्षा ही नहीं पाई। इसी कारण अधिकांश व्यक्ति आभ्यांतरिक क्रिया विधि की निरीक्षण शक्ति को खो बैठे हैं। मन को अंतर्मुखी करना, उसकी बहिर्मुखी गति को रोकना, उसकी समस्त शक्तियों को केंद्रीभूत कर उस मन के ऊपर उनका प्रयोग करना ताकि वह अपना स्वभाव समझ सके अपने आपको विश्लेषण करके देख सके, यह एक कठिन कार्य है, लेकिन इस विषय में वैज्ञानिक प्रथा के अनुसार यही एकमात्र उपाय है। जब मनुष्य अपने मन का विश्लेषण करके उस शक्ति का साक्षात दर्शन कर लेता है, जिसका कभी नाश नहीं होता, जो नित्यपूर्ण और नित्य शुद्ध है, तब उसे कोई दुख नहीं होता। उसका भय गायब हो जाता है। भय और अपूर्ण वासना ही समस्त दुखों का मूल है। लेकिन यदि मनुष्य आत्मा की अनुभूति कर लेता है तो फिर उसे मृत्यु भय नहीं रहता। रसायन शास्त्र की प्रयोगशाला और वेधशाला की भांति ही प्रकृति की गोद में जाकर उसके नियमों और सिद्धांतों को जानने के साथ ही सृष्टि को चलाने वाली शक्ति से भी साक्षात्कार हो जाता है।

यदि मन की शक्तियों को नियंत्रित करना आ गया तो समस्त ज्ञान प्राप्त किया जा सकता है। यह अंतःपर्यवेक्षण शक्ति है जो योग और साधना से ही प्राप्त होती है। हमारा मन एक साथ कई पर्यवेक्षण कर सकता है। जैसे आप घड़ी की सिर्फ सेकेंड की सुई को घूमते हुए देखो और साथ ही मन में गिनती भी गिनो। इसके साथ ही कोई गीत भी गुनगुनाओ। और फिर यही सब करते हुए हाथ–पैरों को भी हिलाओ।

सिद्ध ज्ञानी पुरुष का मन एक साथ नौ भिन्न कार्य कर सकता है। यह एकाग्रता से शक्तियों को एकत्र करके किया जा सकता है। साधारणतया व्यक्ति दो या तीन कार्य एक साथ कर सकता है। अनुभव किया जा सकता है, जब हम आरती कर रहे हों तो हमारा ध्यान बाजार में या दुकान पर भी हो सकता है। यह भी हो सकता है कि उस समय भी हमारा मन वासनाओं से ग्रस्त हो। लेकिन इसके विपरीत भी हो सकता है। पूर्णताप्राप्त मन को समस्त इंद्रियों पर एकसाथ लगाया जा सकता है। और यह भी हो सकता है कि मन किसी भी इंद्रिय के साथ जुड़ा न हो। यह अवस्था समाधि की अवस्था कहलाती है। उस अवस्था में मनुष्य अंतर्दृष्टि की शक्ति से अपने अंतरतम में दृष्टि डाल सकता है। इस अंतर्दृष्टि का विकास साधना ही योगी का उद्देश्य होता है। योगीजन मन की समस्त शक्तियों को एकत्र कर भीतर की ओर मोड़ सकने में समर्थ होते हैं। प्राणायाम के द्वारा जिस मन का मैल धुल गया वह मन ब्रह्म में स्थिर हो सकता है।

मन के द्वारा आत्मा बाहरी विषयों को ग्रहण करती है। मन सतत् दौड़ता रहता है। जिस समय हम निंद्रा में होते हैं तो हमारी इंद्रियों को संचालित करने वाला मन उस समय भी क्रियाशील रहता है। योग शक्ति के द्वारा किसी व्यक्ति को सम्मोहित करके जो कि संभव है, उसके मन को अपने अधीन किया जा सकता है। उसके मन को जैसे चाहें चलाया जा सकता है। आधुनिक नारको टेस्ट इसी का प्रमाण है, लेकिन इसके लिए डाक्टर दवाओं द्वारा मन को नियंत्रित करते हैं, जबकि योगी पुरुष अपनी शक्ति के द्वारा यह कार्य आसानी से कर लेता है। जिस प्रकार सूर्य की किरणों के सामने घना अंधकार भी रहस्य खोल देता है उसी तरह एकाग्र मन अंतरतम को प्रकाशित कर देता है, और फिर अंतरतम के सारे रहस्य खुल जाते हैं। आत्मा है या नहीं, ईश्वर है या नहीं, यह सब हमें अनुभव हो जाएगा। जिसने मन को नियंत्रित कर लिया वह शरीर के पूरे तंत्र को नियंत्रित कर लेता है। और जिसने आभ्यांतरिक शक्तियों पर नियंत्रण कर लिया वह संपूर्ण प्रकृति पर नियंत्रण कर सकता है। उस अवस्था में प्रकृति के नियम भी योगी पर कोई प्रभाव नहीं डालते। पृथ्वी की गुरुत्वाकर्षण शक्ति का भी उन पर कोई प्रभाव नहीं होता। क्योंकि गुरुत्वाकर्षण शक्ति का प्रभाव वस्तु के भार पर आधारित होता है। योगी पुरुष तो योग के द्वारा अपना भार भी कम कर लेते हैं। मनुष्य को पानी की आवश्यकता होती है, लेकिन योगी तो वायु से ही जल की आवश्यकता को पूरा कर लेने में सक्षम होते हैं। योगी तो सीधे वायु और वनस्पतियों से ही ऊर्जा ग्रहण कर लेते हैं। यदि कोई रोगी मन में यह विचार करे कि उसे कोई रोग नहीं है, तो निश्चित ही कुछ समय बाद वह अनुभव करने लगता है कि उसे कोई रोग नहीं है। यदि कोई व्यक्ति मन में यह विचार लाए कि उसे बुखार हो गया। तो यह प्रयोग करके देखा जा सकता है कि उसका पहले ताप माप लिया जाए, और फिर दस मिनट तक बुखार के बारे में सोचने के बाद ताप मापा जाए तो थर्मामीटर का पारा कुछ डिग्री चढ़ जाएगा। लाइलाज रोग से ग्रस्त व्यक्ति यदि मानसिक रूप से ठान ले

कि उसे वर्षों जीना है तो वह वर्षों जीवित रह सकता है। ये मन को नियंत्रित करने के साधारण प्रयोग हैं।

अंतर्जगत के इस ज्ञान को प्राप्त करने के लिए प्राचीन काल से ही लोग प्रयत्नशील रहे हैं। भले ही हम इसे गुप्त विद्या या रहस्य कहें, लेकिन भारत में अनेक अघोरी अथवा सिद्ध पुरुषों ने इस रहस्य को प्राप्त किया है। लेकिन अनेक कारणों से यह विद्या ऐसे व्यक्तियों के हाथों में पड़ गई जिन्होंने इसका दुरुपयोग भी किया। इसीलिए विद्या को गुप्त रखने की प्रथा चली। आज भी सिद्ध पुरुष जब इस ज्ञान को किसी शिष्य को देते हैं तो वचन से बांध देते हैं कि वह विद्या का मंत्र किसी को नहीं बताएगा। विद्या चमत्कार की वस्तु नहीं है। साधना में किसी धर्म विशेष की आवश्यकता नहीं होती आज सभी धर्मों के लोग योग साधना कर रहे हैं। संपूर्ण विश्व से लोग योग सीखने के लिए भारत आ रहे हैं। कहते हैं कि विद्या और ज्ञान बांटने से बढ़ता है, लेकिन विद्या यदि गलत हाथ में पड़ जाए तो उसका दुरुपयोग भी हो सकता है, शायद इसी विचार से गुरुओं ने शिष्य को विद्या देते समय उसे गुप्त रखने का ही संदेश दिया। इसीलिए अनेक विद्याएं या तो ग्रंथों में रह गई अथवा जंगलों में रहने वाले संत–महात्माओं के मस्तिष्क तक सीमित हैं। जिनके ज्ञाता ही न रहे, वे अनेक विद्याएं तो नष्टप्रायः हो गई। सम्राट अकबर के दरबार में राग मल्हार से वर्षा कराई जा सकती थी, तो दीपक राग से अग्नि भी पैदा की जाती थी। यह सब शब्द अथवा मंत्र शक्ति का ही परिणाम है। लेकिन विद्या के दुरुपयोग को रोकने के लिए जो साधन अपनाया गया वह समाज के लिए घातक सिद्ध हो रहा है। आज भी भारत के विशेषकर देवभूमि उत्तराखंड के पर्वतों की कंदराओं और जंगलों में ऐसे साधु विद्यमान हैं जो अपनी साधना और सिद्धि के द्वारा अनेक विद्याओं में पारंगत हैं। इन विद्याओं का प्रयोग वे समाजहित में करते हैं, और यदि सही शिष्य मिल जाएं तो उसे भी ज्ञान देते हैं। प्रायः लोग कहते हैं कि सही गुरु ढूंढे नहीं मिलते, लेकिन मैं कहता हूं कि आज भी सही गुरु तो हैं, लेकिन सही शिष्य मिलने कठिन हैं। इसीलिए आज 90 प्रतिशत विद्या नष्ट हो गई। धूर्त लोगों ने इसे व्यापार बना लिया तथा समाज में अल्पविद्या के द्वारा लोगों को ठगने वाले अधिक हो गए हैं।

सूक्ष्म शरीर आत्मा ही प्राण है जो चेतना का उत्सर्जन करती है। योग के द्वारा हम अपने मन, तंत्रिका तंत्र और पूरे शरीर पर नियंत्रण पा लेते हैं। अर्थात् संपूर्ण शारीरिक क्रियाएं योगी मनुष्य के वश में होती हैं। जिस प्रकार हम श्वांस के द्वारा वायु को अंदर लेते हैं और उसके कुछ अंश फेफड़ों में सोख लिए जाते हैं, शेष को श्वांस के द्वारा ही निकाल दिया जाता है। ग्रहण की गई गैसों को वैज्ञानिक स्पेक्ट्रम एनालिसिस के द्वारा ज्ञात कर सकते हैं। ठीक उसी प्रकार योगी पुरुष वायुमंडल और वनस्पतियों तक से सीधे ग्राह्य तत्वों को ही ग्रहण कर लेते हैं। वे अपने शरीर को पानी से भी हल्का करके न केवल पानी पर चल सकते हैं, बल्कि हवा में भी उड़ सकते हैं। इस विद्या को अंग्रेजी में लेविटेशन कहा गया है। योग और सिद्धियों के

द्वारा मनुष्य अपने शरीर की ऊर्जा को किसी भी एक स्थान पर संघनित कर सकता है और उसे दूसरी ऊर्जा में परिवर्तित भी कर सकता है। कुंडलिनी जागरण के द्वारा यह कार्य आसानी से किया जा सकता है।

पांच तत्वों को ग्रहण कर जो ऊर्जा हमारे शरीर में प्राण ऊर्जा के रूप में विद्यमान है, उसका लगातार उत्सर्जन भी होता रहता है। यह उत्सर्जन मानव शरीर के चारों ओर एक आवरण बना लेता है। इसे जीव विशेष के आभा मंडल के रूप में जाना जाता है। आमतौर पर यह आभा मंडल शरीर के बाहर ढाई से चार इंच मोटाई में परिव्याप्त रहता है। मनुष्य के मरने के तीन दिन में समस्त ऊर्जा का उत्सर्जन हो जाता है और तब जाकर उसे मृत माना गया है। वैज्ञानिक इस आभा मंडल जिसे अंग्रेजी में औरा कहा गया है, का चित्र लेने में भी सफल हुए हैं। हाई वोल्टेज इलेक्ट्रो फोटोग्राफी तकनीक से गैस डिस्चार्ज विजुअलाइजेशन मशीन के द्वारा ये चित्र लिए गए हैं जो सामान्य तौर पर अदृश्य रहते हैं। पूर्ण रूप से स्वस्थ मनुष्य का आभा मंडल संतुलित होता है, जबकि बीमार व्यक्ति का आभा मंडल कटा–फटा होता है। ऋषि–मुनि और योगी पुरुष सूक्ष्म शक्तियों के द्वारा अपनी इस ऊर्जा को शरीर में कहीं भी केंद्रित कर अथवा शरीर से बाहर तरंगों के द्वारा प्रयोग करते थे और कर रहे हैं। इसी शक्ति के द्वारा वे किसी भी वस्तु को अपने से दूर भेजने अथवा अपने पास खींचने में सक्षम होते हैं। इस ऊर्जा का उपयोग दूरस्थ समस्याओं के निदान के लिए भी किया जाता है। आभा मंडल के कारण ही हमारे शरीर पर बाह्य शक्तियां भावनात्मक और मानसिक रूप से प्रभाव डालती हैं। पीपल, तुलसी आदि अनेक वनस्पतियों के विशेष गुणों के कारण ही ऋषियों ने उन्हें देवता की संज्ञा दी है। वनस्पतियों के गुण के विपरीत पीपल रात्रि में भी आक्सीजन का उत्सर्जन करता है, जबकि तुलसी ही एकमात्र पौधा है जिसकी पत्तियों में पारा धातु पाई जाती है। आभा मंडल वनस्पतियों और अन्य जीवों का भी होता है। प्राण ऊर्जा के द्वारा योगीजन नकारात्मक ऊर्जा को दैवीय ऊर्जा अग्नि आदि में परिवर्तित कर अंतरिक्ष में प्रवाहित कर देते हैं। प्राणायाम के द्वारा हम प्राण पर संयम करते हैं। हमें सूक्ष्म से सूक्ष्मतर शक्ति में जाते हुए अंत में चरम लक्ष्य पर पहुंचाने में शरीर के आठ चक्रों का भी अपना योगदान है, जो ऊर्जा चक्र को परिभ्रमण करने में सहयोग करते हैं। सहस्त्रासार, आज्ञा, विशुद्ध, अनाहत, सौर, मणिपुर, स्वाधिष्ठान और मूलाधार ये आठ चक्र शरीर में ऊर्जा के परिभ्रमण को नियंत्रित करते हैं। इन चक्रों से ऊर्जा के अवरोध अथवा अधिक उत्सर्जन को ज्ञात कर उस स्थान का पता लगाया जा सकता है, जहां किसी रोग का प्रभाव है। उस चक्र से नकारात्मक ऊर्जा को हटाकर सकारात्मक ऊर्जा का प्रेक्षण किया जा सकता है। योगी पुरुष इसी विधि के द्वारा नीरोग रहते हैं। रामायण में उल्लेख है कि रावण की प्राण ऊर्जा उसके नाभि केंद्र में स्थित थी, अतः नाभि पर वार करके ही उसका वध हो पाया था। इसी ऊर्जा के कारण हमें किसी विशेष स्थान पर जाने से ही मानसिक रूप से अप्रत्याशित शांति का

अनुभव होता है। इसी ऊर्जा से किसी भी प्राणी के विचारों को भी बदला जा सकता है, ऐसा वेदों में उल्लेख है।

प्रत्येक जीव अपने जन्म के समय आकाश में स्थित ग्रहों की स्थिति के अनुसार ही जीवन यापन करता है। उसका भूत और भविष्य उसी में छिपा होता है। इसी के अनुरूप ही मनुष्य का स्वभाव व आचरण होता है। ग्रहों की दशाएं उसके जीवन में उतार–चढ़ाव लाती हैं। ग्रह दशा के कारण ही राजा से रंक और रंक से राजा बनने में देर नहीं लगती। यह ग्रह गोचर ही है जो मनुष्य से वह कार्य करा देता है जिसे विवेक आज्ञा नहीं देता, और फिर उसका परिणाम भुगतना पड़ता है। अतः ऋषि–मुनियों ने ऐसे मंत्रादि भी रचे हैं जिनके द्वारा ग्रहों को प्रसन्न कर उनका प्रतिकूल प्रभाव कम किया जा सकता है। यदि कोई कार्य होना है तो वह अवश्य ही होगा, लेकिन देवताओं और ग्रहों की पूजा से उसे उसी प्रकार परिवर्तित किया जा सकता है जैसे हमें किसी ऊबड़–खाबड़ रास्ते से जाना तय हो और उसमें खड्डे बहुत ही कम हो जाएं।

जैसा कि मैंने पूर्व में कहा कि विद्या को संरक्षित करने के उपायों में ही कुछ ऐसे उपाय भी हो गए जिनसे विद्या प्रसार के अभाव में अदृश्य ही होकर रह गई। भारतीय ज्योतिषी आज भी विश्व में अपनी विद्या का लोहा मनवाने में सफल हैं। इसी विद्या के द्वारा भविष्यवाणियां की जाती हैं, जो सही गणना के द्वारा सटीक होती हैं। इसलिए आज आवश्यकता इस बात की है कि विद्या को सही व्यक्ति के हाथों में सुरक्षित रखा जाए। अधिकांश विद्या मात्र संतों के मस्तिष्क में ही है, जो वाणी के द्वारा प्रसारित हो रही है। आमतौर पर देखा जाता है कि पिता अपने ज्ञान में से ही कुछ पुत्र को दे जाता है, ताकि उसका जीवनयापन हो सके। अगर वह उस विद्या के बारे में संपूर्ण ज्ञान प्राप्त करे तथा उसके अंदर खोज की भावना जाग्रत हो तो वह विद्या का वास्तविक अधिकारी होता है। विद्या के बारे में हम हनुमानजी से विनती करते हैं कि हमें बल, बुद्धि और विद्या दें। क्योंकि ये तीनों शेष दो के बिना बेकार हैं। यदि बल है तो बुद्धि और विद्या के बिना बेकार है, उस बल का गलत स्थान पर दुरुपयोग भी हो सकता है। इसी प्रकार विद्या और बुद्धि हैं, जिनका शेष दो के बिना सदुपयोग नहीं हो सकता। शायद इसीलिए हमारे ऋषि–मुनियों ने विद्या के गलत हाथों में जाने से रोकने के लिए कुछ नियम बनाए हों। भस्मासुर आदि अनेक राक्षस ऐसे हुए हैं, जिन्होंने विद्या प्राप्त कर उसका दुरुपयोग किया। अतः विद्या का प्रयोग समाज की भलाई के लिए करना चाहिए। या इसे यूं भी कह सकते हैं कि समाज की भलाई के लिए विद्या अर्जित कर उसका सदुपयोग करना चाहिए। भारत माता और हिंदू धर्म के ऋषि–मुनियों व पुरोधाओं को नमन करते हुए मैं भारतीय ज्योतिष के रहस्यों को उजागर कर रहा हूं। ये रहस्य कोई नए नहीं हैं, अपितु शास्त्रों में वर्णित वे वैज्ञानिक नियम हैं जो यदि संजो कर नहीं रखे गए तो लुप्त हो सकते हैं। इस ज्ञान के द्वारा ही भारतीय ज्योतिषी सैकड़ों वर्षों के पंचांगादि बनाने में सक्षम हैं। पं. बाल गंगाधर तिलक जी ने इसी के द्वारा महाभारत काल की गणना की थी।

हरिद्वार में 2010 में आयोजित महाकुंभ के दौरान उत्तराखंड के मुख्यमंत्री के विशेष कार्याधिकारी डॉ. अशोक कुमार शर्मा जी मुझसे मिलने आए, और उन्होंने ज्योतिष और दुर्लभ योगों के बारे में मुझसे विचार विमर्श किया। वह 43 बेस्ट सेलिंग पुस्तकों के लेखक हैं। उन्हें यह जानकर आश्चर्य हुआ कि इस विषय पर मैं पहले से ही पुस्तक रचना के लिए प्रयासरत् था। उन्होंने तत्काल ही इस पुस्तक के प्रकाशन की व्यवस्थाएं करने का आश्वासन दिया और पुस्तक के प्रकाशन तक इस योजना पर बारीकी से काम करवाया। इस कार्य में वरिष्ठ पत्रकार श्री संतोष वर्मा ने भी मुझे बहुत उपयोगी सहयोग दिया, इन प्रयासों के लिए आभार के शब्द अपर्याप्त हैं। डायमंड पॉकेट बुक्स नई दिल्ली के अध्यक्ष एवं प्रबंध निदेशक श्री नरेंद्र कुमार जी का भी मैं अत्यंत आभारी हूं, जिन्होंने इस पुस्तक के विचार को प्रकाशन हेतु उपयोगी माना।

– आचार्य पं. सुशांत राज
पता– 87, मित्र लोक, बल्लूपुर–III,
देहरादून (उत्तराखंड)

भारतीय ज्योतिष

ज्योतिषां सूर्यादिग्रहणां बोधकं शास्त्रम्।

सूर्यादि ग्रह और काल का बोध कराने वाले शास्त्र को ज्योतिष शास्त्र जाता है। इसमें प्रधानतः ग्रह, नक्षत्र, आदि ज्योति पदार्थों का स्वरूप, संचार, परिभ्रमणकाल, ग्रहण और स्थिति प्रभृति समस्त घटनाओं का निरूपण एवं शुभाशुभ फलों का कथन किया जाता है। मनुष्य स्वभावतः अन्वेषक प्राणी है। वह सृष्टि की प्रत्येक वस्तु के साथ अपने जीवन का तादात्म्य संबंध स्थापित करना चाहता है। इसी प्रवृत्ति ने उसे ज्योतिष के साथ जीवन का संबंध स्थापित करने के लिए बाध्य किया। समस्त भारतीय ज्ञान की पृष्ठभूमि दर्शन शास्त्र है। यही कारण है कि भारतीय विद्वान समस्त ज्ञान को दार्शनिक मापदंड पर मापते हैं।

मानव शरीर और सौर मंडल

भारतीय दर्शन के अनुसार आत्मा अमर है। इसका कभी नाश नहीं होता। यह केवल कर्मों के अनादि प्रवाह के कारण पर्यायों को बदला करती है। वैदिक दर्शनों में कर्म के संचित, प्रारब्ध और क्रियमाण तीन भेद बताए गए हैं। किसी के द्वारा वर्तमान क्षण तक किया गया कार्य चाहे वह इस जन्म में किया हो या पूर्व जन्मों में वह सब संचित कहलाता है। कई जन्म–जन्मांतरों के कर्मों के फल एक साथ भोगना संभव नहीं है, इसलिए एक के बाद एक को भोगना पड़ता है। संचित में से जितने को पहले भोगना प्रारंभ करता है, उसे प्रारब्ध कहते हैं। अर्थात कुल संचित कर्म में से जितने को भोगना प्रारंभ हुआ उसे प्रारब्ध कहते हैं। इसीलिए ज्योतिर्विदों ने प्राकृतिक ज्योतिष के आधार पर कहा है कि आत्मा मनुष्य के वर्तमान स्थूल शरीर में रहते हुए भी एक से अधिक जगत के साथ संबंध रखती है। मानव शरीर नक्षत्र जगत, मानसिक जगत और भौतिक जगत से संबंध रखता है। मनोवैज्ञानिकों ने आत्मा की इसी विशेषता के काण ही मनुष्य के व्यक्तित्व को बाह्य और आंतरिक दो भागों में

विभाजित किया है। बाह्य व्यक्तित्व वह है जिसने इस भौतिक शरीर के रूप में अवतार लिया है। यह आत्मा की चैतन्य क्रिया की विशेषता के कारण अपने पूर्वजन्म के निश्चित प्रकार के विचार, भाव और क्रियाओं की ओर झुकाव प्राप्त करता है। जीवन के अनुभवों के द्वारा इस व्यक्तित्व के विकास में वृद्धि होती है। अंततः यह धीरे–धीरे विकसित होकर आंतरिक व्यक्तित्व में मिलने का प्रयास करता है। आंतरिक व्यक्तित्व वह है जो अनेक बाह्य व्यक्तित्वों की स्मृतियों, अनुभवों और प्रवृत्तियों का संश्लेषण अपने में रखता है।

मानवीय चेतना के ज्योतिष में विचार, अनुभव और क्रिया ये तीन रूप माने गए हैं। बाह्य व्यक्तित्व के तीन रूप आंतरिक व्यक्तित्व के तीन रूपों से संबद्ध हैं, लेकिन आंतरिक व्यक्तित्व के तीन रूप अपनी निजी विशेषता और शक्ति रखते हैं, जिससे मनुष्य के भौतिक, मानसिक और आध्यामिक इन तीनों जगतों का संचालन होता है। मानव जीवन के बाह्य व्यक्तित्व के तीन और आंतरिक व्यक्तित्व के तीन रूप और एक अंतःकरण अर्थात सात रूप सौर जगत में रहने वाले सात ग्रहों के प्रतीक माने जाते हैं। ये सात रूप सब प्राणियों के एक से नहीं होते हैं, क्योंकि जन्म–जन्मांतरों के संचित और प्रारब्ध कर्म विभिन्न प्रकार के हैं।

आधुनिक वैज्ञानिक प्रत्येक वस्तु की आंतरिक रचना सौर मंडल से मिलती–जुलती बताते हैं। उन्होंने परमाणु के संबंध में अन्वेषण करते हुए बताया है कि प्रत्येक पदार्थ की सूक्ष्म रचना का आधार परमाणु है। अर्थात परमाणु रूपी ईंटों को जोड़कर पदार्थ का दिशाल भवन बनकर तैयार होता है। यह परमाणु सौर जगत के समान आकार–प्रकार वाला है। इसके मध्य में एक धन विद्युत का बिंदु है, जिसे केंद्र कहते हैं। इसका व्यास एक इंच के दस लाखवें भाग का भी दस लाखवां भाग बताया गया है। परमाणु के जीवन का सार इसी केंद्र में बसता है। इस केंद्र के चारों ओर सूक्ष्मातिसूक्ष्म विद्युतकण चक्कर लगाते रहते हैं और केंद्र के धन विद्युतकण के साथ मिलने का उपक्रम करते रहते हैं। इस प्रकार के अनंत परमाणुओं के समाहार का एकत्र स्वरूप हमारा शरीर है। भारतीय दर्शन में 'यथा पिंडे तथा ब्रह्मांडे' का सिद्धांत प्राचीन काल से प्रचलित है। तात्पर्य यह है कि सौर जगत में सूर्य, चंद्र आदि ग्रहों के भ्रमण करने के जो नियम कार्य करते हैं, वे ही नियम प्राणीमात्र के शरीर में स्थिर सौर जगत के ग्रहों के भ्रमण करने में काम करते हैं। अतः आकाश स्थित ग्रह शरीर स्थित ग्रहों के प्रतीक हैं।

बृहस्पति

बाह्य व्यक्तित्व के प्रथम रूप विचार का प्रतीक बृहस्पति है। यह प्राणीमात्र के शरीर का प्रतिनिधित्व करता है और शरीर संचालन के लिए रक्त प्रदान करता है। जीवित प्राणी के रक्त में रहने वाले कीटाणुओं की चेतना से इसका संबंध रहता है। इस प्रतीक द्वारा बाह्य व्यक्तित्व के प्रथम रूप से होने वाले कार्यों का विश्लेषण किया जाता है। इसलिए ज्योतिष शास्त्र में प्रत्येक ग्रह से किसी भी मनुष्य के आत्मिक, अनात्मिक और शारीरिक तीन प्रकार के दृष्टिकोणों से फल का विचार किया जाता है। मनुष्य के व्यक्तित्व के किसी भी रूप का प्रभाव शरीर, आत्मा और बाह्य जड़ चेतन पदार्थ पर पड़ता है। मनुष्य के

विचार का प्रभाव शरीर और चेतना शक्तियां– स्मृति, अनुभव, प्रतभिद्या आदि तथा मनुष्य से संबद्ध अन्य वस्तुओं पर भी पड़ता है। इन तीनों से अलग रहकर मनुष्य कुछ नहीं कर सकता। सौर परिवार का यह सबसे वृहद और ज्वलंत ग्रह है। अतः प्रथम प्रतीक बृहस्पति का विवेचन निम्न प्रकार से किया जा सकता है–

आत्मिक दृष्टिकोण से यह ग्रह विचार मनोभाव और इन दोनों का मिश्रण, उदारता, अच्छा स्वभाव, सौंदर्य, प्रेम, शक्ति, भक्ति एवं व्यवस्था बुद्धि, ज्ञान, ज्योतिष, तंत्र, मंत्र विचार शक्ति आदि आत्मिक भावों का प्रतिनिधित्व करता है। महत्वाकांक्षी, उच्च स्तर के कार्य करने वाला होता है।

अनात्मिक दृष्टिकोण से बृहस्पति व्यापार, कार्य, वे स्थान और व्यक्ति जिनका संबंध धर्म और कानून से है जैसे– मंदिर, पुजारी, मंत्री, न्यायालय, न्यायाधीश, शिक्षा संस्थाएं, जनता के उत्सव, दान सहानुभूति आदि का प्रतिनिधित्व करता है। समाज सुधारक, लेखक, पादरी, पंडित, कलाकार, ज्योतिष, पुरोहित, दार्शनिक एवं योगी आदि कार्यों से संबंधित व्यक्तियों का प्रतिनिधित्व करता है।

शारीरिक दृष्टिकोण से वक्ष स्थल, जंघा, जिगर, पाचनक्रिया, रक्त एवं नसों का प्रतिनिधित्व करता है। बृहस्पति के निर्बल होने और अन्य ग्रहों से अशुभ संबंध होने पर शरीर में गठिया, कटिवात, वायु व कफ विकार, मुखरोग, फाइलेरिया, सूजन, नितंब व पैरों में पीड़ा, स्थूलता, दुर्बलता, कमर दर्द, कर्णरोग, लीवर व उदर विकार होते हैं। बृहस्पति को देवताओं का गुरु होने का सौभाग्य प्राप्त है। यह ग्रह देवगुरु के रूप में अपनी विद्वता, ज्ञान, तेज, प्रतिभा, सम्मान और व्यक्तित्व के लिए प्रसिद्ध है। पुराणों के अनुसार, बृहस्पति की स्थिति मंगल से ऊपर दो लाख योजन की दूरी पर है। यदि यह ग्रह वक्री न हो तो एक राशि को एक वर्ष में भोग लेता है। बृहस्पति को काल पुरुष की त्वचा माना गया है।

बृहस्पति का स्वभावः यह ग्रह वाक् पटु, सद्गुणी, ज्ञानी एवं मानवताप्रेमी होता है। कफ प्रकृति, पीत वर्ण, स्थूल व लंबा शरीर, उदार, चतुर, प्रभावशाली वाणी रखने वाला बुद्धिमान है। बृहस्पति में विचार करने की शक्ति अधिक होती है। इसका चित्त स्थिर होता है। यह चंद्रमा के साथ में राजसिक व स्वेच्छाकारी, सूर्य के साथ सात्विक, मंगल के साथ तामसिक, बुध व शुक्र के साथ अनिष्ट विरोधी स्वभाव बना लेता है। बृहस्पति प्रसन्नता, सुख व समृद्धि का प्रतीक है। यह ग्रह सर्वाधिक बली होने पर व्यक्ति के जीवन पर 16वें से 22वें वर्ष में विशेष प्रभाव डालता है। यदि इस अवधि में दशा एवं अन्य ग्रह स्थिति भी अनुकूल हो तो सर्वाधिक उन्नति होती है।

मंगल

बाह्य व्यक्तित्व के द्वितीय प्रतीक का रूप का प्रतीक मंगल है। यह इंद्रियज्ञान और आनंदेच्छा का प्रतिनिधित्व करता है। जितने भी उत्तेजक और संवेदनाजन्य आवेग हैं, उनका यह प्रधान केंद्र है। बाह्य आनंददायक वस्तुओं के द्वारा यह क्रियाशील होता है, और पूर्व की आनंददायक अनुभवों की स्मृतियों को जागृत करता है। वांछित वस्तुओं की प्राप्ति तथा प्राप्ति के कारणों की क्रिया का प्रधान उद्‌गम है। यह प्रधान रूप से इच्छाओं का प्रतीक है।

आत्मिक दृष्टि से यह साहस, बहादुरी, दृढ़ता, आत्मविश्वास, क्रोध एवं प्रभुत्व प्रवृत्ति के भावों और विचारों का प्रतिनिधि है।

अनात्मिक दृष्टि से यह सैनिक, डॉक्टर, प्रोफेसर, इंजीनियर, शस्त्र विद्या, युद्ध शास्त्र, भू–गर्भ विज्ञान, रासायनिक, मशीन का कार्य करने वाला, खेल एवं खेल के सामान आदि का प्रतिनिधित्व करता है। इसलिए मंगल नेता, जासूस, इंस्पेक्टर, वैद्य, इंजीनियर, अपराध शास्त्री, सैन्य व पुलिस विभाग में कार्य करने वालों पर विशेष प्रभाव डालता है।

शारीरिक दृष्टि से यह सिर, नाक एवं गाल का प्रतीक है। इसके द्वारा संक्रमण रोग, घाव, ऑपरेशन, रक्तदोष आदि अभिव्यक्त होते हैं।

यह पृथ्वी का निकटवर्ती ग्रह है। लाल रंग का होने के कारण इसे युद्ध का देवता भी कहते हैं। मंगल ग्रह को युद्ध के देवता कार्तिकेय का ही स्वरूप माना जाता है। मंगल शिव एवं पृथ्वी का पुत्र होने के कारण भौम या भूमिपुत्र भी कहलाता है। महाभारत और रामायण में उन्हें शिव या रुद्र का पुत्र भी कहा गया है। मंगल को काल पुरुष का पराक्रम माना जाता है।

मंगल का स्वभावः यदि मंगल अशुभ स्थिति में हो तो क्रोधी, चुगलखोर, झूठा, दुष्ट, कामुक, झगड़ालू, लालची व कपटी एवं चपल होता है। स्वार्थ के लिए हिंसक, अन्यायी व अधर्मी बन जाता है। लेकिन जब शुभ स्थिति में होता है तो शांत, धैर्यशाली, दयालु, भला करने वाला, साहसी व धार्मिक बन जाता है।

मंगल सर्वाधिक बली होने पर व्यक्ति के जीवन पर 28वें से 32वें वर्ष में विशेष शुभ फल देता है। यदि इस अवधि में दशा और अन्य ग्रह स्थिति भी अनुकूल हो तो सर्वाधिक उन्नति भी होती है।

चंद्रमा

बाह्य व्यकित्व के तृतीय रूप का प्रतीक चंद्रमा है। यह मानव पर शारीरिक प्रभाव डालता है और विभिन्न अंगों तथा उनके कार्यों में सुधार करता है। वस्तु जगत से संबंध रखने वाले पिछले मस्तिष्क पर इसका प्रभाव पड़ता है। चंद्रमा स्थूल शरीरगत चेतना पर प्रभाव डालता है, तथा मस्तिष्क में उत्पन्न होने वाले परिवर्तनशील भावों का प्रतिनिधित्व है। सूर्य के बाद चंद्रमा को ही महत्ता दी जाती है, क्योंकि पृथ्वी से सूर्य के बाद सबसे बड़ा दिखने वाला ग्रह चंद्रमा ही है। यह पृथ्वी का उपग्रह है।

आत्मिक दृष्टि से चंद्रमा संवेदन, आंतरिक इच्छा, ज्योतिष शास्त्र, ललितकला, चित्रकार, काव्य शास्त्र, रत्न विशेषज्ञ, संगीतज्ञ और अभिनेता आदि का प्रतिनिधित्व करता है। उतावलापन, भावना, विशेषतः घरेलू जीवन की भावना, कल्पना, सतर्कता एवं लाभेच्छा पर प्रभाव डालता है।

अनात्मिक दृष्टि से यह श्वेत रंग, जहाज, बंदरगाह, मछली, जल, तरल पदार्थ, भोजन, रजत एवं बैंगनी रंग के पदार्थों पर प्रभाव डालता है।

शारीरिक दृष्टि से इसका रक्त विकार, त्वचा, रक्ताभाव, जलोदर, पागलपन, मानसिक अस्थिरता, मतिभ्रम, शीत ज्वर, पाचन शक्ति, आंतों पर प्रभाव पड़ता है।

चंद्रमा को काल पुरुष का मन माना गया है।

चंद्रमा का स्वभावः चंद्रमा यदि शुभ स्थिति में हो तो सात्विक, विनम्र, मधुरभाषी, बुद्धिमान, कल्पनाप्रिय, अनुभूतियों और भावनाओं को क्रियात्मक एवं रचनात्मक रूप देना, भ्रमणशील व राजभक्त होता है। यदि चंद्रमा अशुभ स्थिति में होता है तो तामसिक, चंचल, क्रूर, हठी, विश्वासघाती, स्वार्थी, आलसी, स्त्री से शासित होता है।

शुक्र

आंतरिक व्यक्तित्व के प्रथम रूप का प्रतीक शुक्र है। यह सूक्ष्म मानव चेतनाओं की विधेय क्रियाओं का प्रतिनिधित्व करता है। पूर्णबली शुक्र निस्वार्थ प्रेम के साथ प्राणीमात्र के प्रति भ्रातृत्व भावना का विकास करता है। यह सौर परिवार का सबसे चमकीला ग्रह है। दूरबीन से देखने पर यह सफेद दिखाई देता है।

आत्मिक दृष्टि से शुक्र स्नेह, सौंदर्य ज्ञान, आराम, आनंद, विशेष प्रेम, स्वच्छता, परख बुद्धि, कार्यक्षमता आदि पर इसका प्रभाव पड़ता है। इसमें काव्यात्मक और कलात्मक अभिरुचि है।

अनात्मिक दृष्टि से इसका सुंदर वस्तुएं, आभूषण, आनंददायक वस्तुएं, नृत्य–गान, वाद्य, सजावट की वस्तुएं एवं भोगोपभोग की सामग्री आदि पर प्रभाव पड़ता है।

शारीरिक दृष्टि से गला, गुर्दा, आकृति, वर्ण, केश और सौंदर्य से संबंधित, साधारणतया शरीर संचालित करने वाले अंग एवं जननांगों पर इसका प्रभाव पड़ता है। शुक्र से भोग और कामना आदि इच्छा की अभिव्यक्ति होती है। आमोद, प्रमोद और मौज मस्ती एवं भोग विलास इसके पुरुषार्थ का फल है। लेकिन इसमें पवित्रता, शुद्धता व कोमलता भी है। शुक्र को कालपुरुष का काम माना गया है। अतः कामेच्छा का प्रतीक है और धातुरूप में वीर्य का पोषक है।

शुक्र का स्वभावः शुक्र पूर्णतः सांसारिक ग्रह है। यह राजसिक, सर्वगुण संपन्न एवं सामर्थ्यवान है। यह सहयोग और समानता का बोध कराता है। शुक्र समझौतावादी, शांतिप्रिय एवं मैत्री संबंध बनाने वाला ग्रह है। इसकी प्रवृत्ति रचनात्मक है। इसकी कामना या इच्छा अंततः क्रियात्मक शक्ति के रूप में शरीर और मन के द्वारा पुरुषार्थ के रूप में प्रस्फुटित होती है। शुक्र मंगल के साथ उन्मादी व काम जिज्ञासु हो जाता है। प्रशंसा और प्रेम की इच्छा बढ़ जाती है। शुक्र चंद्रमा के साथ मिलनसार, दयालु, उदार व व्यवहारकुशल होता है। सूर्य के साथ यह निष्कपट, सच्चा प्रेमी व प्रकृति प्रेमी बना देता है। बुध के साथ शुक्र कामुक, मधुर भाषी, कलाकार एवं वाक्पटु बनाता है। बृहस्पति के साथ घमंडी, सुसंस्कृत, कवि व विद्वान बनाता है। शनि के साथ लोकप्रिय, धनी, सम्माननीय एवं स्त्री वर्ग से लाभ दिलाने वाला होता है। शुक्र सर्वाधिक बली होने पर व्यक्ति के जीवन पर 24वें से 28 वें वर्ष में विशेष प्रभाव डालता है। यदि इस अवधि में दशा व अन्य ग्रहों की स्थितियां भी अनुकूल हों तो सर्वाधिक उन्नति होती है। भोग व विलास से बचना चाहिए।

बुध

आंतरिक व्यक्तित्व के द्वितीय रूप का प्रतीक बुध है। यह प्रधान रूप से आध्यात्मिक शक्ति का प्रतीक है। इसके द्वारा आंतरिक प्रेरणा, सहैतुक निर्णयात्मक बुद्धि, वस्तु परीक्षण शक्ति और बुद्धिमानी का विश्लेषण किया जाता है। इस प्रतीक में यह विशेषता रहती है कि गंभीरतापूर्वक किए गए विचारों का विश्लेषण बड़े अच्छे ढंग से करता है। यह सौर परिवार का सबसे लघु और चमकदार ग्रह है और सूर्य के अत्यंत निकट है। अन्य ग्रहों के मध्य होने के कारण यह मध्यस्थ और परिवार का कारक भी है। यह सूर्योदय से पहले या सूर्यास्त के बाद आकाश में दृष्टिगोचर होता है। बुध ग्रह सूर्य से अधिकतम 28 अंश तक दूर जा सकता है। सूर्य का निकटवर्ती ग्रह होने के कारण इसे सूर्य का सहायक भी कहते हैं।

आत्मिक दृष्टि से यह समझ, स्मरण शक्ति, खंडन–मंडन शक्ति, सूक्ष्म कलाओं की उत्पादन शक्ति एवं तर्क शक्ति का प्रतिनिधि है। ज्योतिष शास्त्र, चिकित्सा शास्त्र, कला शास्त्र, शिल्प शास्त्र व राजनीति शास्त्र में रुचि होती है।

अनात्मिक दृष्टि से स्कूल–कालेज का शिक्षण, विज्ञान, वैज्ञानिक और साहित्यिक स्थान, प्रकाशन स्थान, संपादक, लेखक, प्रकाशक, व्यापारी एवं बुद्धिजीवियों पर इसका विशेष प्रभाव पड़ता है। हरे रंग और पारा धातु पर भी यह अपना प्रभाव डालता है।

शारीरिक दृष्टि से यह मस्तिष्क, स्नायु क्रिया, जिह्वा, वाणी, हाथ तथा कलापूर्ण कार्योत्पादक अंगों पर प्रभाव डालता है। बुध ग्रह जब जब निर्बल होता है तो वात पित्त कफ विकार, चर्म रोग, कर्ण रोग, गले या नासिका के रोग, बौद्धिक असंतुलन, पीलिया, खुजली, गुप्त रोग, उदर विकार, मधुमेह, मंदाग्नि, संग्रहणी, चेचक व पक्षाघात आदि रोगों से कष्ट होता है। बुध को काल पुरुष की वाणी और बुद्धि माना गया है।

बुध का स्वभावः बुध प्रकृति प्रेमी, काव्य व संगीत में रुचि, हंसमुख, विनोदी स्वभाव, है। यह मंगल की संगति में झूठा और कुटिल हो जाता है। शनि के संसर्ग में वाक्‌पटुता नहीं रहती। पाप ग्रहों के प्रभाव से निरंकुश, स्वेच्छाचारी, विलासी, मद्यपान का शौकीन एवं जिद्‌दी स्वभाव का हो जाता है।

बुध सर्वाधिक बली होने पर व्यक्ति के जीवन पर 32वें से 36वें वर्ष में विशेष शुभ फल देता है। यदि इस अवधि में दशा और अन्य ग्रहों की स्थिति भी अनुकूल हो तो सर्वाधिक उन्नति होती है।

सूर्य

आंतरिक व्यक्तित्व के तृतीय रूप का प्रतीक सूर्य है। यह पूर्ण दैवत्व की चेतना का प्रतीक है। इसकी सात किरणें हैं जो कार्यरूप से भिन्न होती हुई भी इच्छा के रूप में पूर्ण होकर प्रकट होती हैं। यह मनुष्य के विकास में सहायक तीनों प्रकार की चेतनाओं के संतुलित रूप का प्रतीक है। यह पूर्ण इच्छा शक्ति, ज्ञान शक्ति, सदाचार, विश्राम, शांति, जीवन की उन्नति और विकास का प्रतीक है।

आत्मिक दृष्टि से यह प्रभुता, ऐश्वर्य, प्रेम, उदारता, महत्वाकांक्षा, आत्म विश्वास, आत्म नियंत्रण, विचार और भावनाओं का संतुलन एवं सुहृदयता का प्रतीक है।

अनात्मिक दृष्टि से जो व्यक्ति दूसरों पर अपना प्रभाव रखते हैं जैसे– राजा, मंत्री सेनापति, सैन्य विज्ञान, चिकित्सा विज्ञान, आभूषण विज्ञान, औषधि निर्माता, आविष्कारक, पुरातत्ववेत्ता आदि पर अपना प्रभाव डालता है।

शारीरिक दृष्टि से यह हृदय, रक्त संचालन, नेत्र, रक्तवाहक छोटी नसों, दांत, कान आदि का प्रतिनिधि है। प्रायः जब सूर्य शुभ स्थिति में होता है तो सूर्य प्रभावी कम बीमार पड़ते हैं। लेकिन जब गोचर वश निर्बल होता है तो शरीर में पित्त विकार, नेत्र रोग, कर्ण रोग, अस्थि दौर्बल्य, हड्डी टूटना, अग्नि या शस्त्र से चोट, ब्रेन हैमरेज आदि हो सकता है। इसलिए क्रोध, शक्ति से अधिक श्रम, नशीले पदार्थों का सेवन और असंतुलित भोजन से बचना चाहिए। रक्त की शुद्धता एवं सहज प्रवाह पर विशेष ध्यान देना चाहिए।

सूर्य सौर परिवार का प्रमुख ग्रह है और सब ग्रहों का केंद्र है। श्रीमद् भागवत के अनुसार पृथ्वी और स्वर्ग के बीच जहां ब्रह्मांड का केंद्र है, वहां सूर्य स्थित है। सूर्य से चारों ओर पच्चीस करोड़ योजन की दूरी तक ब्रह्मांड के गोलक की सीमा है। सूर्य को आधार मान कर दिशा, आकाश, अंतरिक्ष, भू–लोक तथा अन्य लोकों को जाना जाता है। सूर्य सदैव मार्गी एवं उदय रहने वाला ग्रह है। पृथ्वी के अपनी धुरी पर घूमते रहने के कारण कहीं सूर्य अस्त और कहीं उदय होता है। सूर्य को काल पुरुष की आत्मा माना गया है।

सूर्य का स्वभावः यदि यह शुभ स्थिति में है तो ऐश्वर्यवान, सत्यवादी, कीर्तिवान, आरोग्यवान, अधिकार संपन्न, दयालु, नेतृत्वप्रिय, आत्मविश्वासी, गंभीर एवं प्रतिभा संपन्न होता है। लेकिन जब सूर्य अशुभ स्थिति में हो तो झूठा, कपट से स्वार्थ सिद्धि, अधिकारों का दुरुपयोग, अभिमानी, आत्म प्रशंसा करने वाला, किसी की न सुनने वाला, विश्वासघाती, शक्की एवं जिद्दी बन जाता है।

शनि

अंतःकरण का प्रतीक शनि है। यह बाह्य चेतना और आंतरिक चेतना को मिलाने में सेतु का काम करता है। यह सौर परिवार का सबसे सुंदर ग्रह है। प्रत्येक जीवन में आंतरिक व्यक्तित्व से जो कुछ प्राप्त होता है और जो कुछ मनुष्य के व्यक्तिगत जीवन के अनुभवों से मिलता है, उससे यह मनुष्य को वृद्धिगत करता है। यह प्रधान रूप से अहंकार भावना का प्रतीक होता हुआ भी व्यक्तिगत जीवन के विचार, इच्छा और कार्यों के संतुलन का भी प्रतीक है। विभिन्न प्रतीकों से मिलने पर यह अनेक प्रकार से जीवन के रहस्यों को अभिव्यक्त करता है। उच्च स्थान अर्थात तुला राशि का शनि विचार और भावों की समानता का प्रतीक है।

आत्मिक दृष्टि से यह तात्विक ज्ञान, विचार स्वातंत्रय, नायकत्व, मननशीलता, कर्तव्य परायणता, आत्मसंयम, धैर्य, दृढ़ता, गंभीरता, चरित्रशुद्धि, सतर्कता, विचारशीलता एवं कार्य क्षमता का प्रतीक है।

अनात्मिक दृष्टि से कृषक, कुम्हार, माली, मठाधीश, कृपण, पुलिस अधिकारी, उपवास करने वाले साधु–संन्यासी व्यक्ति, पहाड़ी स्थान, चट्टानी प्रदेश, बंजर भूमि, गुफा, प्राचीन ध्वंस स्थान, श्मशान, कब्रिस्तान एवं चौरस स्थान का प्रतीक है।

शारीरिक दृष्टि से यह पैर, हड्डियां, नीचे के दांत, बड़ी आंत एवं मांसपेशियों पर प्रभाव डालता है।

शनि के गति गुणादि से संबंधित अनेक नाम हैं, जैसे– शनैश्चर, मंद, पंगु, असित, सप्तार्ची, क्रूर लोचना आदि। इस ग्रह का निरूपण काले कपड़े पहने कृशकाय पुरुष के द्वारा होता है। एक पौराणिक कथा के अनुसार, शनि को सूर्य पत्नी छाया का पुत्र कहते हैं। शनि की कुदृष्टि से बचाव के लिए शनि संबंधी यज्ञानुष्ठानों को किया जाता है। शनि को काल पुरुष का दुख माना गया है। कालचक्र में शनि कर्म और उसके परिणाम का प्रतीक है। सूर्य प्रकाश है तो शनि अंधकार। सूर्य जीवन है तो शनि मृत्यु। शनि स्त्री पुरुष के स्नायुमंडल पर विशेष प्रभाव डालता है।

शनि का स्वभावः शनि का संबंध जीवन के कार्यकलाप और उसके परिणाम से है। कर्म के बिना गति संभव नहीं है। गति का मापदंड समय है, और भूतकाल की क्रियाओं का फल वर्तमान में मिलता है, इसलिए शनि काल का प्रतिनिधित्व करते हैं। उन्हें न्यायाधिकारी और दंडाधिकारी भी कहा जाता है। शनि भाग्य का प्रतीक है। भाग्य पुरुषार्थ से बनता व बिगड़ता है। शनि का संबंध जीवन के यम नियमों, नैतिकता और अनुशासन से है। इनकी अवहेलना करने पर शनि कुपित हो जाता है और दंड देता है। शनि सुख, चैन, खुशी, आनंद को अदृश्य कर देता है। यह दरिद्रता, दुख, कष्ट, झंझट, बाधाएं आदि देकर प्रताड़ित करता है। सब कुछ खोकर आत्मानुभूति संन्यास के रूप में परिवर्तित हो जाती है। इसीलिए शनि को संन्यास का कारक भी माना जाता है।

शनि का मंगल के साथ संबंध होने पर व्यक्ति क्रोधी, चिड़चिड़ा व हठी हो जाता है। बुध के साथ होने पर चिड़चिड़ा, चतुर, निडर व निर्लज्ज बना देता है। चंद्र के साथ होने पर मानसिक अस्थिरता, मानहानि, पतन तथा अर्थहानि की संभावना रहती है। सूर्य के साथ रहने पर यह व्यक्ति को स्वार्थी, शंकालु और हीन भावना से ग्रस्त कर देता है। शुक्र के साथ होने पर ईर्ष्या, बाधाएं और वियोग देता है। हालांकि यह उच्च पद भी दिलाता है। बृहस्पति के साथ होने पर यह व्यक्ति को उदासीन, खिन्न और आत्मघाती बनाता है। शुक्ल पक्ष में रात्रि का जन्म हो और शनि वक्री हो तो प्रत्येक राशि में स्थित शनि बली होता है। सूर्य से 15 अंश तक स्थित होने पर सर्वाधिक बली होता है। अशुभ बली शनि अशुभ फल देता है। अशुभ शनि प्रायः दमा, दंतरोग, क्षय, जोड़ों में पैरों व पिंडलियों में दर्द, मृत्यु, दुर्घटना, दरिद्रता, जेल, अस्थिरता, वियोग, दुर्बलता, पदच्युति, विपत्ति और अभाव देता है। शनि सर्वाधिक बली होने पर व्यक्ति के जीवन के 36वें से 42वें वर्ष में विशेष प्रभाव डालता है। यदि इस अवधि में दशा व अन्य ग्रह भी अनुकूल हों तो सर्वाधिक उन्नति होती है।

आचार्य वराहमिहिर के सिद्धांतानुसार भी शरीर चक्र ही ग्रह कक्षावृत है। इस कक्षावृत के द्वादश भाग मस्तक, मुख, वक्षस्थल, हृदय, उदर, कटि, वस्ति, लिंग, जंघा, घुटना,

पिंडली और पैर क्रमशः मेष, वृष, मिथुन, कर्क, सिंह, कन्या, तुला, वृश्चिक, धनु, मकर, कुंभ और मीन के संज्ञक हैं। इन बारह राशियों में भ्रमण करने वाले ग्रहों में आत्मा सूर्य, मन चंद्रमा, धैर्य मंगल, वाणी बुध, विवेक बृहस्पति, वीर्य शुक्र और संवेदन शनि है। अर्थात सात ग्रहों और बारह राशियों की स्थिति देहधारी प्राणी के भीतर ही है। ज्योतिष शास्त्र व्यक्त सौर जगत के ग्रहों की गति, स्थिति आदि के अनुसार, अव्यक्त शरीर स्थित सौर जगत के ग्रहों की गति, स्थिति आदि को प्रकट करता है। प्राचीन भारतीय आचार्यों ने प्रयोगशालाओं के अभाव में अपने दिव्य योगबल और सूक्ष्म शक्ति के द्वारा आभ्यांतर सौर जगत का पूर्ण दर्शन कर आकाश मंडलीय सौर जगत के नियम निर्धारित किए थे। इसी कारण ज्योतिष के फलाफल का विवेचन आज भी विज्ञान सम्मत माना जाता है। इनके अलावा दो ग्रहों राहु और केतु को छाया ग्रह कहा जाता है।

राहु

विप्रचित और सिंहिका का पुत्र दैत्य जो माता के नाम से सैंहिकेय भी कहलाता है। इसके चार भुजाएं और एक पूंछ थी। पुराणों में इसकी अत्यंत रोचक कथा है। जब देव और असुर समुद्र मंथन कर देवता अमृत पान करने चले तो दैत्यों की पंक्ति अलग बना दी थी। तब राहु अपना देव वेष धारण कर देवताओं की पंक्ति में जा बैठा और कुछ अमृत भी पी लिया। तभी सूर्य और चंद्रमा ने उसका भेद जानकर विष्णु जी से कह दिया। विष्णु जी ने तत्काल उसका मस्तक और दो भुजाएं चक्र से काट दी। परंतु अमृतपान करने के कारण वह मारा नहीं जा सका, और अमर हो गया। तब से उसे तारामंडल में स्थान मिला। उसका मस्तक राहु और धड़ केतु कहलाया। सूर्य और चंद्रमा के प्रति अपना विद्रोह वह विस्मरण नहीं कर सका जिससे समय असमय वह उन्हें ग्रस लेता है। राहु और केतु को फलित ज्योतिष में ग्रह माना गया है। राहु को दक्षिण–पश्चिम दिशा का लोकपाल भी कहा गया है। राहु को सौर मंडल का छाया ग्रह और काल पुरुष का दुख माना गया है।

राहु का स्वभाव किसी भी वस्तु या पदार्थ को गति देकर गतिहीन कर देना, कार्य शुरू करके पुनः छोड़ देना, ऐसे भावों का प्रतिनिधित्व राहु करता है। घबराहट, उलझन, परेशानी, असमंजस, जटिलता, समस्या आदि भाव इसमें निहित हैं। यह बल, शक्ति, सामर्थ्य, प्रचंडता, आवेग, क्रोधोन्माद, उत्तेजना, आवेश, हिंसा आदि भावों की अभिव्यक्ति करता है। मानसिक उत्तेजना, कामनाओं व लालची प्रवृत्ति के कारण अनेक बाधाओं व कष्टों का सामना करना पड़ता है। एकाकी जीवन अच्छा लगता है। शुभ प्रवृत्ति होने पर धर्म में सहिष्णु, परोपकार में तत्पर, नम्र एवं उच्च पदासीन होने की इच्छा होती है।

राहु मोक्ष, आकस्मिक धन, खोई हुई वस्तु, गुप्त धन, राजनीति में उच्च पद, विदेश यात्रा, तीक्ष्ण बुद्धि व पितामह का कारक है। राहु लंबा, हृष्ट पुष्ट, धूम्रवर्ण, मैलाकुचैला रहने वाला

व्यावहारिक ग्रह है। राहु के प्रभाव में अवसरवादी, निम्नस्तरीय, प्रेत पिशाच व क्रूर स्त्रियां रहती हैं। उत्तम राशि में यदि राहु 3, 6 व 10वें भाव में हो तो सभी सुख मिलते हैं। राहु का मंगल से संबंध हो तो व्यक्ति अविवेकी, आलसी और कामुक होता है। शुक्र के साथ हो तो चंचल, अस्थिर और विलासी होता है। बुध से संबंध होने पर चतुर, गायक, विवेकी, वाक्पटु, स्वाभिमानी एवं संगीतप्रेमी होता है। चंद्र से संबंध होने पर भावुक, संकीर्ण मनोवृत्ति वाला तथा यात्रा का शौकीन होता है। सूर्य से संबंध होने पर चतुर, विचारक, संतान चिंता व राजदंड का भय रहता है। बृहस्पति से संबंध होने पर सात्विक एवं शांत वृत्ति वाला होता है। शनि से संबंध होने पर जातक मितव्ययी, मित्रद्रोही, आत्मचिंतक, लेखक व लोकप्रिय होता है।

राहु सर्वाधिक बली होने पर व्यक्ति के जीवन के 42वें से 48वें वर्ष में विशेष प्रभाव डालता है। यदि इस अवधि में दशा व अन्य ग्रह भी अनुकूल हों तो सर्वाधिक उन्नति होती है।

राहु की रुचि गुप्त विद्याओं, राजनीति, विद्युत, यांत्रिक, जासूसी, पहलवानी एवं आंदोलनों में होती है। राहु ग्रह से प्रभावी व्यक्ति ओझा, यांत्रिक, पहलवान, उपदेशक, दार्शनिक, नेता, चोर, हत्यारा, जेलर, जल्लाद एवं दंगाई होता है।

राहु और स्वास्थ्यः राहु प्रभावी व्यक्ति को वायु विकार, शरीर के विभिन्न अंगों में दर्द, रक्तालप्ता, मानसिक बीमारी एवं त्वचा रोग होने की विशेष संभावना रहती है। संक्रामक रोग एवं मौसमी बीमारियां परेशान कर सकती हैं। बवासीर, हाथ–पैरों में सूजन, गंडमाला, कुष्ठ, सर्पदंश, विष एवं दिल की बीमारियां हो सकती हैं। यात्राओं में दुर्घटना का भय रहता है।

केतु

केतु सौर मंडल का नौवां और छाया ग्रह है। यह विप्रचित और सिंहिका का पुत्र दानव है, जो मस्तकहीन शरीर माना जाता है। ज्योतिष में इसे दैत्यपुच्छ के रूप में भी जाना जाता है। यह राहु के शरीर का अंग है, जिसका अमृतपान करने पर विष्णु जी ने चक्र से मस्तक काट दिया था। इसे काल पुरुष का दुख माना गया है।

केतु का स्वभाव केतु ग्रह लंबा, ह्रष्ट पुष्ट व धूम्रवर्ण का छाया ग्रह है। इसके सिर नहीं है केवल धड़ है। तंत्र–मंत्र शास्त्र में रुचि होने के कारण इसकी क्रियाएं यांत्रिक हैं। इसलिए यह अन्य ग्रहों की अपेक्षाकृत सर्वाधिक रहस्यमय है। केतु गहरे ध्यान में बैठने का सामर्थ्य रखता है। यह आत्मवादी, सहिष्णु और धैर्यवान है। लेकिन यह व्यक्ति को विश्वासघाती, ह्रदयहीन और कृतघ्न बना देता है। केतु के बारे में अध्ययन बताता है कि यह अचानक ही बहुत कुछ ले लेता है तो अचानक ही बहुत कुछ दे भी देता है। कार्यों में व्यवधान डालना केतु का स्वभाव है। यह अचानक उन्नति या अवनति, दुर्घटना, पदच्युति, घबराहट, उलझन, आर्थिक तंगी और उत्साहहीन करता है। केतु किसी भी राशि को डेढ़ वर्ष में भोग लेता है।

केतु का मंगल के साथ संबंध हो तो व्यक्ति क्रोधी, कपटी, चंचल, कठोर, सहनशील एवं भीरू होता है। चंद्रमा से संबंध हो तो अस्थिर मन, क्लेश, माता को कष्ट और पिता या मित्र

से दुख होता है। बुध से संबंध हो तो क्रूर, वाद–विवाद करने वाला होता है। बृहस्पति से संबंध हो तो पूजा–पाठ, योग ध्यान आदि में रुचि उत्पन्न करता है। शुक्र से संबंध होने पर व्यक्ति आलसी, निरुत्साही व कुटुंब विरोधी होता है। शनि से संबंध होने पर पराक्रमी, परिश्रमी, विद्वान एवं कुशल वक्ता होता है, लेकिन आर्थिक तंगी व उदर रोग से पीड़ित होता है। केतु सर्वाधिक बली होने पर व्यक्ति के जीवन के 48वें से 54वें वर्ष में विशेष प्रभाव डालता है। यदि इस अवधि में दशा और अन्य ग्रह भी अनुकूल हों तो सर्वाधिक उन्नति होती है। केतु के प्रभाव में व्यक्ति दुर्बल होते हैं और पाचन शक्ति कमजोर हो जाती है। काम की अधिकता से घबरा जाते हैं। उनके व्यवहार में चिड़चिड़ापन आ जाता है। प्रायः ये चर्म रोग, कुष्ठ, गर्भस्राव, जलोदर, खांसी, सर्दी जुकाम, गुप्तरोग, पथरी, स्नायु दुर्बलता से शारीरिक कष्ट उठाते हैं।

ग्रहों का उदय और अस्त

सूर्य की प्रचंड शक्ति या प्रकाश के आगे जब अन्य ग्रहों की शक्ति मंद पड़ जाती है और वह ग्रह क्षितिज पर दिखाई नहीं देता तो उसे अस्त स्थिति में कहा जाता है। अर्थात् जब किसी ग्रह का सूर्य से निश्चित अंशयात्मक दूरी का फासला नहीं होता है तो यह अस्त हो जाता है। इस अवस्था में ग्रह अशुभ फलदायक होते हैं। जब ग्रह निश्चित अंशयात्मक दूरी पर होता है तो उसे उदित कहा जाता है। अस्त ग्रह निर्बल होता है। इसकी दशा लगते ही अशुभ और कष्टदायी स्थितियां आती हैं। यदि अस्त ग्रह पर किसी शुभ ग्रह की दृष्टि नहीं है तो उस भाव का परिणाम भी अशुभ ही होता है। और यदि अस्त ग्रह पर किसी शुभ ग्रह की दृष्टि हो तो अशुभ फल नहीं होते, लेकिन वह उच्च, मूल, त्रिकोण, स्वग्रही या मित्र राशिगत होना चाहिए।

अस्त होने का दोष सूर्य के अलावा सभी ग्रहों को लगता है। समस्त आठों ग्रह 3 या इससे कम अंश या दूरी पर ही अस्त होते हैं। जो ग्रह सूर्य के बराबर या उसके पास की डिग्रियों पर होता है, उसे पूर्ण अस्त कहा जाता है। जो ग्रह सूर्य से 8 अंश पर होते हैं, उन्हें अर्द्ध अस्त कहा जाता है। जो ग्रह सूर्य से 15 अंश पर होते हैं, उन्हें पूर्ण उदित कहा जाता है। उदित ग्रह बलवान अर्थात् बली होता है। इनका पूर्ण लाभ तभी मिलता है, जब ये उच्च, मूल त्रिकोण, स्वग्रही, अतिमित्र या मित्र राशि में हों तथा ये 10 से 22 अंश के बीच हों। इसके विपरीत यदि नीच, शत्रु, अतिशत्रु राशि में हों तथा वक्री भी हो तथा 10 से 22 अंश वाले हों तो उदित होकर भी अशुभ परिणाम देंगे। यदि ये कमजोर अर्थात् 10 अंश से कम तथा 22 अंश से अधिक हों तो अशुभ फल में डिग्रियों के अनुसार कमी होगी। अतः शुभ फल तभी मिलता है, जब उदित ग्रह शुभ राशियों में 10 से 22 अंश तथा अशुभ राशियों में मृत अवस्था 29 या 2 अंश में हों।

पंचतारा ग्रह

पृथ्वी के अपनी धुरी पर 24 घंटे में पश्चिम से पूर्व की ओर घूमने के कारण सूर्य हमेशा पूर्व में उदय और पश्चिम में अस्त होता है। जब अपनी कक्षाओं में भ्रमण करते हुए मंगलादि पांच ग्रह सूर्य के समीप आते हैं, तो सूर्य की तीव्र प्रभा के कारण ग्रह का आकाश में

दृष्टिगत होना बंद हो जाता है। इसी को अस्त कहते हैं। जब ग्रह सूर्य से दूर निकलकर दिखाई देता है, तो उसे उदय कहते हैं।

पृथ्वी के प्रत्येक स्थान पर क्रांतिवृत्त का 180 अंश हमेशा दृष्टिगोचर होता है। अतः जो ग्रह इस दृश्य भाग में होंगे हम केवल उन्हें ही देख पाते हैं। जो ग्रह सूर्य से आगे या पीछे कुछ अंतर 7 या 8 अंश से अधिक की दूरी पर स्थित हों वे ही सूर्योदय के पहले या सूर्यास्त के बाद दिखाई देते हैं। यदि सूर्य वृष राशि में 10 अंश पर स्थित है तथा शुक्र मेष राशि में 28 अंश पर और बृहस्पति वृष राशि में 28 अंश पर है, तो स्पष्ट है कि शुक्र सूर्य से 12 अंश पीछे पश्चिम की ओर स्थित है। अतः शुक्र सूर्योदय के समय पूर्वी क्षितिज से 12 अंश की ऊंचाई पर दिखाई देगा। चूंकि बृहस्पति सूर्य से 18 अंश आगे पूर्व की ओर स्थित है, अतः बृहस्पति सूर्यास्त के समय पश्चिमी क्षितिज से 18 अंश की ऊंचाई पर स्पष्ट दिखाई देगा।

आंतरिक ग्रह

बुध एवं शुक्र पृथ्वी की अपेक्षा तीव्र गति वाले हैं। जब ये मार्गी गति कर रहे होते हैं, तो अपने से आगे पूर्व की ओर जा रहे सूर्य को जा मिलते हैं। ऐसी स्थिति में अस्त होने से पहले सूर्य से पीछे पश्चिम की ओर स्थित होते हैं, तब इन्हें सूर्योदय से पहले पूर्वी क्षितिज में देखा जा सकता है। दिन– प्रतिदिन सूर्य से इनका अंतर कम होने के कारण ये सांध्य प्रभा में प्रविष्ट होकर अस्त हो जाते हैं। अस्त होने के कुछ दिनों के बाद मार्गी आंतरिक ग्रह अपनी तीव्र गति से सूर्य से आगे पूर्व दिशा में निकलकर सूर्य के प्रभामंडल के बाहर पुनः दैदीप्यमान हो उठते हैं। ऐसी स्थिति में वे सूर्यास्त के बाद पश्चिमी क्षितिज के ऊपर दिखाई देते हैं।

मंगलादि ग्रह

ये ग्रह पृथ्वी की अपेक्षा कम गति वाले होने के कारण राशि चक्र में पश्चिम से पूर्व की ओर चलते हुए दिखाई पड़ते हैं। जब बाह्य ग्रह अस्त होने के पहले सायंकाल में सूर्यास्त के बाद पश्चिमी क्षितिज पर दिखाई देते हैं, तब वे पश्चिम में ही अस्त होते हैं। कुछ दिनों के बाद तीव्र गति से सूर्य उससे कई अंश आगे निकल जाता है, तब वे सूर्य के प्रभामंडल के बाहर सूर्य से पीछे पश्चिम की ओर सूर्योदय से पहले पूर्व क्षितिज पर उदय होते हैं। अतः स्पष्ट है कि बाह्य ग्रह हमेशा पूर्व में उदित और पश्चिम में अस्त होते हैं। जबकि आंतरिक ग्रह कभी पूर्व में तो कभी पश्चिम में अस्त या उदय होते हैं।

ग्रहों की अस्त अवधि

चंद्रमाः सबसे तेज गति का ग्रह होने के कारण चंद्रमा एक मास में केवल दो दिन अस्त होता है।

मंगलः यह केवल 118 दिन अस्त रहता है।

बुधः यह सूर्य के सबसे निकटतम ग्रह है। बुध व सूर्य के मध्य अधिकतम दूरी 28 अंश होने के कारण बुध सबसे ज्यादा समय तक अस्त रहता है। बुध 150 दिन तक अस्त रहता है।

बृहस्पतिः यह केवल 28 दिन अस्त रहता है।

शुक्रः यह केवल 53 दिन अस्त रहता है।

शनिः यह केवल 57 दिन अस्त रहता है।

वक्री होने पर मंगल, बृहस्पति व शनि अस्त नहीं होते, लेकिन शुक्र 5 दिन और बुध 21 से 33 दिनों तक अस्त रहता है।

ग्रहों के अस्तोदय के फल

सूर्यः सूर्य आठों ग्रहों का राजा है और कभी अस्त नहीं होता, लेकिन चूंकि पृथ्वी अपनी धुरी पर घूमती हुई 24 घंटे में एक चक्कर लगाती है, अतः सूर्य हमें 12 घंटे ही दिखाई देता है। इसलिए सूर्योदय या सूर्यास्त होते हैं। पृथ्वीवासियों का जीवन सूर्य की शक्ति से ही चल रहा है, अतः सूर्य दिन में बली होता है। दिन में भी 12 बजे अभिजित मुहूर्त में पूर्ण बली होता है। जन्मकुंडली में सूर्य दसवें भाव में पूर्ण बली माना जाता है। सूर्य दसवें भाव का कारक होता है। रात्रि में सूर्य निर्बल रहता है।

चंद्रमाः मनुष्य के शरीर में सबसे अधिक मात्रा जल की होती है। राहु, केतु और शनि भी चंद्रमा की भांति रात्रि में बली होते हैं। अतः भूत प्रेत ऊपरी हवा अर्थात् राहु मन अर्थात् चंद्रमा को खराब कर देता है। क्योंकि ऊपरी बाधा राहु, केतु एवं चंद्रमा जल तत्व में परस्पर शत्रुता है। यदि जन्मकुंडली में चंद्रमा अस्त अर्थात् अमावस्या हो तो इसकी दशा में माता एवं सभी भौतिक सुखों जैसे भूमि, भवन, वाहन, भौतिक सुख सुविधाओं की कमी रहती है। मन चंचल रहता है, क्योंकि जन्मकुंडली में चंद्रमा चौथे भाव एवं माता–पिता तथा मन का कारक है। इसके अलावा स्त्री सुख में कमी, व्यापार में हानि, दुर्घटना का भय रहता है।

विभिन्न लग्न राशि में अस्त चंद्र के फल–

राशि	फल
मेष	मातृ सुख में कमी तथा भौतिक सुखों में कमी।
वृष	भाई–बहन एवं मित्र के सहयोग, पराक्रम और साहस में कमी।
मिथुन	धन एवं पारिवारिक सुख में कमी।
कर्क	रोग पीड़ा, यश प्रसिद्धि में कमी, शारीरिक व मानसिक पीड़ा।
सिंह	व्यय में वृद्धि तथा जेल से हानि।
कन्या	आय से लाभ में कमी।
तुला	कॅरिअर में बाधा, पिता के सुख में कमी।
वृश्चिक	भाग्य संबंधी बाधाएं, कार्यों में असफलता।
धनु	आयु, मृत्युतुल्य कष्ट, दुर्घटना के योग, ससुराल संबंधी हानि।
मकर	विवाह, पति–पत्नी सुख में कमी।
कुंभ	रोग, ऋण, शत्रु में वृद्धि।
मीन	शिक्षा में बाधा, संतान सुख में कमी।

मंगलः यदि जन्मकुंडली में मंगल ग्रह अस्त हो तो इसकी दशाओं में शारीरिक एवं मानसिक कष्ट अधिक होता है। मंगल रक्त का कारक होता है, अतः मंगल सीधे रक्तवाहिनी धमनी और शिराओं पर सीधा प्रभाव डालता है। विभिन्न राशि लग्न में अस्त मंगल का प्रभाव–

राशि	**फल**
मेष	शारीरिक, मानसिक कष्ट, रोग, आयु, मृत्युतुल्य कष्ट, यश में कमी।
वृष	व्यय में अधिकता, कारावास का भय, विवाह एवं पति–पत्नी सुख में कमी।
मिथुन	आय लाभ में कमी, रोग, ऋण एवं शत्रु में वृद्धि।
कर्क	राज्य सरकार, प्रोन्नति, कॅरिअर में बाधा, पितृ व संतान सुख में कमी।
सिंह	भाग्य बाधा के साथ मातृ सुख में कमी, भौतिक सुखों में कमी।
कन्या	आयु, मृत्युतुल्य कष्ट, भाई–बहन के सुख में कमी, पराक्रम में कमी।
तुला	धन, पारिवारिक सुख तथा भोग विलास में कमी।
वृश्चिक	शारीरिक, मानसिक कष्ट, रोग, पीड़ा तथा यश में कमी।
धनु	व्यय अधिक, कारावास का भय, शिक्षा में बाधा, संतान सुख में कमी।
मकर	मातृ सुख एवं भौतिक सुखों में कमी, आय लाभ में कमी।
कुंभ	भाई–बहन, पिता के सुख में कमी, नौकरी में हानि।
मीन	धन एवं पारिवारिक सुख में कमी, भाग्य और सफलता में बाधा।

बुधः बुध ग्रह सूर्य की सबसे निकटतम कक्षा का सबसे छोटा ग्रह है। अतः यह अधिकांशतः अस्त ही रहता है। यह कुछ भ्रमण के बाद सूर्य से एक निश्चित अंश तक ही अलग रहता है, जिससे इसे अस्त होने का दोष नहीं लगता। जन्मकुंडली में सूर्य एवं बुध की युति होती है, तो इसे शुभ बुधादित्य योग कहते हैं। अस्त बुध की विभिन्न दशाओं में विद्या, धन, बुद्धि, विवेक, वाणी सुख में कमी होती है। इसके अलावा यह श्वांस, दमा, खांसी, कठोर परिश्रम आदि कष्ट देता है। विभिन्न राशि लग्न में अस्त बुध का फल–

राशि	**फल**
मेष	भाई–बहन, मित्र के सुख में कमी, पराक्रम में कमी, रोग, ऋण, शत्रु में वृद्धि।
वृष	बुद्धि, धन, ज्ञान में कमी, संतान एवं पारिवारिक सुख में कमी।
मिथुन	शारीरिक पीड़ा, मानसिक कष्ट, बुद्धि विवेक में कमी, यश में कमी।
कर्क	भाई–बहन, मित्र के सुख में कमी, पराक्रम में कमी, कारावास भय।
सिंह	धन, आय में कमी, पारिवारिक सुख में कमी, भोग विलास में कमी।
कन्या	शारीरिक व मानसिक कष्ट, पितृ सुख में कमी, रोग पीड़ा, प्रोन्नति में बाधा।
तुला	भाग्य में बाधा, कारावास भय, कार्यों में असफलता का योग, व्यय अधिक।
वृश्चिक	आयु, मृत्युतुल्य कष्ट, दुर्घटना एवं लाभ में कमी।
धनु	पितृ, पति–पत्नी सुख में कमी, साझीदारी से हानि, कॅरिअर व प्रोन्नति में बाधा।
मकर	रोग, ऋण, शत्रु में वृद्धि, भाग्य में बाधा, कार्यों में असफलता।
कुंभ	संतान सुख में कमी, शिक्षा में बाधा, आयु में कमी, दुर्घटना।
मीन	मातृ, पति–पत्नी सुख में कमी, भौतिक सुखों में कमी।

बृहस्पतिः जब जन्मकुंडली में बृहस्पति अस्त हो तो इसकी विभिन्न दशाओं में आध्यात्मिक ज्ञान, शिक्षा, भक्ति, धर्म, भाग्य, धन, संतान आदि के सुख में कमी आती है। क्योंकि बृहस्पति इनका कारक है। इसके अलावा बृहस्पति स्वास्थ्य पर भी प्रभाव डालते हैं। स्वास्थ्य की दृष्टि से बुखार, नाभि के ऊपरी भाग में पीड़ा, शारीरिक एवं मानसिक कमजोरी, मोटापा आदि होते हैं।

बृहस्पति स्त्रियों की जन्मकुंडली में पति, विवाह एवं वैवाहिक जीवन का कारक होता है, अतः अस्त बृहस्पति विवाह में बाधा, विलंब, सगाई टूटना, मनोकूल पति का न मिलना, गृह क्लेश आदि का होना, दांपत्य जीवन में परेशानी, तलाक या अलगाव आदि अशुभ घटनाएं होती हैं।

अस्त बृहस्पति के कारण ही पति एवं पारिवारिक सुख में कमी आती है। सुख सहयोग में कमी आती है। विभिन्न राशि लग्न में अस्त बृहस्पति का फल–

राशि	फल
मेष	भाग्य में बाधा, व्यय अधिक, कारावास का भय, भक्ति और धर्म में अरुचि।
वृष	आय एवं लाभ में कमी, मृत्युतुल्य कष्ट, दुर्घटना में वृद्धि, आयु में कमी।
मिथुन	पितृ, पति–पत्नी सुख में कमी, कॅरिअर और साझीदारी में हानि।
कर्क	रोग, ऋण, शत्रु में वृद्धि, भाग्य में बाधा, कार्यों में असफलता।
सिंह	शिक्षा में बाधा, संतान सुख में कमी, मृत्युतुल्य कष्ट, आयु की हानि।
कन्या	मातृ एवं विवाह पति पत्नी सुख में कमी, भौतिक सुख सुविधाओं में कमी।
तुला	रोग, ऋण, शत्रु में वृद्धि, भाई–बहन, मित्र के सुख में कमी, साहस की कमी।
वृश्चिक	धन एवं पारिवारिक सुख में कमी, शिक्षा एवं संतान सुख में बाधा।
धनु	शारीरिक एवं मानसिक कष्ट, मातृ एवं भौतिक सुखों में कमी।
मकर	व्यय अधिक, कारावास का भय, पराक्रम में कमी, भाई–बहन, मित्र सुख में कमी
कुंभ	धन आय में कमी, पारिवारिक सुख में कमी, रोगादि कष्ट।
मीन	स्वास्थ्य हानि, पितृ पक्ष से हानि, राज्य से हानि, नौकरी में परेशानी।

शुक्रः जन्मकुंडली में जब शुक्र ग्रह अस्त हो तो इसकी दशा बहुत कष्टदायी होती है। इसकी दशाओं में शुक्र जिन भावों का स्वामी होता है उनमें अशुभ फलदायी होता है। भोग विलास में बाधाएं व कमी आती है। असुरों का गुरु ग्रह होने के कारण सूर्य का परम शत्रु है, और अनिष्ट परिणाम देता है। विभिन्न राशि लग्न में अस्त शुक्र का फल–

राशि	फल
मेष	पति–पत्नी, पारिवारिक एवं रति सुख में कमी, विवाह में बाधा, तलाक।
वृष	शारीरिक एवं मानसिक कष्ट, रोग पीड़ा, अशक्तता, सौंदर्य में कमी।
मिथुन	संतान सुख में बाधा, शिक्षा में बाधा, कारावास का भय, व्यय अधिक।
कर्क	मातृ सुख में कमी, भौतिक सुख भोग विलास में कमी, धन लाभ में कमी।
सिंह	पितृ पक्ष, भाई–बहन, मित्र के सुख में कमी, पराक्रम में कमी, कॅरिअर में बाधा

कन्या	भाग्य में बाधा, भक्ति व धर्म में अरुचि, पारिवारिक सुख में कमी।
तुला	शारीरिक एवं मानसिक कष्ट, मृत्युतुल्य कष्ट, सौंदर्य में कमी, साहस में कमी।
वृश्चिक	पति पत्नी के सुख में कमी, व्यय अधिक, कारावास का भय।
धनु	धन लाभ में कमी, रोग, ऋण, शत्रु में वृद्धि, व्यापार आदि में हानि।
मकर	संतान एवं पितृ पक्ष के सुख में कमी, शिक्षा एवं कॅरिअर में बाधा।
कुंभ	भाग्य में बाधा, बनते हुए कार्यों में बाधा, भौतिक एवं पारिवारिक सुखों में कमी।
मीन	भाई बहन के सुख में कमी, साहस में कमी, मृत्युतुल्य कष्ट, आयु में कमी।

बृहस्पति और शुक्र दोनों ग्रह विवाह और दांपत्य सुख से जुड़े हैं। अतः जन्मकुंडली में इन दोनों के अस्त होने से विवाह और रति सुख में बाधा आती है। संतान सुख में भी बाधा आती है। ज्योतिष शास्त्र में इन दोनों ग्रहों को शुभ एवं सौम्य ग्रह माना गया है। यद्यपि शुक्र असुरों के और बृहस्पति देवताओं के गुरु हैं। मांगलिक कार्यों में इन दोनों का उदय होना आवश्यक है।

शनिः जन्मकुंडली में जब शनि अस्त होता है, या गोचर में अस्त होता है तो इसकी दशाओं में पिता पुत्र के मध्य संबंध खराब होते हैं। रोग पीड़ा, धन में कमी, शरीर में अपंगता, विशेषकर नाभि के नीचे, पैर में, वायु विकार, स्नायु तंत्र में रोग आदि परेशानी देता है। शनि दंड नायक भी हैं, अतः बुरे कार्यों का फल मिलना प्रारंभ हो जाता है। शनि जब उदय होते हैं, तो शुभ फल देते हैं। विभिन्न राशियों व लग्न में अस्त शनि का फल–

राशि	**फल**
मेष	आय, लाभ में कमी, पिता पक्ष से हानि, कॅरिअर और प्रोन्नति में बाधाएं।
वृष	कॅरिअर में बाधा, भाग्य में बाधा, कार्यों में असफलता, भक्ति व धर्म में अरुचि।
मिथुन	आयु में कमी, मृत्युतुल्य कष्ट, दुर्घटना, दुर्भाग्य।
कर्क	पति–पत्नी के सुख में कमी, आयु में कमी।
सिंह	रोग, ऋण, शत्रु में वृद्धि, वैवाहिक सुख में कमी, आय का अभाव।
कन्या	संतान सुख में कमी, शिक्षा में बाधा, शत्रु प्रभावी।
तुला	मातृ पक्ष के सुख में कमी, विद्या में बाधा, संतान से कष्ट।
वृश्चिक	भाई–बहन, मित्र के सुख में कमी, मातृ एवं भौतिक सुखों में कमी।
धनु	परिवारिक एवं मित्रों के सुख में कमी, धन लाभ में कमी, भोगविलास में कमी।
मकर	शारीरिक एवं मानसिक कष्ट, धन एवं भौतिक सुखों में कमी।
कुंभ	यश, कीर्ति में कमी, शारीरिक पीड़ा, व्यय अधिक, आय में कमी।
मीन	व्यय अधिक, कारावास का भय, शारीरिक पीड़ा।

शरीर चक्र और सौर मंडल

आचार्य वराहमिहिर के सिद्धांतों का मनन करें तो ज्ञात होता है कि शरीर चक्र ही ग्रह कक्षावृत्त है। इस कक्षावृत्त के बारह भाग मस्तक, मुख, वक्षस्थल, हृदय, उदर, कटि, वस्ति, लिंग, जंघा, घुटना, पिंडली और पैर क्रमशः मेष, वृष, मिथुन, कर्क, सिंह, कन्या, तुला, वृश्चिक, धनु, मकर, कुंभ और मीन संज्ञक हैं। इन बारह राशियों में भ्रमण करने वाले ग्रहों में आत्मा सूर्य, मन चंद्रमा, धैर्य मंगल, वाणी बुध, विवेक बृहस्पति, वीर्य शुक्र और संवेदन शनि है। वराहमिहिर ने कहा है कि शरीर के अंदर इस चक्र का भ्रमण आकाश स्थित सौर मंडल के नियमों के आधार पर ही होता है। ज्योतिष शास्त्र सौर जगत के ग्रहों की गति, स्थिति आदि के अनुसार, अव्यक्त शरीर स्थित सौर जगत के ग्रहों की गति और स्थिति आदि को प्रकट करता है। इसलिए इस शास्त्र द्वारा निरूपित फलों का मानव जीवन से गहरा संबंध है।

ज्योतिष शास्त्र को ज्योतिः शास्त्र भी कहा गया है, जिसका अर्थ है प्रकाश देने वाला। अर्थात् यह संसार का मर्म, जीवन–मरण का रहस्य और जीवन के सुख–दुख के बारे में वर्णन करने वाला शास्त्र है। मनुष्य का वर्तमान जीवन उसके पूर्व संकल्पों और कामनाओं का परिणाम है तथा इस जीवन में वह जैसा संकल्प करता है, वैसा ही यहां से जाने पर बन जाता है। पूर्ण प्राणमय, मनोमय, प्रकाशरूप एवं समस्त कामनाओं और विषयों के अधिष्ठानभूत ब्रह्म का ध्यान करना चाहिए। ऐसा छांदोग्य उपनिषद में कहा गया है। इससे स्पष्ट है कि ज्योतिष के तत्वों के आधार पर वर्तमान जीवन का निर्माण कर प्रकाशरूप ज्योति स्वरूप ब्रह्म का सान्निध्य पाया जा सकता है। सुख और दुख के घात–प्रतिघात मानव जीवन को दृढ़ता प्रदान करते हैं। भारतीय ज्योतिष शास्त्र के दो लक्ष्य रहे हैं– व्यावहारिक और पारमार्थिक। काल समय को ब्रह्म पुरुष माना गया है, और ग्रहों की रश्मियों के स्थितिवष इस पुरुष के उत्तम, मध्यम, उदासीन एवं अधम चार अंग माने गए हैं। समस्त जगत सत्व, रज और तमोमय है। जिन ग्रहों में सत्वगुण अधिक रहता है, उनकी किरणें अमृतमयी, जिनमें रजोगुण अधिक रहता है, उनकी किरणें अभयगुण मिश्रित और जिन ग्रहों में तमोगुण अधिक होता है, उनकी किरणें गुणहीन मानी गई हैं। आकाश में प्रतिक्षण अमृत रश्मि सौम्य ग्रह अपनी गति से जहां–जहां जाते हैं, उनकी किरणें भू–मंडल के उन प्रदेशों पर पड़कर वहां रहने वाले निवासियों के स्वास्थ्य, बुद्धि आदि पर अपना सौम्य प्रभाव डालती हैं। इसी प्रकार विषमय किरणों वाले क्रूर ग्रह अपनी गति से गमन करते हुए अपने दुष्प्रभाव से वहां के निवासियों के स्वास्थ्य, बुद्धि आदि पर बुरा प्रभाव डालते हैं।

जन्म के समय उस विशेष स्थान पर जिन–जिन रश्मि वाले ग्रहों की प्रधानता होती है, जातक का स्वभाव भी वैसा ही बन जाता है। चार वर्णों की उत्पत्ति भी ग्रहों के संबंध से होती है। जिन व्यक्तियों का जन्म कालपुरुष के उत्तमांग अमृतमयी रश्मियों के प्रभाव से होता है वे पूर्ण बुद्धि, सत्यवादी, अप्रमादी, स्वाध्यायशील, जितेंद्रिय, मनस्वी अर्थात् ब्राह्मण होते हैं। जिनका जन्म कालपुरुष के मध्यमांग रजोगुणाधिक्य रश्मियों के प्रभाव से होता है, वे मध्य बुद्धि वाले, तेजस्वी, शूरवीर, प्रतापी, निर्भय, स्वाध्यायशील, साधु और दुष्टनिग्राहक अर्थात् क्षत्रिय होते हैं। और जिनका जन्म उदासीन अंग गुणत्रय की अल्पता वाली किरणों के प्रभाव से होता है,

वे उदासीन बुद्धि, व्यवसायकुशल, पुरुषार्थी, स्वाध्यायरत एवं संपत्तिशाली अर्थात वैश्य होते हैं। एवं जिनका जन्म अधमांग तमोगुणाधिक्य रश्मियों वाले ग्रहों के प्रभाव में होता है, वे विवेकशून्य, दुर्बुद्धि, व्यसनी, सेवावृत्ति एवं हीनाचरण वाले अर्थात् शूद्र कहे गए हैं। ज्योतिष की यह वर्ण व्यवस्था वंश परंपरा से आगत वर्ण व्यवस्था से भिन्न है, क्योंकि हीन वर्ण में जन्मा व्यक्ति भी ग्रहों की रश्मियों के प्रभाव से उच्च वर्ग का हो सकता है। मानव जिस ग्रह–नक्षत्र वातावरण के तत्व प्रभाव विशेष में उत्पन्न और पोषित होता है, उसमें उसी तत्व की विशेषता रहती है। ग्रहों की स्थिति की विलक्षणता के कारण अन्य तत्वों का न्यूनाधिक प्रभाव होता है। ग्रह रश्मियों का प्रभाव केवल मानव पर ही नहीं बल्कि वन्य, स्थलज एवं उद्भिज्ज आदि पर भी पड़ता है। ज्योतिष शास्त्र में मुहूर्त, समय विधान की जो व्यवस्था है वह ग्रह नक्षत्रों की अमृत, विष एवं उभय गुण वाली रश्मियों का प्रभाव सदा एक जैसा नहीं रहता। गति की विलक्षणता के कारण किसी समय में ऐसे नक्षत्र और ग्रहों वातावरण रहता है जो अपने गुण और तत्वों की विशेषता के कारण किसी विशेष कार्य की सिद्धि के लिए उपयुक्त हो सकते हैं।

रत्नों का प्रभाव

ग्रहों के अनिष्ट को दूर करने के लिए रत्न धारण करने की परिपाटी भी निरर्थक नहीं है। इसके पीछे विज्ञान का रहस्य छिपा है। सौर मंडलीय वातावरण का प्रभाव पाषाणों के रंग–रूप, आकार–प्रकार, एवं पृथ्वी, जल, अग्नि आदि तत्वों में से किसी एक तत्व की प्रधानता पर पड़ता है। समगुण वाली रश्मियों के ग्रहों से पुष्ट और संचालित व्यक्ति को वैसी ही रश्मियों के वातावरण में उत्पन्न रत्न धारण कराया जाए तो वह उचित परिणाम देता है। और विपरीत प्रभाव का रत्न धारण करने से वह मनुष्य के लिए विषम हो जाएगा। कृष्ण पक्ष में उत्पन्न व्यक्तियों को चंद्रमा का अरिष्ट होता है। अर्थात् जिन्हें चंद्रमा की अमृतमयी रश्मियों की शक्ति उपलब्ध नहीं होती, उनके शरीर में कैल्शियम की कमी रहती है। उक्त कमी को पूरा करने के लिए मोती का प्रयोग उत्तम रहता है। इसीलिए ज्योतिषी चंद्रमा से पीड़ित व्यक्ति को मोती पहनने का निर्देश देते हैं। नव ग्रहों का संबंध नवरत्नों से है। जिस प्रकार एक साधारण लैंस सूर्य की किरणों के गुणों को संघनित कर कागज या लकड़ी को जला सकता है, उसी प्रकार रत्न भी विशेष ग्रहों की रश्मियों को ग्रहण कर अधिक मात्रा में शरीर में पहुंचाने का कार्य करते हैं। व्यक्ति को जिस ग्रह का कम प्रभाव मिल रहा हो, उस ग्रह से संबद्ध रत्न पहनाने से उस ग्रह की रश्मियों के द्वारा उसे लाभ पहुंचाया जा सकता है। इस प्रकार ग्रहों के शुभाशुभ फल में रत्नों का भी विशेष योगदान है। रत्नों के बारे में आयुर्वेद में भी काफी लिखा गया है। रत्नों की भस्म और पिष्टी विभिन्न रोगों में लाभकारी होती है।

अदृष्ट को पुष्ट या न्यून करना

ज्योतिष के द्वारा ग्रहों के स्वभाव और गुणों के द्वारा भावी सुख–दुख को पहले से ज्ञात कर सजग रहते हुए आगामी दुख को सुख में परिणित किया जा सकता है। यदि ग्रहों का फल अनिवार्य रूप से भोगना पड़े, पुरुषार्थ को व्यर्थ मानें तो फिर इस जीवन पर कभी मुक्तिलाभ हो ही नहीं सकेगा। मेरा दृढ़ विश्वास है कि जहां पुरुषार्थ प्रबल होता है, वहां

अदृष्ट को टाला जा सकता है, अथवा उसे न्यून किया जा सकता है। कहीं–कहीं पुरुषार्थ अदृष्ट को पुष्ट करने वाला भी होता है। लेकिन जहां अदृष्ट अत्यंत प्रबल होता है और पुरुषार्थ न्यून रूप में किया जाता है, वहां अदृष्ट की अपेक्षा पुरुषार्थ हीन पड़ जाने से अदृष्टजन्य फलाफल अवश्य भोगने पड़ते हैं। अतः यह निश्चित है कि ज्योतिष शुभाशुभ फलों की सूचना देता है, क्योंकि ग्रहों की गति के कारण उनकी विष एव अमृत रश्मियों की सूचना मिल जाती है। इस सूचना का यदि सदुपयोग किया जाए तो ग्रहों के फलों का परिवर्तन करना संभव हो सकता है।

नवग्रहों की समिधाएं

सूर्य– आक, चंद्र– ढाक, मंगल– खैर, बुध– अपामार्ग, बृहस्पति– पीपल, शुक्र– गूलर, शनि– शमी, राहु– दूर्वा, केतु– कुशा।

नवग्रहों के रत्न

सूर्य– माणिक्य, चंद्रमा– मोती, मंगल– मूंगा, बुध– पन्ना, बृहस्पति– पुखराज, शुक्र– हीरा, शनि– नीलम।

नवग्रहों के बीज मंत्र

ग्रह	**बीज मंत्र**
सूर्य	ॐ ह्रां ह्रीं ह्रौं सः सूर्याय नमः
चंद्र	ॐ श्रां श्रीं श्रौं सः चंद्रमसे नमः
मंगल	ॐ क्रां क्रीं क्रौं सः भौमाय नमः
बुध	ॐ ब्रां ब्रीं ब्रौं सः बुधये नमः
बृहस्पति	ॐ ग्रां ग्रीं ग्रौं सः गुरवे नमः
शुक्र	ॐ द्रां द्रीं द्रौं सः शुक्राय नमः
शनि	ॐ प्रां प्रीं प्रौं सः शनिश्चराय नमः
राहु	ॐ भ्रां भ्रीं भ्रौं सः राहवे नमः
केतु	ॐ स्रां स्रीं स्रौं सः केतवे नमः

नवग्रहों की अधिष्ठात्री देवी

दस महाविद्याओं की उपासना ग्रहों की शुभता की अभिवृद्धि के लिए की जाती है। विभिन्न ग्रहों की अधिष्ठात्री महाविद्याओं का विवरण निम्न है–

काली– शनि, तारा– बृहस्पति, षोडशी– बुध, भुवनेश्वरी– चंद्रमा, छिन्नमस्ता– राहु, त्रिपुर भैरवी– लगन, बगलामुखी– मंगल, धूमावती– केतु, मातंगी– सूर्य, कमला– शुक्र।

•

ज्योतिष शास्त्र का उद्भव

आकाश में दृष्टि डालते ही मस्तिष्क में उत्कंठा उत्पन्न होती है कि ये ग्रह, नक्षत्र क्या हैं। तारे क्यों टूटकर गिरते हैं और पुच्छल तारे क्या हैं। मनोवैज्ञानिक आधार से विश्लेषण करें तो ज्ञात होता है कि इसी जिज्ञासा ने ही मानव को ज्योतिष शास्त्र के गंभीर रहस्योद्‌घाटन के लिए प्रवृत्त किया होगा। इस सृष्टि के बारे में ऋग्वेद में लिखा है–

सृष्टि के आदिकाल में न सत् था न असत्य, न वायु थी न आकाश, न मृत्यु थी और न अमरता, न रात थी न दिन, उस समय केवल वही एक था जो वायुरहित स्थिति में भी अपनी शक्ति से सांस ले रहा था। उसके अतिरिक्त कुछ नहीं था।

–ऋग्वेद (नासदीयसूक्त) 10–129

विश्व विश् धातु से बना है, और इसी धातु से विष्णु बनता है। ब्रह्मांड समूचे विश्व का दूसरा नाम है। इसमें जीव और निर्जीव दोनों सम्मिलित हैं। संसार जन्म और मृत्यु के क्रम को कहते हैं। जगत का अर्थ होता है संसार। यही सब कुछ सृष्टि है, जो बनती–बिगड़ती रहती है। सृष्टि मूलतः संस्कृत का शब्द है। इसे संसार, विश्व, जगत या ब्रह्मांड भी कह सकते हैं। हिंदू धर्म के स्मृति के अंतर्गत आने वाले इतिहास ग्रंथ पुराणों अनुसार इस सृष्टि के स्रष्टा ब्रह्मा हैं। इस सृष्टि का सृष्टिकाल पूर्ण होने पर यह अंतिम

प्राकृत प्रलय काल में ब्रह्मलीन हो जाएगी। फिर कुछ कल्प के बाद पुनः सृष्टि चक्र शुरू होगा। इस सृष्टि में मनु के पुत्र मानव बसते हैं। सूर्य को सम्पूर्ण सृष्टि की आत्मा कहा गया है। सूर्य अनेक हैं। प्रलय के बाद सृष्टि और सृष्टि के बाद प्रलय प्रकृति का नियम है।

ब्रह्मांड को प्रकृति या जड़ जगत कहा जा सकता है। इसे यहां हम समझने की दृष्टि से सृष्टि भी कह सकते हैं। इस ब्रह्मांड या सृष्टि में उत्पत्ति, पालन और प्रलय लगातार चलती रही है और अभी भी जारी है और जारी रहेगी। चार तरह की प्रलय है, नित्य, नैमित्तिक, द्विपार्ध और प्राकृत। प्राकृत में प्रकृति भस्मरूप हो जाती है। भस्मरूप बिखरकर अणुरूप हो जाता है।

श्रुति के अंतर्गत आने वाले हिंदू धर्मग्रंथ वेद सृष्टि को प्रकृति, अविद्या या माया कहते हैं– इसका अर्थ अज्ञान या कल्पना नहीं। उपनिषद् कहते हैं कि ऐंद्रिक अनुभव एक प्रकार का भ्रम है। इसके समस्त विषय मिथ्या हैं। जगत मिथ्या है, इसका अर्थ यह है कि जैसा हम देख रहे हैं जगत वैसा नहीं है। इसीलिए इसे माया या मिथ्या कहते हैं अर्थात भ्रमपूर्ण। जब तक इस जगत को हम अपनी इंद्रियों से जानने का प्रयास करेंगे, हमारे हाथ में कोई एक परिपूर्ण सत्य नहीं होगा। जगत संबंधी सत्य को जानने के लिए ऐंद्रिक ज्ञान से उपजी भ्रांति को दूर करना जरूरी है। जैसा कि विज्ञान कहता है कि कुछ पशुओं को काला और सफेद रंग ही दिखाई देता है, वह जगत को काला और सफेद ही मानते होंगे। तब मनुष्य को जो दिखाई दे रहा है, उसके सत्य होने का क्या प्रमाण? यही कारण है कि प्रत्येक विचारक या धार्मिक व्यक्ति इस जगत को अपनी बुद्धि की कोटियों के अनुसार परिभाषित करता है जो कि मिथ्याज्ञान है, क्योंकि जगत को विचार से नहीं जाना जा सकता।

हमारे ऋषियों ने विचार और चिंतन की शक्ति से ऊपर उठकर इस जगत को जाना और देखा। उन्होंने उसे वैसा ही कहा जैसा देखा और उन ऋषि–मुनियों में मतभेद नहीं था, क्योंकि मतभेद तो सिर्फ विचारवानों में ही होता है–अंतर्ज्ञानियों में नहीं।

इस जगत को अविद्या कहा गया है। अविद्या को ही वेदांती माया कहते हैं और माया को ही गीता में अपरा कहा गया है। इसे ही प्रकृति और सृष्टि कहते हैं। इस प्रकृति का स्थूल और तरल रूप ही जड़ और जल है। प्रकृति के सूक्ष्म रूप भी हैं– जैसे वायु, अग्नि और आकाश। वेदांत के अनुसार जड़ और चेतन दो तत्व होते हैं। इसे ही गीता में अपरा और परा कहा गया है। इसे ही सांख्य योगी प्रकृति और पुरुष कहते हैं, यही जगत और आत्मा कहलाता है। दार्शनिक इन दो तत्वों को भिन्न–भिन्न नाम से परिभाषित करते हैं और इसी के अनेक भेद करते हैं।

वेद इस ब्रह्मांड को पंच कोशों वाला जानकर इसकी महिमा का वर्णन करते हैं। गीता इन्हीं पंच कोषों को आठ भागों में विभक्त कर इसकी महिमा का वर्णन करती है। स्मृति में वेदों की स्पष्ट व्याख्या है। पुराणों में वेदों की बातों को मिथकीय विस्तार मिला। इस मिथकीय विस्तार से कहीं–कहीं भ्रम की उत्पत्ति होती है। पुराणकार वेदव्यास कहते हैं कि वेदों को ही प्रमाण मानना चाहिए। सृष्टि को ब्रह्मांड कहा जाता है। ब्रह्मांड अर्थात ब्रह्म के प्रभाव से उत्पन्न अंडाकार सृष्टि। पुराणों में ब्रह्मा को ईश्वर का पुत्र माना जाता है इसीलिए उनके अनुसार ब्रह्मा द्वारा ही इस ब्रह्मांड की रचना मानी जाती है। समूचे

ब्रह्मांड या सृष्टि में उत्पत्ति, पालन और प्रलय होता रहता है। ब्रह्मांड में इस वक्त भी कहीं न कहीं सृष्टि और प्रलय चल ही रहा है।

ग्रह और काल का बोध कराने वाले शास्त्र को ही ज्योतिष कहा जाता है। इसमें मुख्यतः ग्रह, नक्षत्र आदि ज्योति पदार्थों का स्वरूप, संचार, परिभ्रमण काल, ग्रहण और स्थिति आदि घटनाओं का निरूपण एवं ग्रहों व नक्षत्रों की गति के अनुसार शुभाशुभ फलों का कथन किया जाता है। भारत में ज्योतिष शास्त्र की परिभाषा समय–समय पर विभिन्न रूपों में की जाती रही है। प्राचीन काल में केवल ज्योति पदार्थों जैसे ग्रह, नक्षत्र और तारों आदि के स्वरूप विज्ञान को ही ज्योतिष कहा जाता था। उस समय सैद्धांतिक गणित का बोध इस शास्त्र से नहीं होता था। उस काल में केवल दृष्टि पर्यवेक्षण द्वारा ही नक्षत्रों का ज्ञान प्राप्त किया जाता था। प्रागैतिहासिक भारतीय मानव ने ही सूर्य और चंद्रमा को देवताओं के रूप में माना। वेदों में अनेक स्थानों पर सूर्य, चंद्रमा और नक्षत्रों के स्तुतिपरक मंत्र आए हैं। नक्षत्रों की आकृति, गुण एवं प्रभाव का परिज्ञान प्राप्त करना ज्योतिष माना जाने लगा। आदिकाल में नक्षत्रों के शुभाशुभ फलानुसार कार्यों का विवेचन तथा ऋतु, अयन, दिनमान, लग्न आदि के शुभाशुभानुसार कार्यों को करने का ज्ञान प्राप्त करना भी इस शास्त्र की परिभाषा में शामिल हो गया। तब मानव सूर्य और चंद्रमा के उदयकाल और ग्रह–नक्षत्रों की स्थिति से ही समय और दिशा का आकलन करता था।

अन्य शास्त्रों की भांति ही ज्योतिष का आविष्कार भी भारत में ही हुआ। योग विज्ञान जो कि भारतीय आचार्यों की विभूति माना जाता है, इसका पृष्ठाचार है। यहां ऋषि–मुनियों ने योगाभ्यास से ही अपनी सूक्ष्म प्रज्ञा से शरीर के भीतर ही सौर मंडल के दर्शन किए और निरीक्षण– पर्यवेक्षण कर आकाशीय सौर मंडल की व्यवस्था की। अंक विद्या जो कि इस शास्त्र का प्राण है, उसका आरंभ भारत में ही हुआ। भारत ने अन्य देशवासियों को जो अनेक बातें सिखाई उनमें सबसे अधिक महत्व अंक विद्या का ही है। संसार में गणित, ज्योतिष और विज्ञान की जो उन्नति पाई जाती है उसमें अंक क्रम ही है। यह अंकक्रम भारतवासियों ने ही निकाला और सारे संसार ने इसे अपनाया। भारतीय विद्वानों ने चंद्रमा के आधार पर आकाश को 27 नक्षत्रों में बांटा। चंद्रमा की विभिन्न कलाओं का अध्ययन कर उसके अनुसार पक्ष, मास और वर्ष बनाए जिन्हें आगे चलकर सौर संबद्ध कर दिया गया।

मैक्समूलर ने भी लिखा है कि भारतीय विद्वानों की आकाश का रहस्य जानने की भावना किसी विदेशीय प्रभाव के कारण नहीं बलिक स्वतंत्र रूप से उत्पन्न हुई। अतः स्पष्ट है कि ज्योतिष का जन्मस्थान भारत ही है। ऋग्वेद और शतपथ ब्राह्मण आदि ग्रंथों के अध्ययन से पता चलता है कि आज से कम से कम 28 हजार वर्ष पूर्व भारतीयों ने खगोल और ज्योतिष शास्त्र का मंथन किया था। आकाश में चमकते हुए नक्षत्रपुंज, शशिपुंज, देवतापुंज, आकाशगंगा, नीहारिका आदि के नाम, रूप, रंग और आकृति के बारे में भारतीय विद्वानों ने ही शोध किया। कौन–सा नक्षत्र ज्योतिपूर्ण है, नभमंडल में ग्रहों के संचार से आकर्षण कैसे होता है तथा ग्रहों के प्रकाश का पृथ्वी पर स्थित समस्त प्राणियों पर क्या और कैसे प्रभाव पड़ता है इन बातों का उल्लेख वेदों में मिलता है। फ्रांसीसी पर्यटक फ्राक्वीस वर्नियर ने भारतीय ज्योतिष ज्ञान की प्रशंसा करते हुए लिखा है कि 'भारतीय

अपनी गणना द्वारा चंद्रग्रहण और सूर्य ग्रहण की बिल्कुल सटीक भविष्यवाणी करते हैं। इनका ज्योतिष ज्ञान प्राचीन और मौलिक है।'

एन्साइक्लोपीडिया ऑफ ब्रिटेनिका में लिखा है कि 'इसमें कोई संदेह नहीं कि अंग्रेजी अंक क्रम की उत्पत्ति भारत से है। संभवतः खगोल संबंधी उन सारणियों के साथ जिन्हें एक भारतीय राजदूत नौवीं शताब्दी में बगदाद लाया था, इन अंकों का प्रवेश अरब में हुआ।'

थियोगोनी ऑफ हिंदूज पुस्तक के पृष्ठ 37 पर मिस्टर सी.वी. क्लार्क एफजीएफ ने लिखा है, 'अभी बहुत वर्ष पहले तक हम सुदूर स्थानों के अक्षांश के विषय में निश्चित रूप से नहीं जानते थे, किंतु प्राचीन भारतीयों ने ग्रहण ज्ञान के समय में इन्हें जान लिया था। भारतीयों की अक्षांश और रेखांश वाली प्रणाली वैज्ञानिक ही नहीं बल्कि अचूक है।'

ग्रीस और अरबी विद्वानों ने भारत आकर ज्योतिष विद्या सीखी और भारतीय ज्योतिष सिद्धांतों का सिंद हिंद नाम से अरबी में अनुवाद किया। अरबी में लिखी गई पुस्तक आइन उल अम्बाफितल कालूली अत्वा में लिखा है कि भारतीय विद्वानों ने बगदाद की राजसभा में जाकर ज्योतिष और चिकित्सा शास्त्र आदि की शिक्षा दी।

ज्योतिष का विकास

ज्योतिषी एक अच्छा वैज्ञानिक, गणितज्ञ और एक अच्छा मनोवैज्ञानिक होता है। उसके विभिन्न क्षेत्रों में किए गए शोधों के परिणामस्वरूप ज्ञानोन्नति के साथ-साथ आदिकाल के अंत में ज्योतिष के गणित, सिद्धांत और फलित ये तीन भेद स्वतंत्र रूप से प्रस्फुटित हुए। ग्रहों की स्थिति, अयनांश, पात आदि गणित ज्योतिष के अंतर्गत तथा शुभाशुभ समय का निर्णय, यज्ञादि कार्यों के करने के लिए समय और स्थान का निर्धारण फलित ज्योतिष का विषय माना जाता था। पूर्व मध्यकाल की अंतिम शताब्दियों में सिद्धांत ज्योतिष के स्वरूप का विकास हुआ। पूर्व मध्यकाल में ज्योतिष का अर्थ स्कंधत्रय अर्थात होरा, सिद्धांत और संहिता के रूप में विकसित हुआ। आगे चलकर यह पंचरूपात्मक अर्थात होरा, गणित या सिद्धांत, संहिता, प्रश्न और शकुन रूप हो गया।

होरा का दूसरा नाम जातकशास्त्र है। इसकी उत्पत्ति अहोरात्र शब्द से हुई है। आदि अक्षर अ तथा अंत अक्षर त्र का लोप करने से होरा शब्द बनता है। इसमें जन्मकालीन ग्रहों की स्थिति के अनुसार व्यक्ति के लिए फल का निरूपण किया जाता है। इस शास्त्र में जन्मकुंडली के बारह भावों के फल उनमें स्थित ग्रहों तथा दृष्टि रखने वाले ग्रहों के अनुसार विस्तारपूर्वक प्रतिपादित किए जाते हैं। जीवन के सुख-दुख, इष्ट-अनिष्ट, उन्नति-अवनति, भाग्योदय आदि समस्त शुभाशुभ फलों का वर्णन इस शास्त्र में रहता है। समय-समय पर विद्वानों ने इसमें संशोधन किए हैं।

गणित या सिद्धांत में त्रुटि से लेकर कल्पकाल तक की कालगणना, सौर, चांद्र मासों का प्रतिपादन, ग्रह गतियों का निरूपण, व्यक्त-अव्यक्त गणित का प्रयोजन, विविध प्रश्नोत्तर विधि, ग्रह, नक्षत्रों की स्थिति, तुरीय-नलिका आदि यंत्रों की निर्माण विधि, दिक्, देश, कालज्ञान के अनन्यतम उपयोगी अंग, अक्षक्षेत्र संबंधी अक्षज्या, लंबज्या, द्युज्या, कुज्या, तद्धृति, समशंकु आदि का आनयन रहता है। प्राचीन काल में इसकी परिभाषा केवल

सिद्धांत गणित के रूप में मानी जाती थी। आदिकाल में अंकगणित द्वारा ही अहर्गण—मान साधकर ग्रहों का आनयन करना इस शास्त्र का प्रधान विषय था। उत्तर मध्यकाल में इसमें गणित के सिद्धांत, तंत्र व करण तीन भेद प्रगट हुए। सृष्टि आदि से इष्ट दिन पर्यंत अहर्गण बनाकर ग्रह सिद्ध किए जाएं वह सिद्धांत, जिसमें युगादि से इष्ट दिन पर्यंत अहर्गण बनाकर ग्रह गणित किया जाए वह तंत्र और जिसमें कल्पित इष्ट वर्ष का युग मानकर उस युग के भीतर ही किसी अभीष्ट दिन का अहर्गण लाकर ग्रहानयन किया जाए उसे करण कहा जाता है।

संहिता में भू—शोधन, दिक्शोधन, शल्योद्धार, मेलापक, आयाद्यानयन, गृहोपकरण, इष्टिकारद्वार, गेहारंभ, गृहप्रवेश, जलाशय निर्माण, मांगलिक कार्यों के मुहूर्त, उल्कापात, वृष्टि, ग्रहों के उदयास्त का फल, ग्रहचार का फल एवं ग्रहण फल आदि का निरूपण विस्तारपूर्वक किया जाता है। नौवीं शताब्दी में इसमें क्रियाकांड भी आ गया। 12वीं और 13वीं शताब्दी तक इसमें जीवन से संबद्ध सभी उपयोगी लौकिक विषय इसके अंतर्गत आ गए।

प्रश्नशास्त्र तत्काल फल बताने वाला शास्त्र है। इसमें प्रश्नकर्ता के उच्चारित अक्षरों से फल का प्रतिपादन किया जाता है। छठी शताब्दी के बाद इसमें प्रश्नाक्षर सिद्धांत, प्रश्नलग्न सिद्धांत और स्वर विज्ञान सिद्धांत का प्रवेश हुआ। वराहमिहिर के पुत्र पृथुयशा के समय में प्रश्नलग्न वाले सिद्धांत का प्रचार भारत में अधिक था। बाद में इसमें अनेक संशोधन हुए।

शकुन का दूसरा नाम निमित्तशास्त्र भी है। पूर्व मध्यकाल तक यह अलग नहीं था, और संहिता के अंतर्गत ही आता था। बारहवीं शताब्दी तक इसमें काफी शोध हुए और यह अलग शास्त्र बन गया। विक्रमी संवत 1089 में आचार्य दुर्गदेव ने अरिष्ट विषय को भी इसमें शामिल कर लिया। आगे चलकर यह और विकसित हुआ और इसकी विषय सीमा में प्रत्येक कार्य के पूर्व में होने वाले शुभाशुभ फलों का ज्ञान प्राप्त करना भी आ गया।

ज्योतिषी को पौलिश, रोमक, वसिष्ठ, सौर, पितामह इन पांचों सिद्धांतों संबंधी युग, वर्ष, अयन, ऋतु, मास, पक्ष, अहोरात्र, प्रहर, घटी, पल, प्राण, त्रुटि, त्रुटि के सूक्ष्म अवयव, काल विभाग, कला, विकला, अंश, राशि रूप सूक्ष्म क्षेत्रविभाग, सौर, सावन, नक्षत्र और चांद्र मास, अधिमास तथा क्षयमास का सोपपतिक विवरण, सौर एवं चांद्र दिनों का यथार्थ मान और प्रचलित मान्यताओं के परीक्षण का विवेक, सममंडलीय छायागणित, जलयंत्र द्वारा दृग्गणित, सूर्यादि ग्रहों की शीघ्रगति, मंदगति, दक्षिणगति, उत्तरगति, नीच और उच्च गति तथा उनकी वासनाएं, सूर्य और चंद्रमा के ग्रहण में स्पर्श और मोक्षकाल, स्पर्श और मोक्ष की दिशा, ग्रहण की स्थिति, विमर्द, वर्ण और देश, ग्रहयुति, ग्रहस्थिति, ग्रहों की योजनात्मक कक्षाएं, पृथ्वी, नक्षत्र आदि का भ्रमण, अक्षांश, लंबाश, युज्या, चरखंडकाल, राशियों के उदयमान एवं छायागणित आदि विभिन्न विषयों में पारंगत होना चाहिए।

फलित ज्योतिष

पूर्व मध्यकाल में फलित ज्योतिष के संहिता और जातक अंगों का साहित्य अधिक रूप से लिखा गया है। राशि, होरा, द्रेष्कोण, नवांश, द्वादशांश, त्रिशांश, परिग्रह स्थान, कालबल, चेष्टाबल, ग्रहों के रंग, स्वभाव, धातु, द्रव्य, जाति, चेष्टा, आयुर्दाय, दशा, अंतर्दशा, अष्टकवर्ग, राजयोग, द्विग्रहादि योग, मुहूर्त विज्ञान, अंग विज्ञान, स्वप्न विज्ञान, शकुन एवं प्रश्न विज्ञान आदि फलित के अंगों का समावेश होरा शास्त्र में होता था। संहिता में सूर्यादि ग्रहों की चाल, उनका स्वभाव, विकार, प्रमाण वर्ग, किरण, ज्योति, संस्थान, उदय, अस्त, मार्ग, पृथक मार्ग, वक्र, अनवक्र, नक्षत्र विभाग और कूर्म का सब देशों में फल, अगस्त्य की चाल, सप्तऋषियों की चाल, नक्षत्र व्यूह, ग्रह श्रृंगाटक, ग्रहयुद्ध, ग्रहसमागम, परिवेष, परिघ, वायु, उल्का, दिग्दाह, भूकंप, गंधर्वनगर, इंद्रधनुष, वास्तु विद्या, अंग विद्या, वायस विद्या, अंतर चक्र, मृग चक्र, अश्व चक्र, प्रासाद लक्षण, प्रतिभा लक्षण, प्रतिभा प्रतिष्ठा, घृत लक्षण, कंबल लक्षण, खड्ग लक्षण, पट्ट लक्षण, कुक्कुट लक्षण, कूर्म लक्षण, गो लक्षण, अजा लक्षण, अश्व लक्षण, स्त्री–पुरुष लक्षण एवं साधारण असाधारण सभी प्रकार के शुभाशुभों का विवेचन अंतर्भूत होता था। कहीं–कहीं पर तो कुछ विषय होरा के स्वप्न और शकुन संहिता में गर्भित किए गए हैं।

पूर्व मध्यकाल का फलित ज्योतिष केवल पंचांग ज्ञान तक सीमित नहीं था बल्कि समस्त मानव जीवन के विषयों की आलोचना और निरूपण करना भी इसी में शामिल था। यदि समग्र भारतीय ज्योतिष शास्त्र के इतिहास पर दृष्टिपात किया जाए तो अवगत होगा कि प्राचीन काल में भारत सभ्यता और संस्कृति में कितना आगे था। प्राचीन ऋषियों ने अपने दिव्य ज्ञान और योगजन्य शक्ति से ग्रह और नक्षत्रों के संबंध में सब कुछ जान लिया था। वे आंखों से राशि, नक्षत्र, ताराव्यूह, चंद्र, सूर्य और मंगलादि ग्रहों की गति, स्थिति और संचार आदि को देखकर योग के बल से अपने शरीर स्थित सौरमंडल से तुलना कर आंतरिक ग्रहों की गति, स्थिति तथा उसके द्वारा होने वाले फलाफल का निरूपण करते रहे हैं। ज्योतिष का पूर्ण ज्ञान उन्हें वैदिक काल में ही था।

पृथ्वी की आकर्षण शक्ति के विषय में भारतीयों ने न्यूटन और गैलेलियो से सैकड़ों वर्ष पहले ज्ञात कर लिया था। भास्कराचार्य ने सिद्धांत शिरोमणि के गोलाध्याय में कहा है–

आकृष्टशक्तिश्च महीतया यत् स्वस्थं गुरु स्वामिमुखं स्वशक्त्या।
आकृष्यते तत्पतीति भाति समे समन्तात् क्व पतत्वियं खे।।

अर्थात् पृथ्वी में आकर्षण शक्ति है, इससे वह अपने आसपास के पदार्थों को खींचती है। पृथ्वी के समीप में आकर्षण शक्ति अधिक होती है और जिस प्रकार दूरी बढ़ती जाती है, वैसे ही यह घटती जाती है। भास्कराचार्य ने इसके कारण का विवेचन करते हुए लिखा है कि किसी स्थान पर भारी और हल्की वस्तु पृथ्वी पर छोड़ी जाए तो दोनों समान काल में पृथ्वी पर नहीं गिरेंगी। भारी वस्तु पहले गिरेगी और हल्की बाद में। अतएव ग्रह और पृथ्वी आकर्षण शक्ति के प्रभाव से भ्रमण करते हैं।

ज्योतिष की उपयोगिता

मनुष्य के समस्त कार्य ज्योतिष के द्वारा ही चलते हैं। व्यवहार के लिए अत्यंत उपयोगी दिन, सप्ताह, पक्ष, माह, अयन, ऋतु, वर्ष एवं उत्सव तिथि आदि का परिज्ञान इसी शास्त्र से होता है। शिक्षित या सभ्य समाज की तो बात ही क्या भारत के अनपढ़ किसान भी व्यवहारोपयोगी ज्योतिष ज्ञान से परिचित हैं। वह भली भांति जानता है कि किस नक्षत्र में वर्षा अच्छी होती है और कब बुआई करनी चाहिए जिससे फसल अच्छी हो। कवि घाघ की कविताएं इस बात का प्रमाण हैं। चंद्रमा जिस समय जलचर राशि और जलचर नक्षत्र में होता है तो वर्षा होती है। वराहीसंहिता में कुछ सिद्धांत ऐसे दिए गए हैं जिनके द्वारा जलचर चांद्र नक्षत्रों के दिनों में वर्षा का आयोजन किया जा सकता है। प्राचीन मंत्रशास्त्र में वर्षा के आयोजन और निवारण की प्रक्रिया बताई गई है। उसमें जलचर नक्षत्रों को आलोड़ित करने का विधान है। राग मल्हार के द्वारा भी वर्षा किए जाने के प्रमाण भारत में मिलते हैं। जिस प्रकार जलचर चंद्रमा के तत्वों को ज्ञातकर जलचर नक्षत्रों के दिनों में उन तत्वों का संयोजन कर असमय में वर्षा कराई जा सकती है, उसी प्रकार जलचर चंद्रमा के जलीय परमाणुओं के विघटन द्वारा वर्षा का निवारण भी किया जा सकता है। प्राचीन ज्योतिष के अनन्यतम अंग संहिता शास्त्र में इस प्रकार का वर्णन मिलता है। भद्रबाहु संहिता के शुक्रचार अध्याय में शुक्र की गति के अध्ययन द्वारा वर्षा का निवारण किया गया है।

प्राचीन समय में जहाज के कप्तान को ज्योतिष का ज्ञान होना आवश्यक था, क्योंकि वे ज्योतिष के द्वारा ही समुद्र में जहाज की स्थिति का पता लगा लेते थे। घड़ी के अभाव में सूर्य, चंद्र और नक्षत्रों को देखकर आसानी से समय का पता लगाया जा सकता है। ज्योतिष ज्ञान के अभाव में लंबी दूरी की यात्राएं भी संभव नहीं थी, क्योंकि ज्योतिष शास्त्र के द्वारा ही नए देशों और रेगिस्तान में रास्ता निकाला जा सकता है। अक्षांश और देशांतर के द्वारा आकलन करके उस स्थान की स्थिति और दिशा आदि का निर्णय लिया जाता है। भूगोल का अध्ययन तो इस शास्त्र के बिना अधूरा ही समझा जाएगा।

किसी पहाड़ की ऊंचाई और अति गंभीर नदी की गहराई का ज्ञान ज्योतिष शास्त्र के द्वारा ही किया जा सकता है। यहां पर शंका हो सकती है कि यह कार्य रेखागणित द्वारा किया जाता है, लेकिन गंभीरतापूर्वक विचार किया जाए तो मालूम होता है कि रेखागणित भी ज्योतिष शास्त्र का ही अंग है। प्राचीन ज्योतिषाचार्यों ने पांचवीं और छठी शताब्दी में ही रेखागणित के मुख्य सिद्धांतों का निरूपण किया था।

अन्वेषण कार्य भी ज्योतिष शास्त्र के ज्ञान के बिना संभव नहीं है। आज तक जितने भी अन्वेषक हुए हैं, वे या तो स्वयं ज्योतिषी थे अथवा अपने साथ किसी ज्योतिषी को रखते थे। ग्रह नक्षत्रों के ज्ञान के बिना नए देशों का पता लगाना भी संभव नहीं है। जहां आधुनिक वैज्ञानिक यंत्र कार्य नहीं करते अथवा अधिक गर्मी या अधिक ठंड के कारण उनकी शक्ति क्षीण हो जाती है, वहां चंद्र, सूर्यादि ग्रह–नक्षत्रों के ज्ञान द्वारा दिक्, देश का बोध सरलता से किया जा सकता है।

ज्योतिष शास्त्र ने इतिहास को भी बड़ी सहायता पहुंचाई है। जिन बातों की तिथि का पता अन्य साधनों के द्वारा नहीं लग सकता है, ज्योतिष के द्वारा सहजता से लगाया जा

सकता है। यदि ज्योतिष शास्त्र न होता तो वेदों की प्राचीनता कदापि सिद्ध नहीं होती। बाल गंगाधर तिलक ने वेदों में प्रतिपादित नक्षत्र, अयन और ऋतु आदि के आधार पर ही महाभारत का समय निर्धारित किया था। सूर्य और चंद्र ग्रहणों के आधार पर अनेक प्राचीन ऐतिहासिक तिथियां क्रमबद्ध की जा सकती हैं।

आयुर्वेद तो ज्योतिष का ही भाई है। ज्योतिष विज्ञान के बिना औषधियों का निर्माण यथासमय संपन्न नहीं किया जा सकता। अनेक नक्षत्रों में ही विशेष औषधियों का निर्माण होता है। जैसे शरद पूर्णिमा के दिन चंद्रमा के प्रकाश में रखी गई खीर खाने से श्वांस आदि अनेक रोगों से मुक्ति और स्वास्थ्य में वृद्धि होती है। ग्रहों के तत्व और स्वभाव को ज्ञात करके उन्हीं के अनुसार उसी तत्व और स्वभाव वाली औषधि का निर्माण करने से वह अधिक विशेष गुणकारी होती है। संवेगरंगशाला नामक ज्योतिष ग्रंथ में रोगी की मर्यादा जानने के अनेक नियम आए हैं। साधारण व्यक्ति भी इस शास्त्र के सम्यक् ज्ञान से अनेक रोगों से बच सकता है। क्योंकि अनेक रोग सूर्य और चंद्रमा के विशेष प्रभावों के कारण ही होते हैं। फाइलेरिया रोग चंद्रमा के प्रभाव के कारण ही एकादशी और अमावस्या को बढ़ता है। जिस प्रकार चंद्रमा समुद्र के जल में अमावस्या और पूर्णिमा के दिन ज्वार–भाटा लाता है, उसी प्रकार शरीर के रक्त प्रवाह पर भी अपना प्रभाव डालता है। क्योंकि हमारे शरीर में भी 80 प्रतिशत जल ही है। आज भी ज्योतिषी जन्मकुंडली देखकर बता सकते हैं कि जातक को कब और कौन–सा रोग सताएगा।

सृष्टि के अनेक रहस्यों का उद्घाटन भी ज्योतिष के द्वारा ही संभव हुआ है। प्राचीन काल में भारत में सृष्टि के रहस्यों को जानने के लिए ज्योतिष शास्त्र का ही प्रयोग किया जाता था। इसी कारण सिद्धांत ज्योतिष के ग्रंथों में सृष्टि के बारे में विवेचना अवश्य होती है। प्रकृति के प्रत्येक अणु का रहस्य ज्योतिष में बताया गया है। जड़–चेतन सभी पदार्थों की आयु, आकार–प्रकार, उपयोगिता एवं उनके भेद का विज्ञान सम्मत वर्णन ज्योतिष में ही मिलता है। भू–गर्भ से प्राप्त विभिन्न वस्तुओं का काल ज्योतिष शास्त्र के द्वारा ही सरलता और प्रामाणिकता के साथ निश्चित किया जा सकता है, अन्य किसी शास्त्र के द्वारा नहीं किया जा सकता। अतः कहा जा सकता है कि ज्योतिष शास्त्र की सबसे बड़ी उपयोगिता समस्त मानव जीवन के प्रत्यक्ष और परोक्ष रहस्यों का विवेचन करना है। मानव का कोई भी कार्य बिना ज्योतिष शास्त्र के नहीं चल सकता।

अर्वाचीन ज्योतिष में जो शिथिलता आई है, उसका कारण दिव्य ज्ञान वाले ऋषियों की कमी है। आज हमारे देश में न बड़ी–बड़ी वेधशालाएं हैं और न योग क्रिया के जानकार ऋषि–महर्षि ही। इसलिए ज्योतिष में नवीन विवृतियां नहीं हो रही हैं।

•

ज्योतिष के सिद्धांत

प्राचीन काल में ज्योतिष और धर्म को एक साथ ही लिया जाता था। ज्योतिष के बिना धर्म और धर्म के बिना ज्योतिष का कोई अर्थ न था। पृथ्वी के अक्षांश और देशांतर आदि के ज्ञान के साथ ही सूर्य, चंद्र, ग्रहों और नक्षत्रादि आदि की गतियों और गोचर की गणना से मानव जीवन के बारे में अनुसंधान किया जाता था। अंधकार युग में उत्तरी ध्रुव उस स्थान पर था, जहां आज बिहार और उड़ीसा है। अर्थात वह भारत के बाहर नहीं था। आधुनिक प्राण शास्त्री ने अनुसंधान के द्वारा यह सिद्ध किया है कि पृथ्वी का उत्तरी ध्रुव स्थिर नहीं है। यह अपने प्राचीन स्थान से पूर्व, पश्चिम और उत्तर की ओर चलते हुए वर्तमान स्थिति को प्राप्त हुआ। ज्योतिष में मास, ऋतु, अयन, वर्ष, युग, ग्रह, ग्रहण, ग्रह कक्षा, नक्षत्र, विषुव, नक्षत्र लग्न, दिन–रात का मान और उसकी वृद्धि–हानि आदि पर विचार किया जाता है।

भारतीय ज्योतिष का मुख्य प्रयोजन आत्मकल्याण के साथ लोक व्यवहार का संपन्न करना है। लोक व्यवहार के निर्वाह के लिए ज्योतिष के क्रियात्मक दो सिद्धांत हैं– गणित और फलित। गणित ज्योतिष के शुद्ध गणित के अतिरिक्त करण, तंत्र और सिद्धांत ये तीन भेद एवं फलित के जातक, ताजिक, मुहूर्त प्रश्न और शकुन ये पांच भेद दिए गए हैं। भारतीय ज्योतिष के रहस्यों को हृदयंगम करने के लिए गणित ज्योतिष का ज्ञान अनिवार्य है, लेकिन यह साधारण जनता के लिए आवश्यक नहीं है। क्योंकि प्रामाणिक ज्योतिर्विदों द्वारा निर्मित तिथिपत्रों–पंचांगों से कतिपय फलित से संबद्ध गणित के सिद्धांतों द्वारा अपने शुभाशुभ फलों का ज्ञान प्राप्त किया जा सकता है। प्रत्येक व्यक्ति के लिए यह आवश्यक नहीं है कि उसे ज्योतिष का ज्ञान हो, लेकिन मानव मात्र को अपने जीवन को व्यवस्थित करने के नियमों को जानना अनिवार्य है।

कोई विशेष ग्रह योग कब आएगा, इसकी गणना भी भारतीय ज्योतिषी आसानी से कर लेते हैं। रावण ज्योतिष विद्या में निपुण था। उसके पिता ऋषि विश्रवा और दादा पुलस्त्य ऋषि महा तपस्वी और धर्मज्ञ थे। किंतु माता असुर कुल की होने से उसमें आसुरी गुण आ गए थे। ऋषि विश्रवा की दो पत्नियां थीं, इडविडा और कैकसी। इनमें इडविडा ब्राह्मण कुल से थी, जिससे कुबेर और विभीषण उत्पन्न हुए तथा कैकसी से रावण, कुंभकर्ण और सूर्पणखा उत्पन्न हुई। बाल्यावस्था में ही कुबेर ने धनाध्यक्ष की पदवी प्राप्त कर ली थी। इस पर रावण की मां ईर्ष्या करती थी और रावण को कोसा करती थी। रावण ने अपने

भाइयों के साथ वन में जाकर तपस्या की और तीनों ने ब्रह्माजी से वरदान प्राप्त किए। रावण इतना बलशाली था कि सभी देवता, ग्रह और नक्षत्र उससे घबराया करते थे। वह पौरोहित्य कर्म में पारंगत था।

शिव ने जब लंका का निर्माण कराया तो रावण ने उसकी वास्तु शांति कराई थी, और बाद में दक्षिणा में लंका ही ले ली थी। उसने लंका के दसों द्वारों पर दसों दिक्पालों को पहरेदार नियुक्त कर रखा था। अपने पुत्र मेघनाद के जन्म के समय उसने सभी ग्रह मंडल को एक निश्चित स्थिति में रहने के लिए सावधान कर दिया था जिससे उत्पन्न होने वाला बालक अत्यंत तेजस्वी, शौर्य और पराक्रम से युक्त हो। यहां रावण का प्रकांड ज्योतिष ज्ञान परिलक्षित होता है। ऐसा योग मुहूर्त साध लिया था जिसमें जन्म लेने वाला जातक अजेय और दीर्घायु से संपन्न होगा। लेकिन जब मेघनाद का जन्म हुआ तो शनि ने अपनी स्थिति में परिवर्तन कर लिया था। शनि के गोचर परिवर्तन से रावण द्वारा निर्धारित ग्रह योग में परिवर्तन आ गया और बालक दीर्घायु होने के स्थान पर अल्पायु हो गया। तब रावण ने क्रोध में आकर शनि के पैर में गदा से प्रहार किया था। इस प्रहार से शनि लंगड़ा हो गया। इस कथा से यह तो स्पष्ट है कि रावण ज्योतिष ज्ञान में काफी निपुण था और ग्रह नक्षत्रों पर उसने काफी शोध किया था।

पंचांग

भारतीय कालगणना विश्व में सर्वमान्य, वैज्ञानिक और सटीक है। सूर्य और चंद्रमा की गति के अनुसार तिथि का निर्धारण और सैकड़ों हजारों वर्षों के पंचांग भी तैयार किए जाते हैं। तिथियों के क्षय और आधिक्य के साथ ही किस तिथि को पूर्णिमा होगी और किस वर्ष में किस तिथि को सूर्य या चंद्रमा को ग्रहण लगेगा यह सब गणना के द्वारा आसानी से निर्धारित कर लिया जाता है। हिंदू पंचांग की उत्पत्ति वैदिक काल में ही हो चुकी थी। सूर्य को जगत की आत्मा मानकर उक्त काल में सूर्य व नक्षत्र सिद्धांत पर आधारित पंचांग होता था। वैदिक काल के पश्चात् आर्यभट्ट, वराहमिहिर, भास्कर आदि जैसे खगोलशास्त्रियों ने पंचांग को विकसित कर उसमें चंद्र की कलाओं का भी वर्णन किया। वेदों और अन्य ग्रंथों में सूर्य, चंद्र, पृथ्वी और नक्षत्र सभी की स्थिति, दूरी और गति का वर्णन किया गया है। स्थिति, दूरी और गति के मान से ही पृथ्वी पर होने वाले दिन–रात और अन्य संधिकाल को विभाजित कर एक पूर्ण सटीक पंचांग बनाया गया है।

भारतीय ज्योतिष में कोई भी गणना करने के लिए पांच तत्वों की आवश्यकता होती है। ज्योतिष आत्मकल्याण के साथ लोक व्यवहार भी संपन्न करता है। लोक व्यवहार के निर्वाह के लिए ज्योतिष के दो सिद्धांत हैं– गणित और फलित। गणित में शुद्ध गणित के अतिरिक्त करण, तंत्र और सिद्धांत तथा फलित के जातक, ताजिक, मुहूर्त, प्रश्न एवं शकुन ये पांच भेद किए गए हैं। भारतीय ज्योतिष के रहस्य को हृदयंगम करने के लिए गणित ज्योतिष का ज्ञान आवश्यक है। लेकिन यह आम व्यक्ति के लिए आवश्यक नहीं है। फलित ज्योतिष के लिए पंचांग अर्थात तिथि, वार, नक्षत्र, योग और करण मूल तत्व हैं।

तिथि

तनोति विस्तारयति क्षीयमाणां वर्द्धमाना वा।
चंद्रकलामेकां यः काल विशेषः सा तिथि।।

अर्थात चांद्र मास कृष्ण पक्ष प्रतिपदा से लेकर शुक्ल पक्ष पूर्णिमा तक पौर्णमास्यंतमान तथा शुक्ल पक्ष प्रतिपदा से लेकर कृष्णपक्ष अमावस्या तक अमांत मास कहा जाता है। दोनों में सूर्य और चंद्र के 12 अंशों का अंतर दृश्य होने पर एक तिथि होती है।

भारतीय ज्योतिष में चंद्रमा की कला से तिथि का आकलन किया जाता है। चंद्रमा की एक कला को एक तिथि माना गया है, तथा सूर्य और चंद्र के अंतरांशों से इसका मान निकाला जाता है। प्रतिदिन सूर्य और चंद्रमा के भ्रमण में 12 अंशों का अंतर होता है। यही अंतरांश का मध्यम मान है। अमावस्या के बाद प्रतिपदा से लेकर पूर्णिमा तक की तिथियां शुक्ल पक्ष और पूर्णिमा के बाद प्रतिपदा से लेकर अमावस्या तक की तिथियां कृष्ण पक्ष होता है। भारतीय ज्योतिष में तिथियों की गणना शुक्ल पक्ष से आरंभ होती है।

तिथियों के प्रकार

तिथियां पांच प्रकार की होती हैं। ये प्रकार हैं– खर्वः, दर्पः, हिंसा, खंडा और कर्म काल व्यापिनी।

खर्वो दर्प स्तथा हिंसा त्रिविधं–तिथि लक्षणम्।
खर्व दर्पो परौ पूज्यौ हिंसा स्यात्पूर्व कालिकी।।
उदयस्था तिथिर्याहि न भवेद्दिन मध्य माक्।
सा खंडा न व्रतानांस्यादारंभ श्रव समापनम्।।
कर्मणो यस्ययः कालस्तत्काल व्यापिनी तिथिः।
तया कर्माणि कुर्वीत ह्रास वृद्धि न करणम्।।

अर्थात जो तिथि तिथ्यंतर संबंध रहित सूर्योदय से सूर्यास्त पर्यंत व्यतीत हो वही तिथि **खर्व संज्ञक** या **शुद्धा** कहलाती है।

सूर्योदय से जिस तिथि का 60 घटी (24 घंटा) तक पूर्ण मान हो वह तिथि **दर्प संज्ञक** अर्थात **वृद्धिगामिनी पूर्णा** कहलाती है।

जिस तिथि का क्षय होता है ऐसी तिथि **हिंसा संज्ञक** या **अवम्** तिथि कहलाती है।

सूर्योदय से लेकर मध्याह्न से पूर्व जिस तिथि का मान हो ऐसी तिथि **खंडा संज्ञक** कहलाती है। खंडा तिथि में व्रतारंभ या व्रतोद्यापन नहीं करना चाहिए।

ऋषियों ने जिस तिथि का पूजनादि कर्म काल मध्याह्न–पूर्वाह्न–निशीथादि व्याप्ति रूप से निश्चित किया हो वह तिथि भी कर्म काल व्यापिनी संज्ञक अर्थात शुद्धा कहलाती है। परंतु वह तिथि भी खंडा संज्ञक होगी जो अपने कर्मकाल तक व्याप्त न हो सकी हो। जैसे नरक चतुर्दशी में त्रयोदशी 58 घटी (23 घंटा 12 मिनट) और दूसरे दिन चतुर्दशी 54 घटी (21 घंटा 36 मिनट) अर्थात चंद्रोदय से पूर्व ही समाप्त होने से चतुर्दशी खंडा संज्ञक हुई।

तिथि का वेधना

तिथौ वेध निर्णयः, पैढी नसिः
पक्ष द्वयेपी तिथय स्तिथि पूर्वा तथो तराम्।
त्रिभि मुहूर्ते विंध्यंति सामानयो यं विधि स्मष्तः।।

अतः वेध दो प्रकार का होता है। प्रातर्वेध और सायं वेध।

सूर्योदयेत्तरं षट् घंटिका परिमित तिथ्यंतरं स्पर्शात्मकः काल प्रातर्वेधः।
सूर्यास्तात्प्राक् षट् घटि परिमित तिथ्यंतरं स्पर्शः सायं वेधः।।

अर्थात सूर्योदय से लेकर 6 घटी (2 घंटा 24 मिनट) विद्यमान रहने वाली पूर्व तिथि को जब द्वितीय तिथि स्पर्श करती है तो द्वितीय तिथि पूर्वविद्धा और पूर्व तिथि परविद्धा कहलाती है। यही प्रातर्वेध कहलाता है।

सूर्यास्त से लेकर 6 घटी (2 घंटा 24 मिनट) पूर्व तक जिस द्वितीय तिथि का स्पर्श पूर्व तिथि से होता है, तो पूर्व तिथि विद्धा कहलाती है। और द्वितीय तिथि पूर्व विद्धा कहलाती है। यही सायंवेध कहलाता है।

तिथि विशेष वेध

नागो द्वादश नाडीभिर्दिक पंच दशमि स्तथां।
भूतोष्टा दशनाडीभिर्दूषयत्युमये तिथिम्।।

अर्थात पंचमी 12 घटी (4 घंटा 48 मिनट) तक होने से षष्ठी को वेधित करती है। और दशमी 15 घटी (6 घंटा) तक होने से एकादशी को वेधित करती है। चतुर्दशी 18 घटी (7 घंटा 12 मिनट) तक होने से पूर्णिमा या अमावस्या को वेधित करती है।

इस प्रकार तिथि का पूर्वापरयुता तथा पूर्वापरमिश्रिता दो प्रकार से प्रयोग होता है।

1. सूर्योदय में 6 घटी (2 घंटा 24 मिनट) से ऊपर मध्याह्न से पूर्व ऐसी खंडा तिथि के साथ द्वितीय तिथि के स्पर्शात्मक काल से द्वितीय तिथि पूर्वयुता और पूर्व तिथि परयुता कहलाती है।
2. सायं वेध से पूर्व और सूर्यास्त के पश्चात परस्पर पूर्वापर तिथि के मिश्रण से तिथि पूर्वापर मिश्रिता कहलाएगी।

कर्मकाल व्यापिनी निर्णय

शास्त्रों के अनुसार यह छह प्रकार का होता है।

1. पूर्वेधु रेव मुख्य काले व्याप्तिः
2. परेधु रेव व्याप्तिः
3. उभद्युर्व्याप्तिः
4. उभयन्नापि– व्याप्त्य भावः
5. उभयत्र–सम्येनैक देश व्याप्तिः
6. वैषम्यैणैक देश व्याप्तिः

पूर्व दिन में ही तिथि की कर्मकाल व्याप्ति हो तो पर दिन ही पर्व लगना चाहिए। दूसरे दिन में ही तिथि की कर्मकाल व्याप्ति हो तो पर दिन ही पर्व लगना चाहिए। दोनों दिनों में तिथि की कर्मकाल व्याप्ति का अभाव हो तो पूर्व दिन ही गौण काल व्याप्ति के होने से पूर्व दिन ही पर्व लगना चाहिए। दोनों तिथि की समान रूप से कर्मकाल व्याप्ति होने पर पूर्व दिन ही पर्व लगना चाहिए। जैसे तिथि का मध्याह्न–व्यापिनी से निर्णय करना है, यदि वह तिथि पूर्व दिन मध्याह्न में 14 घटी से आरंभ होती है और दूसरे दिन 14 घटी तक मध्याह्न में मध्याह्न के पूर्व ही समाप्त हो जाती है तो दोनों दिन आरंभ और समाप्ति का एक ही 14 घटी मध्याह्न की साम्या स्थिति होने से साम्येनैक देश व्याप्तौ पूर्वा पूर्व दिन ही लगाना उचित है।

दोनों दिन तिथि की विषम वैषम्य रूप से कर्मकाल व्याप्ति होने पर दोनों दिनों में जिस दिन पूजन कर्म के लिए तिथि का पर्याप्त काल उपलब्ध हो उस दिन पर्व लगना चाहिए। जैसे किसी तिथि का मध्याह्न व्यापिनी से निर्णय करना है। यदि वह तिथि पूर्व दिन 10 घटी संगव काल से आरंभ होकर दूसरे दिन 15 घटी तक मध्याह्न में मध्याह्न के पूर्व समाप्त होती है तो एक पक्ष। और यदि वही तिथि पूर्व दिन मध्याह्न में 16 घटी से आरंभ होकर दूसरे दिन 20 घटी अपराह्न तक व्याप्त होती है तो यह द्वितीय पक्ष। अतः पूर्व पक्ष में संगर्व से मध्याह्न और द्वितीय पक्ष में मध्याह्न से अपराह्न तक विषम स्थिति होने से पूजन कर्म के लिए पर्याप्त काल के कारण दोनों पक्षों में क्रमशः पूर्व दिन और पर दिन में पर्व लगना चाहिए।

दोनों कर्मकाल व्याप्ति के अभाव होने पर जिस तिथि का जो पूजन कर्मकाल कहा गया है, यदि वह तिथि विहीत काल के समीप भी हो तो उस तिथि का पूजनोत्सव का त्याग नहीं करना चाहिए।

तिथियों की कर्मकाल व्याप्ति में विषमता आने पर युग्म तिथि वाक्यों द्वारा भी निर्णय करना शुभ फलदायक है।

काल विभाग

पंचाधा विभक्त दिनमानानुसारेण काल विभाग,
मुहूर्त त्रितयं प्राप्तः त्रावानेव तु संगव।
मध्याह्न स्त्रि मुहूर्तास्या पदरान्होऽपिता दृश।।
सायाह्न स्त्रि मुहूर्तस्तु सर्व कर्म बहिष्कृतिः।
इति व्यासेन महता विभक्तं पंचवधा दिनम्।।

अर्थात दिनमान यदि 30 घटी हो तो 6 घटी तक प्रातःकाल पुनः 6 घटी तक संगव काल, फिर 6 घटी तक मध्याह्न काल, पुनः 6 घटी तक अपराह्न काल, और इसी भांति फिर 6 घटी तक सायाह्न काल। इस प्रकार व्यास जी ने इष्ट दिनमान में 5 का भाग देकर काल विभाग बताए हैं। हालांकि कोई दिनमान को तीन भागों में विभक्त कर पूर्वाह्न, मध्याह्न और सायाह्न की कल्पना करते हैं। लेकिन यह रीति कर्मकाल व्याप्ति की उपादेयता के लिए ठीक नहीं है।

मध्याह्नन्त्य दले त्रिभाग दिवसेस्यादेक भक्तम् इति। ततः सूर्यास्त पर्यंतः गौण।।

अर्थात भक्त के लिए मध्याह्न से 17 घटी तक मुख्यकाल भोजन का है। यदि मुख्य काल किसी कारणवश छूट जाए तो सूर्यास्त पर्यंत गौण काल उपादेय होगा। सूर्यास्त के उपरांत 6 घटी तक ही प्रदोष काल होता है। अतः गृहस्थियों को नक्त व्रत में भोजन प्रदोष काल में ही करना चाहिए और यति व पुत्रहीना को सायाह्न में सूर्य के उदित रहते भोजन करना चाहिए। पुत्रवती विधवाओं के लिए तो प्रदोष काल ही श्रेष्ठ है।

संध्या

स्मृति कौस्तुभ में नारद के पांचवें वाक्य में कहा गया है–

अर्द्धास्तमन संध्यां हि घटिकात्रय सम्मिता।
तथै वार्द्धोदयात्पातःर्घटिकत त्रय सम्मिता।।

अर्थात सूर्य आधा अस्त हो या उदय हो उसके एक घटी पहले और एक घटी पीछे एवं तीन घटी मिलाकर अर्थात ऐसी तीन घटी तक संध्या का समय मुख्य सिद्ध होता है।

अतः सूर्योदय सूर्य बिंब से तीन घटी पर्यंत पूर्व, प्रातः संध्या कहलाती है। अतः सूर्योदय संध्या में कर्क संक्रांति हो तो पर दिन पुण्य काल होगा। यदि प्रातः संध्या से पूर्व ही संक्रमण काल हो तो पूर्व दिन ही पुण्य काल होगा। एवं सायं संध्या में मकर संक्रांति हो तो पूर्व दिन पुण्य काल का होगा। यदि सायं संध्या के परे मकर संक्रमण हो तो पर दिन पुण्य काल होगा। मकर संक्रांति के लिए प्रदोष काल गौण रूप से लेना चाहिए।

याज्ञवल्कय नागदेव आदि महर्षियों ने संध्या का लक्षण इस प्रकार किया है–

प्रातः संध्या सनछत्रा, सायं संध्या सभास्करा।
जपमा सीत सवित्री प्रत्यागा तारको दयात।।
उत्तमा तारको पेता मध्यमा लुप्त तारका।
अधमा सूर्य सहिता प्रातः संध्या त्रिधास्मृता।।

अर्थात प्रातः तारों के रहते हुए जो संध्या की जाती है वह उत्तम संध्या है। तारों के छिप जाने पर मध्यम संध्या और सूर्य के उदय होने पर निकृष्ट संध्या की संज्ञा दी गई है।

उत्तमा भास्करो पेता मध्यमा लुप्त भास्करा।
अधमा तारको पेता सायं संध्या त्रिधास्मृता।।

अर्थात दिन रहते जो संध्या की जाती है वह उत्तम संध्या, सूर्य के अस्त होने पर मध्यम संध्या और तारों के उग आने पर निकृष्ट संध्या कही गई है।

संध्या पूर्व दिशा की तरफ ईशान कोण की ओर मुंह करके करनी चाहिए। अथवा प्रातः मध्याह्न पूर्व या उत्तर मुंह और सायंकाल पश्चिम मुंह होकर करनी चाहिए।

संध्या प्राक्प्रातरेवहि तिष्टे दा सूर्य दर्शनात्।
नक्षत्र दर्शनात्संध्या अन्होरात्रिश्चयः संधि सूर्य नक्षत्र वर्जितः।।

तिथियों के स्वामीः प्रतिपदा का स्वामी अग्नि, द्वितीया का ब्रह्मा, तृतीया की गौरी, चतुर्थी का गणेश, पंचमी का शेषनाग, षष्ठी का कार्तिकेय, सप्तमी का सूर्य, अष्टमी का शिव, नवमी की दुर्गा, दशमी का काल, एकादशी के विश्वदेव, द्वादशी का विष्णु, त्रयोदशी

का काम, चतुर्दशी का शिव, पूर्णमासी का चंद्रमा और अमावस्या का स्वामी पितर को माना गया है। तिथियों के शुभाशुभत्व के लिए इनके स्वामियों का विचार किया जाता है।

तिथियों की संज्ञाएं ज्योतिष के अनुसार, 1, 6, 11 तिथियों की संज्ञा नंदा, 2, 7, 12 की भद्रा, 3, 8, 13 की जया, 4, 9, 14 की रिक्ता और 5, 10 15 की संज्ञा पूर्णा मानी गई है तथा 4, 6, 8, 9, 12 व 14 तिथियां पक्षरंध्र संज्ञक हैं।

सिद्धिदायक तिथियां

तिथि और वार के निश्चित संयोग वाली तिथियां सिद्धिदायक तिथियां कही जाती हैं। अतः इन तिथियों में किए गए कार्य सफल होते हैं।

शास्त्रों के अनुसार यदि मंगलवार को 3, 8, 13, बुधवार को 2, 7, 12, बृहस्पतिवार को 5, 10, 15, शुक्रवार को 1, 6, 11 और शनिवार को 4, 9, 14 तिथियां सिद्धिदायक तिथियां कही गई हैं।

शून्य संज्ञक तिथियां

प्रत्येक मास में कुछ तिथियों को शून्य तिथि या शून्य संज्ञक भी कहा जाता है। मासूशन्य तिथियों में कार्य करने से सफलता प्राप्त नहीं होती।

शास्त्रों के अनुसार चैत्र मास में दोनों पक्षों की अष्टमी और नवमी, वैशाख मास में दोनों पक्षों की द्वादशी, ज्येष्ठ मास में कृष्ण पक्ष की चतुर्दशी और शुक्ल पक्ष की त्रयोदशी, आषाढ़ मास में कृष्ण पक्ष की षष्ठी और शुक्ल पक्ष की सप्तमी, श्रावण मास में दोनों पक्षों की द्वितीया और तृतीया, भाद्रपद माह में दोनों पक्षों की प्रतिपदा और द्वितीया, आश्विन माह में दोनों पक्षों की दशमी और एकादशी, कार्तिक मास में कृष्ण पक्ष की पंचमी और शुक्ल पक्ष की चतुर्दशी, मार्गशीर्ष मास में दोनों पक्षों की सप्तमी और अष्टमी, पौष मास में दोनों पक्षों की चतुर्थी और पंचमी, माघ मास में कृष्ण पक्ष की पंचमी और शुक्ल पक्ष की षष्ठी एवं फाल्गुन मास में कृष्ण पक्ष की चतुर्थी और शुक्ल पक्ष की तृतीया शून्य संज्ञक होती हैं।

इनके अलावा कुछ और संज्ञक तिथियां ऐसी हैं जिनमें किए गए कार्यों में बाधाएं आती हैं। ये निम्न हैं–

दग्धा संज्ञक तिथियां

रविवार को द्वादशी, सोमवार को एकादशी, मंगलवार को पंचमी, बुधवार को तृतीया, बृहस्पतिवार को षष्ठी, शुक्रवार को अष्टमी और शनिवार को नवमी तिथि दग्धा कही गई हैं।

विष संज्ञक तिथियां

रविवार को चतुर्थी, सोमवार को षष्ठी, मंगलवार को सप्तमी, बुधवार को द्वितीया, बृहस्पतिवार को अष्टमी, शुक्रवार को नवमी और शनिवार को सप्तमी विष संज्ञक कही गई हैं।

हुताशन संज्ञक तिथियां

रविवार को द्वादशी, सोमवार को षष्ठी, मंगलवार को सप्तमी, बुधवार को अष्टमी, बृहस्पतिवार को नवमी, शुक्रवार को दशमी और शनिवार को एकादशी हुताशन संज्ञक तिथियां हैं। इनमें किए गए कार्य में बाधाएं आती हैं।

वार

हमारे सौरमंडल में सात ग्रहों का अत्यंत महत्व है। ये ग्रह सौर मंडल के संरक्षक हैं। इन्हीं ग्रहों के आधार पर जीवन को मंगलमय बनाना हो तो इन ग्रहों के बारे में जानना बहुत जरूरी है। जिस दिन की होरा का जो ग्रह स्वामी होता है उस दिन उसी ग्रह के नाम का वार होता है। अर्थात सात ग्रहों के आधार पर सात दिन होते हैं। ज्योतिष शास्त्र में शनि, बृहस्पति, मंगल, रवि, शुक्र, बुध और चंद्रमा ये ग्रह एक–दूसरे से नीचे माने जाते हैं। अर्थात सबसे ऊपर शनि, उससे नीचे बृहस्पति, उससे नीचे मंगल, मंगल के नीचे रवि इत्यादि क्रम से ग्रहों की कक्षाएं हैं।

एक दिन में एक–एक घंटे की 24 होरा होती हैं। अर्थात एक घंटे की एक होरा होती है। प्रत्येक होरा का स्वामी अधःकक्षाक्रम से एक–एक ग्रह होता है। सृष्टि आरंभ में सबसे पहले सूर्य दिखलाई पड़ा इसलिए पहली होरा का स्वामी सूर्य माना जाता है। अतएव पहले वार का नाम रविवार है। इसके अनंतर उस दिन की दूसरी होरा का स्वामी उसके पास वाला शुक्र, तीसरी होरा का स्वामी बुध, चौथी होरा का स्वामी चंद्रमा, पांचवीं होरा का स्वामी शनि, छठी होरा का स्वामी बृहस्पति, सातवीं होरा का स्वामी मंगल, आठवीं होरा का स्वामी रवि, नौवीं होरा का स्वामी शुक्र, दसवीं होरा का स्वाम। बुध, ग्यारहवीं होरा का स्वामी चंद्रमा, बारहवीं होरा का स्वामी शनि, तेरहवीं होरा का स्वामी बृहस्पति, चौदहवीं होरा का स्वामी मंगल, पंद्रहवीं होरा का स्वामी रवि, सोलहवीं होरा का स्वामी शुक्र, सत्रहवीं होरा का स्वामी बुध, अट्ठारहवीं होरा का स्वामी चंद्रमा, उन्नीसवीं होरा का स्वामी शनि, बीसवीं होरा का स्वामी बृहस्पति, इक्कीसवीं होरा का स्वामी मंगल, बाईसवीं होरा का स्वामी रवि, तेईसवीं होरा का स्वामी शुक्र और चौबीसवीं होरा का स्वामी बुध होता है। इसके पश्चात दूसरे दिन की पहली होरा का स्वामी चंद्रमा पड़ता है, अतः दूसरा दिन सोमवार हुआ। इसी प्रकार तीसरे दिन की पहली होरा का स्वामी मंगल, चौथे दिन की पहली होरा का स्वामी बुध, पांचवें दिन की पहली होरा का स्वामी बृहस्पति, छठे दिन की पहली होरा का स्वामी शुक्र और सातवें दिन की पहली होरा का स्वामी शनि होता है। इसलिए क्रमशः रवि, सोम, मंगल, बुध, बृहस्पति, शुक्र और शनि ये सात वार माने जाते हैं।

रविवार को सभी दिनों में महत्व के कामकाज के लिए महत्वपूर्ण माना जाता है। इस दिन लाभ, सुख, शांति को प्राप्त करने के लिए समस्त पूजा–पाठ व मांगलिक कार्य करने की योजनाओं को अंतिम रूप दिया जाना चाहिए। रविवार को सोना, चांदी, तांबा धातुओं को खरीदना चाहिए। हवाई यात्रा करना और स्वास्थ्य लाभ के लिए औषधि का प्रयोग करना शुभ माना जाता है।

सोमवार को शुभ वार कहा गया है। इस दिन विद्या अध्ययन संबंधी कार्य प्रारंभ करें। महिलाओं द्वारा नए वस्त्र व आभूषण पहनना परम सौभाग्य का प्रतीक माना गया है। इस दिन जल संबंधी कार्य करना अति लाभदायक होता है।

मंगलवार को क्रूर वार माना गया है। इस दिन सोना, मूंगा खरीदना लाभदायक माना गया है। किसी समूह का गठन करने पर सफलता प्राप्त होती है।

बुधवार को शुभ वार माना गया है। नए कार्य का श्रीगणेश इसी दिन करना चाहिए। नौकरी, शिल्पकला क्षेत्र में अपनी प्रतिभा का परिचय इस दिन देने से लाभ होता है। इस दिन व्यापार अध्ययन के लिए किए गए प्रयास को सफलता प्राप्त होती है।

बृहस्पतिवार को शुभ वार कहा गया है। इस दिन धार्मिक कार्य व अनुष्ठानों की शुरुआत इसी दिन अत्यंत शुभ होती है। हवाई यात्रा, अन्य यात्रा, भवन निर्माण व अन्य कार्य इस दिन करने से अच्छा फल मिलता है।

शुक्रवार को भी शुभ वार माना गया है। इस दिन भूमि खरीद, नए व्यापार का आरंभ, खेती एवं फल आदि के कार्यों की शुरुआत करना शुभ है।

शनिवार को क्रूर वार कहा गया है। इस दिन गृह प्रवेश, नए घर में प्रवेश, या बाहर यात्रा से आने पर घर में प्रवेश शुभ माना गया है। लोहा, लकड़ी, तेल आदि खरीदना शुभ नहीं होता। इस दिन शनि महाराज की विधिवत पूजा अर्चना करने से कई गुना लाभ की संभावना रहती है। अपने घर से बाहर की यात्रा करना शुभ नहीं माना जाता।

वार की संज्ञाएं

बृहस्पति, चंद्र, बुध और शुक्र ये वार सौम्य संज्ञक एवं मंगल, रवि और शनि ये वार क्रूर संज्ञक माने गए हैं। रविवार स्थिर, सोमवार चर, मंगलवार उग्र, बुधवार सम, बृहस्पतिवार लघु, शुक्रवार मृदु और शनिवार तीक्ष्ण संज्ञक हैं। शल्य क्रिया के लिए शनिवार उत्तम माना गया है। विद्यारंभ के लिए बृहस्पतिवार और वाणिज्य आरंभ करने के लिए बुधवार प्रशस्त माना गया है।

नक्षत्र

आकाश मंडल में तारों के समूह को नक्षत्र कहते हैं। हम देखते हैं कि तारों के समूह से कहीं अश्व, कहीं शकट, सर्प आदि के आकार बन जाते हैं। ये आकृतियां ही नक्षत्र हैं। जिस प्रकार लोक व्यवहार में एक स्थान से दूसरे स्थान की दूरी मील, कोस या किलोमीटर में नापी जाती है। उसी प्रकार आकाश मंडल की दूरी नक्षत्रों से ज्ञात की जाती है।

ज्योतिष शास्त्र में समस्त आकाश मंडल को 27 भागों में विभक्त कर प्रत्येक भाग का नाम एक–एक नक्षत्र रखा गया है। सूक्ष्मता से समझाने के लिए प्रत्येक नक्षत्र के चार भाग किए गए हैं जो चरण कहलाते हैं।

नक्षत्रों का फलादेश उनके स्वामी के स्वभाव के गुण के अनुसार किया जाता है। ये नक्षत्र और उनका स्वामी निम्न हैं–

	नक्षत्र	स्वामी	लिंग	वचन
1.	कृतिका	अग्नि	स्त्रीलिंग	बहुवचन
2.	रोहिणी	ब्रह्मा	स्त्रीलिंग	एकवचन
3.	मृगशिरा	चंद्रमा	नपुंसक	एकवचन
4.	आर्द्रा	रुद्र	स्त्रीलिंग	एकवचन
5.	पुनर्वसु	अदिति	पुल्लिंग	द्विवचन
6.	पुष्य	बृहस्पति	पुल्लिंग	एकवचन
7.	आश्लेषा	सर्प	स्त्रीलिंग	बहुवचन
8.	मघा	पितर	स्त्रीलिंग	बहुवचन
9.	पूर्वा फाल्गुनी	भग	स्त्रीलिंग	द्विवचन
10.	उत्तरा फाल्गुनी	अर्यमा	पुल्लिंग	एकवचन
11.	हस्त	सूर्य	पुल्लिंग	एकवचन
12.	चित्रा	विश्वकर्मा	स्त्रीलिंग	एकवचन
13.	स्वाति	पवन	स्त्रीलिंग	एकवचन
14.	दिशाखा	शुक्राग्नि	स्त्रीलिंग	द्विवचन
15.	अनुराधा	मित्र	स्त्रीलिंग	बहुवचन
16.	ज्येष्ठा	इंद्र	स्त्रीलिंग	एकवचन
17.	मूल	निर्ऋति	स्त्रीलिंग	एकवचन
18.	पूर्वाषाढ़ा	जल	स्त्रीलिंग	बहुवचन
19.	उत्तराषाढ़ा	विश्वेदेव	स्त्रीलिंग	बहुवचन
20.	श्रवण	विष्णु	स्त्रीलिंग	एकवचन
21.	धनिष्ठा	वसु	स्त्रीलिंग	बहुवचन
22.	शतभिषा	वरुण	पुल्लिंग	एकवचन
23.	पूर्वा भाद्रपद	अजैकपाद	पुल्लिंग	बहुवचन
24.	उत्तराभाद्रपद	अहिर्बुध्नय	पुल्लिंग	बहुवचन
25.	रेवती	पूषा	स्त्रीलिंग	एकवचन
26.	अश्विनी	अश्विनी कुमार	स्त्रीलिंग	द्विवचन
27.	भरणी	काल	स्त्रीलिंग	बहुवचन

अभिजित को 28वां नक्षत्र माना गया है और इसका स्वामी ब्रह्मा को कहा गया है। ज्योर्तिविदों का अभिमत है कि उत्तराषाढ़ा की अंतिम 15 घटियां और श्रवण के प्रारंभ की चार घटियां, इस प्रकार 19 घटियों के मानवाला अभिजित नक्षत्र होता है। यह समस्त कार्यों में शुभ माना गया है।

अश्विनी नक्षत्र का फल

शास्त्रों के अनुसार अश्विनी नक्षत्र में जन्म होने से मनुष्य सुंदर स्वरूप, स्थूल शरीर, अति बुद्धिमान, अति प्रज्ञा वाला, नम्रता सहित, सत्ययुक्त, सेवाभावी, कार्यों में पटु, सर्वजन प्रिय, धनवान तथा भाग्यवान होता है। यह संपूर्ण प्रकार की संपत्तियों को प्राप्त करने वाला, स्त्री और आभूषण तथा पुत्रादि से संतोष प्राप्त करता है। अश्विनी नक्षत्र में जन्म होने से जातक ईश्वर भक्त, चतुर, बुद्धिमानीपूर्ण कार्यों में प्रतिष्ठित, साम्यवादी, आभूषण एवं रत्नों का प्रेमी, जायदाद संबंधी मामलों से चिंताग्रस्त, क्रोधी, बड़े भाई न हों या भाई रोगग्रस्त हों, नेतृत्व प्रधान कार्यों में अभिरुचि, ज्योतिष, वैद्य, शास्त्रों में रुचि रखने वाले, भ्रमणप्रिय, चंचल प्रकृति तथा महत्वाकांक्षी विचारों के होते हैं। इस नक्षत्र में जन्म होने पर जन्म राशि मेष तथा राशि स्वामी मंगल होगा। अवकहड़ा चक्र के अनुसार जातक का वर्ण क्षत्रिय, वश्य चतुष्पद, योनि अश्व, महावैर योनि महिष, गण देव तथा नाड़ी आदि है।

भरणी नक्षत्र का फल

भरणी नक्षत्र में जन्म होने से जातक सत्यवक्ता, उत्तम विचार वाला, अपने वचन को पूरा करने वाला, दृढ़प्रतिज्ञ, रोगरहित, चतुर और सुखी होता है। मतांतर से ऐसा जातक विकल, क्रूर, कृतघ्न, सदा अपयश का भागी, दूसरे की स्त्री में अनुरक्त, विनोद में समय व्यतीत करने वाला, जल से डरने वाला, चपल, निंदित तथा खल स्वभाव वाला होता है। भरणी नक्षत्र में जन्म होने से जातक साहसी, प्रेरणादायक, रसिक मिजाज, निम्न स्तर के लोगों के मध्य रहने वाला, बलवान, विरोधियों को नीचा दिखाने वाला, शत्रुओं पर विजयी तथा अचानक आक्रमण करने की योजना में प्रवीण, धार्मिक कार्यों के प्रति रुचि रखने वाला, चित्रकारी एवं फोटोग्राफी में अभिरुचि, अत्यधिक धूम्रपान करने वाला, मदिरा अथवा रसीले पदार्थों का शौकीन, अपना उद्देश्य अंतिम रूप से प्राप्त करने में समर्थ, रोग बाधा से अधिकतर मुक्त रहने वाला, चतुर, प्रसन्नचित्त तथा उन्नति के आकांक्षी होते हैं। भरणी नक्षत्र में उत्पन्न जातक की जन्म राशि मेष तथा राशि स्वामी मंगल, वर्ण क्षत्रिय, वश्य चतुष्पद, योनि गज, महावैर योनि सिंह, गण मानव तथा नाड़ी मध्य है।

कृतिका नक्षत्र का फल

कृतिका नक्षत्र में जन्म होने से जातक तेजस्वी, विख्यात, विद्वान, उच्चाधिकार युक्त, विद्याधनी होता है। मतांतर से ऐसा जातक कृतघ्न, कृपण, क्षुधा से पीड़ित, सत्य और धन रहित, परस्त्रीगामी, बिना कार्य घूमने वाला, कठोर वाणी बोलने वाला, दुखी और अकर्त्तव्य करने वाला होता है। कृतिका नक्षत्र में जन्म होने से जातक प्रेमी स्वभाव, उदार हृदय, मित्र समूह का अभिलाषी, सामाजिक रुचियों का धनी, अतिथि सत्कार करने में कुशल, सुखानुभूति का इच्छुक, आराम पसंद और विलास प्रेमी, प्रभावशाली व्यक्तित्व का स्वामी, रचनात्मक कार्यों में व्यस्त रहने वाला, जुए एवं सट्टे के प्रति रुचि, सरकार से लाभ प्राप्त करने वाला अथवा राज्यकर्मचारियों का मित्र होता है। जातक का कला एवं कलात्मक विज्ञानों एवं कार्य व्यवसायों से संबद्ध रहता है। इनका मौलिक चिंतनक्षेत्र अधिक धन

कमाने की ओर रहता है। मौलिक तर्क प्रस्तुत करने में ये बेजोड़ रहते हैं, परंतु प्रेम में इसे निराशा ही मिलती है। अभिनय एवं नाट्य क्षेत्र, आधुनिक दूरदर्शन एवं राजनीति के क्षेत्र में से इनका उदय होता है। कृतिका नक्षत्र के पहले चरण में जन्म होने पर जन्म राशि मेष, राशि स्वामी मंगल तथा शेष तीन चरणों में जन्म होने पर राशि वृष तथा राशि स्वामी शुक्र, वर्ण वैश्य, वश्य चतुष्पद, योनि मेढ़ा, महावैर योनि वानर, गण राक्षस, नाड़ी अंत्य है।

रोहिणी नक्षत्र का फल

रोहिणी नक्षत्र में जन्म होने से जातक सत्यवक्ता, पवित्रात्मा, प्रियवचन बोलने वाला, स्थिर बुद्धि, धनवान, कृतज्ञ, मेधावी, राजमान्य, ज्ञानयुक्त, सुंदर शरीर, शीलयुक्त, धर्म–कर्म में कुशल होता है। मतांतर से ऐसा जातक दुर्बल शरीर, दूसरों की कमियों को जानने वाला, तथा परस्त्रीरत होता है। रोहिणी नक्षत्र में जन्म होने से जातक सौम्य स्वभाव, सुहास प्रिय, अच्छी प्रकृति, प्राकृतिक सौंदर्य का प्रेमी, कला, नाट्य तथा संगीत में अभिरुचि, सार्वजनिक उत्सवों में अति प्रसन्न, सामाजिक प्रतिष्ठा एवं सम्मान का इच्छुक, मातृ स्नेह प्राप्त करने वाला, सहानुभूतियुक्त, शुद्ध हृदय, परोपकारी, सत्यवादी, मधुरभाषी, स्थिर मस्तिष्क वाला होता है। यह भूत–प्रेतों में विश्वास रखने वाला, ईमानदार व सत्यभाषियों का हित सम्मान करने वाला होता है। रोहिणी नक्षत्र में जन्म होने पर जन्म राशि वृष तथा राशि स्वामी शुक्र, वर्ण वैश्य, वश्य चतुष्पद, योनि सर्प, महावैर योनि नेवला, गण मानव तथा नाड़ी अंत्य है।

मृगशिरा नक्षत्र का फल

मृगशिरा नक्षत्र में जन्म होने से जातक चंचल, चतुर, धैर्यवान, पंडित, उत्साही, धनी और भोगी होता है। मतांतर से ऐसा जातक अधिक घूमने–फिरने वाला, नकली वस्तु बनाने वाला, कुटिल दृष्टि वाला, स्वार्थी, अहंकारी, परद्वेषी, कामातुर तथा रोगी होता है। मृगशिरा नक्षत्र में जन्म होने से जातक साहसी, उत्साही, विनोदी, हाजिर जवाब, तेज मिजाज वाला, चौकन्ना तथा चुंबकीय व्यक्तित्व वाला होता है। यह जल्दी ही उत्तेजित हो जाने वाला, भावुक, रोष आने पर अत्यंत कटु व्यवहार करने वाला, जल्दी ही प्रत्युत्तर देने वाला, जल्दी ही नाराजगी व्यक्त करने वाला, वाक्‌पटु, उद्यमी तथा धनी होता है। यह धार्मिक पृष्ठभूमि का समर्थक, उन्नतिगामी विचारधारा वाला, नेतृत्व प्रधान व्यक्तित्व वाला किंतु मित्रों के बीच मिथ्याडंबर रखने वाला व डींग हांकने में प्रवीण होता है। इस नक्षत्र के पहले दो चरणों में जन्म होने पर जन्म राशि वृष, राशि स्वामी शुक्र तथा अंतिम दो चरणों में जन्म होने पर जन्म राशि मिथुन तथा राशि स्वामी बुध, वर्ण शूद्र, वश्य नर, योनि सर्प, महावैर योनि नेवला, गण देव, नाड़ी मध्य है।

आर्द्रा नक्षत्र का फल

आर्द्रा नक्षत्र में जन्म होने से जातक क्षुधा से पीड़ित, रुक्ष देह युक्त, बलवान तथा भाइयों का प्रिय होता है। मतांतर से ऐसा जातक कृतघ्न, कुटिल हृदय, अभिमानी, क्रोधी, हिंसक, पापी, शठ, धन–धान्य से हीन, क्षुद्र कार्य करने वाला तथा एक जगह स्थिर न रहने वाला

होता है। आर्द्रा नक्षत्र में जन्म होने से जातक मधुरभाषी, सबसे प्रेम व्यवहार करने वाले, प्रखर मस्तिष्क वैद्य अथवा मंत्र शक्ति के ज्ञाता, पूर्वानुमान लगाने में सफल, पूर्वाभास पाने वाला, निष्कपट परंतु आलोचक तथा अध्ययन काल में बाधाओं का शिकार होता है। यह खोजी मस्तिष्क, कला अथवा कारीगरी में प्रवीण, गतकार्यों पर चिंता करने वाला, नशीली वस्तुओं का सेवनकर्ता, धूम्रपान एवं तंबाकू आदि का सेवी, अपमानजनक कार्य करने वाला तथा भ्रमणशील होता है। आर्द्रा नक्षत्र में उत्पन्न जातक की जन्म राशि मिथुन तथा राशि स्वामी बुध, वर्ण शूद्र, वश्य नर, योनि श्वान, महावैर योनि मृग, गण मानव तथा नाड़ी आदि है।

पुनर्वसु नक्षत्र का फल

पुनर्वसु नक्षत्र में जन्म होने से जातक शांत, सुखी, सुशील, सुंदर, लोकप्रिय, धन और बल से युक्त, शास्त्र को पढ़ने वाला, दानी, पुत्र और मित्रादि से युक्त होता है। मतांतर से ऐसा जातक क्लेश को सहने वाला, बुद्धिहीन कामुक, रोगी और थोड़े में ही संतुष्ट होता है। पुनर्वसु नक्षत्र में जन्म होने से जातक न्यायप्रिय, दानी, परोपकारी, सच्चा तथा ईमानदार, विश्वसनीय, क्षमायुक्त, सौंदर्य का प्रशंसक, वास्तविक एवं सही निर्णय लेने की क्षमता वाला, प्रभावशाली, तर्क प्रस्तुत करने वाला, अच्छी शक्ति एवं सौष्ठव से युक्त, बहुत से स्रोतों का जानकार, राजनीति का ज्ञाता, राजकुल अथवा राजकर्मचारियों से संबंधित, नेतृत्व करने वाला तथा भ्रमणप्रिय होता है। पुनर्वसु नक्षत्र के पहले तीन चरणों में जन्म होने पर जन्म राशि मिथुन, राशि स्वामी बुध तथा चौथे चरण में जन्म होने पर जन्म राशि कर्क तथा राशि स्वामी चंद्रमा, वर्ण शूद्र, वश्य पहले तीन चरणों में नर व अंतिम चरण में जलचर, योनि मार्जार, महावैर योनि मूषक, गण देव, नाड़ी आदि है।

पुष्य नक्षत्र का फल

पुष्य नक्षत्र में जन्म होने से जातक शांत हृदय, सर्वप्रिय, विद्वान, पंडित, प्रसन्नचित्त, माता–पिता का भक्त, ब्राह्मणों और देवताओं का आदर और पूजा करने वाला, धर्म को मानने वाला, बुद्धिमान, राजा का प्रिय, पुत्रयुक्त, धन वाहन से युक्त, सम्मानित और सुखी होता है। पुष्य नक्षत्र में जन्म होने से जातक मध्यम कद लंबा, गौर श्याम वर्ण, चिंतनशील, सावधान, तत्पर, आत्मकेंद्रित, क्रमबद्ध और नियमबद्ध, अल्पव्ययी, रूढ़िवादी, सहिष्णु, बुद्धिमान तथा समझदार होता है। ऐसा जातक व्यावहारिक, स्पष्टवादी, शीघ्रता से बोलने वाला, आलोचक, विश्वासपूर्ण पद प्राप्त करने वाला, अधिकारी मंत्री, राजा, तकनीकी मस्तिष्क का, अपने कार्य में निपुण तथा सबके द्वारा प्रशंसित होता है। यह साधारण सी बात पर चिंतित हो जाएंगे, किंतु विषम परिस्थितियों का साहसपूर्ण सामना करते हैं। यह ईश्वर भक्त तथा दार्शनिक विचारों के होते हुए भी सांसारिक कार्यों में सफल माने जाते हैं। पुष्य नक्षत्र में उत्पन्न जातक की जन्म राशि कर्क तथा राशि स्वामी चंद्रमा, वर्ण ब्राह्मण, वश्य जलचर, योनि मेढ़ा, महावैर योनि वानर, गण देव तथा नाड़ी मध्य है।

आश्लेषा नक्षत्र का फल

आश्लेषा नक्षत्र में जन्म होने से जातक सर्वभक्षी, क्रूर स्वभाव, कृतघ्न, क्रोधी, दूसरों को कष्ट देने वाला, व्यर्थ भ्रमण करने वाला, धन को व्यर्थ गंवाने वाला, कामी, दुराचारी तथा अपने कार्य को करने वाला होता है। आश्लेषा नक्षत्र में जन्म होने से जातक चतुर बुद्धि, कल्पना प्रवीण, परिवर्तनशील आचरण युक्त, जल्दी ही बदल जाने वाला, शीघ्र ही प्रसन्न हो जाने वाला, हंसमुख, धाराप्रवाह बोलने वाला, बातचीत में दूसरों की अनुकृति करने वाला, कलात्मक अभिरुचियों वाला, साहित्य तथा संगीत प्रेमी, यात्राप्रिय, कामासक्त, कभी–कभार चोरी करने वाला, आलसी, स्वार्थी, अकस्मात् आहत होनेवाला होता है। आश्लेषा नक्षत्र में जन्म होने पर जन्म राशि कर्क तथा राशि स्वामी चंद्रमा, वर्ण ब्राह्मण, वश्य जलचर, योनि मार्जार, महावैर योनि मूषक, गण राक्षस तथा नाड़ी अंत्य है।

मघा नक्षत्र का फल

मघा नक्षत्र में जन्म होने से जातक धनी, भोगी, देवता तथा माता–पिता का भक्त, बहुत नौकरों से युक्त तथा उद्योगी होता है। मतांतर से ऐसा जातक कठोर चित्त वाला, तीव्र स्वभाव वाला, अनिद्य विद्या वाला, पाप रहित, श्रेष्ठ बुद्धि वाला, गर्व करने वाला, पुण्यरत, अपनी स्त्री के वश में रहने वाला तथा शत्रुओं का नाश करने वाला होता है। मघा नक्षत्र में जन्म होने से जातक स्पष्टवादी, मुंहफट, जल्दी ही मान जाने वाला, भिड़ंतशील, सुरक्षात्मक स्थिति का इच्छुक, निर्भीक, साहसी, अनुरागी, भावुक, जल्दी से क्रोधित हो जाने वाला, जल्दबाज, अपने कार्यों में तत्पर, उच्चाभिलाषी, उच्चस्तर की आजीविका प्राप्त करने का इच्छुक, बहुत सेवकों से युक्त, अति उद्यमी, शक्की तथा गुप्त कार्यों में संलग्न रहता है। ऐसा जातक दूसरों का कार्य करने में प्रबल, खाने–पीने का शौकीन, किफायती, अकस्मात आहत होने वाला, चिंताग्रस्त मनःस्थिति वाला और उन्नति में बार–बार बाधाओं का शिकार होता है। मघा नक्षत्र में उत्पन्न जातक की जन्म राशि सिंह तथा राशि स्वामी सूर्य, वर्ण क्षत्रिय, वश्य चतुष्पद, योनि मूशक, महावैर योनि बिडाल, गण राक्षस तथा नाड़ी अंत्य है।

पूर्वाफाल्गुनी नक्षत्र का फल

पूर्वाफाल्गुनी नक्षत्र में जन्म होने से जातक प्रियवक्ता, दाता, कांतिमान, गंभीर, जनमान्य, पंडित, स्त्रियों का प्रिय, सुखी, शूरवीर, त्यागी, साहसी तथा भ्रमणशील होता है। मतांतर से ऐसा जातक अत्यंत चतुर, धूर्त, कामुक, उग्र, तथा अभिमानी होता है। पूर्वाफाल्गुनी नक्षत्र में जन्म होने से जातक उदार, उदात्त हृदय, ईमानदार, नम्र, संगीतप्रेमी, नृत्य, नाट्य अथवा क्रीड़ा विनोद का प्रेमी, विलास और आराम का शौकीन, बहुमूल्य वस्तुओं, वस्त्रों और आभूषणों का प्रेमी, सट्टे अथवा जुए की प्रवृत्ति, सावधान चित्त, आत्मकेंद्रित, विश्वासपात्र एवं शीघ्र ही प्रसन्न हो जाने वाला तथा अपनी इच्छाओं की पूर्ति करने में समर्थ होता है। ऐसा जातक व्यापारिक कार्यों में रुचि रखने वाला, धार्मिक

संस्थाओं अथवा सहयोगी संस्थाओं का संस्थापक, क्रय–विक्रय से हानि उठाने वाला, उन्नति के कार्यों में बाधा अथवा असफल, मान–सम्मान को अधिक महत्व देने वाला, घमंडी, इंद्रियों से रोग ग्रस्त, धर्म के मामलों में लचीले आचरण वाला, परेशान, साहसी तथा सिर पर चोट का निशान होता है। पूर्वाफाल्गुनी नक्षत्र में जन्म होने पर जन्म राशि सिंह तथा राशि स्वामी सूर्य, वर्ण क्षत्रिय, वश्य चतुष्पद, योनि मूषक, महावैर योनि बिडाल, गण मानव तथा नाड़ी मध्य है।

उत्तराफाल्गुनी नक्षत्र का फल

उत्तराफाल्गुनी नक्षत्र में जन्म होने से जातक सर्वप्रिय, विद्या से धन लाभ करने वाला, दानी, दयालु, अत्यंत सुशील, धैर्यवान, कीर्तिवान, जितेंद्रिय, शूरवीर, कोमल, वक्ता, शस्त्र विद्या में निपुण, विद्वान, भोगी तथा सुखी होता है। उत्तराफाल्गुनी नक्षत्र में जन्म होने से जातक विद्वान, चतुर, व्यापारिक बुद्धि वाला, सही निर्णय देने वाला, पूर्वाभास पाने की क्षमता से युक्त, अध्ययनशील, गणित, साहित्य एवं भाषा आदि में विशेष प्रवीण, आलोचनात्मक प्रवृत्ति तथा कुशाग्र बुद्धि का होता है। जातक प्रियभाषी, सरल हृदय, कार्यकुशल परंतु अल्प द्रव्य वाला तथा उच्च स्तर के लोगों से मित्रता करने का अभिलाषी होता है। इनकी स्मरणशक्ति तीव्र होती है और किसी प्रकार की कला में प्रवीणता प्राप्त करता है। जातक अपने पुरुषार्थ से धनोपार्जन करने में सफल होता है और सामाजिक ख्याति अच्छी मिलती है। उत्तराफाल्गुनी नक्षत्र के पहले चरण में उत्पन्न जातक की जन्म राशि सिंह, राशि स्वामी सूर्य, अंतिम तीन चरणों में जन्म होने पर जन्म राशि कन्या तथा राशि स्वामी बुध, वर्ण वैश्य, वश्य पहले चरण में चतुष्पद और अंतिम तीन चरणों में नर, योनि गौ, महावैर योनि व्याघ्र, गण मानव तथा नाड़ी आदि है।

हस्त नक्षत्र का फल

हस्त नक्षत्र में जन्म होने से जातक दानी, उदार, यशस्वी, धर्म–कर्म में निरत, प्राज्ञ, दूसरों का उपकार करने वाला, धनी तथा ब्राह्मणों और देवताओं का भक्त होता है। मतांतर से ऐसा जातक मिथ्याभाषी, ढीठ, मद्यपायी, बंधुहीन, चोर और परस्त्रीगामी होता है। हस्त नक्षत्र में जन्म होने से जातक उद्यमी, कार्यशील, कुशल कार्यकर्ता, व्यापारी, सिद्धांत एवं वेदों का ज्ञाता, मौलिक कार्य करने वाला तथा परिश्रम से उन्नति करने वाला होता है। ऐसा जातक अक्खड़ स्वभाव का, असत्यवादी, अभिमानी तथा माता–पिता के कष्ट से पीड़ित रहता है। हस्त नक्षत्र में उत्पन्न जातक की जन्म राशि कन्या तथा राशि स्वामी बुध, वर्ण वैश्य, वश्य नर, योनि महिश, महावैर योनि अश्व, गण देव तथा नाड़ी आदि है।

चित्रा नक्षत्र का फल

चित्रा नक्षत्र में जन्म होने से जातक सुंदर नेत्र और शरीर वाला, विभिन्न प्रकार के वस्त्रों और आभूषणों को धारण करने वाला होता है। ऐसा जातक पुत्र, स्त्री से युक्त, संतोषी, धनवान, देवताओं और ब्राह्मणों का भक्त होता है। अपने मन की बात को अत्यंत

गुप्त रखता है तथा किसी अन्य पर प्रकट नहीं होने देता। मतांतर से ऐसा जातक नीति में चतुर, दूसरे की स्त्री में अनुरक्त तथा शत्रुओं को संताप देने वाला होता है।

चित्रा नक्षत्र के जन्म होने से जातक उच्चाभिलाषी, महत्वाकांक्षी, साहसी, श्रृंगारप्रिय, साफ दृष्टि, आकृष्ट अभिरुचियों वाला और अद्भुत आकर्षण शक्ति से युक्त होता है। ऐसा जातक विचारों से कलात्मक और कार्यों से तकनीकी, प्रत्यक्षानुमान तथा परोक्षानुमान लगाने की क्षमता वाला, आदर्शवादी, आकृष्ट कार्यों को करने वाला तथा संगीतप्रेमी होता है। कोमलता और कठोरता इसमें समान रूप से विद्यमान रहती है। चित्रा नक्षत्र के पहले दो चरणों में उत्पन्न जातक की जन्म राशि कन्या, राशि स्वामी बुध, अंतिम दो चरणों में जन्म होने पर जन्म राशि तुला तथा राशि स्वामी शुक्र, वर्ण वैश्य, वश्य नर, योनि व्याघ्र, महावैर योनि गौ, गण राक्षस तथा नाड़ी मध्य है।

स्वाति नक्षत्र का फल

स्वाति नक्षत्र में जन्म होने से जातक चतुर, धर्मात्मा, कृपण, लोकप्रिय, सुशील, तपस्वी, व्यापारी, कृपालु, मधुरभाषी तथा देवताओं और ब्राह्मणों का भक्त होता है। मतांतर से ऐसा जातक रूपवान, अत्यंत प्रसन्न, स्त्रियों में अनुरक्त तथा राजा के समान वैभवशाली होता है। स्वाति नक्षत्र में जन्म होने से जातक संवेदनशील, दयालु, न्यायप्रिय, स्पष्टवादी, बुद्धिमान, रुक–रुक कर बोलने वाला, पूर्वानुमान लगाने में कुशल, अद्भुत स्मरण शक्ति, ग्राह्य क्षमता से पूर्ण अंतःकरण, विवेकी, तुलनात्मक तर्क करने की शक्ति से युक्त, उच्चाभिलाषी, विनम्र, भावुक, मधुर स्वभाव, मानवतापूर्ण अथवा मानवोपयोगी कार्यों में रत, दोहरे व्यवसाय क्षेत्र में प्रविश्टि, संगी–साथियों का प्रेमी, मदिरा आदि नशीली वस्तुओं का उपभोगी होता है।

जातक भाग्यशाली, स्वतंत्र विचार वाला, क्रोध तथा आवेश में स्वयं की तथा घर की हानि करने वाला तथा उन्नति में कई बार बाधाओं का शिकार होता है। ऐसा जातक अपनी बात पर हठपूर्वक अड़ने वाला तथा शरीर में एक बार भयंकर चोट पाने वाला होता है। दिशाखा नक्षत्र में जन्म होने पर जन्म राशि वृश्चिक तथा राशि स्वामी मंगल, वर्ण ब्राह्मण, वश्य कीट, योनि महिष, महावैर योनि अश्व, गण राक्षस तथा नाड़ी अंत्य है।

दिशाखा नक्षत्र का फल

दिशाखा नक्षत्र में जन्म हो तो जातक ईर्ष्यालु, लोभी, कांतिमान, अभिमानी, निष्ठुर, कलहप्रिय, बोलने में चतुर, अपनी स्त्री के वश में रहने वाला तथा शत्रुओं पर विजय पाने वाला होता है। मतांतर से ऐसा जातक उग्र और सौम्य स्वभाव, अग्निहोत्र और देवताओं की क्रिया में तत्पर, धातु क्रियाओं का ज्ञाता तथा वह किसी का मित्र नहीं होता है। दिशाखा नक्षत्र में जन्म होने से जातक भद्र, ईमानदार, स्पष्टवादी और सादगीपन से रहने वाला, उन्मुक्त विचारधारा वाला, अनियंत्रित इच्छाओं वाला, उदार, दयालु, उत्साही, प्रभावशाली, अतिवादी, असंयत, उच्छृंखल, दूसरों को समझाने में कुशल, प्रभावोत्पादक वचन बोलने वाला, व्यावहारिक विज्ञानों में अभिरुचि रखने वाला, न्याय निपुण, नेतृत्व करने में सफल और साहसिक कार्यों का प्रणेता होता है। दिशाखा नक्षत्र के पहले तीन चरणों में उत्पन्न जातक की जन्म राशि तुला, राशि स्वामी शुक्र, वश्य नर तथा चौथे चरण में जन्म

होने पर जन्म राशि वृश्चिक, राशि स्वामी मंगल, वर्ण ब्राह्मण, वश्य कीट, योनि व्याघ्र, महावैर योनि गौ, गण राक्षस तथा नाड़ी अंत्य है।

अनुराधा नक्षत्र का फल

अनुराधा नक्षत्र में जन्म होने से जातक लोलुप, स्वार्थी और अधिक भोजन करने वाला होता है। मांसाहारी प्रिय और दूसरों पर आश्रित या प्रेम भाव के माध्यम से अपनी आसक्ति प्रदर्शित करने वाला होता है। खानपान में भी स्वतंत्र विचार होता है। इसे ऐसी महिला मित्र चाहिए जो सदैव प्रसन्न चित्त रहती हो और इसका मनोरंजन कर सके। ऐसा जातक खाने के मामले में अग्रणी कहा जाता है, अर्थात् अधिक भोजन करता है। यात्रा भ्रमण में विशेष रुचि रखता है। धनाभाव इनके जीवन में नहीं होता, पत्नी के साथ दूर देश निवास का संयोग इन्हें अधिक प्राप्त होता है। सौम्यता का अभाव इन्हें खलता है। अनुराधा नक्षत्र में जन्म होने से जातक दृढ़ निश्चयी, उत्साही, प्रयोगवादी, आविष्कारक, शोधकर्ता, निर्भीक, कौशलतापूर्ण, यात्राप्रिय, भद्रजनों का मित्र, गुप्त कार्यों में विशेष निपुण, स्वार्थी, हिंसात्मक प्रवृत्ति, कठोर, क्रूर तथा प्रतिशोधी होता है। ऐसा जातक स्वधर्मप्रेमी, नए विचारों का स्वागत करने वाला, दर्शन, वेद, पुराण एवं विज्ञान तथा तकनीकी कार्यों में रुचि रखने वाला, सम्मान पाने का इच्छुक, कला निपुण, अध्ययन में परिश्रमी, उन्नतिशील, विदेश अथवा पश्चिम दिशा की ओर बढ़ने तथा व्यवसाय करने वाला और काम निकालने में चतुर होता है। अनुराधा नक्षत्र में उत्पन्न जातक की जन्म राशि वृश्चिक, राशि स्वामी मंगल, वर्ण ब्राह्मण, वश्य कीट, योनि मृग, महावैर योनि श्वान, गण देव तथा नाड़ी मध्य है।

ज्येष्ठा नक्षत्र का फल

ज्येष्ठा नक्षत्र में जन्म हो तो जातक कवि, दानी, पंडित, प्रधान, संतोषी, धर्मात्मा, कांतिमान, प्रतापी, यशस्वी, वैभवशाली, धनवान, प्रतिष्ठित, चतुर वक्ता, शूद्रजनों से पूजित किंतु बड़ा ही क्रोधी होता है। मतांतर से ऐसा जातक दूसरों की स्त्रियों में अनुरक्त रहता है। ज्येष्ठा नक्षत्र में जन्म होने से जातक कार्य तत्पर, अध्ययनशील, तर्कशास्त्री, वैज्ञानिक अभिरुचि संपन्न, हास्यप्रिय, वाक्पटु, स्पष्टवादी, अतिरंजनवादी अर्थात अतिश्योक्ति का प्रयोग करने वाला, गुस्सैल, तेज मिजाज वाला, अस्थिर मान्यता रखने वाला, अल्प मित्र समुदाय वाला तथा चरम सीमा पर खिन्न हो जाने वाला होता है। जातक स्वभाव से अभिमानी, विलासप्रिय, पशुओं के प्रति प्रेम रखने वाला, पशु पालन संबंधी शौक, मित्रों का सहयोगी, उन्नति के कार्यों में विघ्न बाधाएं पाने वाला तथा अपने कुल का विरोध करने वाला होता है। ज्येष्ठा नक्षत्र में जन्म होने पर जातक की जन्म राशि वृश्चिक तथा राशि स्वामी मंगल, वर्ण ब्राह्मण, वश्य कीट, योनि मृग, महावैर योनि श्वान, गण देव तथा नाड़ी आदि है।

मूल नक्षत्र का फल

मूल नक्षत्र में जन्म हो तो जातक धनी, सुखी, वाहन से युक्त, अहिंसक, स्थिरचित्त, चतुर वक्ता, पंडित, स्थिर कार्य करने वाला और शत्रुओं को जीतने वाला होता है। मतांतर से ऐसा

जातक अप्रमाणिक, धूर्त, कृतघ्न, हिंसक और भोगी होता है। मूल नक्षत्र में जन्म होने से जातक स्नेहपूर्ण, मिलनसार, उदार, ईमानदार, प्रसन्नचित्त, क्षमावान, सलाहकार, दूसरों को सम्मान देने की प्रवृत्ति, दूसरों पर आंतरिक स्तर से नेतृत्व करने की क्षमता, अनुशासनप्रिय, कानून और नीति का पालन करने वाला, प्राचीनता का भक्त, लोकहितैषी कार्य करने वाला, धार्मिक कृत्यों पर अतिव्ययी, सामाजिक कार्यों में संलग्न, दृढ़ निश्चयी तथा विश्वासपात्र होता है। ऐसा जातक अपनी इच्छानुसार कार्य करने वाला, दूसरों की बात न मानने वाला, पुरानी पीढ़ी से विद्रोह करने वाला, उदर रोगी, घुमक्कड़ जीवन का शौकीन, जादू टोने पर विश्वास रखने वाला, शत्रुओं पर विजय प्राप्त करने वाला तथा स्वच्छ और सुंदर वस्त्रालंकारों का प्रेमी होता है। मूल नक्षत्र में जन्म होने पर जन्म राशि धनु तथा राशि स्वामी बृहस्पति, वर्ण क्षत्रिय, वश्य नर, योनि श्वान, महावैर योनि मृग, गण राक्षस तथा नाड़ी आदि है।

पूर्वाषाढ़ा नक्षत्र का फल

पूर्वाषाढ़ा नक्षत्र में जन्म होने से जातक सच्चरित्रा, सुखी, शांत बुद्धि, भाग्यवान और लोकप्रिय होता है। जातक शरण में आये हुए का उपकार करने वाला, दृढ़ मैत्री करने वाला होता है। इसकी स्त्री इसके इच्छानुसार चलने वाली होती है। मतांतर, ऐसा जातक अधिक जल पीने वाला, भोगी, श्रेष्ठशील तथा धनवान होता है। पूर्वाषाढ़ा नक्षत्र में जन्म होने से जातक नम्र, ईमानदार, दूसरों से प्रेम करने वाला, न्यायी, संवेदनशील, संतुलित, आशावादी, सहनशील, आवश्यकता से अधिक उदार, मुक्त हस्त, खर्चीला, अति आधुनिक किस्म की वस्तुओं का संग्रह करने वाला, विस्तृत दृष्टिकोण, सुघड़ मस्तिष्क, शिक्षित, घनिष्ठ मित्रों से युक्त, कला तथा नाट्य प्रेमी एवं दूसरों से सम्मान प्राप्त करने वाले होते हैं। ऐसा जातक दुर्बल शरीर, प्रबल कामी तथा अनेक स्त्रियों से संसर्ग रखने वाले होते हैं। अनेक चिंताओं से ग्रस्त रहते हैं किंतु कार्यकुशल तथा शीघ्र सफलता प्राप्त करते हैं। पूर्वाषाढ़ा नक्षत्र में उत्पन्न जातक की जन्म राशि धनु तथा राशि स्वामी बृहस्पति, वर्ण क्षत्रिय, वश्य पहले चरण में नर तथा अंतिम तीन चरणों में चतुष्पद, योनि वानर, महावैर योनि मेढ़ा, गण मानव तथा नाड़ी मध्य है।

उत्तराषाढ़ा नक्षत्र का फल

उत्तराषाढ़ा नक्षत्र में जन्म होने से जातक मोटे और लंबे शरीर वाला, अधिक मित्र वाला, सुखी, सात्विक गुणयुक्त, धनवान, पंडित, धर्मात्मा, कृतज्ञ, सर्वजनप्रिय, विजयी, वीर और विनययुक्त होता है। मतांतर से ऐसा जातक दानी, दयावान, अच्छे कर्म करने वाला ऐश्वर्यशाली, स्त्री–पुत्रों से सुखी और अभिमानी होता है। उत्तराषाढ़ा नक्षत्र में जन्म होने से जातक महत्वाकांक्षी जीवन का अभिलाषी, प्रसन्नचित्त, आकर्षक व्यक्तित्व वाला, स्वच्छ वस्त्रों का शौकीन, श्रेष्ठ बुद्धि से युक्त लोकोपकारी, घर का अथवा समाज का प्रमुख, किसी विशिष्ट अध्ययन क्षेत्र में प्रवीणता प्राप्त करने वाला, अध्ययनशील, कानून का आदर करने वाला, ईश्वरभक्त, धार्मिक कृत्यों में भाग लेने वाला, योगाभ्यासी, अधिकार सत्ता का प्रेमी, तर्क शास्त्री, सरकार अथवा सरकारी क्षेत्रों से लाभ पाने वाला होगा। उत्तराषाढ़ा नक्षत्र के

पहले चरण में जन्म होने पर जन्म राशि धनु, राशि स्वामी बृहस्पति, अंतिम तीन चरणों में जन्म होने पर जन्म राशि मकर तथा राशि स्वामी शनि, वर्ण वैश्य, वश्य चतुष्पद, योनि नकुल, महावैर योनि सर्प, गण मानव तथा नाड़ी अंत्य है।

अभिजित नक्षत्र का फल

अभिजित नक्षत्र में जन्म होने से जातक ईश्वर भक्त, चतुर, बुद्धिमानीपूर्ण कार्यों में प्रतिष्ठित, साम्यवादी, आभूषण एवं रत्नों का प्रेमी, जायदाद संबंधी मामलों से चिंताग्रस्त, क्रोधी, यात्रा भ्रमण में विशेष रुचि रखता है। धनाभाव इनके जीवन में नहीं होता, पत्नी का संयोग इन्हें अधिक प्राप्त होता है। अभिजित नक्षत्र में जन्म होने से जातक दृढ़ निश्चयी, उत्साही, प्रयोगवादी, आविष्कारक, शोधकर्ता, निर्भीक, कौशलतापूर्ण, यात्राप्रिय, प्रेमी स्वभाव, उदार हृदय, मित्र समूह का अभिलाषी, सामाजिक रुचियों का धनी, अतिथि सत्कार करने में कुशल, सुखानुभूति का इच्छुक, आराम पसंद और विलास प्रेमी, प्रभावशाली व्यक्तित्व का स्वामी, रचनात्मक कार्यों में व्यस्त रहने वाला होता है। अभिजित नक्षत्र में जन्म लेने वाले जातक की जन्म राशि मकर, राशि का स्वामी शनि, वर्ण वैश्य, योनि नकुल, महावैर योनि सर्प है।

श्रवण नक्षत्र का फल

श्रवण नक्षत्र में जन्म होने से जातक कृतज्ञ, सुंदर, दाता, सर्वगुण संपन्न, लक्ष्मीवान, पंडित, धनवान और विख्यात होता है। जातक ब्राह्मणों और देवताओं की भक्ति में निरत, उदार भार्यावाला तथा बहुत संतान से युक्त होता है। मतांतर से ऐसा जातक शास्त्रों में तत्पर, पुत्र और बहुत मित्रोंवाला, सत्पुरुषों का भक्त, विजयी और पुराणों का श्रोता होता है। श्रवण नक्षत्र में जन्म होने से जातक धीर, उदात्त, सुशील, हंसमुख, विनोदी, हास्यप्रिय, सहनशील, धर्मपरायण, सत्यनिष्ठ, विद्वान तथा प्रसिद्ध होता है। ऐसा जातक अतिवादी, कंजूस, मननशील, सावधान रहने वाला, कुछ–कुछ भयशंकित रहने वाला, कार्यों को टालने वाला, प्रत्येक कार्य को काफी सोच लेने के बाद करने वाला, व्यापार में क्रय–विक्रय से लाभ उठाने वाला, भूमि संबंधी कार्यों में निपुण एवं धार्मिक कार्यों में उत्साह दिखाने वाला होता है। श्रवण नक्षत्र में उत्पन्न जातक की जन्म राशि मकर तथा राशि स्वामी शनि, वर्ण वैश्य, वश्य पहले चरण में चतुष्पद तथा अंतिम तीन चरणों में जलचर, योनि वानर, महावैर योनि मेढ़ा, गण देव तथा नाड़ी अंत्य है।

धनिष्ठा नक्षत्र का फल

धनिष्ठा नक्षत्र में जन्म होने से जातक संगीतप्रिय, सुवर्ण रत्नों से युक्त, दाता, धनी, सुखी, आशान्वित और बंधुओं से मान्य होता है। जातक विनययुक्त, प्रतिष्ठित, शीलयुक्त, बलवान, दयालु तथा सैकड़ों व्यक्तियों का पालक किंतु धन का लोभी होता है। धनिष्ठा के चतुर्थ चरण में जन्म होने से जातक वैज्ञानिक मस्तिष्क वाला, कार्यतत्पर, अनुसंधानकर्ता, धर्म के प्रति श्रद्धा रखने वाला, प्रेम अथवा मित्रता के क्षेत्र में विश्वासपात्र, समाज अथवा संगठन का प्रेमी होता है। ऐसा जातक चंचल बुद्धि वाला, क्रोधी, जल्दी ही उत्तेजित हो जाने वाला, शीघ्र ही प्रत्युत्तर देने वाला, अपने कार्यों की प्रशंसा करने वाला तथा तकनीकी कार्यों

में निपुण होता है। धनिष्ठा नक्षत्र के पहले दो चरणों में उत्पन्न जातक की जन्म राशि मकर, राशि स्वामी शनि, अंतिम दो चरणों में जन्म होने पर राशि कुंभ तथा राशि स्वामी शनि, वर्ण शूद्र, वश्य जलचर और नर, योनि सिंह, महावैर योनि गज, गण राक्षस तथा नाड़ी मध्य है।

शतभिषा नक्षत्र का फल

शतभिषा नक्षत्र में जन्म होने से जातक साहसी, दाता, कठोर चित्त, चतुर, अल्पभोजी तथा कालज्ञ होता है। मतांतर से ऐसा जातक स्पष्ट बोलने वाला, व्यसनयुक्त, बिना विचारे काम करने वाला, किसी के वश में न होने वाला तथा शत्रुओं को जीतने वाला होता है। जातक कृपण, परस्त्रीगामी तथा विदेश में रहने की कामना करने वाला होता है। शतभिषा नक्षत्र में जन्म होने से जातक समझदार, तेज मिजाज, स्वतंत्र मौलिक कार्य करने वाला, धैर्यशाली, अतिवादी, अध्यवसायी, दृढ़वर्ती, अकर्मण्यता का शिकार, आलसी, वैज्ञानिक तथा तकनीकी कार्यों में अभिरुचि रखने वाला, पुरानी वस्तुओं तथा कलाकृतियों का प्रेमी, कूटनीतिज्ञ, लालची, उग्र मनोवृत्ति और महत् कार्यों द्वारा प्रशंसित, छिंद्रान्वेषी तथा बिना सोच विचार कर कार्य करने वाला होता है। ऐसा जातक प्राकृतिक रूप से उच्च विचार वाला, महत्वाकांक्षी, सात्विक जीवन जीने वाला सदाचारी, साधु संतों का प्रेमी तथा धार्मिक होता है। शतभिषा नक्षत्र में जन्म होने पर जन्म राशि कुंभ तथा राशि स्वामी शनि, वर्ण शूद्र, वश्य नर, योनि अश्व, महावैर योनि महिष, गण राक्षस तथा नाड़ी आदि है।

पूर्वाभाद्रपद नक्षत्र का फल

पूर्वाभाद्रपद नक्षत्र में जन्म होने से जातक साहस पूर्वक ओजस्विता से बात करने वाला, मृदु, सुखी तथा संतान से युक्त होता है। यह इंद्रियों को जीतने वाला, सब कलाओं में चतुर, अपूर्व बुद्धियुक्त होता है। मतांतर से ऐसा जातक धूर्त, भयत्रस्त एवं दुखित हृदय, स्त्री के वश में रहने वाला, बहुत निंद्रा वाला और व्यर्थ समय को बिताने वाला होता है।

पूर्वाभाद्रपद नक्षत्र में जन्म होने से जातक प्रभावशाली व्यक्तित्व वाला, अनुशासन प्रिय, आशावादी, महत्वाकांक्षी, मित्रों का हितैषी, उदार विचारधारा वाला, व्यवहारकुशल, दूसरों से काम निकालने में चतुर, मितव्ययी, विज्ञान, तकनीकी तथा शिक्षा शास्त्रों में रुचि, संशोधक, आलोचक, विनम्रतायुक्त करुणाप्रधान, समझदार, ईश्वरभक्त, आरामपसंद, यात्राप्रिय, स्त्रियों से संकोच करने वाला, दर्शन एवं शास्त्र चर्चा में रुचि रखने वाला, सम्मान एवं कीर्ति से युक्त तथा कभी–कभी अकर्मण्यता एवं आलस्य का शिकार होगा। पूर्वाभाद्रपद नक्षत्र के पहले तीन चरणों में उत्पन्न जातक की जन्म राशि कुंभ, राशि स्वामी शनि, अंतिम चरण में उत्पन्न जातक की जन्म राशि मीन तथा राशि स्वामी बृहस्पति, वर्ण ब्राह्मण, वश्य नर और जलचर, योनि सिंह, महावैर योनि गज, गण मानव तथा नाड़ी आदि है।

उत्तराभाद्रपद नक्षत्र का फल

उत्तराभाद्रपद नक्षत्र में जन्म होने से जातक गौरवर्ण, बलवान, सात्विक, त्यागी, धनी, पंडित, धर्मात्मा और साहसी होता है। ऐसा जातक मानो दूसरा देव हो। यह श्रेष्ठ कर्म करने वाला तथा कुल में श्रेष्ठ होता है। जातक सुखी, बहुत पुत्र पौत्रादि से युक्त तथा

शत्रुओं को जीतने वाला होता है। उत्तराभाद्रपद नक्षत्र में जन्म होने से जातक प्रसन्नचित्त, दृढ़ चरित्र, उदार एवं मुक्तहस्त, सुंदर आकृति, भावुक, दार्शनिक, धर्मनिरपेक्ष एवं शांतप्रेमी, समाज का प्रेमी, सोच विचार कर कार्य करने वाला तथा स्वतंत्र और मौलिक विचारधारा वाला होता है। ऐसा जातक दैनिक कार्यों में आलसी, विद्या प्रेमी और उच्च अथवा सत्कुलीन आचरण वाला होता है। यह उन्नतिगामी, स्त्रियों द्वारा विशेष सम्मान प्राप्त करने वाला किंतु अकस्मात् हानि का शिकार और शत्रुओं से दुखी होता है। राज्य में इसे विशेष प्रतिष्ठा होती है और समाज का यह एक स्तंभ बनता है। उत्तराभाद्रपद नक्षत्र में जन्म होने पर जन्म राशि मीन तथा राशि स्वामी बृहस्पति, वर्ण ब्राह्मण, वश्य जलचर, योनि गौ, महावैर योनि व्याघ्र, गण मानव तथा नाड़ी मध्य है।

रेवती नक्षत्र का फल

रेवती नक्षत्र में जन्म होने से जातक सब अंगों से परिपूर्ण, पवित्र हृदय, कार्य में समर्थ, साधु, वीर, पंडित, सर्वजनप्रिय, संग्रामप्रिय और धनधान्य से युक्त होता है। जातक बुद्धिमान, शीलयुक्त, दृढ़, मंत्री पद प्राप्त करने वाला, मंत्रणा अर्थात सलाह देने वाला या मंत्रशास्त्र में निपुण, कामातुर तथा स्त्री, पुत्र, मित्रों से युक्त होता है। रेवती नक्षत्र में जन्म होने से जातक विद्याप्रेमी, गुणवान, दुविधा पूर्ण मनः स्थिति वाला, अनिर्णयक, जल्दी ही बदल जाने वाला, प्रभावशाली, पूर्वानुमान में कुशल, मानवतापूर्ण व्यवहार वाला, सहानुभूति युक्त, चतुरता से काम निकालने वाला, धार्मिक, निर्णय लेने से पूर्व कई बार सोचने वाला, हास्य प्रिय, ईमानदार, योग्य और सक्षम अधिकारी तथा आदरणीय होता है। जातक सरल स्वभाव का परंतु बुद्धि से काम न करने वाला, तर्क करने में निपुण तथा संशयी मनोवृत्ति का होता है। इनमें आध्यात्मिक शक्ति का एकाएक विकास होता है। जीवन में ख्याति अर्जित करने की प्रबल इच्छा से यह सामाजिक कार्यों में संलग्न रहता है। रेवती नक्षत्र में जन्म होने पर जन्म राशि मीन तथा राशि स्वामी बृहस्पति, वर्ण ब्राह्मण, वश्य जलचर, योनि गज, महावैर योनि सिंह, गण देव तथा नाड़ी अंत्य है।

पंचक संज्ञक

मनुष्य का ध्येय जीवन में ज्योतिष शास्त्र के माध्यम से शुभ–अशुभ लाभ की प्राप्ति करना है। किंतु क्या उसने कभी यह भी सोचा है कि ज्योतिष शास्त्र अशुभ फल की ओर भी संकेत करता है। ज्योतिष शास्त्र धर्म शास्त्रों के माध्यम से हमें अंधकार से ज्ञान के प्रकाश की ओर अग्रसर होने का मार्ग प्रशस्त करता है। यही ज्ञान का प्रकाश ज्योतिष शास्त्र में पंचक कहलाता है। कुछ देशों–प्रदेशों में इसे भदवा भी कहा जाता है।

मनुष्य का शरीर पृथ्वी, जल, अग्नि, वायु और आकाश पांच तत्वों से बना है। यही पांच तत्व संपूर्ण ब्रह्मांड में विद्यमान हैं। या कहा जाए कि संपूर्ण ब्रह्मांड मनुष्य के शरीर में विद्यमान है। सभी तत्व, ग्रह, नक्षत्र, संपूर्ण सौर मंडल में फैले हुए तारों के समान हैं। पंचक पांच नक्षत्रों के योग से बने हैं।

ये नक्षत्र हैं– **धनिष्ठा, शतभिषा, पूर्वा भाद्रपद, उत्तराभाद्रपद और रेवती।** प्रत्येक नक्षत्र में पांच में से किसी एक तत्व का समावेश होता है।

धनिष्ठा– पृथ्वी तत्व
शतभिषा– जल तत्व
पूर्वा भाद्रपद– अग्नि तत्व
उत्तर भाद्रपद– जल तत्व
रेवती– जल तत्व

पांचों तत्वों में वायु और आकाश तत्व को किसी भी नक्षत्र में कोई स्थान नहीं दिया गया है। इसलिए इन नक्षत्रों और तत्वों में मृत्यु होना शुभ नहीं माना जाता है।

ज्योतिष शास्त्र के अनुसार, एक तत्व या नक्षत्र दूसरे तत्व या नक्षत्र के मित्र या शत्रु भी हैं। इन पांच नक्षत्रों का मनुष्य के जीवन पर निम्न प्रभाव पड़ता है–

धनिष्ठा नक्षत्र में अगर कोई रोग उत्पन्न हो जाए तो 10–15 दिन या डेढ़ माह तक पीड़ा रहती है। इसे ग्राम पंचक भी कहते हैं। इसमें जन्म या मरण होने पर गांव में पांच का जन्म या पांच की मृत्यु होती है।

शतभिषा नक्षत्र में अगर कोई रोग होता है तो 10–12 दिन तक कष्ट देता है। इसे कुल पंचक भी कहते हैं। इसमें जन्म या मृत्यु होने पर कुल में पांच का जन्म या पांच की मृत्यु होती है।

पूर्वा भाद्रपद नक्षत्र में अगर कोई रोग उत्पन्न होता है तो वह मनुष्य के अपने शुभ कर्मों या शुभ संस्कारों के आधार पर चिर आयु रहेगा अन्यथा मृत्यु अवश्यंभावी है। इसे मोहल्ला पंचक भी कहते हैं। इसमें जन्म या मृत्यु होने पर मोहल्ले में पांच का जन्म या पांच की मृत्यु होती है। शुभ संस्कारों के प्रभाव से मृत्यु दर की न्यूनता रहेगी।

उत्तरा भाद्रपद नक्षत्र में रोग उत्पन्न होने पर 15 दिन से एक माह तक कष्ट रहता है। इसे गृह पंचक भी कहते हैं। इसमें किसी का जन्म या मृत्यु होने पर घर में पांच का जन्म या मृत्यु होगी।

रेवती नक्षत्र में रोग उत्पन्न होने पर 10–15 दिन तक पीड़ा रहेगी। इसे बाह्य पंचक भी कहते हैं। इसमें जन्म या मृत्यु होने पर गांव से बाहर पांच का जन्म या पांच की मृत्यु होगी।

ज्योतिष शास्त्र के अनुसार, यदि जन्म नक्षत्र, जन्म राशि और आठवें भाव का चंद्रमा इन तीनों के संयोग से कोई रोग आए तो मृत्यु होने की आशंका अधिक रहती है।

यमा शागमन गेह गोपनं तृण कष्ठयोः।
संगहं प्रेत दाह च त्यजे व्युंभानत्यगे विधौः।।

कुंभ और मीन के चंद्रमा में अर्थात् पंचक में दक्षिण दिशा की यात्रा, घर का आच्छादन, लेपन, तृण–काष्ठ का संग्रह, प्रेत दाह, खाट या पलंग बुनवाना या बुनना आदि कार्य शास्त्रों में अशुभ कहे गए हैं। यदि पंचक में मृत्यु हो तो शास्त्र के अनुसार पंचक शांति किए बिना दाह संस्कार नहीं करना चाहिए। यही परिवार के लिए शुभ है।

मूल संज्ञक

ज्येष्ठा, अश्लेषा, रेवती, मूल, मघा और अश्विनी ये नक्षत्र मूल संज्ञक कहे गए हैं। यदि इनमें बालक उत्पन्न होता है तो 27वें दिन के पश्चात जब वही नक्षत्र आ जाता है तो शांति

कराई जाती है। इन नक्षत्रों में ज्येष्ठा और मूल गंडांत मूल संज्ञक तथा अश्लेषा सर्पमूलक संज्ञक हैं।

अभुक्त मूल संभवं परित्यजे च्च बालकम्।
समाष्टकं पिताय वा न तन्मुखं विलोकयेत्।।
तदाद्यपाद के पिता विपद्यते जनन्य थ।
तृतीय के धनज्ञयश्चतुर्थकः शुभावहः।।

अर्थात् अभुक्त मूल में पैदा हुए बालक को माता–पिता आठ वर्ष तक त्याग दें। मूल के प्रथम चरण में पिता, दूसरे चरण में माता और तीसरे चरण में धन की हानि होती है। मूल का चौथा चरण शांति पाठ पूजा करके शुभ हो तो किसी को कोई दोष नहीं होता। अश्लेषा में यही विचार विपरीत है। प्रथम चरण में शांति पूजा पाठ करके शुभ होता है। दूसरे चरण में धन, तीसरे चरण में माता और चौथे चरण में पिता की हानि होती है।

ज्येष्ठांत्ये घटिका चैका मलादौ घटिका द्वयम्।
अभुक्त मूल मित्या हुर्जातं तत्र विवर्जयेत्।।

अर्थात् ज्येष्ठा अंत्य की एक घड़ी मूल और मूल के आदि की दो घड़ी को अभुक्त मूल कहते हैं।

मूल वास परिज्ञान

वृषालि सिंह हेषु घटे च मूलंदिवि स्थितं युग्मतुलागनांत्ये।
पातालगं मेष धनुः कुलरिन क्रेषु मर्त्येष्विति संस्मरंति।।

अर्थात् वृष, वृश्चिक, सिंह और कुंभ में मूल स्वर्ग में, मिथुन, तुला, कन्या और मीन में मूल पाताल में, मेष, धनु, कर्क और मकर में मूल पृथ्वी में रहता है।

स्वर्गे मूले भवे द्राज्यं पाताले च धनागमम्।
मृत्युलोके यदा मूलं तदा शून्य समादिशेत।।

अर्थात् मूल यदि स्वर्ग में हो तो राज्य, पाताल में हो तो धन का आगम और पृथ्वी में हो तो शून्य अर्थात् सर्वनाश होता है।

अथर्ववेद में मूल नक्षत्र में उत्पन्न बालक की दोष शांति के लिए अग्नि आदि देवताओं से प्रार्थनाएं की गई हैं–

ज्येष्ठघ्न्यां जातो विचृतोर्यमस्य मूलवर्हणात् परिपालयेनम्।
अत्येनं नेशद्दुरितानि विष दीर्घायुत्वाय शतशारदाय।।

इस मंत्र में मूल संज्ञक नक्षत्रों में जात बालक के दोष को दूर करने और कल्याण के लिए अग्नि देवता से प्रार्थना की गई है। उदयकाल में नक्षत्रों का जितना ज्ञान परिज्ञान भारतीयों को था, उतना अन्य किसी देश के वासियों को नहीं था।

ध्रुव संज्ञक : उत्तरा फाल्गुनी, उत्तराषाढ़ा, उत्तराभाद्रपद व रोहिणी ध्रुव संज्ञक नक्षत्र कहे गए हैं।

चर संज्ञक : स्वाति, पुनर्वसु, श्रवण, धनिष्ठा और शतभिषा चर संज्ञक नक्षत्र कहे गए हैं।

उग्र संज्ञक : पूर्वाषाढ़ा, पूर्वाभाद्रपद, पूर्वाफाल्गुनी, मघा और भरणी उग्र संज्ञक नक्षत्र कहे गए हैं।

मिश्र संज्ञक : दिशाखा और कृतिका मिश्र संज्ञक नक्षत्र कहे गए हैं।

लघु संज्ञक : हस्त, अश्विनी, पुष्य और अभिजित लघु संज्ञक नक्षत्र कहे गए हैं।

मृदु संज्ञक : मृगशिरा, रेवती, चित्रा और अनुराधा मृदु संज्ञक नक्षत्र कहे गए हैं।

तीक्ष्ण संज्ञक : मूल, ज्येष्ठा, आर्द्रा और अश्लेषा तीक्ष्ण संज्ञक नक्षत्र कहे गए हैं।

अधोमुख संज्ञक : मूल आश्लेषा, दिशाखा, कृतिका, पूर्वाफाल्गुनी, पूर्वाषाढ़ा, पूर्वभाद्रपद, भरणी और मघा अधोमुख संज्ञक नक्षत्र कहे गए हैं। इनमें कुआं या नींव खोदना शुभ माना गया है।

उर्ध्वमुख संज्ञक : आर्द्रा, पुष्य, श्रवण, धनिष्ठा और शतभिषा उर्ध्वमुख संज्ञक नक्षत्र कहे गए हैं।

तिर्यङ्मुख संज्ञक : अनुराधा, हस्त, स्वाति, पुनर्वसु, ज्येष्ठा और अश्विनी तिर्यङ्मुख संज्ञक नक्षत्र कहे गए हैं।

दग्ध संज्ञक : रविवार को भरणी, सोमवार को चित्रा, मंगलवार को उत्तराषाढ़ा, बुधवार को धनिष्ठा, बृहस्पतिवार को उत्तराफाल्गुनी, शुक्रवार को ज्येष्ठा, शनिवार को रेवती दग्धसंज्ञक नक्षत्र कहे गए हैं।

मासशून्य संज्ञक : चैत्र मास में रोहिणी और अश्विन, वैशाख मास में चित्रा और स्वाति, ज्येष्ठ मास में उत्तराषाढ़ा और पुष्य, आषाढ़ मास में पूर्वाफाल्गुनी और धनिष्ठा, श्रावण मास में उत्तराषाढ़ा और श्रवण, भाद्रपद में शतभिषा और रेवती, आश्विन मास में पूर्वाभाद्रपद, कार्तिक में कृतिका और मघा, मार्गशिर मास में चित्रा और दिशाखा, पौष मास में आर्द्रा, अश्विनी और हस्त, माघ मास में श्रवण और मूल एवं फाल्गुन मास में भरणी और ज्येष्ठा मास शून्य नक्षत्र कहे गए हैं। कार्य की सिद्धि में नक्षत्रों की संज्ञाओं का फल प्राप्त होता है।

ज्योतिष शास्त्र में नक्षत्रों के फलों का विषेश ढंग से निरूपण करने के लिए इनका कुल, उपकुल और कुलोपकुलों में विभाजन किया गया है। बारह नक्षत्र कुल, बारह नक्षत्र उपकुल और चार नक्षत्र कुलोपकुल संज्ञक नक्षत्र हैं। ये निम्न प्रकार हैं–

कुल संज्ञक नक्षत्र : धनिष्ठा, उत्तराभाद्रपद, अश्विनी, कृतिका, मृगशिरा, पुष्य, मघा, उत्तराफाल्गुनी, चित्रा, दिशाखा, मूल और उत्तराषाढ़ा कुल संज्ञक नक्षत्र कहे गए हैं।

उपकुल संज्ञक नक्षत्र : श्रवण, पूर्वाभाद्रपद, रेवती, भरणी, रोहिणी, पुनर्वसु, आश्लेषा, पूर्वाफाल्गुनी, हस्त, स्वाति, ज्येष्ठा और पूर्वाषाढ़ा नक्षत्र उपकुल संज्ञक कहे गए हैं।

कुलोपकुल संज्ञक नक्षत्र : अभिजित, शतभिषा, आर्द्रा और अनुराधा कुलोपकुल संज्ञक नक्षत्र कहे गए हैं।

यह विभाजन पूर्णिमा को होने वाले नक्षत्रों के आधार पर किया गया है।

प्रत्येक मास की पूर्णिमा को उस मास का प्रथम नक्षत्र, कुलसंज्ञक, दूसरा उपकुल संज्ञक और तीसरा कुलोपकुल संज्ञक होता है। अर्थात् श्रावण मास की पूर्णिमा को धनिष्ठा पड़े तो कुल, श्रवण हो तो उपकुल और अभिजित हो तो कुलोपकुल संज्ञक वाला होता है। इसी प्रकार आगे के मास वाले नक्षत्रों की संज्ञा का ज्ञान किया जा सकता है।

दिशा द्वार

नक्षत्रों के दिशा द्वार के बारे में भी ज्योतिष शास्त्र में प्रतिपादन किया गया है–

कृतिका, रोहिणी, मृगशिर, आर्द्रा, पुनर्वसु, पुष्य और आश्लेषा ये सात नक्षत्र पूर्व द्वार वाले, मघा, पूर्वाफाल्गुनी, उत्तराफाल्गुनी, हस्त, चित्रा, स्वाति और दिशाखा ये सात नक्षत्र दक्षिण द्वार वाले, अनुराधा, ज्येष्ठा, मूल, पूर्वाषाढ़ा, उत्तराषाढ़ा, अभिजित और श्रवण ये सात नक्षत्र पश्चिम द्वार वाले एवं धनिष्ठा, शतभिषा, पूर्वाभाद्रपद, उत्तराभाद्रपद, रेवती, अश्विनी और भरणी ये सात नक्षत्र उत्तर द्वार वाले कहे गए हैं।

स्पर्श योग

कृतिका, रोहिणी, पुनर्वसु, मघा, चित्रा, दिशाखा, अनुराधा और ज्येष्ठा ये आठ नक्षत्र चंद्रमा से स्पर्श योग करने वाले हैं। इस योग का फल तिथि के अनुसार बताया गया है। इसी प्रकार नक्षत्रों की अन्य संज्ञाएं तथा उत्तर, पश्चिम, दक्षिण और पूर्व दिशा की ओर से चंद्रमा के साथ योग करने वाले नक्षत्रों नाम और उनके फल भी ज्योतिष शास्त्र में बताए गए हैं।

उदयकाल के समग्र साहित्य पर दृष्टिपात करें तो ज्ञात होता है कि इस युग में नक्षत्र ज्ञान की इतनी उन्नति हो गई थी कि नक्षत्रों की ताराएं और उनके आकार भी विचार के विषय बन गए थे। हस्त नक्षत्र की पांच ताराएं हाथ के आकार की हैं, जिस प्रकार हाथ की पांच अंगुलियां होती हैं, उसी प्रकार हस्त की पांच ताराएं हैं। आकाश को पुरुषाकार मानते हुए नक्षत्र रूपी प्रजापति का चित्रा सिर, हस्त हाथ, स्वाति हृदय, दिशाखा जंघा एवं अनुराधा पाद है।

बारह राशियां

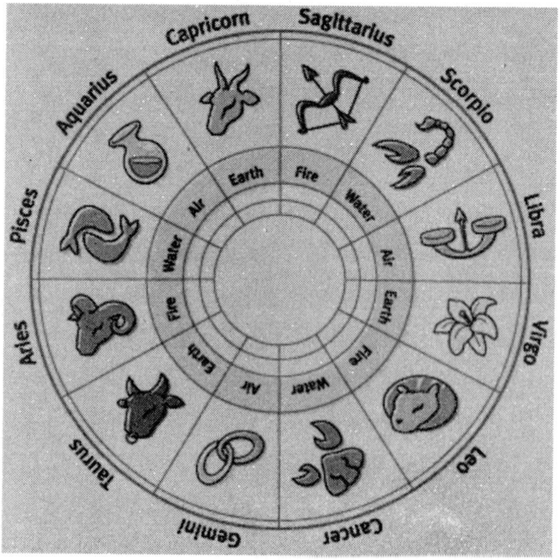

आकाश में स्थित भचक्र के 360 अंश अथवा 108 भाग होते हैं। समस्त भचक्र 12 राशियों में विभक्त है। अतः 30 अंश अथवा 9 भाग की एक राशि होती है। ये राशियां हैं– मेष, वृष, मिथुन, कर्क, सिंह, कन्या, तुला, वृश्चिक, धनु, मकर, कुंभ और मीन। ये राशियां पांच तत्वों के अनुरूप अर्थात् पृथ्वी तत्वीय, अग्नि तत्वीय, जल तत्वीय, वायु तत्वीय हैं।

मेषः अग्नि तत्व, पुरुष जाति, चर संज्ञक, पूर्व दिशा की स्वामी, मस्तक का बोध कराने वाली,

पृष्ठोदय, उग्र प्रकृति, लाल–पीले वर्ण वाली, कांतिहीन, क्षत्रिय वर्ण, समान अंग वाली और अल्पसंतति है। यह पित्त प्रकृतिकारक है। इसका प्राकृतिक स्वभाव साहसी, अभिमानी और मित्रों पर कृपा रखने वाला है।

वृषः पृथ्वी तत्व, स्त्री राशि, स्थिर संज्ञक, शीतल स्वभाव, कांति रहित, दक्षिण दिशा की स्वामी, वातप्रकृति, रात्रिबली, चार चरणवाली, श्वेत वर्ण, महाशब्दकारी, विषमोदयी, मध्यम संतति, शुभकारक, वैश्य वर्ण और शिथिल शरीर है। यह अर्द्धजल राशि भी कहलाती है। इसका प्राकृतिक स्वार्थी, विचार करने के पश्चात निर्णय लेने वाली और सांसारिक कार्यों में दक्ष होती है। इससे कंठ, मुख और कपोलों का विचार किया जाता है।

मिथुनः वायु तत्व, पुरुष राशि, पश्चिम दिशा की स्वामी, तोते के समान हरित वर्ण वाली, द्विस्वभाव, विषमोदयी, उष्ण, शूद्र वर्ण, महाशब्दकारी, चिकनी, दिनबली, मध्यम संतति और शिथिल शरीर होता है। इसका प्राकृतिक स्वभाव विद्याध्ययन और शिल्पी है। इससे हाथ, कंधों और बाहुओं का विचार किया जाता है।

कर्कः जल तत्व, चर संज्ञक, स्त्री जाति, सौम्य और कफ प्रकृति, समोदयी, रात्रिबली, उत्तर दिशा की स्वामी, रक्त धवल मिश्रित वर्ण, बहुचरण एवं संतानवाली है। इसका प्राकृतिक स्वभाव सांसारिक उन्नति में प्रयत्नशीलता, लज्जा, कार्यस्थैर्य और समयानुयायिता का सूचक है। इससे पेट, वक्षस्थल और गुर्दे का विचार किया जाता है।

सिंहः अग्नि तत्व, पुरुष जाति, स्थिर संज्ञक, दिनबली, पित्त प्रकृति, पीत वर्ण, उष्ण स्वभाव, पूर्व दिशा की स्वामी, पुष्ट शरीर, क्षत्रिय वर्ण, अल्प संतति, भ्रमणप्रिय और निर्जल राशि है। इसका प्राकृतिक स्वभाव मेष राशि जैसा है लेकिन इसमें स्वतंत्रता, प्रेम और उदारता विशेष रूप से होती है। इससे हृदय का विचार किया जाता है।

कन्याः पृथ्वी तत्व, स्त्री जाति, पिंगल वर्ण, द्विस्वभाव, दक्षिण दिशा की स्वामी, रात्रिबली, वायु और शीत प्रकृति, अल्प संतति है। इसका प्राकृतिक स्वभाव मिथुन जैसा है, लेकिन यह अपनी उन्नति और मान पर पूर्ण ध्यान रखने की कोशिश करती है। इससे पेट का विचार किया जाता है।

तुलाः वायु तत्व, पुरुष जाति, चर संज्ञक, पश्चिमी दिशा की स्वामिनी, अल्प संतान वाली, श्याम वर्ण, शीर्षोदयी, शूद्र संज्ञक, दिनबली, क्रूर स्वभाव और पाद जल राशि है। इसका प्राकृतिक स्वभाव विचारशील, ज्ञानप्रिय, कार्य संपादक और राजनीतिज्ञ है। इससे नाभि के नीचे के अंगों का विचार किया जाता है।

वृश्चिकः जल तत्व, स्थिर संज्ञक, शुभ्र वर्ण, स्त्री जाति, उत्तर दिशा की स्वामिनी, रात्रिबली, कफ प्रकृति, बहुसंतति, ब्राह्मण वर्ण और अर्द्ध जल राशि है। इसका प्राकृतिक स्वभाव दंभी, हठी, दृढ़प्रतिज्ञ, स्पष्टवादी और निर्मल है। इससे शरीर के कद एवं जननेंद्रिय का विचार किया जाता है।

धनुः अग्नि तत्व, पुरुष जाति, कंचन वर्ण, द्विस्वभाव, क्रूर संज्ञक, पित्त प्रकृति, दिनबली, पूर्व दिशा की स्वामिनी, दृढ़ शरीर, क्षत्रिय वर्ण, अल्प संतति एवं अर्द्धजल राशि है। इसका प्राकृतिक स्वभाव अधिकारप्रिय, करुणामय और मर्यादा का इच्छुक है। इससे पैरों की संधि तथा जंघाओं का विचार किया जाता है।

मकरः पृथ्वी तत्व, चर संज्ञक, स्त्री जाति, वात प्रकृति, पिंगल वर्ण, रात्रिबली, वैश्य वर्ण, शिथिल शरीर और दक्षिण दिशा की स्वामिनी है। इसका प्राकृतिक स्वभाव उच्च दशाभिलाषी है। इससे घुटनों का विचार किया जाता है।

कुंभः वायु तत्व, पुरुष जाति, स्थिर संज्ञक, विचित्रा वर्ण, शीर्षोदय, अर्द्धजल, त्रिदोष प्रकृति, दिनबली, पश्चिम दिशा की स्वामिनी, उष्ण स्वभाव, शूद्र वर्ण, क्रूर एवं मध्यम संतान वाली है। इसका प्राकृतिक स्वभाव विचारशील, शांत चित्त, धर्मवीर और नवीन बातों का आविष्कारक है। इससे पेट के भीतरी भागों का विचार किया जाता है।

मीनः जल तत्व, द्विस्वभाव, स्त्री जाति, कफ प्रकृति, रात्रिबली, विप्र वर्ण, उत्तर दिशा की स्वामिनी और पिंगल रंग है। इसका प्राकृतिक स्वभाव उत्तम, दयालु और दानशील है। यह संपूर्ण जलराशि है। इससे पैरों का विचार किया जाता है।

बारह राशियां और उनके नक्षत्र

27 नक्षत्रों के 12 विभाग या राशियां मानी गई हैं। एक–एक राशि में अनेक नक्षत्रों के कारण ही राशि की संज्ञा दी जाती है। इस प्रकार 27 नक्षत्रों के 108 चरण हैं। मास के अनुरूप नक्षत्र, उनके चरण और चरणाक्षर निम्न सारणी में दर्शाए गए हैं–

राशि	नक्षत्र	चरण	चरणाक्षर
मेष	अश्विनी	4	चू, चे, चो, ला
	भरणी	4	ली, लू, ले, लो
	कृतिका	1	आ, ई, उ, ए
वृष	कृतिका	3	
	रोहिणी	4	ओ, वा, वी, वू
	मृगशिर	2	वे, वो, का, की
मिथुन	मृगशिर	2	
	आर्द्रा	4	कू, घ, ङ, छ
	पुनर्वसु	3	के, को, का, ही
कर्क	पुनर्वसु	1	
	पुष्य	4	हू, हे, हो, डा
	आश्लेषा	4	डी, डू, डे, डो
सिंह	मघा	4	मा, मी, मू, मे
	पूर्वाफाल्गुनी	4	मो, टा, टी, टू
	उत्तराफाल्गुनी	1	टे, टो, पा, पी
कन्या	उत्तराफाल्गुनी	3	
	हस्त	4	पू, श, ण, ठ
	चित्रा	2	पे, पो, रा, री
तुला	चित्रा	2	
	स्वाति	4	रू, रे, रो, ता
	दिशाखा	3	ती, तू, ते, तो
वृश्चिक	दिशाखा	1	
	अनुराधा	4	ना, नी, नू, ने
	ज्येष्ठा	4	नो, या, यी, यू
धनु	मूल	4	ये, यो, भा, भी
	पूर्वाषाढ़ा	4	भू, धा, फा, ढा
	उत्तराषाढ़ा	1	भे, भो, जा, जी
मकर	उत्तराषाढ़ा	3	
	श्रवण	4	खी, खू, खे, खो
	धनिष्ठा	2	गा, गी, गू, गे
कुंभ	धनिष्ठा	2	
	शतभिषा	4	गो, सा, सी, सू
	पूर्वाभाद्रपद	3	से, सो, दा, दी
मीन	पूर्वाभाद्रपद	1	
	उत्तराभाद्रपद	4	दू, थ, झ, ञ
	रेवती	4	दे, दो, चा, ची

महाभारत के अनुशासन पर्व के 64वें अध्याय में समस्त नक्षत्रों की सूची देकर बताया गया है कि किस नक्षत्र में दान देने से किस प्रकार का पुण्य मिलता है। महाभारत काल में प्रत्येक मुहूर्त का नामकरण भी व्यवहार में था। प्रत्येक मुहूर्त का संबंध भिन्न–भिन्न धार्मिक कार्यों में शुभाशुभ के रूप में माना जाता था। 27 नक्षत्रों के देवताओं के स्वभावानुसार विधेय नक्षत्र भावी शुभ एवं अशुभ का निर्णय किया गया है। शुभ नक्षत्रों में ही विवाह, युद्ध एवं यात्रा करने की पद्धति थी।

युधिष्ठिर के जन्म के समय का वर्णन करते हुए महाभारत में बताया गया है कि–

ऐंद्रे चंद्रसमारोहे मुहूर्तेऽभिजिदष्टमे।
दिवो मध्यगते सूर्ये तिथौ पूर्णेति पूजिते।।

अर्थात् आश्विन शुक्ल पक्ष पंचमी के दोपहर को अष्टम अभिजित मुहूर्त में सोमवार के दिन ज्येष्ठा नक्षत्र में युधिष्ठिर का जन्म हुआ।

महाभारत में कुछ ग्रह अधिक अनिष्टकारक बताए गए हैं। विशेषतः शनि और मंगल को अधिक दुष्ट माना गया है। मंगल लाल रंग का समस्त प्राणियों को अशांति देने वाला और रक्तपात करने वाला बताया गया है। केवल बृहस्पति ही शुभ और समस्त प्राणियों के लिए सुख–शांति देने वाला बताया गया है। ग्रहों का शुभ नक्षत्रों के साथ योग होना प्राणियों को कल्याणदायक माना जाता है। महाभारत के उद्योग पर्व के 143वें अध्याय के अंत में ग्रह और नक्षत्रों के अशुभ योगों का विस्तार से वर्णन किया गया है। श्रीकृष्ण ने जब कर्ण से भेंट की तो कर्ण ने इस प्रकार ग्रह स्थिति का वर्णन किया–

"शनैश्चर रोहिणी नक्षत्र में मंगल को पीड़ा दे रहा है। ज्येष्ठा नक्षत्र में मंगल वक्री होकर अनुराधा नामक नक्षत्र से योग कर रहा है। महापातसंज्ञक ग्रह चित्रा नक्षत्र को पीड़ा दे रहा है। चंद्रमा के चिह्न विपरीत दिखाई पड़ते हैं और राहु सूर्य को ग्रसित करना चाहता है।"

महाभारत में शल्य वध के समय प्रातःकाल का वर्णन निम्न प्रकार किया गया है।

भृगुसूनुधरापुत्रौ शशिजेन समनिवतौ।।

अर्थात् शुक्र और मंगल इन दोनों का योग बुध के साथ अत्यंत अशुभकारक बताया गया है। इसके अलावा बुध और शनि का योग अशुभ माना जाता है। महाभारत में 13 दिन का पक्ष भी अत्यंत अशुभ बताया गया है।

चतुर्दशीं पंचदशीं भूतपूर्वां तु षोडशीम्।
इमां तु नाभिजानेऽहममावस्यां त्रयोदशीम्।।
चंद्रसूर्यावुभौ ग्रस्तावेकमासीं त्रयोदशीम्।।

अर्थात् व्यासजी अनिष्टकारी ग्रहों की स्थिति का वर्णन करते हुए कहते हैं कि 14, 15 एवं 16 दिनों के पक्ष होते थे, लेकिन 13 दिनों का पक्ष इसी समय आया है। सबसे अनिष्टकारी तो एक ही मास में सूर्यग्रहण और चंद्रग्रहण का होना है। और यह ग्रहण योग भी त्रयोदशी के दिन पड़ रहा है। अतः समस्त प्राणियों के लिए भयोत्पादक है। महाभारत से यह भी सिद्ध होता है कि उस समय के व्यक्ति सुख–दुख जीवन–मरण आदि सभी ग्रह–नक्षत्रों की गति से सबद्ध माने जाते थे।

वर्गक्रम ज्योतिष शास्त्र में इसी प्रकार तीन–तीन नक्षत्रों का एक–एक वर्ग स्थापित कर उनका फल बताया गया है। यह निम्न है–

1. जन्म नक्षत्र	2. संपत्कर नक्षत्र	3. विपत्कर नक्षत्र	4 क्षेमकर नक्षत्र
5. प्रत्वर नक्षत्र	6. साधक नक्षत्र	7. निधन नक्षत्र	8. मित्र नक्षत्र
9. परम मित्र नक्षत्र	10. कर्म नक्षत्र	11. संपत्कर नक्षत्र	12. विपत्कर नक्षत्र
13. क्षेमकर नक्षत्र	14. प्रत्वर नक्षत्र	15. साधक नक्षत्र	16. निधन नक्षत्र
17. मित्र नक्षत्र	18. परम मित्र नक्षत्र	19. आधान नक्षत्र	20. संपत्कर नक्षत्र
21. विपत्कर नक्षत्र	22. क्षेमकर नक्षत्र	23. प्रत्वर नक्षत्र	24. साधक नक्षत्र
25. निधन नक्षत्र	26. मित्र नक्षत्र	27. परम मित्र नक्षत्र	

उक्त नक्षत्रों का वर्गीकरण जिसे तारा कहा जाता है, आज तक इसी प्रकार का चला आ रहा है।

योग

सूर्य और चंद्रमा के स्पष्ट स्थानमानों को जोड़कर तथा कलाएं बनाकर 800 का भाग देने पर गत योगों की संख्या निकल आती है। शेष से यह अवगत किया जाता है कि वर्तमान योग की कितनी कलाएं बीत गई हैं। शेष को 800 में से घटाने पर वर्तमान योग की गम्य कलाएं आती हैं। इन गत या गम्य कलाओं को 60 से गुणा कर सूर्य और चंद्रमा की स्पष्ट दैनिक गति के योग से भाग देने पर वर्तमान योग की गत और गम्य घटिकाएं आती हैं। अर्थात् जब अश्विनी नक्षत्र के आरंभ से सूर्य और चंद्रमा दोनों मिलकर 800 कलाएं आगे चल चुके होते हैं तो एक योग बनता है। जब 1600 कलाएं आगे चल चुके होते हैं तो दो योग। इसी प्रकार जब दोनों 12 राशियां अर्थात 21600 कलाएं अश्विनी से आगे चल चुके होते हैं तो 27 योग बीतते हैं। इन 27 योगों के नाम और स्वामी निम्न सारणी में दर्शाए गए हैं–

योग	स्वामी	योग	स्वामी
1. विष्कुंभ	यम.	2. प्रीति	विष्णु
3. आयुष्मान	चंद्रमा	4. सौभाग्य	ब्रह्मा
5. शोभन	बृहस्पति	6. अतिगंड	चंद्रमा
7. सुकर्मा	इंद्र	8. धृति	जल
9. शूल	सर्प	10. गंड	अग्नि
11. वृद्धि	सूर्य	12. ध्रुव	भूमि
13. व्याघात	रुद्र	14. हर्षण	भग
15. वज्र	वरुण	16. सिद्धि	गणेश
17. व्यतीपात	रुद्र	18. वरीयान्	कुबेर
19. परिघ	विश्वकर्मा	20. शिव	मित्र
21. सिद्ध	कार्तिकेय	22. साध्य	सावित्री
23. शुभ	लक्ष्मी	24. शुक्ल	पार्वती
25. ब्रह्म	अश्विनी कुमार	26. ऐंद्र	पितर
27. वैधृति	दिति		

योगों का त्याज्यकाल

परिघस्य त्यजेदर्द्ध शुभकर्म ततः परम्।
त्यजादौ पंच विष्कुंभे सप्त शूले च नाडिकाः।।
गंडव्याघातयोः षट्कं नव हर्षणवज्रयोः।
वैधृतिं च व्यतीपातं समस्तं परिवर्जयेत्।।
विषकुंभे घटिकास्त्रिः शूले पंच तथैव च।
गंडातिगंडयोः सप्त नव व्याघातवज्रयोः।।

अर्थात् परिघ योग का आधा भाग त्याज्य है। उत्तरार्द्ध शुभ है। विष्कुंभ की प्रथम पांच घटिकाएं, शूलयोग की प्रथम सात घटिकाएं, गंड और व्याघात योग की प्रथम छह घटिकाएं, हर्षण और वज्र योग की नौ घटिकाएं, एवं वैधृति और व्यतीपात योग समस्त परित्याज्य है। मतांतर से विष्कुंभ के तीन दंड, शूल के पांच दंड, गंड और अतिगंड के सात दंड, एवं व्याघात और वज्र योग के नौ दंड शुभ कार्य करने में त्याज्य हैं।

शुभ कार्यों में साध्य योग का एक दंड, व्याघात योग के दो दंड, शूल योग के सात दंड, वज्र योग के छह दंड एवं गंड और अतिगंड योग के नौ दंड त्याज्य हैं।

करण

तिथि के आधे भाग को करण कहते हैं। अर्थात् एक तिथि में दो करण होते हैं। इनके नाम व स्वामी निम्न हैं–

	करण	स्वामी
1.	बव	इंद्र
2.	बालव	ब्रह्मा
3.	कौलव	सूर्य
4.	तैतिल	सूर्य
5.	गर	पृथ्वी
6.	वणिज	लक्ष्मी

	करण	स्वामी
7.	विष्टि	यम
8.	शकुनि	कलियुग
9.	चतुष्पद	रुद्र
10.	नाग	सर्प
11.	किंस्तुघ्न	वायु

विष्टि करण का नाम भद्रा भी है। भद्रा के आरंभ और अंत का समय ज्ञात होता है। भद्रा में प्रत्येक शुभ कार्य करना वर्जित माना गया है।

स्थिर करण

1. कृष्ण चतुदर्शी के उत्तरार्द्ध में– शकुनि करण
2. अमावस्या के पूर्वार्द्ध में– चतुष्पद करण
3. अमावस्या के उत्तरार्द्ध में– नाग करण
4. शुक्ल प्रतिपदा के पूर्वार्द्ध में– किंत्स्तुघ्न करण।

पक्ष

बुधैश्चंद्र मसो मासे पक्षौ परिकीर्तितौ।
दर्शांतप्त पूर्णिमा यावत शुक्लोऽन्य कृष्ण पक्षकः।।
चंद्रस्य शुक्लवृद्धत्वाच्छुक्लो देवगण प्रियः।

अर्थात् प्रत्येक चांद्रमास में दो पक्ष होते हैं: 1. शुक्ल पक्ष और 2. कृष्ण पक्ष। इनमें शुक्ल पक्ष को देवों का और कृष्ण पक्ष पितृगणों का होता है।

तत्र पक्षा वुभौमासे शुक्ल कृष्णौ क्रमेण तु।
चंद्र वृद्धिकरः शुक्लः कृष्णश्च्वांद्र क्षयात्मकः।।

कृष्ण प्रतिपदा से लेकर शुक्ल पूर्णिमा तक शुक्ल पक्ष तथा शुक्ल प्रतिपदा से लेकर अमावस्या तक कृष्ण पक्ष कहलाता है। ज्योतिष शास्त्र में कहा गया है कि–

न कृष्णपक्षे शशिनः प्रभावः

अर्थात् कृष्ण पक्ष में चंद्रमा को सर्वथा निर्बल बताया गया है। उत्तर भारत में कृष्णादि चांद्र मास प्रचलित है। अर्थात् जो उत्तर भारत का वैशाख कृष्ण पक्ष है, वह दक्षिण भारत का चैत्र कृष्ण पक्ष है। उत्तर भारत कृष्णादि पद्धति से पंचांग का निर्माण करते हैं, जबकि दक्षिण भारत के ज्योतिषी शुक्लादि पद्धति से निर्णय लेते हैं। परंतु जिस वर्ष क्षयाधिमास उत्पन्न होते हैं, उत्तर भारत के ज्योतिषी भी शुक्लादि पद्धति का आश्रय लेते हैं।

मास

ऋग्वेद में वर्ष को 12 चंद्र मासों में विभाजित किया गया है। प्रत्येक तीसरे वर्ष चांद्र और सौर वर्ष का समन्वय करने के लिए एक अधिकमास अर्थात मलमास जोड़ा जाता है। ऋग्वेद में वर्ष के 12 माह, 360 दिन और 720 रात्रि दिन का वर्णन करते हुए लिखा है–

द्वादश प्रधयश्चक्रमेकं त्रीणि नभ्यानि क उ तश्चिकेत।
तस्मिन्तसाकं त्रिशता न शंकवोऽर्पिताः षष्टिर्न चलाचलासः।।

(ऋग्वेद सं. 1,164,48)

इसी प्रकार 12 मासों का वर्णन किया गया है। ऋग्वेद में चांद्रमास और सौर वर्ष की चर्चा अनेक स्थानों पर आई है। इससे स्पष्ट होता हैं कि चांद्र और सौर वर्ष का समन्वय करने के लिए अधिमास की व्यवस्था की गई थी।

चांद्र वर्ष में 354 दिन, 8 घंटे, 48 मिनट, 34.6752 सेकेंड होते हैं। इसका सौर वर्ष में सामंजस्य स्थापित करने के लिए अधिकमास एवं क्षय मास व्यवस्था का प्रावधान रखा गया है। यही कारण है कि भारतीय पंचांगों की तिथि गणना चंद्रमा की गति के आधार पर होने के पश्चात भी माह, ऋतुओं के अनुसार होते हैं न कि हिजरी वर्ष के माह के समान पूरे वर्ष और संपूर्ण ऋतुओं का भ्रमण कर लेते हैं। आर्यभट्ट प्रथम ने सूर्य और तारों को स्थिर होने तथा पृथ्वी के घूमने के कारण दिन और रात होने का वर्णन किया। आर्यभट्ट ने ही सूर्य और चंद्रग्रहण के वैज्ञानिक कारणों की व्याख्या की थी।

ज्योतिष शास्त्र में मास दो प्रकार के बताए गए हैं। एक सौर मास और दूसरा चांद्र मास।

काल माधवे मस्ये ते परिमीये ते यावता कालेन चंद्र वृद्धि क्षयौ स चांद्रो मासः।
सूर्यस्त राशि गतिर्यत्र परिमीयते स सौरः।।

अर्थात् एक अमांत से दूसरे अमांत तक चांद्र मास (शुक्लादि चांद्र मास) एवं एक संक्रांति से दूसरी संक्रांति पर्यंत सौर मास कहा गया है।

दर्शावधि मास मुशंति चांद्र सौर तथा भास्कर राशि चारात।
दर्शादर्शावाधिश्र्वांद्र संक्रांत्या सौर सच्येत।।

चांद्र मासों के लक्षण सूर्य सिद्धांतादि ज्योतिष ग्रंथों में तथा महर्षि कात्यान एवं पाणिनी प्रणीत ग्रंथों में भी कहा गया है–

नक्षत्र मासा विज्ञेय मासाः पर्वांतयोगत।
कार्तिक्या दिष संयोगे कृतिकादि द्वयं हयम।।
अंत्यो पांत्यौ पंचवमंच त्रिनिमास त्रयं समृतम्।

रेवती नक्षत्र से भूगोल के तुल्य 12 विभागों अश्विनी आदि नक्षत्रों के अधिष्ठाता माने गए हैं। अर्थात् चांद्र मासों का पूर्णिमांत में कृतिका आदि नक्षत्रों के योग से कार्तिक संज्ञा होती है। अर्थात् 27 नक्षत्रों को 12 राशियों या 12 मासों में विभाजित किया गया है। ये मास हैं– चैत्र, वैशाख, ज्येष्ठ, आषाढ़, श्रावण, भाद्रपद, आश्विन, कार्तिक, मार्गशिर, पौष, माघ, फाल्गुन।

मास की पूर्णिमा मास के नामानुसार होती है। जबकि एकादशी के निम्न सारणीनुसार नाम रखे गए हैं–

मास	**कृष्ण पक्ष**	**शुक्ल पक्ष**
चैत्र	पाप मोचनी	कामदा
वैशाख	वरूथनी	मोहनी
ज्येष्ठ	अपरा	निर्जला
आषाढ़	योगिनी	देवशयनी
श्रावण	कामिका	पुत्रदा
भाद्रपद	जया	पर्श्व परिवर्तनी
आश्विन	इंदिरा	पापांग कुशा
कार्तिक	रमा	हरिबोधनी
मार्गशिर	उत्पत्तिका	मोक्षदा
पौष	सफला	पुत्रदा
माघ	षटतिला	भीमा
फाल्गुन	विजया	आमर्दिका
मलमास क्षयमास	कमली	कमला

अधिकमास व क्षयमास

भारतीय पंचांग निर्माण पद्धति में अधिकमास एवं क्षयमास की कल्पना बिल्कुल वैसी ही है जैसे ग्रेगोरियन कैलेंडर में लीप वर्ष में फरवरी माह में एक दिन बढ़ाने की व्यवस्था है। ग्रेगोरियन कैलेंडर में 356 दिनों के पश्चात बची समयावधि 5 घंटे, 48 मिनट, 45.22 सेकेंड को समायोजित करने में प्रत्येक चार वर्षों के पश्चात लीप वर्ष होता है। इन लीप वर्षों से जो समयावधि बच जाती है, उसे शताब्दी लीप वर्ष जिसमें 400 का भाग लग जाए उसमें एक दिन बढ़ाकर समायोजित कर लिया जाता है।

वैसे तो अधिकमास या क्षयमास का निर्धारण करने के लिए विभिन्न प्रकार की गणनाएं ज्योतिष सिद्धांत ग्रंथों में दी गई हैं, लेकिन इनके लिए निर्णय का मुख्य आधार यही है कि जिस अमांत माह में अथवा पूर्णिमांत माह में दो अमावस्याओं के मध्य कोई भी सूर्य की

निरयण संक्रांति न हो, वह अमांत माह अधिकमास कहलाता है, तथा जिन अमावस्याओं के मध्य दो सूर्य निरयण संक्रांतियां हों वह क्षयमास कहलाता है।

सिद्धांत शिरोमणि, वर्ष प्रबोध, ज्योतिष सार आदि ग्रंथों के अनुसार यह धारणा प्रचलन में है कि 32 माह, 16 दिन, 4 घटि के पश्चात एक अधिकमास के बाद दूसरे अधिकमास की आवृत्ति होती है। अधिकमास को मलमास या पुरुषोत्तम मास भी कहा जाता है। जिस वर्ष क्षयमास होता है तो उस वर्ष यह चार अथवा छह मास के पश्चात आ जाता है। शास्त्रों के अनुसार, सामान्यतः चैत्र, वैशाख, ज्येष्ठ, आषाढ़, श्रावण, भाद्रपद, आश्विन एवं फाल्गुन मास अधिकमास होते हैं। व्यवहार में कार्तिक, मार्गशिर एवं पौष के अतिरिक्त कोई भी मास अधिकमास हो सकता है।

अधिकमास तीन प्रकार के होते हैं– 1. सामान्य अधिकमास, 2. संसर्प अधिकमास और 3. मलिम्लुच अधिकमास। कार्तिक एवं मार्गशिर माह केवल संसर्प और मलिम्लुच मास के रूप में अधिकमास हो सकते हैं। पौष माह कभी अधिकमास नहीं हो सकता। इन मासों में सामान्यतः वृश्चिक, धनु अथवा मकर संक्रांति होती है। ये संक्रांतियां अपेक्षाकृत अधिक अवधि में होती हैं। इस कारण वैशाख, ज्येष्ठ, आषाढ़, श्रावण, भाद्रपद आदि मासों के अधिकमास होने की संभावना अधिक होती है। जिस वर्ष में अधिकमास होता है, उस वर्ष में विक्रम संवत में महीनों की संख्या 13 हो जाती है, और दिनों की संख्या 384 अथवा 383 होती है। अधिकमास जिस मास में होता है उसे उस नाम से जाना जाता है। जैसे संवत 2067 में वैशाख में अधिकमास होने के कारण उसे वैशाख अधिकमास कहा गया।

शुद्ध एवं अधिकमास का निर्णय

शुद्ध एवं अधिकमास का निर्णय अमांत चांद्रमास एवं पूर्णिमांत चांद्रमास पद्धति में अलग–अलग तरीके से किया जाता है। अमांत चांद्रमास पद्धति में प्रथम मास अशुद्ध अर्थात अधिकमास कहलाता है, तथा पूर्णिमांत चांद्रमास पद्धति में प्रथम पक्ष के पश्चात अगले दो पक्षों को अधिकमास माना गया है। इस प्रकार इस पद्धति में प्रथम एवं अंतिम पक्ष शुद्ध मास होते हैं।

मासाधिपति विष्णु

एक कथा के अनुसार मलमास ने अपनी उपेक्षा से दुखी होकर भगवान विष्णुजी की भक्ति की तो प्रभु प्रकट हुए। मलमास ने उन्हें बताया कि मलिन होने के कारण कोई भी शुभ कार्य मलमास में नहीं होते हैं। इस पर विष्णुजी ने उसे वरदान देते हुए कहा कि मैं तुझे अपना नाम देता हूं। तेरा मासाधिपति देवता मैं स्वयं रहूंगा। इस मास में निष्काम भाव से किए गए दान, पुण्य, संत सेवा और व्रतादि का अक्षय फल मिलेगा। अधिकमास में अखंड दीपक जलाने से लक्ष्मीजी भी प्रसन्न होती हैं। मनुस्मृति के अनुसार भी मलमास में सूर्यग्रहण और चंद्रग्रहण संबंधी स्नान दान करने का विधान बताया गया है। ज्योतिर्विद घाघ कवि के अनुसार, यदि दो वैशाख होते हैं तो जनता बहुत सुखी होती है। सामान्य अधिकमास क्षयमास के बिना आता है, अर्थात् किसी निश्चित वर्ष में केवल एक अधिकमास

आता है। संसर्प एवं मलिम्लुच अधिकमास क्षयमास के साथ आते हैं। संसर्प अधिकमास क्षय मास से पूर्व आता है तथा मलिम्लुच मास क्षयमास के बाद आता है। विक्रम संवत 2003 में आश्विन अर्थात 18 सितंबर 1982 से 16 अक्तूबर तक संसर्प अधिकमास तथा फाल्गुन अर्थात् 13 फरवरी 1983 से 14 मार्च 1983 तक मलिम्लुच अधिकमास के रूप में आया था। उस वर्ष माघ माह क्षय मास था। क्षय मास 19 अथवा 141 वर्षों के बाद आता है। लेकिन व्यवहार में यह 46, 65, 76 या 122 वर्षों के बाद भी आया है। यद्यपि इसकी पुनरावृत्ति 19 एवं 141 वर्षों के पश्चात ही हुई है। इसी प्रकार सामान्य अधिकमास 27 माह से 34 माह के पश्चात आता है।

आने वाले संवतों में अधिकमास

विक्रम संवत 2067 में जो वैशाख अधिकमास आया वह 33 माह के बाद आया। अब इसके बाद 27 माह बाद विक्रम संवत 2069 में भाद्रपद मास अर्थात् 18 अगस्त 2012 से 16 सितंबर 2012 तक अधिकमास होगा। विक्रम संवत 2072 में आषाढ़ मास अर्थात् 17 जून 2015 से 16 जुलाई 2015 तक अधिकमास होगा। विक्रम संवत 2077 में आश्विन अर्थात् 18 सितंबर 2020 से 16 अक्तूबर 2020 तक होगा। विक्रम संवत 2080 में श्रावण मास अर्थात 18 जुलाई 2023 से 16 अगस्त 2023 तक अधिकमास होगा। विक्रम संवत 2083 में ज्येष्ठ मास अर्थात् 17 मई 2026 से 15 जून 2026 तक अधिकमास होगा। विक्रम संवत 2086 में चैत्र मास अर्थात् 16 मार्च 2029 से 13 अप्रैल 2029 तक अधिकमास होगा। विक्रम संवत 2088 में भाद्रपद मास अर्थात् 19 अगस्त 2031 से 16 सितंबर 2031 तक अधिकमास होगा। विक्रम संवत 2091 में आषाढ़ मास अर्थात् 17 जून 2034 से 15 जुलाई 2034 तक अधिकमास होगा। विक्रम संवत 2094 में ज्येष्ठ मास अर्थात् 16 मई 2037 से 13 जून 2037 तक अधिकमास होगा। विक्रम संवत 2096 में आश्विन मास अर्थात् 19 सितंबर 2039 से 17 अक्तूबर 2039 तक अधिकमास होगा। ये सब भारतीय काल गणना के अनुसार ही पूर्वघोषित किया जा सकता है।

ऋतु– ज्योतिष शास्त्र में दो माह अर्थात् द्वयात्मक ही ऋतु कहलाती है। सौर चांद्र भेद से वसंतादि नाम से छह ऋतुएं स्वीकृत की गई हैं–

1. वसंत 2. ग्रीष्म 3. वर्षा 4. शरद 5. हेमंत 6. शिशिर

सौर मासानुसार, चैत्र व वैशाख में वसंतः, जबकि चांद्र मासानुसार फाल्गुन व चैत्र में वसंत ऋतु मानी गई है।

अयन–सूर्य भ्रमण पथ को क्रांति वृत्त कहते हैं। ऋषियों ने इन दोनों मार्गों के मध्य में एक ऐसा मार्ग कल्पित किया है जिसका नाम विषुवदृंत है। सूर्य जब एक अयन को पार कर दूसरे अयन में प्रवेश करता है तो ऐसे संपात बिंदु के दिन रात छोटे–बड़े नहीं बल्कि समान होते हैं। इसलिए ग्रहगणितादि में अयनांश संस्कार का महत्व है।

वर्ष में दिन–रात छोटे–बड़े होते हैं। इसका मुख्य कारण सूर्य भ्रमण के दो पथ होते हैं।

1. उत्तरायन जिसमें दिन बड़े और रातें छोटी होती हैं।

2. दक्षिणायन जिसमें दिन छोटे और रातें बड़ी होती हैं।

मासेषु माघा दिशुषट् सुचोत्तरं विज्ञावदेयुस्त्वयनं दिवौकसाम्।

धस्त्र तथा श्रावणिका दिष्ट्स च याम्यायनं तत्पितष्वा संरमत्म।।

अयन शब्द सूर्य के दक्षिणायन और उत्तरायण का द्योतक है। शतपथ ब्राह्मण में कहा गया है–

वसंतो ग्रीष्मो वर्षाः। ते देवा ऋतवः शरदद्धेमंतः शिशिरस्ते पितरो स यत्रोदगावर्तते। देवेषु तर्हि भवति यत्र दक्षिणा वर्तते पितृषु तर्हि भवति।।

(शतपथ ब्राह्मण 2.1.3)

अर्थात् शिशिर ऋतु से ग्रीष्म ऋतु पर्यंत उत्तरायण और वर्षा ऋतु से हेमंत ऋतु पर्यंत दक्षिणायन होता था, लेकिन उदयकाल की अंतिम मध्य शताब्दियों में हेमंत के मध्य में से ग्रीष्म के मध्य तक उत्तरायण माना जाने लगा था।

तैतिरीय संहिता के *तस्मादादित्यः षण्मासो दक्षिणेनैति षडुत्तरेण* मंत्र से सूर्य का छह महीने का उत्तरायण और छह महीने का दक्षिणायन सिद्ध होता है।

दक्षिणायन–श्रावण, भाद्रपद, आश्विन, कार्तिक, मार्गशिर और पौष ये छह माह पितरों के दिन अर्थात् दक्षिणायन माना गया है।

उत्तरायन–माघ, फाल्गुन, चैत्र, वैशाख, ज्येष्ठ और आषाढ़ ये छह माह देवताओं के दिन अर्थात् उत्तरायन माना गया है।

उत्तरायण सूर्य में एक प्रस्थ जल निकलने के काल प्रमाण अर्थात् छह मुहूर्त दिन की वृद्धि होती है, और इतने ही मुहूर्त रात्रि का क्षय होता है। दक्षिणायन में इसके विपरीत छह मुहूर्त रात्रि की वृद्धि होती है और इतने ही मुहूर्त दिन का क्षय होता है। अर्थात् उत्तरायण में सबसे बड़ा दिन 18 मुहूर्त या 36 घटी का और रात 12 मुहूर्त या 24 घटी की होती है। दक्षिणायन में सबसे बड़ी रात 36 घटी और दिन 24 घटी का होता है। समान दिन रात वाला विषुव दिन वर्ष में दो बार आता है। यह अयन के प्रत्येक अर्द्ध भाग में पड़ता है। सायन मेषादि और सायन तुलादि में पड़ता है। कर्क से लेकर धनु पर्यंत दक्षिणायन होता है, इसमें तुला के सायन सूर्य में विषुव दिन पड़ेगा। इसी प्रकार मकर से मिथुन तक उत्तरायन होता है। इसमें भी मेष के सायन सूर्य में विषुव दिन पड़ेगा। अश्विनी और स्वाति को विषुव का लग्न बताया गया है।

संवत्सर विचार

ऋग्वेद के 10वें मंडल में *समानां मास आकृतिः* मंत्र में समा शब्द के द्वारा ही वर्ष शब्द का प्रतिपादन किया गया है। वैदिक काल में सायन वर्ष ग्रहण किया जाता था। इस सायन या सौर वर्ष की प्रणाली ईसा पूर्व 500 तक पाई जाती है। आदिकाल में निरयन वर्ष का भी विचार होने लगा था। वर्ष या संवत्सर की व्युत्पत्ति करते हुए शतपथ ब्राह्मण में लिखा गया है–

ऋतुभिर्हि संवत्सरः शक्नोति स्थातुम्।

अर्थात् संवसंति ऋतवः यत्र की गई है। तात्पर्य यह है कि जिसमें ऋतुएं वास करती हैं उसे वर्ष या संवत्सर कहा गया है।

या जिसमें अयन, ऋतु, मास, पक्ष और तिथियों का वास होता है वही संवत्सर कहलाता है।

सम्यग्व संतय यनर्त मास पक्ष तिथ्यादयोऽस्मिान्निति व्युत्पत्या संवत्सरः एवं द्वादश मासाः

अर्थात् जब मेष से मीनांत तक संक्रांतियों के साथ द्वादश मास होते हैं तब ही द्वादश मास शुद्ध समझे जाते हैं। इसी काल को वेद में द्वादश मासाः संवत्सर कहा गया है। परंतु 12 सौर संक्रांतियों में से किसी एक राशिस्य सूर्य में दो दर्शांत हो जाने से 13 चांद्र मास हो जाएं तो सौर मासों की संख्या से एक चांद्र मास अधिक हो जाने से भी वेद में त्रयोदश मासा संवत्सर भी कहा गया है। एक चांद्रमास क्षय (अहंस्पति) संज्ञक भी हो जाए तो भी एक संवत्सर 13 दर्शांत ही होते हैं। अतः कालमाधवादि धर्म ग्रंथों में कहा गया है कि *त्रयोदशं श्रुतिराह मास चतुर्दशः क्वालिन दृष्ट पूर्व*

ब्रह्म सिद्धांत के अनुसार–

चंद्र सावन सौराणां मासानांतु प्रभदेत्।
चांद्र सावन सौराः स्युस्त्रयः संवत्सरा अभीः।।

परंतु व्यवहार में संवत्सर तीन प्रकार के होते हैं–

1. सौर
2. वार्हस्पतय
3. चांद्र

भास्कराचार्य ने वर्ष की परिभाषा इस प्रकार की है–

खेश्रवक्र भोगोऽर्क वर्ष प्रादिष्टम्

अर्थात् मेष से मीनांत पर्यंत द्वादश राशियों का भोगकाल ही संवत्सर कहलाता है। अतः

1. सौर वर्ष में सावयव दिन संख्या 365 होती है।
2. वार्हस्पत में 361 दिन।
3. चांद्र वर्ष में 354 दिन का संवत्सर होता है।

वर्तमान में चांद्र वर्ष का ही स्मरण करने का विधान है। चांद्र वर्ष में 354 दिन, 8 घंटे, 48 मिनट, 34.6752 सेकेंड होते हैं। इसका सौर वर्ष में सामंजस्य स्थापित करने के लिए अधिकमास एवं क्षय मास व्यवस्था का प्रावधान रखा गया है।

विषुवंतं द्विरभ्यस्य रूपोनं षड्गुणीकृतम्।
पक्षा यदर्ध पक्षाणां तिथिस्य विषुवान् स्मृतः।।

अर्थात् समान दिन–रात प्रमाण वाला विषुव दिन वर्ष में दो बार आता है। यह अयन के प्रत्येक अर्द्ध भाग में पड़ता है। वर्तमान गणनानुसार, सायन मेषदि और सायन तुलादि में पड़ता है। इसका अर्थ भी वही है जो ऋग्वेद में अयनार्थ बताया गया है। क्योंकि कर्क से लेकर धनु पर्यंत दक्षिणायन होता है। इसमें तुला के सायन सूर्य में विषुव दिन पड़ेगा। इसी प्रकार मकर से लेकर मिथुन तक उत्तरायन होता है। इसमें भी मेष के सायन सूर्य में विषुव दिन माना गया है।

अथर्व ज्योतिष में फलित ज्योतिष की अनेक महत्वपूर्ण बातें हैं। इसमें तिथि, नक्षत्र, योग करण, तारा और चंद्रमा के बलाबल का सुंदर निरूपण किया गया है–

तिथिरेकगुणा प्रोक्ता नक्षत्रं चतुर्गुणम्।
वारश्चाऽष्टगुणः प्रोक्तः करणं षोडशान्वितम्।।
द्वात्रिंशद्गुणो योगस्तारा षष्टिसमनिवता।
चंद्र शतगुणः प्रोक्तस्तस्माच्चंद्रबलम्।
समीक्ष्य चंद्रस्य बलाबलानि ग्रहाः प्रयच्छंति शुभाशुभानि।।

अर्थात् तिथि का एक गुण, नक्षत्र के चार गुण, वार के आठ गुण, करण के सोलह गुण, योग के बत्तीस गुण, तारा के साठ गुण और चंद्रमा के सौ गुण कहे गए हैं। चंद्रमा के बलाबलानुसार ही अन्य ग्रह शुभाशुभ फल देते हैं।

संवत्सर का नाम

ज्योतिष शास्त्र के अनुसार संवत्सर का नाम ज्ञात करने के लिए उस विक्रम संवत के अंकों में 9 जोड़कर 60 से भाग देने से जो अंक शेष बचे वह प्रभवादि 60 संवत्सर होंगे। 0 शेष रहे तो प्रभव, 1 शेष रहे तो विभव, 2 शेष रहे तो शुक्ल, इसी प्रकार 3 शेष रहे तो प्रमोद आदि होता है। जैसे संवत 2068 का नाम ज्ञात करना है तो इसमें 9 जोड़कर 2077 हुआ। इसमें 60 का भाग देने पर शेष 37 आया। अतः 37वें संवत्सर का नाम है क्रोधी।

ज्योतिष शास्त्र में संवत्सरों के साठ नाम दिए गए हैं। ये हैं–

0. प्रभव, 1. विभव, 2. शुक्ल, 3. प्रमोद, 4. प्रजापति, 5. अंगिरस, 6. श्रीमुख, 7. भाव, 8.युवा, 9. धाता, 10. ईश्वर, 11. बहुधान्य, 12. प्रमाथी, 13. विक्रम, 14. वृषमा, 15. चित्रभानु, 16. सुभानु, 17. तारण, 18. पार्थिव, 19. अव्यय। इन बीस संवत्सरों के स्वामी श्रीब्रह्मा जी हैं।

20. सर्वजीत, 21. सर्वधारी, 22. विरोधी, 23. विकृति, 24. खर, 25. नंदन, 26. विजय, 27. जय, 28 मन्मथ, 29, दुर्मुख, 30. हेमलम्वी, 31. विलंब, 32. विकार, 33. शार्वरी, 34. प्लव, 35. शुभकृत, 36. शोभन, 37. क्रोधी, 38. प्लव, 39. विश्वासु, 39. पराभव। इन बीस संवत्सरों के स्वामी विष्णुजी हैं।

40. प्लवंग, 41. कीलक, 42. सौम्य, 43. साधारण, 44. विरोधकृत, 45. परिधाबी, 46. प्रमादि, 47. आनंद, 48, राक्षस, 49. नल, 50. पिंगल, 51. कालयुक्त, 52. सिद्धार्थी, 53. रौद्र, 54. दुर्मति, 55. दुंदुभि, 56. रुधिरो द्वारी, 57. रत्ताक्ष, 58. क्रोधन और 59. क्षय। इन बीस संवत्सरों के स्वामी शिवजी हैं।

वर्षाधिकारी

प्रत्येक संवत्सर के लिए वर्ष के अधिकारियों की घोषणा की जाती है। इसमें राजा, मंत्री, पश्चिम धान्येश, पूर्व धान्येश, मेघेश, रसेश, नीरसेश, फलेश, दुर्गेश, नव मेघेश निश्चित किए जाते हैं।

राजाः चैत्र प्रतिपदा को जो वार हो वही वर्ष का राजा कहलाता है। जैसे संवत 2068 का राजा सोमवार होने से चंद्र है। प्रतिपदा के क्षय होने से पूर्व अमावस्या का दिन ही वर्ष का राजा होता है।

मंत्री: मेष संक्रांति के दिन जो वार हो वह वर्ष का मंत्री होता है।

पश्चिम धान्येश: धनु संक्रांति के दिन जो वार होता है, वह पश्चिम धान्येश होता है।

पूर्व धान्येश: कर्क संक्रांति के दिन जो वार होता है, वह वर्ष का पूर्व धान्येश होता है।

मेघेश: आर्द्रा प्रवेश के दिन जो वार होता है, वह मेघेश होता है।

रसेश: तुला संक्रांति के दिन जो वार होता है वह वर्ष का रसेश होता है।

नीरसेश: मकर संक्रांति के दिन जो वार होता है, वह वर्ष का नीरसेश होता है।

फलेश: मीन संक्रांति के दिन जो वार होता है, वह वर्ष का फलेश होता है।

धनेश: कन्या संक्रांति के दिन जो वार होता है, वह वर्ष का धनेश होता है।

दुर्गेश: सिंह संक्रांति के दिन जो वार होता है, वह वर्ष का दुर्गेश होता है।

नव मेघेश: वर्तमान शक संवत को आठ से गुणा करके नौ का भाग देने से जो शेष बचे वह नव मेघेश क्रमशः होता है– 1. आवर्त, 2. संवत, 3. पुष्कर, 4. द्रोण, 5. काल, 6. नीलक, 7. वरुण, 8. वायु 9. तम।

•

जन्मों का सार जन्म कुंडली

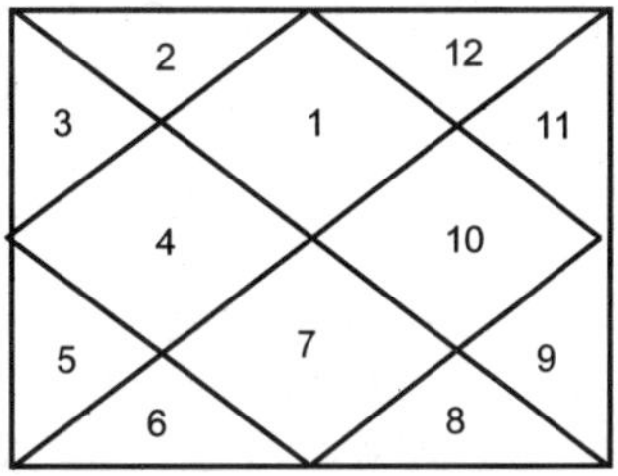

वेद सभी ग्रंथों में आद्य ग्रंथ हैं। संसार के सभी शास्त्रों की उत्पत्ति का आधार वेद ही हैं। वेद शब्द की उत्पत्ति विद् धातु से हुई है, जिसका अर्थ है ज्ञान। ज्योतिष शास्त्र द्वारा जीवात्मा के ज्ञान से ही परमात्मा का ज्ञान भी सहज ही प्राप्त हो सकता है। इसीलिए ज्योतिष को वेदों का चक्षु कहा गया है। त्रिकालज्ञ महर्षियों ने हजारों वर्ष पूर्व अपने तपोबल व योगबल से ग्रहों के गुण, धर्म, रंग, रूप, स्वभाव आदि चराचर जगत पर पड़ने वाले शुभाशुभ परिणामों का वर्णन ज्योतिष फलित शास्त्रों में किया है।

जन्मकुंडली मानव के पूर्वजन्म के संचित कर्मों को जानने की कुंजी है। जिस प्रकार दिशाल वट वृक्ष का समावेश उसके बीज में है, उसी प्रकार प्रत्येक मनुष्य के पूर्व जन्म–जन्मांतरों के कृतकर्म जन्मकुंडली में अंकित होते हैं। संचित एवं प्रारब्ध कर्मों के फल को मनुष्य अपने जीवन में उपभोग करता है, अतः जन्मकुंडली से मनुष्य के भाग्य का ज्ञान किया जाता है। लेकिन ज्योतिष का प्रधान उपयोग अपने अदृष्ट को जानकर उसमें सुधार करना है। यदि हम अपने भाग्य को पहले ही जान जाएं तो सजग होकर उस भाग्य को पलट भी सकते हैं। परंतु जो तीव्र अदृष्ट का उदय होता है, वह टाला नहीं जा सकता, उसका फल अवश्य भोगना पड़ता है। यदि वर्तमान कर्म का पलड़ा भारी हो गया तो संचित अदृष्ट अपना फल देने में असमर्थ रहेगा। जीवन को उन्नतशील बनाने और अपने भविष्य को सुधारने के लिए ज्योतिष का ज्ञान होना आवश्यक है।

आधुनिक युग में तो जन्मकुंडली और ग्रह योग का महत्व इतना बढ़ गया है कि लोग चाहते हैं कि उनके बच्चे का जन्म विशेष शुभ योग में ही हो। शुभ मुहूर्त के लिए आज ज्योतिषियों की सहायता ली जा रही है। यही नहीं शुभ ग्रह गोचर में ही जन्म हो, इसके लिए बच्चे का जन्म सिजेरियन डिलीवरी से उसी क्षण ग्रह योग में करवाया जाने लगा है, जो शुभ होता है। अनेक नर्सिंग होम, अस्पताल आदि में भी ज्योतिष की सेवाएं प्रदान करने लगे हैं।

प्रत्येक व्यक्ति के जन्म के स्थान, दिन व समय के अनुसार, उस क्षण ब्रह्मांड में ग्रह, राशि, नक्षत्रों की स्थिति के चित्रण को जन्मकुंडली कहते हैं। यह पूर्वी क्षितिज पर उदित

राशि, ग्रहों व उनकी राशि एवं भावों में उनके स्थान को दर्शाती है। कुंडली विस्तष्त एवं अत्यंत स्थापित वैदिक ज्योतिष के सिद्धांतों पर बनाई जाती है। इसकी सहायता से व्यक्ति के जीवन के बारे में अति महत्वपूर्ण जानकारी उपलब्ध कराई जा सकती है। जन्म के समय पूर्व क्षितिज में जो राशि उदित होती है, उसे लग्न कहते हैं। चंद्र जिस राशि में होता है उसे जन्म राशि और जिस नक्षत्र में होता है उसे जन्म नक्षत्र कहा जाता है।

जन्मकुंडली के पंचांगादि में संवत्सर, मास, जन्मकालीन तिथि, जन्म समय, जन्मकालीन योग, करण तथा वार लिखा होता है। इसके अलावा अवकहड़ा चक्र में लग्न, चंद्र राशि, राशि स्वामी, नक्षत्र, नक्षत्र का चरण, नामाक्षर, राशि का पाया, वर्ण, वश्य, नाड़ी, योनि व गण लिखा होता है।

ज्योतिष शास्त्र से मनुष्य को श्रेष्ठ लाभ यह है कि उसे पूर्वजन्म के शुभाशुभ कर्मों का ज्ञान, वर्तमान जन्म में शुभकर्म करने की आवश्यकता, मानवीय जन्म का उद्‌देश्य, ईश्वरीय व मानवीय शक्ति में अंतर, कर्म और भोग की मर्यादा, प्रारब्ध और प्रयत्न की सीमा व दोनों का परस्पर संबंध, अनुकूल व प्रतिकूल समय का ज्ञान व संकट के समय मन में धैर्य रखकर उस पर विजय प्राप्त करने की शक्ति प्राप्त होती है। इस शक्ति से मन में संतोष, संतोष से चिंता का नाश, चिंता नाश से धर्म की प्राप्ति, धर्म से धैर्य व शक्ति की प्राप्ति और शक्ति से ईश्वर के प्रति भक्ति व विश्वास प्राप्त करते हुए सांसारिक आपत्तियों को सहर्ष स्वीकार करने की क्षमता प्राप्त होती है। सभी ग्रह आकाश में जिस मार्ग से भ्रमण करते हैं उसे राशि चक्र कहते हैं। 360 अंशों को बारह राशि समूह में बांटा गया है। इन बारह राशियों को प्रत्येक मनुष्य की कुंडली में बारह भागों में दिखाया जाता है। इन बारह स्थानों को भाव भी कहा जाता है।

उत्तर भारतीय पद्धति के अनुसार जन्मकुंडली आयत के कोणों और मध्य भागों को मिलाकर बारह भागों में बांटकर बनाई जाती है। मध्य में पहले भाग को लग्न कहते हैं तथा घड़ी की विपरीत दिशा में क्रमशः अंक बढ़ाते हुए प्रत्येक भाग को नाम देते हैं। जन्म के समय उदित राशि को लग्न अर्थात् पहले स्थान में लिखा जाता है। इस प्रकार प्रत्येक भाग को राशि के अनुसार 1 से 12 तक अंक दे दिए जाते हैं। यदि जातक मेष राशि में उत्पन्न हुआ है तो केंद्र या पहले स्थान में 1 अंक लिखा होगा, अर्थात् मेष लग्न होगा। यदि वृष राशि में जन्म हुआ है तो केंद्र में 2 अंक लिखा होगा, अर्थात् लग्न वृष होगा। दक्षिण भारतीय पद्धति के अनुसार कुंडली वर्गाकार स्वरूप में बनाई जाती है। और बाईं ओर का दूसरा स्थान लग्न होता है तथा घड़ी की दिशा में स्थानों को अंक दिए जाते हैं।

कुंडली के भाव

प्रथम भाव के नामः आत्मा, शरीर, लग्न, होरा, वपु, कल्प, मूर्ति, अंग, तनु, उदय, आद्य, प्रथम, केंद्र, कष्टक और चतुष्टय हो।

विचारणीय बातः रूप चिह्न, जाति, आयु, सुख, दुख, विवेक, शील, मस्तिष्क, स्वभाव, आकृति आदि। इसका कारक रवि है, इसमें मिथुन, कन्या, तुला और कुंभ राशियां बलवान मानी जाती हैं। लग्नेश की स्थिति के बलाबलानुसार कार्यकुशलता, जातीय उन्नति–अवनति का ज्ञान किया जाता है।

द्वितीय भाव के नामः पणफर, द्रव्य, स्व, वित्त, कोष, अर्थ, कुटुंब और धन।

विचारणीय बात कुल, मित्र, आँख, कान, नाक, स्वर, सौंदर्य, गान, प्रेम, सुख, सत्यभाषण, संचित पूंजी (सोना, चांदी, मणि, माणिक्य आदि), क्रय एवं विक्रय आदि।

तृतीय भाव के नामः आपोक्लिम, उपचय, पराक्रम, सहज, भ्रातृ और दुश्चिक्य।

विचारणीय बात नौकर–चाकर, सहोदर, पराक्रम, आभूषण, दासकर्म, साहस, आयुष्य, शौर्य, दमा, खांसी, क्षय, ष्वास, गायन, योगाभ्यास आदि।

चतुर्थ भाव के नामः केंद्र, कष्टक, सुख, पाताल, तुर्य, हिबुक, गृह, सुहृद्, वाहन, यान, अंबु, बंधु, नीर आदि।

विचारणीय बात मातृ–पितृ सुख, गृह, ग्राम, चतुष्पद, मित्र, शांत, अंतःकरण की स्थिति, मकान, संपत्ति, बाग–बगीचा, पेट के रोग, यकृत, दया, औदार्य, परोपकार, कपट, छल एवं निधि। इस स्थान में कर्क, मीन और मकर राशि का उत्तरार्द्ध बलवान होता है। चंद्रमा और बुध इस स्थान के कारक हैं। यह स्थान माता का है।

पंचम भाव के नामः पंचम, सुत, तनुज, पणफर, त्रिकोण, बुद्धि, विद्या, आत्मज और वाणी।

विचारणीय बात बुद्धि, प्रबंध, संतान, विद्या, विनय, नीति, व्यवस्था, देवभक्ति, मातुल सुख, नौकरी छूटना, धन मिलने के उपाय, अनायास बहुत धन प्राप्ति, जठराग्नि, गर्भाशय, हाथ का यश, मूत्रपिंड एवं बस्ती। इसका कारक बृहस्पति है।

षष्ठ भाव के नामः आपोक्लिम, उपचय, त्रिक, शत्रु, द्वेष, क्षत, रोग और नष्ट।

विचारणीय बात मामा की स्थिति, शत्रु, चिंता, शंका, जमींदारी, रोग, पीड़ा, व्रणादिक, गुदास्थान एवं यश आदि। इसके कारक शनि और मंगल हैं।

सप्तम भाव के नामः केंद्र, मदन, सौभाग्य, जामित्रा और काम।

विचारणीय बात स्त्री–पति, मृत्यु, पीड़ा, स्वास्थ्य, कामचिंता, मैथुन, अंग–विभाग, जननेंद्रिय, विवाह, व्यापार, झगड़े एवं बवासीर रोग आदि। इसमें वृश्चिक राशि बलवान होती है।

अष्टम भाव के नामः पणफर, त्रिक, आयु, रंध्र और जीवन।

विचारणीय बात व्याधि, आयु, जीवन, मरण, मृत्यु के कारण, मानसिक चिंता, समुद्र यात्रा, ऋण का होना, उतरना, लिंग, योनि, अंडकोष आदि के रोग एवं संकट प्रभृति। इस स्थान का कारक शनि है।

नवम भाव के नामः धर्म, पुण्य, भाग्य और त्रिकोण।

विचारणीय बात मानसिक वृत्ति, भाग्योदय, शील, विद्या, तप, धर्म, प्रवास, तीर्थयात्रा, पिता का सुख एवं दान आदि। इसके कारक सूर्य और बृहस्पति हैं।

दशम भाव के नामः व्यापार, आस्पद, मान, आज्ञा, कर्म, व्योम, गगन, मध्य, केंद्र, स्व और नभ।

विचारणीय बात राज्य, मान, प्रतिष्ठा, नौकरी, पिता, प्रभुता, व्यापार, अधिकार, ऐश्वर्य–भोग, नेतृत्व आदि। इसमें मेष, सिंह, वृष, मकर का पूर्वार्द्ध एवं धनु का उत्तरार्द्ध बलवान होता है। इसके कारक सूर्य, बुध, बृहस्पति एवं शनि हैं।

एकादश भाव के नामः पणफर, उपचय, लाभ, उत्तम और आय।

विचारणीय बात गज, अश्व, रत्न, मांगलिक कार्य, मोटर, पालकी, संपत्ति एवं ऐश्वर्य आदि। इसका कारक बृहस्पति है।

द्वादश भाव के नामः रिष्फ, व्यय, त्रिक, अंतिम और प्रांत्य।

विचारणीय बात हानि, दान, व्यय, दंड, व्यसन एवं रोग आदि हो। इस स्थान का कारक शनि है।

भावानुसार विभिन्न ग्रहों के परिणाम

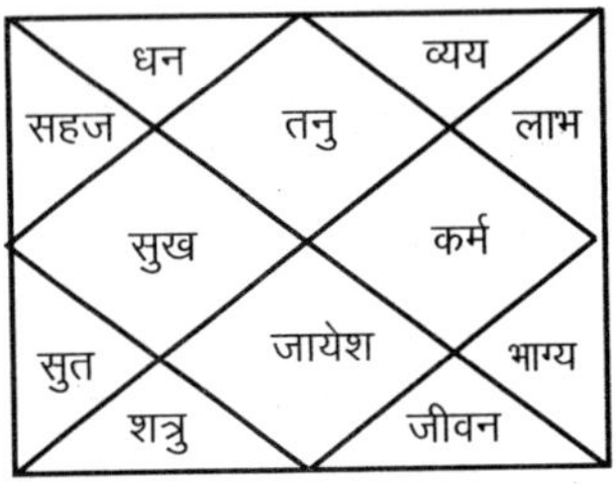

जन्मकुंडली में विभिन्न भावों में ग्रहों की स्थिति से निम्न परिणाम निकाले गए हैं।

पुरुष की कुंडली में

पहला स्थान या लग्न भाव को तनु संज्ञा दी गई है। इस भाव में सूर्य होने पर शरीर पीड़ा, चंद्र होने पर कांति सुख, मंगल होने पर रक्त कोप, बुध होने पर सुखी, बृहस्पति होने पर विद्वान, शुक्र होने पर सुखी, शनि होने पर दुखी, राहु होने पर रोगी एवं केतु होने पर सकाम फल होता है।

दूसरा भाव इसे धन संज्ञा दी गई है, अर्थात् इससे धन का अभिप्राय लिया जाता है। इस भाव में सूर्य होने से धननाश, मंगल होने से सन्मति मान, मंगल होने से ऋणी, बुध होने से धनी गुणी, बृहस्पति होने से धनागम, शुक्र होने से धनहीन, राहु होने से निर्धन एवं केतु होने से खल का विचार किया जाता है।

तीसरा स्थान इसे सहज संज्ञा दी गई है। इसमें सूर्य होने से नीरोगी, चंद्र होने से कीर्तिमान, मंगल होने से दुष्ट बुद्धि, बुध होने से धनी, बृहस्पति होने से उत्तम बुद्धि, शुक्र होने से बहुरूपी, शनि होने से पराक्रमी, राहु होने से विक्रमी एवं केतु होने से शूर का विचार किया जाता है।

चौथा भाव इसे सुहृत संज्ञा दी गई है। इस स्थान में सूर्य होने से दुखी, चंद्र होने से सुख भोगी, मंगल होने से क्लेशी, बुध होने से सुख भोगी, बृहस्पति होने से सुखी, शुक्र होने से बहुसुखी, शनि होने से दुखी, राहु होने से मातृ हानि एवं केतु होने से दुखी का विचार किया जाता है।

पांचवां स्थान इससे संतान का ज्ञान किया जाता है। इसे सुत संज्ञा कहा गया है तथा इस भाव में सूर्य होने से क्रोधी, सुतहीन, चंद्र होने से धनी पुत्रवान, मंगल होने से पुत्रहीन, बुध होने से अल्प पुत्र, बृहस्पति होने से बहु पुत्र, शुक्र होने से बहु पुत्र, शनि होने से संतानहीन, राहु होने से कुमति एवं केतु होने से मूर्ख का विचार किया जाता है।

छठा स्थान इसकी संज्ञा शत्रु है। इस भाव में सूर्य होने से शत्रुनाश, चंद्र होने से अल्पायु, मंगल होने से शत्रुनाश, बुध होने से रोगी, बृहस्पति होने से कामी पीड़ित, शुक्र होने से रोगी, बुद्धि धनहीन, शनि होने से शत्रुजीत, राहु होने से सबल एवं केतु होने से सबल का विचार किया जाता है।

सातवां स्थान पत्नी का होता है जिसे जया संज्ञा दी गई है। इस भाव में सूर्य होने से स्त्री दुष्टा, चंद्र होने से रूपवती, मंगल होने से स्त्री नाश दुखी, बुध होने से धर्मज्ञ, बृहस्पति होने से सुभार्या, शुक्र होने से कामी, शनि होने से स्त्री कुल, राहु होने से स्त्री रोग एवं केतु होने से स्त्री हानि का विचार किया जाता है।

आठवां भाव इसकी संज्ञा मृत्यु है। इस भाव में सूर्य होने से दुष्ट मति, अल्पायु, चंद्र होने से रोग, मंगल होने से शरीर पीड़ा, बुध होने से गुणी, बृहस्पति होने से नीचस्य, शुक्र होने से नीच, शनि होने से नेत्ररोग, राहु होने से रोगी एवं केतु होने से क्लेशयुक्त का विचार किया जाता है।

नौवां स्थान धर्म का माना गया है। इसमें सूर्य होने से दुष्टमति, चंद्र होने से धर्मात्मा, मंगल होने से पापरत, बुध होने से धर्मवान, बृहस्पति होने से धार्मिक, शुक्र होने से तपस्वी, शनि होने से दुष्ट बुद्धि, राहु होने से दैत्ययुक्त एवं केतु होने से पापी का विचार किया जाता है।

दसवां स्थान इसकी संज्ञा कर्म मानी गई है। इस भाव में सूर्य होने से शूर, चंद्र होने से कीर्तिमान, मंगल होने से तेजवान, बुध होने से कीर्तिमान, बृहस्पति होने से संपत्तिवान, शुक्र होने से संपत्ति, शनि होने से पराक्रमी, राहु होने से मानी एवं केतु होने से पितृहानि का विचार किया जाता है।

ग्यारहवां स्थान इसकी संज्ञा लाभ मानी गई है। इस भाव में सूर्य होने से धनी, चंद्र होने से धनी, मंगल होने से धनी, बुध होने से धनी, बृहस्पति होने से सुलाभ, शुक्र होने से सुमति, शनि होने से धनवान, राहु होने से सुखयात एवं केतु होने से धनी का विचार किया जाता है।

बारहवां स्थान इसकी संज्ञा व्यय है। इस भाव में सूर्य होने से दुष्ट स्वभाव, चंद्र होने से कामी, मंगल होने से पापी, बुध होने से दरिद्र, बृहस्पति होने से खल, शुक्र होने से रोगी, शनि होने से दुखी, राहु होने से पतित एवं केतु होने से दुर्जन का विचार किया जाता है।

लेकिन शास्त्रों में ग्रहों का स्त्री की कुंडली पर पुरुष से अलग प्रभाव माना गया है।

स्त्री की जन्मकुंडली में

पहले भाव तनु में सूर्य होने से क्रोधी, चंद्र होने से गतायु, मंगल होने से विधवा, बुध होने से सौभाग्य, बृहस्पति होने से सती, शुक्र होने से ससुख, शनि होने से बंध्या, राहु होने से पुत्रहीन एवं केतु होने से दुखी होती है।

दूसरे स्थान धन में सूर्य होने से दरिद्रा, चंद्र होने से बहुधना, मंगल होने से बंध्या, बुध होने से धनाढ्य, बृहस्पति होने से धनाढ्य, शुक्र होने से सौभाग्यवती, शनि होने से दुखी, राहु होने से दरिद्रा, केतु होने से दुखी का विचार किया जाता है।

तीसरे स्थान सहज में सूर्य होने से सुसुता, चंद्र होने से सुखिनी, मंगल होने से विसहजा, बुध होने से पुत्रवती, बृहस्पति होने से सुसहजा, शुक्र होने से धनाढ्य, शनि होने से सुदक्षा, राहु होने से सदित्त, केतु होने से रोगिणी का विचार किया जाता है।

चौथे स्थान सुहृत में सूर्य होने से सपीड़ा, चंद्र होने से दुर्भाग्य, मंगल होने से दुखी, बुध होने से सुगृहा, बृहस्पति होने से सुखी, शुक्र होने से सुखी, शनि होने से हृदय रोगी, राहु होने से रोगी, केतु होने से मातृहानि का विचार किया जाता है।

पांचवें स्थान सुत में सूर्य होने से विपुत्रा, चंद्र होने से सुखी, मंगल होने से विपुत्रा, बुध होने से धींका तियु, बृहस्पति होने से सगुणा, शुक्र होने से पुत्रवती, शनि होने से विपुत्रा, राहु होने से विपुत्रा, केतु होने से अपुत्रा का विचार किया जाता है।

छठे स्थान शत्रु में सूर्य होने से सुखी, चंद्र होने से रोगी, मंगल होने से अरोगी, बुध होने से सकोपा, बृहस्पति होने से सापदा, शुक्र होने से दरिद्रा, शनि होने से गुणज्ञा, राहु होने से सधना, केतु होने से धनसुता का विचार किया जाता है।

सातवें स्थान पति में सूर्य होने से दुखिता, चंद्र होने से पति प्रिय, मंगल होने से विधवा, बुध होने से पतिव्रता, बृहस्पति होने से कीर्तियु, शुक्र होने से पति प्रिया, शनि होने से विधवा, राहु होने से दुखिता, केतु होने से विधवा का विचार किया जाता है।

आठवें स्थान मृत्यु भाव में सूर्य होने से विधवा, चंद्र होने से रोगी, मंगल होने से विधर्मा, बुध होने से कृतघ्नी, बृहस्पति होने से रोगी, शुक्र होने से विमुखा, शनि होने से दुखी, राहु होने से विधवा, केतु होने से दुखी का विचार किया जाता है।

नौवें स्थान धर्म में सूर्य होने से धर्मज्ञा, चंद्र होने से सुखी, मंगल होने से दुखी, बुध होने से सुभोग, बृहस्पति होने से पुत्रदया, शुक्र होने से धर्मरत, शनि होने से बंध्या, राहु होने से बंध्या, केतु होने से शौकार्ता का विचार किया जाता है।

दसवें स्थान कर्म में सूर्य होने से सुकर्मा, चंद्र होने से धर्मज्ञा, मंगल होने से कुपुत्रा, बुध होने से सत्यकर्मा, बृहस्पति होने से साध्वी, शुक्र होने से सधना, शनि होने से पापिनी, राहु होने से दुष्कर्मा, केतु होने से पापिनी का विचार किया जाता है।

ग्यारहवें स्थान लाभ में सूर्य होने से सधना, चंद्र होने से गुणजा, मंगल होने से सलाभा, बुध होने से पतिव्रता, बृहस्पति होने से सुपुत्रा, शुक्र होने से ससुता, शनि होने से सुलाभा, राहु होने से नीरोगी, केतु होने से सौभाग्य का विचार किया जाता है।

बारहवें स्थान व्यय में सूर्य होने से क्रोधिनी, चंद्र होने से हीनांगी, मंगल होने से खला, बुध होने से कृशांगी, बृहस्पति होने से सुव्यया, शुक्र होने से सुव्यया, शनि होने से मूढ़ा, राहु होने से दुष्टा, केतु होने से रोगी का विचार किया जाता है।

भावेश फल

कुंडली के प्रत्येक भाव का एक स्वामी होता है। वह जिस स्थान में होता है उससे जातक के जीवन पर पड़ने वाले प्रभाव की गणना की जाती है।

पहले भाव का स्वामी पहले भाव में हो

लग्नेश के लग्नस्थ होने पर जातक हृष्ट पुष्ट, पराक्रमी, मनस्वी, अतिचपल, दो स्त्री वाला एवं परस्त्रीगामी होता है।

पहले भाव का स्वामी दूसरे भाव में हो

लग्नेश धनभावगत हो तो मनुष्य विज्ञ, लाभ एवं सौख्यपूर्ण, सुशील धर्मवेत्ता, अभिमानी अनेक स्त्री वाला और गुणयुक्त होता है।

पहले भाव का स्वामी तीसरे भाव में हो

सहज भावगत लग्नेश यदि हो तो जातक सिंहतुल्य पराक्रम वाला सभी संपत्तियों से युक्त स्वाभिमानी, दो स्त्री वाला तथा बुद्धिमान होता है।

पहले भाव का स्वामी चौथे भाव में हो

चतुर्थ भावगत लग्नेश हो तो जातक मातृसौख्य तथा अनेक भाइयों से युक्त, कामी, गुणी तथा देखने में सुंदर होता है।

पहले भाव का स्वामी पांचवें भाव में हो

लग्नेश पंचम भावगत हो तो मनुष्य क्रोधी, मानी तथा राजवल्लभ होता है। साथ ही उसकी प्रथम संतान नष्ट हो जाती है और उसे पुत्रसौख्य मध्यम होता है।

पहले भाव का स्वामी छठे भाव में हो

लग्नेश षष्ठभावगत होकर पापग्रह से युक्त या दृष्ट हो तो जातक को शत्रुजन्य पीड़ा तथा शारीरिक क्लेश होता है।

पहले भाव का स्वामी सातवें भाव में हो

पाप लग्नेश सप्तमस्थ हो तो जातक स्त्रीविहीन होता है। ऐसा मनुष्य विरक्त या परदेशभ्रमणशील, दरिद्र या राजा होता है।

पहले भाव का स्वामी आठवें भाव में हो

लग्नेश अष्टमस्थ हो तो जातक रोगी, परस्त्रीगामी, चोर, जुआरी, क्रोधी तथा सिद्धविद्या वाला होता है।

पहले भाव का स्वामी नौवें भाव में हो

लग्नेश नवम भावगत हो तो जातक भाग्यशाली, जनप्रिय, विष्णुभक्त, मितभाषी, पुत्र स्त्री धन से परिपूर्ण होता है।

पहले भाव का स्वामी दसवें भाव में हो

कर्मस्थ लग्नेश के होने पर मनुष्य पितृसौख्यपूर्ण, राजपूज्य तथा अपने भुजबल से धनोपार्जन करके प्रसिद्ध पुरुष होता है।

पहले भाव का स्वामी ग्यारहवें भाव में हो

लग्नेश लाभस्थ हो तो बहुविध लाभ, शुभ्रयश, सदृगुण तथा अनेक स्त्री वाला मनुष्य होता है।

पहले भाव का स्वामी बारहवें भाव में हो

लग्नेश व्ययस्थ हो तो जातक शरीर सुख से वंचित होता है। शुभग्रह का योग या दृष्टि व्यय भाव पर नहीं हो तो निरर्थक व्यय करने वाला, तथा क्रोधी भी होता है। शुभ ग्रह के संयोग या दृष्टि से उपयुक्त फल अल्प होता है।

दूसरे भाव का स्वामी पहले भाव में हो

धनेश के लग्नस्थ होने पर मनुष्य धनी, निष्ठुर, पुत्रवान, दूसरे के कार्य में तत्पर और अपने कुटुम्ब वर्ग के लिए कांटे स्वरूप होता है।

दूसरे भाव का स्वामी दूसरे भाव में हो

धनेश धनभावगत हो तो जातक धनी, अभिमानी, दो या तीन स्त्री वाला और पुत्रविहीन होता है।

दूसरे भाव का स्वामी तीसरे भाव में हो

धनेश सहजभावगत हो तो मनुष्य गुणी, बुद्धिमान, पराक्रमी, लोभी, कामी होता है। यदि वहां पाप ग्रह भी हो तो वह देवनिंदक भी होता है।

दूसरे भाव का स्वामी चौथे भाव में हो

धनेश सुख स्थान में हो तो अनेकविध संपत्तियों से युक्त जातक होता है। वहीं धनेश बृहस्पति या शुक्र सहित या उच्चस्थ होकर चतुर्थ स्थान में हों तो मनुष्य राजा के समान होता है।

दूसरे भाव का स्वामी पांचवें भाव में हो

धनेश पंचमस्थ हो तो धनोपार्जन करने वाला, अनेक पुत्रों से युक्त मनुष्य धनवान् होता है।

दूसरे भाव का स्वामी छठे भाव में हो

शुभयुक्त धनेश षष्ठस्थ हो तो शत्रु से धनागम होता है। पापयुक्त धनेश षष्ठस्थ हो तो धनहानि और गुदा तथा वक्ष स्थल में रोग होता है।

दूसरे भाव का स्वामी सातवें भाव में हो

सप्तमस्थ धनेश पाप ग्रहों से युत दृष्ट हो तो मनुष्य वैद्य होता है। वह स्वयं तथा उसकी स्त्री दोनों व्यभिचारी होते हैं।

दूसरे भाव का स्वामी आठवें भाव में हो

धनेश अष्टमभावस्थ हो तो मनुष्य को भूमि द्रव्य आदि का सौख्य पूर्ण, स्त्री सौख्य अल्प, ज्येष्ठ भ्रातृ सुख का अभाव होता है।

दूसरे भाव का स्वामी नौवें भाव में हो

भाग्यस्थानगत धनेश रहें तो मनुष्य धनी, उद्यमी, बचपन में रोगी और बाद जीवनपर्यंत सुखी होता है।

दूसरे भाव का स्वामी दसवें भाव में हो

दशमगत धनेश के होने पर मनुष्य कामी, मानी, पंडित अनेक स्त्रियों से युक्त तथा पुत्रसौख्य रहित होता है।

दूसरे भाव का स्वामी ग्यारहवें भाव में हो

लाभगत धनेश रहे तो मनुष्य उद्योगशील, यशस्वी, मानी तथा सतत लाभान्वित होता है।

दूसरे भाव का स्वामी बारहवें भाव में हो

व्ययगत धनेश हो तो मनुष्य हो तो मनुष्य साहसी परिश्रमी तथा ज्येष्ठपुत्र सौख्य से वंचित रहता है।

तीसरे भाव का स्वामी पहले भाव में हो

तृतीयेश लग्नस्थ हो तो जातक पुरुषार्थ करने वाला धनी, साहसी; बुद्धिमान किंतु अनपढ़ होता है।

तीसरे भाव का स्वामी दूसरे भाव में हो

तृतीयेश के धनस्थ होने पर मनुष्य परस्त्री तथा परधन का लालची, पराक्रमरहित, स्थूल, कार्यारंभ में अरुचिशील तथा सौख्यरहित होता है।

तीसरे भाव का स्वामी तीसरे भाव में हो

सहजेश यदि सहजस्थ हो तो मनुष्य पराक्रमशील, भातृसौख्यपूर्ण, धन, पुत्र संपन्न, सतत हृष्ट होकर अद्‌भुत सौख्य शौकत होता है।

तीसरे भाव का स्वामी चौथे भाव में हो

तृतीयेश सुखस्थ हो तो मानव सुखी धनाढ्य तथा बुद्धिमान होता है किंतु उसकी पत्नी क्रूरा होती है।

तीसरे भाव का स्वामी पांचवे भाव में हो

सहजेश पंचमस्थ हो तो जातक गुणी तथा पुत्रसौख्ययुक्त होता है। सहजेश के साथ पापग्रह का संयोग अथवा उसकी दृष्टि हो तो उसकी स्त्री क्रूर स्वभाव वाली होती है।

तीसरे भाव का स्वामी छठे भाव में हो

सहजेश षष्ठस्थ हो तो भाइयों से शत्रुता, मामा से सुख, महाधनी और मामी से प्रेम करने वाला जातक होता है।

तीसरे भाव का स्वामी सातवें भाव में हो

तृतीयेश सप्तमस्थ हो तो जातक बचपन में दुखी, बाद में सुखी तथा राजानुगामी होता है।

तीसरे भाव का स्वामी आठवें भाव में हो

अष्टमस्थ सहजेश हो तो जातक चोर होता है। सेवावृत्ति में लीन व अंत में राजा के द्वारा मृत्यु पाता है।

तीसरे भाव का स्वामी नौवें भाव में हो

तृतीयेश नवमस्थ हो तो स्त्रियों के द्वारा भाग्योदय कहना चाहिए। ऐसे जातक को पितृ सौख्य नहीं होता, किंतु पुत्रादि सौख्यों से वह परिपूर्ण होता है।

तीसरे भाव का स्वामी दसवें भाव में हो

तृतीयेश कर्मस्थ हो तो मनुष्य अपने बाहुबल से धनोपार्जन करने वाला अनेकविध सौख्यपूर्ण और दुष्ट स्त्री के पोषण में रत होता है।

तीसरे भाव का स्वामी ग्यारहवें भाव में हो

तृतीयेश लाभस्थ हो तो जातक मूर्ख, दुर्बल, रोगी, साहसी, दूसरे को सेवक तथा अपने भुजबल से धनोपार्जन करने वाला है।

तीसरे भाव का स्वामी बारहवें भाव में हो

तृतीयेश व्यय भावगत हो तो मनुष्य दुष्कर्म में खर्च करने वाला होता है। उसका पिता निष्ठुर स्वभाव वाला होता और स्त्रियों से उसका भाग्योदय होता है।

चौथे भाव का स्वामी पहले भाव में हो

सुखेश लग्नस्थ हो तो मनुष्य मातृसौख्य, विद्या सम गुण, भूमि, वाहन, सभी से परिपूर्ण होता है।

चौथे भाव का स्वामी दूसरे भाव में हो

सुखेश धन स्थानगत हो तो मनुष्य सर्वविध संपत्ति से युक्त, साहसी, अनेक परिवार वाला, मायावी तथा विलासशील होता है।

चौथे भाव का स्वामी तीसरे भाव में हो

सुखेश तृतीयभावस्थ हो तो मनुष्य उदार, गुणी, दान देने वाला, पराक्रमी और अपनी भुजाओं के बल से धनोपार्जन करने वाला होता है।

चौथे भाव का स्वामी चौथे भाव में हो

सुखेश सुख स्थान गत हो तो मनुष्य सर्व संपत्तियुक्त, मंत्री, सुशील, चतुर, सर्वथा सुखी सुविज्ञ, स्वाभिमानी तथा स्त्री से अधिक प्रेम करने वाला होता है।

चौथे भाव का स्वामी पांचवें भाव में हो

पंचम भावस्थ सुखेश हो तो जातक सुखी तथा सर्वजनप्रिय होता है। वह ईश्वरभक्त तथा अपने भुजबल से धनोपार्जन करता है।

चौथे भाव का स्वामी छठे भाव में हो

सुखेश षष्ठभावस्थ हो तो मातृ सुखविहीन, क्रोधी, व्यभिचारी, दुरात्मा तथा मनस्वी होता है।

चौथे भाव का स्वामी सातवें भाव में हो

सप्तम भावगत सुखेश हो तो जातक अनेक विद्याओं का वेत्ता, पैतृक संपत्ति को छोड़ने वाला होता है।

चौथे भाव का स्वामी आठवें भाव में हो

सुखेश अष्टमस्थ हो तो जातक गृहादिसुखहीन, नपुंसक या जार से उत्पन्न होता है। ऐसे जातक को माता–पिता का भी सुख स्वल्प होता है।

चौथे भाव का स्वामी नौवें भाव में हो

सुखेश यदि भाग्य स्थानगत हो तो मनुष्य जनप्रिय, अनेक सौख्यपूर्ण, स्वाभिमानी, गुणी तथा विष्णुभक्त होता है।

चौथे भाव का स्वामी दसवें भाव में हो

दशमस्थ सुखेश हो तो जातक राजपूज्य, परम हृष्ट, सुखी, जितेंद्रिय तथा रसायनों का जानकार होता है।

चौथे भाव का स्वामी ग्यारहवें भाव में हो

लाभस्थ सुखेश हो तो मनुष्य उदार, परोपकारी, गुणी, दाता लेकिन सतत रोगी होता है।

चौथे भाव का स्वामी बारहवें भाव में हो

सुखेश व्ययस्थ हो तो भवन सौख्य विहीन, मूर्ख दुर्व्यसनयुक्त तथा आलसी जातक होता है।

पांचवें भाव का स्वामी पहले भाव में हो

पंचमेश यदि लग्नस्थ हो तो जातक कृपण, कुटिक, विद्वान, पुत्र सौख्यविहीन तथा परधनहारक होता है।

पांचवें भाव का स्वामी दूसरे भाव में हो

पंचमेश यदि धनस्थ हो तो मनुष्य अनेक पुत्र, धन, यश आदि से परिपूर्ण, स्वाभिमानी, स्त्री जनप्रिय तथा परिजनपालक होता है।

पांचवें भाव का स्वामी तीसरे भाव में हो

पंचमेश यदि तृतीयस्थ हो तो जातक भाइयों का प्रिय, मायावी, चुगलखोर, कंजूस तथा अपने स्वार्थों का साधक होता है।

पांचवें भाव का स्वामी चौथे भाव में हो

पंचमेश यदि सुखभाव गत हो तो जातक मातृ सुखसंपन्न, धनवान, मतिमान, सचिव अथवा गुरु (राजगुरु या अध्यापक) होता है।

पांचवें भाव का स्वामी पांचवें भाव में हो

पंचमभावगत पंचमेश शुभग्रहयुक्त हो तो जातक पुत्र सौख्यपूर्ण, पापग्रहयुक्त होने पर पुत्र विहीन, गुणवान तथा मित्रप्रिय होता है।

पांचवें भाव का स्वामी छठे भाव में हो

सुतेश यदि षष्ठभावागत हो तो पुत्र मर जाए, दत्तक या क्रीत पुत्र हो अथवा उसका पुत्र शत्रु होता है।

पांचवें भाव का स्वामी सातवें भाव में हो

पंचमेश सप्तमस्थ होने पर मनुष्य मानी, धार्मिक, परोपकारी तथा पुत्रसौख्यपूर्ण होता है।

पांचवें भाव का स्वामी आठवें भाव में हो

पंचमेश अष्टमभावगत होने पर जातक क्रोधी, कास श्वांस रोग युक्त, दुखी तथा अल्प पुत्रसौख्य वाला होता है।

पांचवें भाव का स्वामी नौवें भाव में हो

पंचमेश नवमस्थ होने पर जातक का पुत्र राजा के समान होता है। खुद भी ग्रंथ लिखने वाला, वंश में विख्यात होता है।

पांचवें भाव का स्वामी दसवें भाव में हो

दशमस्थ पंचमेश यदि हो तो जातक राजा होता है। उसका निर्मल यश व्यास रहता है और वह अनेक सौख्यभागी होता है।

पांचवें भाव का स्वामी ग्यारहवें भाव में हो

एकादश भावस्थ पंचमेश हो तो मनुष्य विद्वान, जनप्रिय, धनी, ग्रंथ निर्माण कुशल तथा अनेक पुत्रों से युक्त होता है।

पांचवें भाव का स्वामी बारहवें भाव में हो

व्ययभावस्थ पंचमेश हो तो मनुष्य पुत्रसौख्यहीन, क्रीत या दत्तक पुत्र वाला होता है।

छठे भाव का स्वामी पहले भाव में हो

षष्ठेश यदि लग्नगत हो तो जातक रोगी, मानी, यशस्वी, धनी, गुणी, साहसी तथा अपने संबंधियों का शत्रु होता है।

छठे भाव का स्वामी दूसरे भाव में हो

षष्ठेश यदि धनगत हो तो मनुष्य अपने वंश में विख्यात, साहसी, वक्ता, सुखी, परदेश में निवास करने वाला तथा अपने कर्तव्य में तत्पर रहता है।

छठे भाव का स्वामी तीसरे भाव में हो

षष्ठेश यदि सहजगत हो तो मनुष्य भाइयों का दुश्मन, क्रोधी, पराक्रमहीन, अशिष्ट नौकर वाला होता है।

छठे भाव का स्वामी चौथे भाव में हो

षष्ठेश यदि चतुर्थस्थ हो तो वह मातृसुखवंचित होता है और वह मनस्वी, चुगलखोर, दूसरों से द्वेष करने वाला और चंचल प्रकृति होते हुए भी धनी होता है।

छठे भाव का स्वामी पांचवें भाव में हो

यदि षष्ठेश पांचवें भाव में हो तो मित्र, धन आदि सभी उसके अस्थिर रहते हों। वह स्वार्थी दयावान, सुखी तथा पुत्रादिकों से द्वेष करने वाला होता है।

छठे भाव का स्वामी छठे भाव में हो

यदि षष्ठेश षष्ठस्थ हो तो जातक अपने संबंधियों से सदा शत्रुता, दूसरी जातिवालों से मित्रता और मध्यम धनादिक सुखवाला होता है।

छठे भाव का स्वामी सातवें भाव में हो

यदि छठे भाव का स्वामी सप्तम भावगत हो तो मनुष्य स्त्री सौख्यविहीन, धन, गुण से संपन्न साहसी तथा मानी होता है।

छठे भाव का स्वामी आठवें भाव में हो

यदि षष्ठेश आठवें भाव में हो तो मनुष्य रोगी, विद्वेषी, दूसरे की स्त्री तथा धन को प्राप्त करने के इच्छुक और अपवित्र रहा करता है।

छठे भाव का स्वामी नौवें भाव में हो

यदि षष्ठेश नौवें भाव में हो तो जातक लकड़ी पत्थर बेचने वाला, व्यापार में कभी हानि और कभी वृद्धि वाला होता है।

छठे भाव का स्वामी दसवें भाव में हो

यदि छठे भाव का स्वामी दसवें भाव में हो तो जातक अपने वंश में विख्यात, वक्ता, पितृ भक्ति विहीन, सुखपूर्वक परदेश में रहने वाला होता है।

छठे भाव का स्वामी ग्यारहवें भाव में हो

यदि षष्ठेश ग्यारहवें भाव में हो तो मनुष्य शत्रु से दान प्राप्ति करने वाला, धनी, गुणी, मानी, साहसी लेकिन अपुत्र होता है।

छठे भाव का स्वामी बारहवें भाव में हो

यदि छठे भाव का स्वामी व्यय भावस्थ षष्ठेश हो तो जातक विद्वानों का द्वेषी, दुर्व्यसन में खर्च करने वाला और हिंसक होता है।

सातवें भाव का स्वामी पहले भाव में हो

जायेश यदि लग्नगत हो तो मनुष्य परस्त्री लंपट, दुष्ट, गंभीर, अति चतुर तथा वातरोगी होता है।

सातवें भाव का स्वामी दूसरे भाव में हो

जायेश यदि धनगत हो तो जातक व्यभिचारी, स्त्री द्वारा धनप्राप्ति और दीर्घसूत्री होता है।

सातवें भाव का स्वामी तीसरे भाव में हो

सातवें भाव का स्वामी जायेश यदि सहज भाव में हो तो जातक मृतापत्य होता है, और कभी पुत्री पैदा होती है और प्रयत्न से एक पुत्र भी जीवित रहता है।

सातवें भाव का स्वामी चौथे भाव में हो

यदि जायेश चौथे भाव में हो तो उस जातक की स्त्री पतिव्रता नहीं होती है, किंतु वह स्वयं धर्मात्मा, सत्यशील तथा दंतरोगी होता है।

सातवें भाव का स्वामी पांचवें भाव में हो

जायेश यदि पांचवें भाव में हो तो मनुष्य मानी, संपत्तिशाली, सतत प्रसन्न तथा सभी गुणों का आगार होता है।

सातवें भाव का स्वामी छठे भाव में हो

सातवें भाव का स्वामी यदि छठे भाव में हो तो जातक की पत्नी रुग्णा होती है या उसके साथ जातक को द्वेष होता है। खुद वह क्रोधी तथा दुःखी रहता है।

सातवें भाव का स्वामी सातवें भाव में हो

जायेश यदि जायाभावगत हो तो मनुष्य पत्नी सुखयुक्त होता है। साथ ही वह धीर, सुबुद्ध विद्वान तथा वातरोगी होता है।

सातवें भाव का स्वामी आठवें भाव में हो

जायेश यदि आठवें भाव में हो तो जातक स्त्रीविहीन होता है और उसकी स्त्री दुःशीला, रुग्णा तथां वश में नहीं रहने वाली होती है।

सातवें भाव का स्वामी नौवें भाव में हो

जायेश यदि नौवें भाव में हो तो जातक अनेक स्त्रियों में ही लगा रहता है।

सातवें भाव का स्वामी दसवें भाव में हो

जायेश यदि दसवें भाव में हो तो मनुष्य धर्मात्मा, पुत्र, वित्त आदि से युक्त होता है, लेकिन स्त्री उसके अधीन नहीं रहती है।

सातवें भाव का स्वामी ग्यारहवें भाव में हो

जायेश लाभभावगत में हो तो स्त्री द्वारा धन की प्राप्ति होती है। उस व्यक्ति को पुत्रसौख्य अल्प होता है किंतु कन्याएं अधिक होती हैं।

सातवें भाव का स्वामी बारहवें भाव में हो

यदि जायेश बारहवें भाव में हो तो मनुष्य दरिद्र, कृपण तथा वस्त्र के द्वारा जीविका चलाने वाला होता है। उसकी स्त्री अधिक खर्च करने वाली होती है।

आठवें भाव का स्वामी पहले भाव में हो

अष्टमेश यदि लग्नस्थ हो तो जातक देव ब्राह्मण, निंदक, शारीरिक सुखरहित तथा सतत व्रणयुक्त रहता है।

आठवें भाव का स्वामी दूसरे भाव में हो

अष्टमेश यदि धनभावगत हो तो जातक थोड़ी संपत्ति वाला तथा नष्ट अर्थ की प्राप्ति करने वाला होता है।

आठवें भाव का स्वामी तीसरे भाव में हो

अष्टमेश यदि तीसरे भाव में हो तो जातक भ्रातृसौख्य रहित, दुर्बल और आलसी होता है।

आठवें भाव का स्वामी चौथे भाव में हो

अष्टमेश यदि चौथे भाव में हो तो मनुष्य मित्रद्रोही, मातृ गृह, भूमि आदि के सुख से वंचित रहने पर भी मस्त रहता है।

आठवें भाव का स्वामी पांचवें भाव में हो

पांचवें भाव में अष्टमेश हो तो मनुष्य अल्प संतान वाला तथा धनी होता है। उसकी बुद्धि मंद होती है और वह दीर्घजीवी होता है।

आठवें भाव का स्वामी छठे भाव में हो

शत्रुभावगत अष्टमेश हो तो जातक शत्रुओं का विजेता, बचपन में रुग्ण और जल तथा सर्प से उसे भय होता है।

आठवें भाव का स्वामी सातवें भाव में हो

अष्टमेश यदि सातवें भाव में हो तो जातक की दो स्त्रियां होती है। पाप ग्रह के साथ वह सप्तमस्थ हो तो व्यापार में धनाढ्य होता है।

आठवें भाव का स्वामी आठवें भाव में हो

अष्टमेश यदि अष्टमस्थ हो तो मनुष्य दीर्घायु होता है उसक निर्बल रहने पर मध्यायु, चोर, तथा गुरुनिंदक होता है।

आठवें भाव का स्वामी नौवें भाव में हो

भाग्यस्थ अष्टमेश हो तो जातक महापापी, नास्तिक, दूसरे की स्त्री और धन पर लालच करने वाला होता है। उसकी स्त्री दुष्ट स्वभाव की होती है।

आठवें भाव का स्वामी दसवें भाव में हो

अष्टमेश यदि कर्मस्थ अर्थात दसवें भाव में हो तो जातक को पितृसुख नहीं होता है। अष्टमेश यदि शुभग्रह की दृष्टि या संयोग से विहीन हो तो जातक चुगलखोर तथा निष्क्रिय होता है।

आठवें भाव का स्वामी ग्यारहवें भाव में हो

अष्टमेश ग्यारहवें भाव में हो तो जातक बचपन में दुखी और अंत में सुखी होता है। वहीं लाभस्थ अष्टमेश पाप ग्रहयुक्त हो तो जातक निर्धन और शुभ ग्रहयुक्त हो तो दीर्घायु होता है।

आठवें भाव का स्वामी बारहवें भाव में हो

अष्टमेश यदि व्ययस्थ हो तो मनुष्य दुष्कार्य में खर्च करने वाला होता है। पाप ग्रह युक्त होने पर विशेष रूप से उपयुक्त फल तथा उसे स्वल्पायु कहना चाहिए।

नौवें भाव का स्वामी पहले भाव में हो

भाग्येश यदि लग्नस्थ हो तो जातक रूप, शील संपन्न, विद्वान, राजा प्रजा दोनों का पूज्य तथा सौभाग्यशाली होता है।

नौवें भाव का स्वामी दूसरे भाव में हो

भाग्येश यदि धनभावगत हो तो मनुष्य स्त्री, पुत्रादि सुखों से युक्त, कामी, धनी, विद्वान तथा जनप्रिय होता है।

नौवें भाव का स्वामी तीसरे भाव में हो

भाग्येश यदि तीसरे भाव में हो तो जातक रूप, शील, धन संपन्न और गुणी होता है।

नौवें भाव का स्वामी चौथे भाव में हो

चतुर्थस्थ भाग्येश हो तो जातक मातृभक्त, संपत्ति, गृह, वाहन सौख्यपूर्ण होता है।

नौवें भाव का स्वामी पांचवें भाव में हो

भाग्येश यदि पांचवें भाव में हो तो मनुष्य गुरुभक्त, धार्मिक, विद्वान जनप्रिय तथा सौभाग्यशाली पुत्र से युक्त होता है।

नौवें भाव का स्वामी छठे भाव में हो

भाग्येश यदि शत्रुभावगत अर्थात छठे भाव में हो तो जातक भाग्यहीन होता है। उसे शत्रुओं से सतत पीड़ा तथा मातुल सुखवंचित होता है।

नौवें भाव का स्वामी सातवें भाव में हो

भाग्येश यदि सप्तम भावस्थ हो तो जातक स्त्री से सौख्य, यश तथा सद्गुणों से परिपूर्ण होता है।

नौवें भाव का स्वामी आठवें भाव में हो

नौवें भाव का स्वामी यदि आठवें भाव में हो तो मनुष्य भाग्यहीन तथा बड़े भाई के सुख का जीवन भर अभाव वाला होता है।

नौवें भाव का स्वामी नौवें भाव में हो

भाग्येश यदि नौवें भाव में हो तो जातक भ्रातृसौख्य, सद्गुण, सौंदर्य तथा सौभाग्य से परिपूर्ण होता है।

नौवें भाव का स्वामी दसवें भाव में हो

नौवें भाव का स्वामी यदि दसवें भाव अर्थात् भाग्येश हो तो मनुष्य गुणवान, लोकपूज्य राजा अथवा तत्सदृश मंत्री या सेनाध्यक्ष होता है।

नौवें भाव का स्वामी ग्यारहवें भाव में हो

लाभभावस्थ भाग्येश हो तो जातक को नित्य धनागम होता है। वह गुरुभक्त, गुणी तथा पुण्यवान होता है।

नौवें भाव का स्वामी बारहवें भाव में हो

भाग्येश यदि व्ययस्थ हो तो जातक भाग्यहीन, सत्कार्य तथा अतिथिसेवाजन्य खर्च से दरिद्र हो जाता है।

दसवें भाव का स्वामी पहले भाव में हो

दशमेष यदि लग्नगत हो तो जातक विद्या, गुणसंपन्न होता है। वह बाल्यावस्था में रुग्ण किंतु बाद में सुखी तथा दिनोंदिन धनवृद्धि वाला होता है।

दसवें भाव का स्वामी दूसरे भाव में हो

धनभावगत दशमेष हो तो जातक राजपूज्य, गुणी, धनी, पित्रादि सौख्य पूर्ण तथा दानी होता है।

दसवें भाव का स्वामी तीसरे भाव में हो

दसवें भाव का स्वामी कर्मेश यदि तीसरे भाव में हो तो बालक गुणी, वाग्मी, पराक्रमी, सत्यधर्म युक्त, भाई, नौकर आदि के सौख्य से पूर्ण होता है।

दसवें भाव का स्वामी चौथे भाव में हो

यदि दसवें भाव का स्वामी चौथे स्थान में हो तो जातक सुखी, धनी तथा गुणसंपन्न होता है। वह माता का भक्त तथा भूमि–गृह–वाहन से परिपूर्ण होता है।

दसवें भाव का स्वामी पांचवें भाव में हो

दशमेश यदि पांचवें भाव में हो तो जातक धन, पुत्र युक्त, विद्याओं से पूर्ण, नित्य हृष्ट पुष्ट रहा करता है।

दसवें भाव का स्वामी छठे भाव में हो

कर्मेश यदि छठे भाव में हो तो जातक शत्रुपीड़ित होता है। वह निपुण होते हुए भी दरिद्र तथा पितृसौख्य वर्जित होता है।

दसवें भाव का स्वामी सातवें भाव में हो

सप्तमभावस्थ दशमेश हो तो मनुष्य स्त्री सौख्यपूर्ण, गुणी, सत्य धर्मनिष्ठ तथा मनस्वी होता है।

दसवें भाव का स्वामी आठवें भाव में हो

दशमेश यदि आठवें भाव में हो तो जातक दूसरे का निंदक, निष्क्रिय और दीर्घायु होता है।

दसवें भाव का स्वामी नौवें भाव में हो

दसवें भाव का स्वामी यदि भाग्यस्थ हो तो जातक धन–पुत्रसौख्ययुक्त होता है। ऐसा जातक यदि राजवंश में हो तो वह राजसी ठाटबाट वाला और अन्य वंश में राजा के समान होता है।

दसवें भाव का स्वामी दसवें भाव में हो

दशमेश यदि दसवें भाव में ही हो तो जातक सत्यवादी, पराक्रमी, गुरुभक्त सभी कार्यों में निपुण तथा सुखी होता है।

दसवें भाव का स्वामी ग्यारहवें भाव में हो

दशमेश यदि ग्यारहवें भाव अर्थात् लाभस्थ हो तो मनुष्य धन, पुत्र तथा गुण से युक्त होता है। वह सतत प्रसन्न, सत्यवादी एवं सुखी होता है।

दसवें भाव का स्वामी बारहवें भाव में हो

दसवें भाव का स्वामी यदि व्ययस्थ हो तो राजा के द्वारा व्ययशील, निपुण, शत्रुभीत और सतत चिंताकुल होता है।

ग्यारहवें भाव का स्वामी पहले भाव में हो

लाभेष के लग्नगत होने पर मनुष्य धनी सात्विक प्रवृत्ति वाला, कवि, समदृष्टि तथा सतत धनागम षील होता है।

ग्यारहवें भाव का स्वामी दूसरे भाव में हो

धनगत लाभेष हो तो जातक धन, धर्म, सौख्य से पूर्ण, सर्वत्र सिद्धियुक्त तथा दानी होता है।

ग्यारहवें भाव का स्वामी तीसरे भाव में हो

ग्यारहवें भाव का स्वामी यदि सहजस्थ हो तो मनुष्य भ्रातृसौख्यपूर्ण सभी कार्यों से निपुण और शूल रोग से विभीत होता है।

ग्यारहवें भाव का स्वामी चौथे भाव में हो

लाभेश यदि चौथे भाव में हो तो जातक को मातृपक्ष से धनप्राप्ति, भूमि गृह सौख्य से युक्त तथा तीर्थाटनशील होता है।

ग्यारहवें भाव का स्वामी पांचवें भाव में हो

लाभेश यदि पांचवें भाव में हो तो जातक सुखी धर्मपरायण तथा विद्वान, सुशील तथा गुणी पुत्रों से युक्त होता है।

ग्यारहवें भाव का स्वामी छठे भाव में हो

छठे भाव में लाभेश हो तो जातक अनेक रोगों का शिकार, क्रूर स्वभाव वाला, प्रवासी तथा शत्रुओं से पीड़ित होता है।

ग्यारहवें भाव का स्वामी सातवें भाव में हो

लाभेश यदि सातवें भावगत हो तो जातक गुणी, कामी, उदार, स्त्री के अधीन और स्त्रीवंश से अर्थप्राप्ति वाला होता है।

ग्यारहवें भाव का स्वामी आठवें भाव में हो

आठवें भाव में लाभेश हो तो जातक सर्वत्र कर्म विफल, दीर्घायु तथा अपने समक्ष पत्नी का मरण देखने वाला होता है।

ग्यारहवें भाव का स्वामी नौवें भाव में हो

भाग्यस्थान नौवें भाव में लाभेश हो तो मनुष्य राजसंबंध, धनी, चतुर सत्यवादी, अपने धर्म में परायण होता है।

ग्यारहवें भाव का स्वामी दसवें भाव में हो

लाभेश यदि कर्मस्थ अर्थात् दसवें भाव में हो तो मनुष्य राजपूज्य, संयतात्मा (जितेंद्रिय), सत्यवादी, गुणी तथा स्वधर्मतत्पर होता है।

ग्यारहवें भाव का स्वामी ग्यारहवें भाव में हो

लाभेश यदि लाभस्थ हो तो मनुष्य को सभी कार्यों में लाभ, सद्विद्या तथा सौख्य से समृद्ध होता है।

ग्यारहवें भाव का स्वामी बारहवें भाव में हो

लाभेश यदि व्ययस्थ हो तो जातक म्लेच्छों से संसर्ग करने वाला कामी, अनेक स्त्री वाला लेकिन सत्कार्य में व्ययशील होता है।

बारहवें भाव का स्वामी पहले भाव में हो

व्ययेश यदि लग्नस्थ हो तो जातक व्यय प्रकृति का, दुर्बल, कफरोगी, निर्धन तथा मूर्ख होता है।

बारहवें भाव का स्वामी दूसरे भाव में हो

व्ययेश यदि धनगत भाव में हो तो मनुष्य धार्मिक, प्रिय बोलने वाला, अच्छे कामों में खर्च करने वाला, गुणी तथा सौख्य संपन्न होता है।

बारहवें भाव का स्वामी तीसरे भाव में हो

बारहवें भाव का स्वामी यदि सहजस्थ हो तो मनुष्य सहज सौख्यहीन होता है।

बारहवें भाव का स्वामी चौथे भाव में हो

व्ययेश यदि चौथे भाव में हो तो जातक मातृ, भूमि, वाहन आदि सुखों से वंचित होता है।

बारहवें भाव का स्वामी पांचवें भाव में हो

पांचवें भाव में व्ययेश हो तो पुत्र के लिए अधिक व्यय करना पड़ता है। ऐसा जातक पुत्र, विद्या विहीन होकर सदा तीर्थाटनरत होता है।

बारहवें भाव का स्वामी छठे भाव में हो

व्ययेश यदि छठे भाव में हो तो जातक स्वजनों का भी दुश्मन तथा पाप बुद्धि होता है। ऐसा जातक क्रोधी, दुखी तथा परस्त्रियों में लंपट होता है।

बारहवें भाव का स्वामी सातवें भाव में हो

व्ययेश यदि सातवें भाव में हो तो स्त्री के लिए बहुत व्ययशील होता है। वह स्त्री सुख से वंचित, निर्बल तथा अपढ़ होता है।

बारहवें भाव का स्वामी आठवें भाव में हो

बारहवें भाव का स्वामी व्ययेश यदि आठवें भाव में हो तो मनुष्य प्रियभाषी तथा मध्यम आयु वाला होता है। वह सभी सद्‌गुणों से युक्त सतत लाभपूर्ण होता है।

बारहवें भाव का स्वामी नौवें भाव में हो

भाग्य भाव में व्ययेश हो तो मनुष्य स्वार्थी, मित्रों तथा गुरुजनों से नित्य द्वेष करने वाला होता है।

बारहवें भाव का स्वामी दसवें भाव में हो

व्ययेश दसवें भाव में हो तो जातक पिता से स्वल्प सुख वाला होता है। वह राजद्वार संबद्ध होकर धन व्यय करने वाला होता है।

बारहवें भाव का स्वामी ग्यारहवें भाव में हो

व्ययेश यदि लाभस्थ हो तो जातक को लाभ के योग होने पर भी हानि ही होती है। कभी दूसरे के धन का थोड़ा लाभ हो जाता है।

बारहवें भाव का स्वामी बारहवें भाव में हो

व्ययेश यदि व्ययस्थ हो तो जातक सतत अधिक व्ययशील होता है। वह शारीरिक सौख्य से वंचित होकर लोगों से द्वेष करने वाला तथा क्रोधी होता है।

लग्नानुसार फल

जन्म कुंडली में लग्न में स्थित विभिन्न राशियों के पृथक फल होते हैं। इससे जातक के शारीरिक लक्षण और प्रकृति, स्वभाव आदि का पता चलता है।

मेष लग्न का फल

शारीरिक लक्षण–मध्यम कद तथा जल्दी–जल्दी चलने–फिरने की आदत होगी। गर्दन एवं चेहरा कुछ लंबा होगा। आंखें गोल और दृष्टि तीक्ष्ण तथा उग्र होगी। भौंहे घनी होंगी। सिर या मुंह पर तिल, चोट या फोड़े का निशान होगा। घुटना और उसके नीचे का भाग कुछ दुर्बल होगा।

प्रकृति एवं स्वभाव–जातक किसी की अधीनता पसंद नही करेगा तथा विचारों एवं कार्यों में अग्रणी रहना चाहेगा। जातक को दूसरों की सलाह पसंद नहीं होगी, अपना मार्ग स्वयं के निर्णय के अनुसार चुनेगा। जातक स्वभाव से दृढ़ निश्चयी और नेतृत्व के गुण से संपन्न होगा। जातक उद्यमशील एवं महत्वाकांक्षी होगा। पूरी शक्ति से अपने सपने साकार

करने में जुड़ा रहेगा। जातक के स्वभाव मे तेजी, फूर्ती जल्दबाजी होगी तथा धैर्य का अभाव होगा। जातक प्रत्येक बात में फैसले के तौर पर अपनी राय देने मे झट तैयार हो जायेगा। जातक में सदा यह इच्छा रहेगी कि उसके संसर्ग में आने वाला व्यक्ति उसे बड़ा समझे और उसके व्यक्तित्व का प्रभाव माने। जातक चुस्त, चतुर तथा चंचल स्वभाव का होगा लेकिन अपने आस्था–विश्वास पर अडिग रहेगा। जातक में योजनाएं बनाने तथा संगठनों के संचालन की योग्यता होगी। जातक स्पष्टवादी होगा तथा सच्चे व्यक्ति का मन से आदर करने वाला होगा। जातक का दृष्टिकोण वैज्ञानिक होगा। तर्क तथा वाद–विवाद में रुचि होगी। जातक बातचीत में कुछ आक्रामक तथा उत्साह से भरा हुआ होगा। जातक अहम्वादी होगा, उसके कार्यकलाप में "मैं" की प्रधानता होगी। जातक में प्रतिस्पर्धा की भावना और चुनौती स्वीकार करने की प्रबल भावना होगी। जातक को यात्राएं बहुत प्रिय होंगी। वह बहुत भ्रमणशील होगा और पर्वतारोहण में रुचि होगी। किसी अन्य की अपेक्षा अपने बारे में सर्वाधिक सोचेगा तथा सुविधाओं का दूसरों के लिये कभी त्याग नहीं करेगा। जातक लगभग हर मामले में असमझौतावादी प्रवृत्ति का होगा। जातक साहसी होगा तथा जोखिम उठाने से नहीं घबराएगा। जातक अपनी शीघ्र कार्यशैली के कारण पहचाना जाएगा। अचानक विचारों में परिवर्तन, अधैर्य, अनियंत्रण, क्रोध, झगड़ालू या उग्र प्रवृत्ति, धार्मिक आस्थाओं में अंधभक्ति इत्यादि।

वृष लग्न का फल

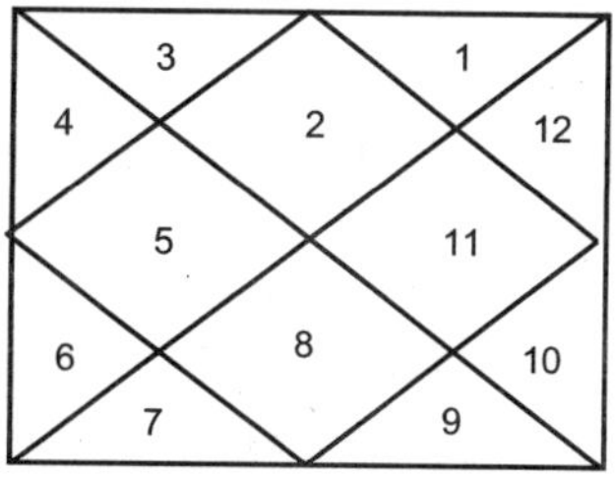

शारीरिक लक्षण–जातक मध्यम कद तथा पुष्ट शरीर का होगा। कंधे बलशाली और उन्नत, गर्दन मोटी तथा हाथ–पैर कुछ छोटे होंगे। चेहरा गोल, नेत्र दिशाल, होठ कुछ स्थूल और मस्तक चौड़ा होगा। पीठ अथवा चेहरे पर मस्से या लहसन का निशान होगा।

प्रकृति एवं स्वभाव–जातक स्थिर और दृढ़ स्वभाव का होगा तथा कार्य में धैर्य और लगन के साथ समर्पित होगा। जातक में प्रबल शारीरिक एवं मानसिक सहनशक्ति एवं सहिष्णुता होगी। जातक को बहुधा गुस्सा नहीं आएगा, लेकिन यदि गुस्सा दिला दिया जाए तो भूकंप की तरह खतरनाक और हिंसक होगा। जातक सांसारिक सुख–सुविधाएं खूब पाना और एकत्रित करना चाहेगा। जातक के स्वभाव में अधिकार की भावना होगी। अपने प्रेमपात्र के लिए बड़े से बड़े बलिदान करने की तथा जिनसे घृणा करेगा उन्हें कभी न क्षमा करने की प्रवृत्ति होगी। जातक अत्यंत सामाजिक होगा। मित्रों, बांधवों तथा प्रियजनों का सत्कार करने में विशेष आनंद का अनुभव करेगा। सौंदर्य, संगीत, कला तथा अच्छे वस्त्रों का शौकीन होगा। जातक सुख और विलास का जीवन पसंद करेगा। आनंदोपभोग हेतु सचेष्ट रहेगा। जातक स्वभाव से हठी तथा अपनी योजनाओं को पूर्ण करने की योग्यता रखेगा। वह छोटे–छोटे कामों में भी लंबे–लंबे विचार करेगा। अतः जो भी काम लेगा उसे देरी से करेगा। जातक धन के मामले में यथार्थवादी होगा। धन कमाने

की उसकी प्रबल इच्छा होगी, साध्य पर ध्यान देगा, साधन पर नहीं। जातक काफी सोच विचार कर किसी से मित्रता करेगा और अंत तक समर्पित रहेगा। प्रणय संबधों एवं दांपत्य जीवन के प्रति जिम्मेदार होगा। जातक सामाजिक जीवन में दिखावट पसंद करेगा जबकि प्रेम प्रदर्शन के मामले में संकोची होगा। जातक गंभीर, विचारशील, शांतप्रिय और दयालु होगा। जातक आलस्य, स्वार्थ, कामुकता, भौतिकवादिता आदि दुर्गुणों के कारण कई बार निराशा एवं चिंताओं से पीड़ित होगा।

मिथुन लग्न का फल

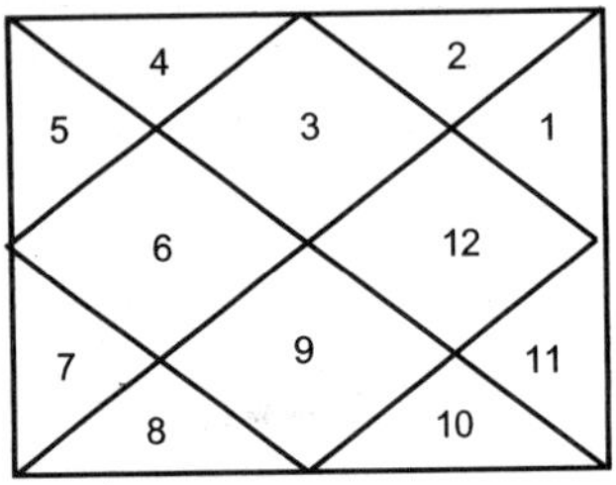

शारीरिक लक्षण–मिथुन लग्न में उत्पन्न होने से जातक मध्यम ऊंचे कद का होगा तथा हाथ पैर लंबे और दुबले होंगे। नेत्र सुंदर एवं आकर्षक तथा दृष्टि चंचल होगी। चेहरे से तीक्ष्णता और प्रसन्नता परिलक्षित होगी। जातक का जबड़ा आगे से पतला, पीछे से चौड़ा होगा। जातक क्रियाशील और गतिशील होगा। देखने में चुस्त एवं फुर्तीला किंतु दैनिक कार्यों में आलसी होगा।

प्रकृति एवं स्वभाव–मिथुन लग्न में जन्म होने से जातक अति कुशाग्र बुद्धि का होगा। मिथुन लग्न का स्वामी बुध होता है जिसका अर्थ है विद्वान और पंडित, इसलिए जातक विद्या के प्रति स्वभाव से आकृष्ट रहेगा। लिखने–पढ़ने में बहुत रुचि रहेगी। जातक मस्तिष्क प्रधान होगा। उसके एक मस्तिष्क में दो मस्तिष्क सक्रिय होंगे– एक पुरुष का और दूसरा नारी का। जातक आकाश विहारी होगा, अपने विचारों के पंखों पर सवार हो कर क्षणमात्र में कहीं से कहीं की यात्रा करेगा। जातक के स्वभाव में दोहरापन पाया जायेगा कभी वह धीर–गंभीर होगा, तो कभी चंचल और वाचाल। मिथुन का स्वामी बुध वाणी का कारक ग्रह माना जाता है, अतः जातक की वाणी प्रभावशाली होगी। उच्चारण स्पष्ट और अर्थ बोध कराता हुआ होगा। जातक अत्यंत वाक्पटु एवं वार्तालाप में कुशल होगा। अपनी बातचीत की विशिष्ट शैली के कारण शीघ्र ही लोगों को प्रभावित करेगा। जातक की रुचि विविध विषयों में होगी। वस्तुतः वह दुनिया का सारा ज्ञान–विज्ञान जानना चाहेगा। जातक बुद्धिमान होगा तथा उसके विचार करने का तरीका वैज्ञानिक तथा तर्कसंगत होगा। जातक अत्यंत चतुर होगा तथा दूसरों से अपना काम निकाल लेने की अद्भुत कला होगी। जातक दूत कार्य करने में निपुण, मध्यस्थता या साक्षी कार्यों में सम्मिलित होने वाला और सामाजिक आस्थाओं में रुचि रखने वाला होगा। जातक अपने जिज्ञासु तथा तथ्यान्वेशी प्रवृत्ति के कारण प्रत्येक कार्य की गहराई में जाना चाहेगा जैसे कि वह कोई अनुसंधान कर रहा हो। जातक गीत–संगीत का शौकीन तथा नृत्य व काव्य में विशेष रुचि रखेगा। जातक स्वयं ही अपना आलोचक होगा, दूसरे शब्दों में अपना मूर्तिभंजक स्वयं होगा। वाचालता, विविधता, एक कार्य को पूर्ण करने से पूर्व दूसरा प्रारंभ करना, एकाग्रता का अभाव, शीघ्र निर्णय की कमी, किसी चीज का शीघ्र परिणाम जानने की चिंता एवं उतावलापन इत्यादि उसकी कमियां होंगी।

कर्क लग्न का फल

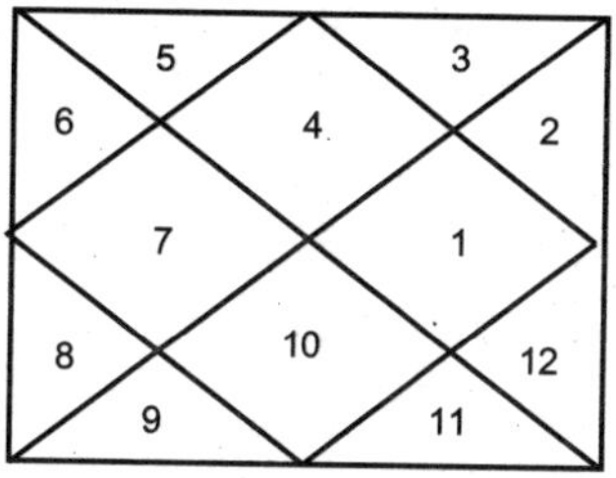

शारीरिक लक्षण–कर्क लग्न में उत्पन्न होने से जातक की ऊंचाई उत्तम मध्यम होगी। चेहरा गोलाकार, गाल भरे हुये तथा देखने में बाल्टी जैसा लगता है। चेहरा न लंबोतरा होता है न चौड़ा, बल्कि अंडाकार व व्यवस्थित। हाथ–पैर और शरीर का अधोभाग अपेक्षाकृत स्थूल तथा परिपुष्ट होगा। उम्र बढ़ने के साथ पेट बढ़ने तथा मोटापे की प्रवृत्ति होगी। चाल कुछ तेज होगी। जातक मधुर कंठ स्वर संपन्न होगा।

प्रकृति एवं स्वभाव–जातक अत्यंत संवेदनशील होगा। दूसरों की कही जरा सी बात पर घंटों सोचते रहने की प्रवृत्ति होगी। जातक अत्यधिक भावुक होगा। भावनाओं में बहकर कई बार अव्यावहारिक निर्णय लेगा। कर्क का स्वामी चंद्रमा होता है जिसकी कलाएं घटती–बढ़ती रहती हैं, अतः जातक अत्यधिक कल्पनाशील तथा परिवर्तनशील विचारों का होगा। जातक केकड़े की तरह उपर से कठोर किंतु भीतर से बेहद कोमल होगा। जातक कर्तव्यों के प्रति निष्ठावान और पूज्यजनों, गुरुजनों के प्रति श्रद्धावान होगा।

जातक को पानी से, जलाशयों और झरनों, बाग–बगीचों से बड़ा मोह होगा। गान विद्या में स्वाभाविक रुचि होगी और संगीत सुनने में अति आनंदित होगा। चित्त वृत्ति अस्थिर किंतु किंचित मात्रा में अंतर्दृष्टि से संपन्न होगा। जातक को अपने परिवार से विशेष रूप से मां से अगाध लगाव होगा। प्रेमपात्रों के प्रति निष्ठावान होगा। जातक को अपमान से बड़ा डर लगेगा, ऊपर से एक सुदृढ़ किलेबंदी करेगा जिससे कि उसके मर्म को चोट न लगे। जातक कभी महा कठोर, महा सक्षम होने का आभास देगा तो कई परिस्थितियों में बच्चों की तरह घबराया हुआ, असहाय दिखेगा। जातक को मिष्ठान्न विशेष प्रिय होगा। जातक को यात्राएं प्रिय होंगी। जन्मभूमि एवं देश से लगाव होने के बावजूद प्रवासी एवं भ्रमणशील होगा। जातक देखने में खुला हुआ और स्पष्टवादी होगा किंतु वास्तव में वह ऐसा नहीं होगा, वह दूसरों से बहुत सी बातें छिपा लेगा। जातक स्त्री वर्ग के प्रति अत्यधिक आकर्षित होगा किंतु बाहर से प्रदर्शित नहीं करेगा। जातक के व्यक्तित्व में कम या अधिक मात्रा में जो दुगुर्ण संभव हैं वे हैं– अधैर्य, परिवर्तनशीलता, अतिसंवेदनशीलता, निष्क्रियता, क्रोधी।

सिंह लग्न का फल

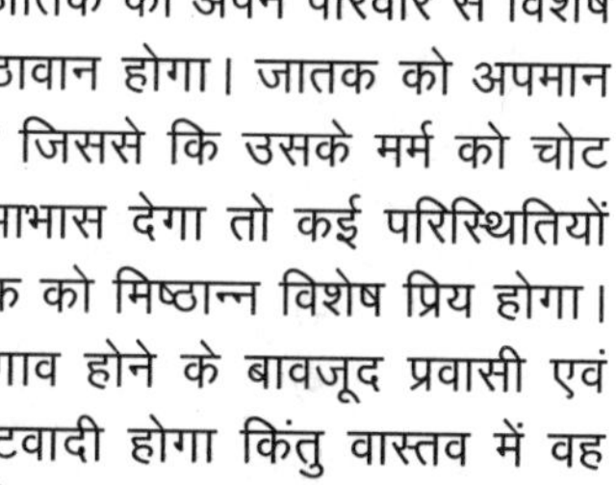

शारीरिक लक्षण–जातक के मुख की आकृति चौड़ी और पुष्ट होगी। भौंहों के घुमाव तथा ललाट की बनावट बहुत कुछ सिंह के समान लगेगी। चाल में सिंह जैसी निर्भीकता और संतुलन होगा। शरीर सुगठित होगा। आंखें सुंदर और भाव प्रकट करने वाली होंगी। हड्डियां पुष्ट, कंधे चौड़े, मस्तक विस्तृत होगा।

प्रकृति एवं स्वभाव–सिंह का स्वामी सूर्य ग्रह मंडल का राजा माना गया है, अतः जातक में राजसी गुण होंगे। सूर्य शालीनता और दिशालता का प्रतीक है, अतः जातक प्रत्येक काम को शालीनता के साथ बड़े पैमाने पर करना पसंद करेगा। जातक स्पष्टवादी, खुले दिल वाला और निष्कपट होगा। जातक सामान्यता उदार एवं उदात्त स्वभाव का होगा। कभी–कभी संकीर्णता के दर्शन होंगे। जातक में नेतृत्व तथा संगठन का स्वभाविक गुण होगा। जातक महत्वाकांक्षी होगा, उसमे आगे बढ़ने की इच्छा और बढ़ते ही जाने का ध्येय बहुत तीव्र होगा। जातक के रहन–सहन से बड़प्पन प्रतीत होगा। जातक सदा आकर्षण का केंद्र बना रहना चाहेगा। जातक को स्वतंत्रता प्रिय होगी, लेकिन उच्छृंखलता नहीं। जातक में क्रोध आने पर उतेजित होना फिर मन में किसी बात को न बिठाने तथा क्षमा कर देने की अद्भुत शक्ति होगी। जातक बहुत ही निर्भीक, अदम्य साहसी तथा लड़ाकू होगा, लेकिन इसका लड़ना अनैतिक नही होगा। जातक दूसरों का आदेश सुनना पसंद नहीं करेगा। जातक में हाथ में लिए कार्य को लगन एवं निष्ठा के साथ पूर्ण करने की अपार ऊर्जा होगी, लेकिन कभी–कभी निष्क्रियता एवं आलस्य का दौरा पड़ेगा। अकस्मात सारा काम छोड़ कर बैठ जायेगा। जातक अति आनं प्रिय होगा। हर परिस्थिति में आनंद के साथ जीवन व्यतीत करना चाहेगा। जातक धर्मात्मा, दानी, पुरुषार्थी तथा स्वाभिमानी होगा। जातक में अहंकार, खुशामद पसंद, आत्मश्लाघा अर्थात् स्वयं अपनी प्रशंसा करना, दूसरों पर छा जाने की प्रवृति, आत्मप्रदर्शन की रुचि तथा पक्षपात पूर्ण रवैया इत्यादि अवगुण हो सकते हैं।

कन्या लग्न का फल

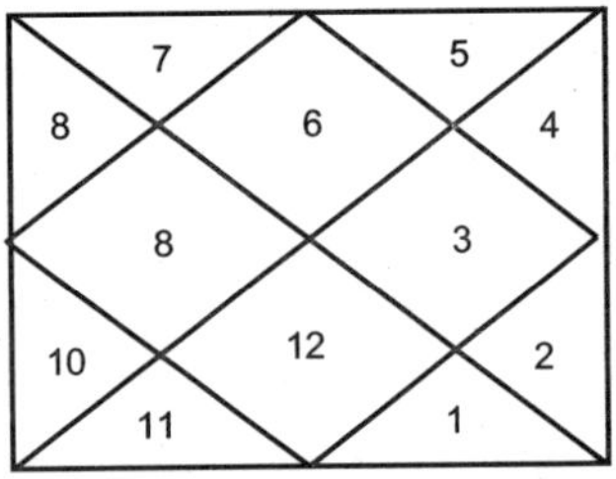

शारीरिक लक्षण–कन्या लग्न में जन्म होने से जातक लंबे या मझोले कद का होगा। आंखें काली तथा भौंहें घनी होंगी। आवाज मधुर होगी। देखने में वास्तविक आयु से कुछ कम प्रतीत होगा। गाल भरे हुए, नाक सीधी उभरी हुई तथा चेहरे पर स्त्रीवर्गीय कोमलता की झलक होगी। पान के आकार का मुंह, मंद चाल, चलते समय अधिक हस्त संचालन करेगा।

प्रकृति एवं स्वभाव–कन्या लग्न का स्वामी बुध होता है जो कि परिवर्तन प्रिय ग्रह है, अतः जातक को भी परिवर्तन पसंद होगा। अपने आवास, कार्य क्षेत्र इत्यादि में परिवर्तन करता रहेगा। जातक बुद्धिमान एवं तार्किक होगा। जातक में किसी तथ्य को विश्लेषण करने की योग्यता होगी। जातक अपने कार्य में बड़ा सावधान और चौकस होगा। कोई कार्य ठीक से हुआ है या नहीं, इसे दो–तीन बार सत्यापित करेगा। जातक दूसरों से अपेक्षा करेगा कि वह बातचीत में संक्षिप्त हो किंतु स्वयं किसी तथ्य का वर्णन अत्यधिक विस्तार पूर्वक करेगा। जातक छिद्रान्वेषी अर्थात दूसरों के कामों में कमियां ढूंढने में कुशल होगा। जातक स्वभाव से लजीला और संकोची होगा। जातक जन्मजात आलोचक है, बाल की खाल निकालने में आनंदित होगा तथा छोटी–छोटी बात की सूक्ष्म विवेचना करने वाल

होगा। जातक व्यवस्थित एवं प्रणालीबद्ध ढंग से तथा पूर्णता के साथ किसी काम को संपन्न करेगा। किसी निर्दोष का सावधानी व पूरे विस्तार से पालन करेगा। विद्याध्ययन में वास्तविक रुचि होगी। हमेशा नए–नए विषयों का ज्ञान प्राप्त करने की सहज प्रवृत्ति होगी। जातक बौद्धिक प्राणी है, अतः विद्वान एवं विचारक लोगों से प्रेम करने वाला होगा। जातक हास्य प्रिय, गायन, वादन एवं क्रीड़ा, कला का जानकार होगा। सुंदर वस्त्रादि तथा कलात्मक अभिरुचियों के कारण लोकप्रिय होगा। जातक में आत्म–प्रदर्शन की भावना होगी तथा अपने को वास्तविकता से अधिक प्रदर्शित करने में आनंदित होगा। जातक के व्यक्तित्व में जो कमियां संभव हैं वे हैं– दूसरों की आलोचना करके चिढ़ाना या खिजाना, अधीरता या घबराहट, अपने पर संदेह, अत्यधिक विश्लेषण।

तुला लग्न का फल

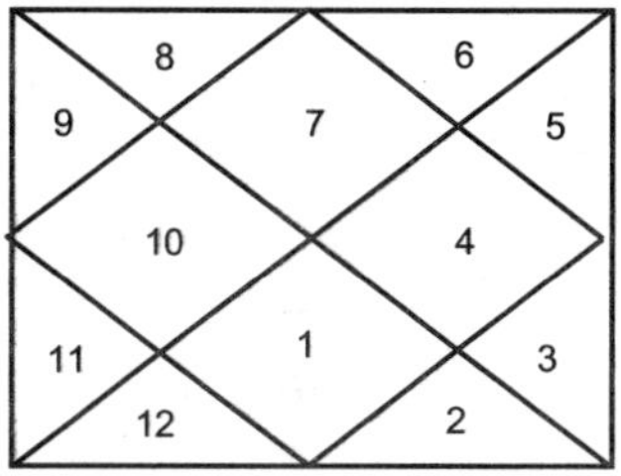

शारीरिक लक्षण–तुला लग्न वायु तत्वीय राशि है, अतः जातक लंबे कद का होगा। हाथ–पैर लंबे और मजबूत होंगे। चेहरा थोड़ी सी लंबाई लिए स्पष्ट और सुंदर नाक–नक्श का होगा। चेहरे या गर्दन पर तिल होने की संभावना होगी। मध्यायु के पष्चात् सिर के बाल कम हो जाएंगे। शारीरिक व्यक्तित्व पर्याप्त प्रभावशाली होगा।

प्रकृति एवं स्वभाव–तुला राशि का स्वामी शुक्र ग्रह है, जो रूप और सौंदर्य का राजा कहा जाता है। अतः रूप और सौंदर्य की साधना जातक का मूल गुण होगा। जातक मनोरम प्रकृति को देखकर सुंदर चित्र का अवलोकन करना, मनोहारी गीत सुनकर तथा सुंदर नारी की रूप मोहिनी छवि से आकर्षित होगा। जातक के प्रेम में कलात्मक पक्ष मुखर होगा तथा वह सुरम्य वातावरण में रहना चाहेगा। तुला संतुलन की राशि है, अतः जातक संतुलित मस्तिष्क का होगा तथा वह किसी तथ्य के गुण और अवगुण को तौल कर सत्य विचार रखेगा। जातक न्यायप्रिय होगा, न्याय में समानता का भाव लिए होगा। जातक में हर बात को तर्क की कसौटी पर कसने की प्रबल भावना होगी। जातक अपनी बात बिना किसी भूमिका के संक्षिप्त एवं सारगर्भित रूप में कहने में कुशल होगा। वह नरम स्वभाव का तथा मृदुभाषी होगा किंतु क्षण में क्रोधित और क्षण में शांत हो जाने की प्रवृत्ति होगी। क्रोध बहुत शीघ्र आएगा परंतु थोड़े समय में सब भूल जाएगा। मन में कपट नहीं होगा। जातक मध्यस्थता का कार्य करने में निपुण होगा। जातक आदर्शवादिता को सच्चाई से अधिक महत्व देगा। जातक में विशेष गुण यह होगा कि वह असाधारण मानवतावादी होगा। वह व्यवहार में सच्चा एवं सुहृदय तथा अत्यधिक शांतप्रिय होगा। वह शांत के लिए कुछ भी मूल्य चुकाने को तैयार होगा। विवादों–झगड़ों से यथा संभव दूर रहेगा। जातक मित्रों में लोकप्रिय होगा, क्योंकि वह दूसरों का साथ देने मे तत्पर रहेगा। उसके मित्र प्रतिश्ठित एवं उच्च सोसायटी के व्यक्ति होंगे। जातक को संगी–साथियों की विशेष जरूरत रहेगी। उसके स्वभाव में आलस्य नहीं होता, हालांकि कहा यही जाएगा कि वह चुस्त नहीं है। जातक प्रारब्धवादी, ईश्वर में आस्था रखने वाला, गुरुभक्त तथा बौद्धिक कार्यों मे अभिरुचि

रखेगा। जातक के स्वभाव में परिवर्तन आवश्यक है। भावनाओं पर नियंत्रण रख, किसी स्त्री को अपना निजी सहायक न बनाए, क्षमा करें लेकिन भूलें नहीं। सौंदर्य प्रसाधनों पर अधिक व्यय न कर शीघ्र निर्णय लेने का प्रयास करें।

वृश्चिक लग्न का फल

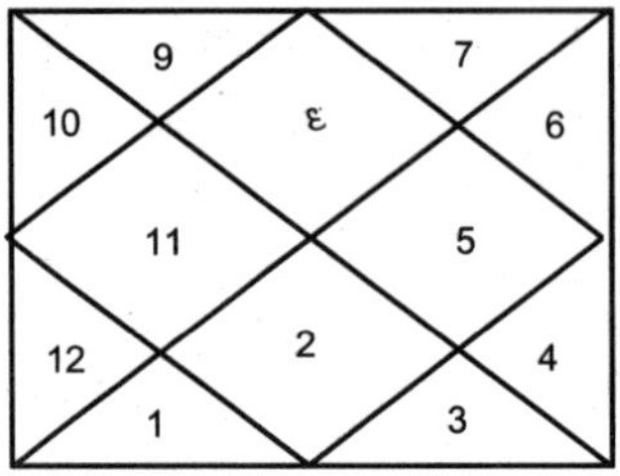

शारीरिक लक्षण—वृश्चिक लग्न में उत्पन्न होने से जातक का चेहरा चौकोर होगा। ललाट चौड़ा, आंखें काली, सतर्क, निर्भीक और दृष्टि चुभती हुई होगी। जातक की नासिका संतुलित, प्रशस्त एवं आकर्षक होगी। शारीरिक व्यक्तित्व पर्याप्त प्रभावशाली और भव्य होगा। जातक के शरीर से स्फूर्ति और चुस्ती प्रकट होगी।

प्रकृति एवं स्वभाव—वृश्चिक स्थिर राशि है, अतः जातक कर्मठ और लगनशील होगा। एक बार जो संकल्प मन में ठान लेगा उसे पूरा किए बिना चैन से नहीं बैठेगा। अंतिम परिणाम ईश्वर पर छोड़कर जातक बाधाओं एवं कठिनाइयों से दृढ़ता से अंत तक संघर्ष करेगा। वृश्चिक जलीय राशि है, अतः जातक उर्वर कल्पना शक्ति तथा तीव्र बुद्धि का होगा। उसमें तीव्र अनुभूति एवं भावुकता होगी। जातक में उल्लेखनीय अंतः प्रज्ञा शक्ति होगी। वृश्चिक राशि का स्वामी मंगल है, जो आत्म विश्वास, आवेश में काम करने की प्रवृत्ति, साहस, संकल्प स्वतन्त्रता, उत्तेजना, दबंगपन जैसे गुण प्रदान करेगा। जातक अतिवादी होगा, वह प्रेम करेगा तो दीवानेपन की हद तक और घृणा करेगा तो पागलपन तक। जातक सफल आलोचक होगा अर्थात् दूसरों की त्रुटियां निकालने मे सिद्धहस्त होगा। आलोचना तर्कसंगत होगी तथा सामान्यतः कोई प्रतिवाद नहीं कर सकेगा। जातक को अपनी आलोचना असहनीय होगी। किसी बात का नकरात्मक उत्तर सुनकर बुरा लगेगा। जातक का विरोध करना अकारण ही उसे क्रोधित करना सिद्ध होगा। जो विरोध करेगा उसके प्रति शत्रुवत् आचरण करेगा। जातक स्पष्टवादी होगा। कई परिस्थितियों में कटुभाषी भी, जैसे काने को काना कहने में उसे संकोच नही होगा। व्यंगात्मक टिप्पणी करने में भी उसे रुचि होगी। जातक में प्रतिशोध की भावना प्रबल होगी। यदि कोई मर्म को चोट पहुंचाए तो उसे आसानी से नहीं भूलेगा। जातक बाह्य रूप से बहुत उदार, नीतिज्ञ प्रतीत होगा किंतु इसके अंतःकरण में एक शंकालु एवं ईर्ष्यालु मन भी होगा। जातक में दोहरा जीवन जीने की प्रवृत्ति होगी। एक दुनिया को दिखाने के लिए दूसरा अपने लिए। ऊपर से मुंहफट दिखाई देते हुए भी उपयुक्त अवसर के लिए कोई न कोई महत्वपूर्ण भेद अपने मन मे छिपाए रखेगा। जातक अपने महत्व के प्रति अत्यंत सचेत होगा। अपना महत्व स्थापित करने के लिए अपने कृत्यों को बढ़ा—चढ़ाकर बताने में पटु होगा। जातक को रहस्य, अज्ञात, मृत्यु और पराशक्ति जैसे विषय बहुत भाएंगे। रहस्यात्मक विषयों, जैसे ज्योतिष, तंत्र—मंत्र, सामुद्रिक शास्त्र, रसायन शास्त्र, दर्शन शास्त्र और मनोविज्ञान में रुचि होगी। जातक में सात्विक प्रेम की प्रबल लालसा होगी तथा जिससे प्रेम होगा उसके प्रति पूर्णतः प्रतिबद्ध होगा तथा अटूट निष्ठा

एवं विश्वास का पालन करेगा। प्रेमास्पद के लिए किसी भी त्याग हेतु तत्पर रहेगा। जातक के स्वभाव में परिवर्तन आवश्यक हैं। व्यंगात्मक टिप्पणी न करें अति आलोचना न करें। गुप्त शत्रुता न करें, क्रोध पर नियंत्रण रखें, धोखा न दें।

धनु लग्न का फल

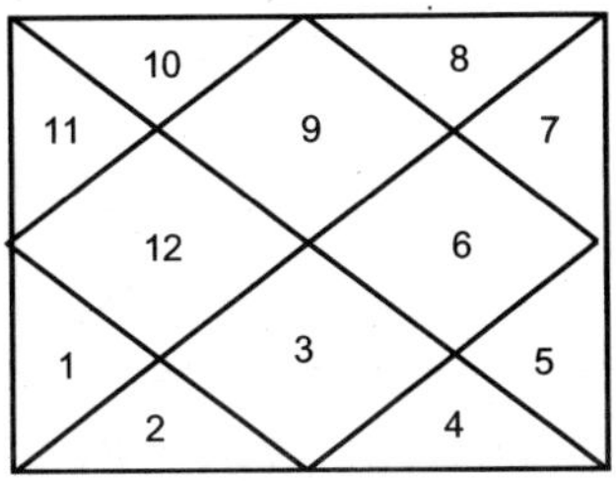

शारीरिक लक्षण–धनु लग्न में जन्म होने से जातक मध्यम लंबे कद का होगा। हड्डियां बलिष्ठ व पूर्ण विकसित होंगी। शरीर में गुरुत्व और दृढ़ता रहेगी। नासिका सुगठित और नोकदार तथा ठोढ़ी गोल और आकर्षक होगी। प्रशस्त ललाट, घनी भौंहें, आंखें बड़ी होंगी। धनु लग्न में चेहरा चौरस या कुछ लंबा होगा। कभी–कभी बड़े–बड़े कान, मोटे होंठ होने की संभावना होती है। जातक भव्य, आत्मविश्वासी, प्रभावशाली तथा गंभीर व्यक्तित्व का स्वामी होगा।

प्रकृति एवं स्वभाव–जातक के स्वभाव में आगे बढ़ने की बलवती भावना होगी। आगे बढ़ने की तीन दिशाएं हो सकती हैं, भौतिक, बौद्धिक और आध्यात्मिक। लक्ष्य की प्राप्ति के लिए सदैव चेष्टाकुल रहेगा। ज्ञान संबंधी विषयों, गहन मनन–चिंतन और जीवन की सात्विकता, आदर्शवादिता तथा सार्थक सत्य में विशेष अभिरुचि होगी। ईश्वर में जातक की दृढ़ आस्था होगी। दर्शन, विज्ञान, कानून, साहित्य एवं अन्य कलाओं में रुचि होगी। जातक की बुद्धि तार्किक तथा सरल व तीव्र जिज्ञासा से युक्त होगी। जातक में गुणात्मक विचार बड़ी तेजी से उठेंगे तथा रचनात्मक कार्यों में व्यस्त रहेगा। उसमें धार्मिकता का अंश औरों से अधिक होगा और चेतना नैतिकता युक्त होगी। यह समरसता और सदाशयता का पक्षपाती होगा। जातक सत्य, शांत और न्याय का पक्षधर होगा। न्याय पाने एवं दिलाने के लिए अथक परिश्रम भी करना पड़े तो करेगा। उसकी ज्योतिष में भी रुचि होगी तथा भविष्य को समझने–परखने की अनिर्वचनीय शक्ति होगी। वह खुले दिल का और स्पष्टवादी होगा। कभी–कभी व्यवहार में मुंहफट भी होगा तथा अप्रिय शब्द भी बोलेगा। जातक उदार, उदात्त, दयालु तथा संवेदनशील प्राणी होगा। दूसरों के दुख को दूर करने के लिए अपने सुख का त्याग करने वाला होगा। जातक नये विचारों के प्रति उदार दृष्टिकोण रखेगा, लेकिन नए विचारों के प्रति इतना आकृष्ट नहीं होगा कि पुराने विचारों को तिलांजलि दे दे। अतः कुछ हद तक रुढ़िवादी या पुरानी परंपराओं का पोषक होगा। जातक आडंबर रहित जीवन का समर्थक तथा बनावटी बातों से दूर रहने वाला होगा। धनु उभय राशि है, अतः जातक अंतिम निर्णय लेने के पहले गुणों एवं अवगुणों को भली–भांति विचार करेगा। वह स्वतंत्रता प्रिय, आत्मविश्वासी, महत्वाकांक्षी तथा स्वाभिमानी होगा। छोटी–छोटी बातों से ही उसकी भावनाओं को ठेस लग जायेगी। जातक अपने मित्रों में हास–परिहास, तर्क कुशलता के लिए तथा एक भले व्यक्ति के रूप में जाना जाएगा। स्वभाव में परिवर्तन आवश्यक है। व्यवहार कौशल विकसित करें। अतिशयोक्ति और लगातार संभाषण से बचें, आप सही हों तो अपने विचार व्यक्त करके औरों को अपमानित या दुखित न करें, मध्य मार्गी बनें।

मकर लग्न का फल

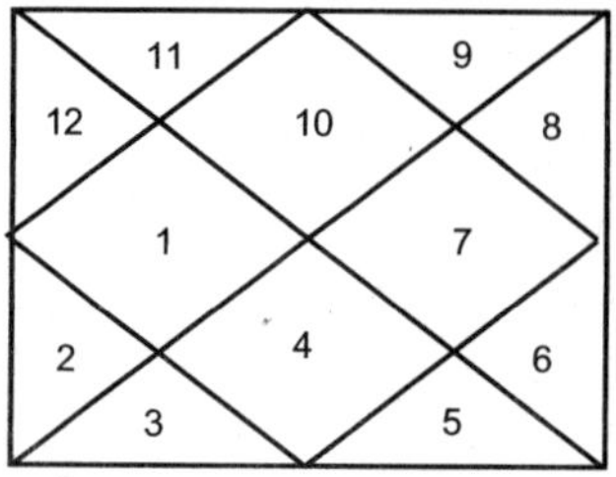

शारीरिक लक्षण—जातक का मुंह चौकोर तथा ऊंचाई और चौड़ाई में लगभग समान जान पड़ेगा। जातक के शरीर का निचला भाग दुबला—पतला निर्बल होगा। आंखों और भौहों के बाल बड़े व सघन तथा ललाट प्रशस्त होगा। सिर आकार में कुछ बड़ा होगा। सिर में मोटे बालों की खासी अच्छी बाढ़ होगी, यहाँ तक की सारा शरीर भी रोमों से आवश्यकता से अधिक आच्छादित रहेगा। जातक इकहरे शरीर का होगा तथा उम्र बढ़ने के साथ स्वास्थ्य में सुधार होगा।

प्रकृति एवं स्वभाव—मकर राशि काल पुरुष का दशम स्थान है। फलस्वरूप जातक अत्यधिक महत्वाकांक्षी होगा। अपनी लक्ष्य प्राप्ति के लिए अपने आस—पास के व्यक्तियों के कंधों पर चढ़ने में नहीं चूकेगा। यह प्रवृत्ति जातक को स्वार्थी बना देगी। वह बहुत उच्चाभिलाषी होगा तथा अपने समूह में प्रमुख स्थान रखने के लिए प्रयत्नशील होगा। ख्याति चारों ओर फैले तथा सभी उसके कार्यों की प्रशंसा करें, इसके लिए उद्यमशील होगा। जातक सेवाभावी होगा, जिसके कारण समाज में प्रशंसित होगा, परंतु अधिक वाचालता के कारण अपकीर्ति का शिकार होगा। जातक को अपनी जिह्वा पर बिल्कुल भी नियंत्रण नहीं होगा। बिना सोचे हर तरह की बात करने वाला होगा। जातक में दार्शनिकता की झलक भी होगी साथ ही घोर पदार्थप्रियता भी। उसके लिए निजी प्रतिष्ठा, सामाजिक स्थिति और पद का बहुत महत्व होगा। जातक स्वभाव से उद्यमी, धैर्यवान, परिश्रमी तथा लगनशील होगा। अपने परिश्रम से ही आगे बढ़ेगा। किसी भी कार्य के लिए अथक परिश्रम करके भी उसे पूरा कर डालना इसकी विशेषता होगी। जातक हर काम को पूर्ण सुचारु रूप से करने में विश्वास करेगा। सोच—समझ के कदम उठाने की प्रवृत्ति के कारण तत्काल कोई बड़ा जोखिम उठाने के लिए तैयार नहीं होगा। जातक की इतिहास, पुरातत्व एवं प्राचीन वस्तुओं के प्रति विशेष रुचि होगी। उसके व्यक्तित्व में विरोधाभास भी देखने को मिलेगा, कभी वह कट्टर आस्थावादी होगा तो कभी एकदम अनास्थावादी, कभी परंपरावादी होगा तो कभी बुद्धिपूजक अर्थात केवल तर्कसम्मत बात ही स्वीकार करेगा। जातक अपने आपको परिस्थिति के अनुसार बदल सकने में या उसी प्रकार अपने आपको ढाल लेने में सक्षम होगा। जातक भावनाओं को अपने अंदर छिपा कर रखेगा, अपनी किसी भी योजना या दिल की बात की भनक दूसरों को नहीं लगने देगा। अचानक निर्णय लेकर सभी को चमत्कृत व आश्चर्यचकित कर देगा। जातक में आत्मानुशासन, मितव्ययिता, उत्तरदायित्व की भावना, प्रौढ़ता, लगन तथा सादगी होगी। लेकिन भावनाहीनता, स्वार्थपरता, अहंमन्यता, निराशावादिता, अधीरता, आलस्य, अधिक और अनर्गल बोलने की आदत भी होगी। इन्हें समझ कर दूर करने का प्रयास करना चाहिए।

कुंभ लग्न का फल

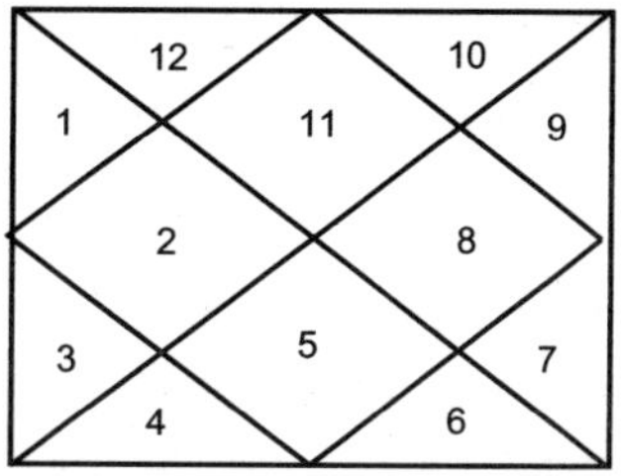

शारीरिक लक्षण–कुंभ लग्न में जन्म होने से जातक की मुखाकृति अंडाकार होगी। गाल कुछ फूले हुए, दांत लंबे तथा चेहरा छोटा होगा। जातक मध्यम लंबे कद का होगा और आयु बढ़ने पर पेट निकलने की प्रवृत्ति होगी। आंखों की आकृति वर्तुलाकार तथा कुछ धंसी हुई होंगी। होंठ कुछ मोटे तथा कूल्हे और नितंब का हिस्सा कुछ भारी होगा।

प्रकृति एवं स्वभाव–जातक मानवीय गुणों से भरपूर, उदार ह्रदय, करुणा से ओत–प्रोत, लोगों का परम हितैषी तथा प्रगतिशील प्रकृति का होगा। वह अपने उद्देश्य के प्रति पूर्ण ईमानदार तथा प्रतिबद्ध होगा। वह दृढ़ इच्छा शक्ति वाला और हर बात में निश्चित मत रखने वाला होगा। कुंभ एक सुधारक राशि है, अतः जातक अपने नए क्रांतिकारी विचारों, परंपरा से अलग प्रवृत्तियों तथा आमजनों का भला करने की उत्कृष्ट भावना के कारण पहचाना जाएगा। जातक के मन की थाह पा लेना बड़ा कठिन होगा, दीर्घकालीन संपर्कों के बावजूद मित्रगण भी इन्हें पूरी तरह नहीं समझ पाएंगे। जातक दार्शनिक विचारों वाला, गंभीर प्रकृति का तथा कोमल ह्रदय का होगा। जातक बुद्धिमान और अच्छी स्मरणशक्ति का स्वामी होगा। तीव्र तर्क बुद्धि युक्त होगा तथा तर्क से ही मतभेद दूर करने में विश्वास करेगा। जातक में चतुराई से अपना काम निकाल लेने की योग्यता होगी। जातक अपने कार्य में निर्वैयक्तिक होगा। उसके कार्य करने की शैली विशिष्ट और अनूठी होगी। जातक को एकांत, ध्यान एवं उपासना में रुचि होगी। जातक किसी भी व्यक्ति से विनम्रतापूर्वक मिलेगा तथा उसके गुणों की प्रशंसा करेगा किंतु उस व्यक्ति की आंख से ओझल होते ही उसका उपहास उड़ाएगा। जातक गोपनीयता को अधिक महत्त्व देगा, मन में क्या भावनाएं हैं, क्या सोचते हैं, क्या करते हैं, इसका आभास जल्दी किसी को नहीं लग पाएगा। अपनी योजनाओं को छिपाकर क्रियान्वित करना उसकी विशेषता होगी। जातक को जल्दी गुस्सा नहीं आएगा लेकिन जब आएगा तो यह रौद्र रूप धारण कर लेंगे। जातक के स्वभाव में परिवर्तन आवश्यक है। सक्रियता एवं शीघ्रता विकसित करें, एकांत वास से बचें, अति चिंता, उदासी एवं निराशा से बचें, जिन्हें पसंद नहीं करते उनके प्रति अति कठोर न बनें।

मीन लग्न का फल

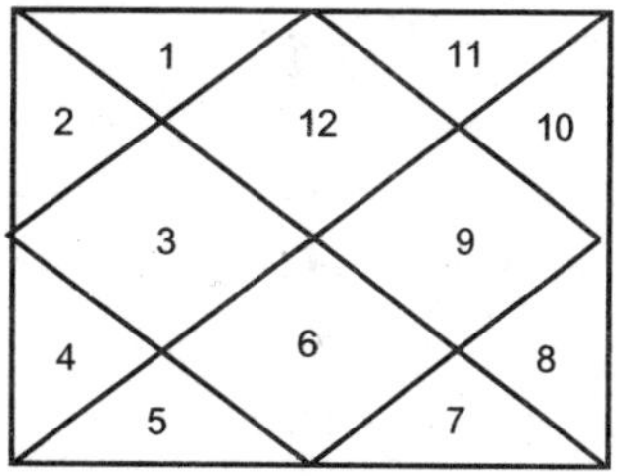

शारीरिक लक्षण–जातक इकहरे शरीर का तथा मध्यम, लंबे कद का होगा। चेहरा चौड़ा और प्रशस्त, कनपटी अर्थात कान के बगल की हड्डी चौड़ी और उभरी हुई होगी। जातक सुदर्शन एवं आकर्षक देहयष्टि का स्वामी होगा। नेत्रों और केशों का आकर्षण विशिष्ट होगा। नासिका उन्नत तथा चेहरे पर सौम्यता होगी।

प्रकृति एवं स्वभाव–मीन लग्न का स्वामी ग्रह बृहस्पति है, जो धर्म एवं दर्शन का प्रतिनिधि ग्रह है। अतः जातक श्रद्धालु एवं धार्मिक प्रकृति का होगा। गुह्य विद्याओं के प्रति

आकर्षण रहेगा। अज्ञात एवं रहस्यमय की खोज करना पसंद होगा। अतींद्रिय ज्ञान होगा। जातक मूलतः आदर्शवादी होगा तथा कई बार दुनिया के कठोर , यथार्थ से भागकर दिवा स्वप्नों में खो जाएगा। उसकी कल्पनाशक्ति अत्यधिक विकसित होगी, किंतु अपनी कल्पना को व्यवहारिक रूप देने में असफल होगा। लगातार मन में तरंगे उठती–गिरती रहेंगी। जातक अत्यंत संवेदनशील होगा, इस पर दूसरों की सहज छाप पड़ेगी तथा शीघ्र ही दूसरों के प्रभाव में आ जाएगा। जातक को जल से प्रेम होगा, अधिक स्नान का शौकीन, जलमार्गीय यात्रा का प्रेमी, जलाशय के निकट रहने पर उसे सुख एवं संतोष प्राप्त होगा। जातक सौंदर्य से प्रभावित होगा तथा प्रेम के क्षेत्र में भावुक एवं रूमानी होगा। वह स्वावलंबी, गुरुजनों पर श्रद्धा रखने वाला तथा आतिथ्य सत्कार करने वाला होगा। जातक में आत्मकल्याण की भावना के साथ–साथ जनकल्याण की भावना भी प्रबल होगी। जातक सुख–सुविधा संपन्न, विलासितायुक्त जीवन जीने का इच्छुक होगा। 'यावत् जीवेत सुखं जीवेत्' की प्रतिमूर्ति ऐसा जातक व्यय पर नियंत्रण नहीं रख सकेगा। संकल्प, विकल्प, निश्चय, अनिश्चय, निर्णय, अनिर्णय, करणीय, अकरणीय के द्वंद्व में फंस कर आकृष्ट समय व्यर्थ गंवाएगा। प्रखर मेधा, सुस्पष्ट, स्मृति और संपन्न चेतना का धनी जातक अनेक संदर्भों में अविश्वास को प्रश्रय देगा। जातक आचरण में करुणा, परहित की भावनाएं प्रारूपित होंगी। वह दूसरों से आशान्वित, विनम्र, सार्थक मित्रयुक्त तथा परिवर्तनशील मनः स्थिति और अपने मित्रों पर अत्यंत निर्भर रहेगा। मित्र समुदाय तथा परिचय क्षेत्र विस्तृत होगा। जातक से अकेले भी नहीं रहा जाएगा और अपनी वैयक्तिता भी बनाए रखने की कोशिश करेगा। ऐसा जातक सर्वदा किसी न किसी कार्य में व्यस्त प्रतीत होगा। असंभव व आश्चर्यजनक कार्य करना जातक के स्वभाव में होगा। धन एवं यश के लिए सचेत रहेगा।

भावानुसार नवग्रहों का फल

सूर्य–लग्न में सूर्य हो तो जातक स्वाभिमानी, क्रोधी, पित्त, वात रोगी, चंचल, प्रवासी, अस्थिर संपत्ति वाला होता है। सूर्य दूसरे भाव में हो तो संपत्तिवान, भाग्यवान, झगड़ालू, नेत्र, मुख एवं दंत रोगी, स्त्री के लिए कुटुंबियों से झगड़ने वाला होता है। तीसरे भाव में सूर्य हो तो पराक्रमी, प्रतापशाली, राजमान्य, बंधुहीन होता है। चौथे भाव में सूर्य हो तो जातक चिंताग्रस्त, परम सुंदर, पितृधन नाशक, भाइयों से वैर रखने वाला, गुप्त विद्या प्रिय एवं वाहन का सुख होता है। पांचवें भाव में सूर्य होने से जातक अल्प संततिवान, सदाचारी, बुद्धिमान एवं क्रोधी होता है। छठे भाव में सूर्य होने से जातक शत्रुनाशक, तेजस्वी, मातुलकष्टकारक, न्यायवान होता है। सातवें भाव में सूर्य होने से स्त्रीक्लेश कारक, स्वाभिमानी, आत्मरत, चिंतायुक्त होता है। आठवें भाव में सूर्य होने से पित्तरोगी, क्रोधी, धनी, धैर्यहीन होता है। नौवें भाव में सूर्य होने से जातक योगी, तपस्वी, सदाचारी, नेता, ज्योतिषी एवं साहसी होता है। दसवें भाव में सूर्य होने से प्रतापी, व्यवसायकुशल, राजमान्य, लब्धप्रतिष्ठ, राजमंत्री, उदार एवं ऐश्वर्यसंपन्न होता है। सूर्य ग्यारहवें भाव में हो तो जातक धनी, बलवान, सुखी, स्वाभिमानी, मितभाषी, अल्पसंततिवान होता है। बारहवें भाव में सूर्य हो तो उदासीन, मस्तिष्क रोगी, नेत्ररोगी, आलसी एवं मित्रद्वेषी होता है।

चंद्रमा—लग्न में चंद्रमा हो तो जातक बलवान, ऐश्वर्यशाली, सुखी, व्यवसायी, गायन वाद्यप्रिय एवं स्थूल शरीर होता है। दूसरे भाव में हो तो मधुरभाषी, सुंदर, भोगी, परदेशवासी, सहनशील एवं शांतिप्रिय होता है। तीसरे भाव में हो तो प्रसन्नचित्त, तपस्वी, आस्तिक, मधुरभाषी, कफरोगी एवं प्रेमी होता है। चौथे भाव में हो तो दानी, मानी, सुखी, उदार, रोगरहित, विवाह के पश्चात भाग्योदयी, जलजीवी एवं बुद्धिमान होता है। पांचवें भाव में चंद्रमा हो तो जातक चंचल, कन्यासंततिवान, सदाचारी, सट्टे से धन कमाने वाला एवं क्षमाशील होता है। छठे भाव में चंद्रमा होने से कफरोगी, नेत्ररोगी, अल्पायु, आसक्त, व्ययी होता है। चंद्रमा सातवें स्थान में होने से सभ्य, धैर्यवान, नेता, विचारक, प्रवासी, जलयात्रा करने वाला, अभिमानी, व्यापारी, वकील, एवं स्फूर्तिवान होता है। आठवें भाव में चंद्रमा होने से विकारग्रस्त, कामी, व्यापार से लाभ वाला, वाचाल, स्वाभिमानी, बंधन से दुखी होने वाला एवं ईर्ष्यालु होता है। नौवें भाव में चंद्रमा होने से जातक संतति, संपत्तिवान, धर्मात्मा, कार्यशील, प्रवासप्रिय, न्यायी, विद्वान एवं साहसी होता है। दसवें भाव में चंद्रमा होने से कार्यकुशल, दयालु, निर्बल बुद्धि, व्यापारी, यशस्वी, संतोषी एवं लोकहितैषी होता है। ग्यारहवें भाव में चंद्रमा होने से चंचल बुद्धि, गुणी, संतति एवं संपत्ति से युक्त, यशस्वी, दीर्घायु, परदेशप्रिय एवं राज्यकार्यदक्ष होता है। बारहवें भाव में चंद्रमा होने से नेत्ररोगी, कफरोगी, क्रोधी, एकांतप्रिय, चिंतनशील, मृदुभाषी एवं अधिक व्यय करने वाला होता है।

मंगल—लग्न में मंगल हो तो जातक क्रूर, साहसी, चपल, महत्वाकांक्षी, लौहधातु एवं व्रणजन्य कष्ट से युक्त एवं व्यवसाय में हानि होती है। दूसरे भाव में मंगल हो तो कटुभाषी, धनहीन, निर्बुद्धि, पशुपालक, धर्मप्रेमी, नेत्र एवं कर्णरोगी होता है। तीसरे भाव में मंगल हो तो जातक प्रसिद्ध, शूरवीर, धैर्यवान, साहसी, भ्रातृकष्टकारक एवं कटुभाषी होता है। चौथे भाव में मंगल हो तो वाहन सुखी, संततिवान, मातृसुखहीन, प्रवासी, अग्निभययुक्त एवं लाभयुक्त होता है। पांचवें स्थान में मंगल हो तो जातक उग्रबुद्धि, कपटी, व्यसनी, उदररोगी, चंचल, बुद्धिमान होता है। छठे भाव में हो तो बलवान, धैर्यशाली, शत्रुहंता एवं अधिक व्यय करने वाला होता है। सातवें भाव में मंगल हो तो स्त्री दुखी, वातरोगी, शीघ्र कोपी, कटुभाषी, धननाशक एवं ईर्ष्यालु होता है। आठवें भाव में मंगल हो तो जातक व्याधिग्रस्त, व्यसनी, कठोरभाषी, उन्मत्त, नेत्ररोगी, संकोची एवं धनचिंतायुक्त होता है। मंगल नौवें स्थान में हो तो द्वेषी, अभिमानी, क्रोधी, नेता, अधिकारी, ईर्ष्यालु एवं अल्पलाभ करने वाला होता है। मंगल दसवें भाव में हो तो धनवान, कुलदीपक, सुखी, यशस्वी, उत्तम वाहनों का सुख पाने वाला लेकिन संततिकष्ट वाला होता है। ग्यारहवें भाव में मंगल हो तो जातक कटुभाषी, क्रोधी, लाभ करने वाला, साहसी, प्रवासी एवं धैर्यवान होता है। बारहवें भाव में मंगल हो तो जातक नेत्ररोगी, स्त्रीनाशक, उग्र, व्ययशील एवं ऋणी होता है।

बुध—लग्न में बुध हो तो जातक दीर्घायु, आस्तिक, गणितज्ञ, विनोदी, उदार, स्त्री प्रिय, विद्वान होता है। दूसरे भाव में बुध हो तो वक्ता, सुंदर, सुखी, गुणी, दलाल या वकील का पेशा करने वाला, संग्रही एवं साहसी होता है। तीसरे स्थान में बुध होने से कार्यदक्ष, परिश्रमी, लेखक, सामुद्रिक शास्त्र का ज्ञाता, संपादक, कवि एवं विलासी होता है। चौथे भाव में बुध हो तो जातक पंडित, भाग्यवान, वाहनसुखी, दानी, आलसी, उदार, विद्वान एवं नीतिज्ञ

होता है। पांचवें भाव में बुध हो तो कुशाग्रबुद्धि, गणमान्य, सदाचारी, विद्वान एवं उद्यमी होता है। छठे भाव में बुध होने से जातक विवेकी, वादी, कलहप्रिय, आलसी, अभिमानी एवं कामी होता है। सातवें भाव में बुध होने से जातक सुंदर, विद्वान, कुलीन, व्यवसायकुशल, धनी, लेखक, धार्मिक एवं दीर्घायु होता है। आठवें भाव में बुध हो तो दीर्घायु, लब्धप्रतिष्ठ, अभिमानी, राजमान्य, न्यायाधीश, मनस्वी एवं धनवान होता है। नौवें भाव में बुध हो तो सदाचारी, कवि, संपादक, लेखक, ज्योतिषी, विद्वान, व्यवसाय प्रिय एवं भाग्यवान होता है। दसवें भाव में बुध हो तो सत्यवादी, विद्वान, लोकमान्य, मनस्वी, व्यवहारकुशल, न्यायी, मातृपितृ भक्त होता है। ग्यारहवें भाव में हो तो दीर्घायु, योगी, सदाचारी, धनवान, विद्वान, विचारवान एवं शत्रुनाशक होता है। बारहवें भाव में बुध हो तो जातक विद्वान, आलसी, अल्पभाषी, शास्त्रज्ञ, लेखक, वेदांती, सुंदर, वकील एवं धर्मात्मा होता है।

गुरु—लग्न में गुरु हो तो जातक ज्योतिषी, दीर्घायु, कार्यपरायण, विद्वान, तेजस्वी, स्पष्टवक्ता, धनी एवं राजमान्य होता है। दूसरे भाव में गुरु हो तो सुंदर, मधुरभाषी, संपत्तिवान, संततिवान, सदाचारी, भाग्यवान एवं दीर्घायु होता है। तीसरे स्थान में गुरु हो तो जातक जितेंद्रिय, मंदाग्नि, शास्त्रज्ञ, लेखक, प्रवीण, योगी एवं आस्तिक होता है। चौथे स्थान में हो तो भोगी, उद्योगी, संतानरोधक, लोकमान्य, यशस्वी एवं व्यवहारकुशल होता है। पांचवें स्थान में हो तो आस्तिक, लोकप्रिय, सट्टे से धन प्राप्त करने वाला, संततिवान एवं नीतिविशारद होता है। छठे भाव में हो तो जातक मधुरभाषी, विवेकी, विद्वान, उदार एवं लोकमान्य होता है। सातवें भाव में गुरु हो तो जातक प्रधान, धैर्यवान, प्रवासी एवं परस्त्रीरत होता है। आठवें भाव में हो तो दीर्घायु, शीलसंपन्न, शांत, मधुरभाषी, विवेकी, मित्रों द्वारा धननाश होता है। नौवें भाव में गुरु हो तो तपस्वी, यशस्वी, योगी, भाग्यवान, पराक्रमी, बुद्धिमान एवं धर्मात्मा होता है। दसवें भाव में होने से सदाचारी, पुण्यात्मा, ऐश्वर्यवान, चतुर, न्यायी, सत्यवादी, शत्रुहंता एवं भाग्यवान होता है। ग्यारहवें भाव में गुरु होने से नीरोग, लाभवान, धनिक, संतोषी, अल्पसंततिवान, राजपूज्य एवं बहुस्त्रीयुक्त होता है। बारहवें भाव में गुरु होने से जातक आलसी, मितभाषी, सुखी, मितव्ययी, योगी, परोपकारी, उदार एवं लोभी होता है। 2/5/7/11 वें भाव में गुरु अकेला हो तो गुरु हानिकारक होता है।

शुक्र—लग्न में शुक्र हो तो जातक दीर्घायु, सुंदर, ऐश्वर्यवान, मधुरभाषी, भोगी, विलासी, प्रवासी और विद्वान होता है। दूसरे भाव में शुक्र हो तो धनवान, यशस्वी, साहसी, कवि एवं भाग्यवान होता है। तीसरे भाव में शुक्र हो तो धनी, कृपण, आलसी, चित्रकार, पराक्रमी, विद्वान भाग्यवान एवं पर्यटनशील होता है। चौथे भाव में शुक्र हो तो जातक बलवान, परोपकारी, आस्तिक, सुखी, भोगी, पुत्रवान एवं दीर्घायु होता है। पांचवें भाव में शुक्र हो तो सद्गुणी, न्यायप्रिय, आस्तिक, दानी, प्रतिभाशाली, वक्ता एवं व्यवसायी होता है। छठे भाव में शुक्र हो तो जातक स्त्रीसुखहीन, बहुमित्रवान, दुराचारी, वैभवहीन एवं मितव्ययी होता है। सातवें भाव में शुक्र हो तो स्त्री से सुखी, उदार, लोकप्रिय, धनिक, विवाह के बाद भाग्योदयी, अल्पव्यभिचारी एवं विलासी होता है। आठवें भाव में शुक्र हो तो निर्दयी, रोगी, क्रोधी, ज्योतिषी, मनस्वी, पर्यटनशील एवं परस्त्रीरत होता है। नौवें भाव में शुक्र हो तो

आस्तिक, गृहसुखी, प्रेमी, दयालु, तीर्थस्थानों की यात्रा करने वाला, राजप्रिय एवं धर्मात्मा होता है। दसवें भाव में शुक्र हो तो विलासी, ऐश्वर्यवान, न्यायवान, धार्मिक, गुणवान एवं दयालु होता है। ग्यारहवें भाव में शुक्र हो तो जातक विलासी, वाहनसुखी, स्थिर लक्ष्मीवान, परोपकारी, धनवान, कामी एवं पुत्रवान होता है। बारहवें भाव में शुक्र हो तो न्यायशील, आलसी, पतित, परस्त्रीरत, धनवान एवं मितव्ययी होता है।

शनि–लग्न में शनि मकर तथा तुला का हो तो जातक धनाढ्य, सुखी, और अन्य राशियों का हो तो दरिद्री, दूसरे भाव में हो तो साधुद्वेषी, कटुभाषी और कुंभ या तुला का शनि हो तो धनी, कुटुंब तथा भ्रातृवियोगी, लाभवान होता है। तीसरे भाव में हो तो नीरोगी, योगी, विद्वान, चतुर, विवेकी, शत्रुहंता होता है। चौथे भाव में हो तो बलहीन, अपयशी, शीघ्रकोपी, धूर्त, भाग्यवान होता है। पांचवें भाव में हो तो वातरोगी, भ्रमणशील, विद्वान, उदासीन, संतानयुक्त एवं चंचल होता है। छठे भाव में शनि हो तो शत्रुहंता, कवि, भोगी, कंठ व श्वांस रोगी, जातिविरोधी होता है। सातवें भाव में हो तो क्रोधी, धनहीन, सुखहीन, भ्रमणशील, स्त्रीभक्त, विलासी एवं कामी होता है। आठवें भाव में हो तो कपटी, वाचाल, डरपोक, धूर्त, एवं उदार प्रवृत्ति का होता है। नौवें भाव में हो तो प्रवासी, धर्मात्मा, साहसी, भ्रातृहीन एवं शत्रुनाशक होता है। दसवें भाव में हो तो नेता, न्यायी, विद्वान, ज्योतिषी, राजयोगी, अधिकारी, महत्वाकांक्षी, परिश्रमी एवं धनवान होता है। ग्यारहवें भाव में हो तो दीर्घायु, क्रोधी, चंचल, शिल्पी, सुखी, योगी, पुत्रहीन एवं व्यवसायी होता है। बारहवें भाव में शनि हो तो जातक व्यसनी, दुष्ट, कटुभाषी, अविश्वासी, मातुलकष्टदायक, अल्पायु एवं आलसी होता है।

राहु–लग्न में राहु हो तो जातक दुष्ट, मस्तिष्करोगी, स्वार्थी, राजद्वेषी, कामी एवं अल्पसंतति वाला होता है। दूसरे भाव में राहु हो तो परदेशगामी, अल्पसंतति, कुटुंबहीन, कठोरभाषी, अल्प धनवान, संग्रहशील होता है। तीसरे भाव में राहु हो तो जातक योगी, पराक्रमशून्य, दृढ़विवेकी, अरिष्टनाशक होता है। चौथे भाव में हो तो असंतोषी, दुखी, मातृक्लेशयुक्त, क्रूर, कपटी एवं व्यवसायी होता है। पांचवें भाव में हो तो उदररोगी, मतिमंद, धनहीन, भाग्यवान एवं शास्त्रप्रिय होता है। छठे भाव में विधर्मियों द्वारा लाभ, नीरोग, शत्रुहंता, कमरदर्द पीड़ित, अरिष्टनिवारक एवं पराक्रमी होता है। सातवें भाव में हो तो स्त्रीनाशक, व्यापार में हानिदायक, भ्रमणशील, वातरोगजनक, लोभी एवं दुराचारी होता है। आठवें भाव में राहु हो तो पुष्टदेही, क्रोधी, व्यर्थभाषी, उदररोगी एवं कामी होता है। नौवें भाव में राहु हो तो प्रवासी, वातरोगी, व्यर्थ परिश्रमी, तीर्थाटनशील, भाग्यहीन एवं दुष्टबुद्धि होता है। दसवें भाव में राहु हो तो आलसी, वाचाल, मितव्ययी, संततिक्लेशी, तथा चंद्रमा से युत हो तो राजयोग कारक होता है। ग्यारहवें भाव में राहु हो तो मंदमति, लाभहीन, परिश्रमी, अल्पसंततियुक्त, अरिष्टनाशक एवं सफल कार्य करने वाला होता है। बारहवें भाव में राहु हो तो विवेकहीन, मतिमंद, मूर्ख, परिश्रमी, सेवक, व्ययी, चिंतनशील एवं कामी होता है।

केतु–लग्न में केतु हो तो जातक चंचल, भीरू, दुराचारी, तथा वृश्चिक राशि में हो तो सुखकारक, धनी एवं परिश्रमी होता है। दूसरे भाव में हो तो राजभीरू, विरोधी एवं मुखरोगी होता है। तीसरे भाव में केतु हो तो चंचल, वातरोगी, व्यर्थवादी, भूत–प्रेत भक्त होता है। चौथे

भाव में हो तो चंचल, वाचाल, कार्यहीन, निरुत्साही होता है। पांचवें भाव में हो तो कुबुद्धि एवं वातरोगी होता है। छठे भाव में हो तो वातविकारी, झगड़ालू, मितव्ययी, सुखी एवं अरिष्टनिवारक होता है। सातवें भाव में हो तो मतिमंद, शत्रुभीरू एवं सुखहीन होता है। आठवें भाव में हो तो दुर्बुद्धि, तेजहीन, स्त्रीद्वेषी एवं चालाक होता है। नौवें भाव में हो तो सुखाभिलाषी, व्यर्थ परिश्रमी, अपयशी होता है। दसवें भाव में हो तो पितृद्वेषी, भाग्यहीन, व्यर्थ परिश्रमी एवं अभिमानी होता है। ग्यारहवें भाव में हो तो चंचल, धूर्त, ठग, अविश्वासी होता है।

उच्च राशिगत ग्रहों का फल

सूर्य उच्च राशि में हो तो धनवान, विद्वान, सेनापति, भाग्यवान एवं नेता होता है। चंद्रमा हो तो माननीय, विलासी, अलंकारप्रिय एवं चपल होता है। मंगल हो तो शूरवीर, कर्तव्यपरायण एवं राजमान्य होता है। बुध हो तो बुद्धिमान, लेखक, संपादक, राजमान्य, सुखी, वंशवृद्धिकारक एवं शत्रुनाशक होता है। गुरु हो तो सुशील, चतुर, विद्वान, राजप्रिय, ऐश्वर्यवान, मंत्री एवं शासक होता है। शुक्र हो तो विलासी, गीत–वाद्यप्रेमी, कामी एवं भाग्यवान होता है। शनि हो तो अमीर, जमींदार, भूमिपति, किसान एवं लब्ध प्रतिष्ठ होता है। राहु हो तो सरदार, धनवान, शूरवीर एवं लंपट होता है। केतु हो तो राजप्रिय, सरदार एवं नीच प्रकृति का होता है।

मूल त्रिकोण में ग्रहों का फल

सूर्य मूल त्रिकोण में हो तो जातक धनी, पूज्य एवं लब्ध प्रतिष्ठ होता है। चंद्रमा हो तो धनवान, सुखी, सुंदर एवं भाग्यवान होता है। मंगल हो तो क्रोधी, निर्दयी, दुष्ट, चरित्रहीन होता है। बुध हो तो धनवान, राजमान्य, महत्वाकांक्षी, सैनिक, डॉक्टर, विद्वान होता है। गुरु हो तो तपस्वी, भोगी, राजप्रिय एवं कीर्तिवान होता है। शुक्र हो तो जागीरदार, पुरस्कार विजेता एवं कामिनीप्रिय होता है। शनि हो तो शूरवीर, सैनिक, उच्च अधिकारी, जहाज चालक, वैज्ञानिक एवं अस्त्र–शस्त्र निर्माता या विक्रेता होता है। राहु हो तो धनी होता है।

स्वक्षेत्रगत ग्रहों का फल

सूर्य अपनी ही राशि में हो तो जातक सुंदर, व्यभिचारी, कामी एवं ऐश्वर्यवान होता है। चंद्रमा हो तो तेजस्वी, रूपवान, धनवान एवं भाग्यवान होता है। मंगल हो तो बलवान, ख्यातिवान, बुध हो तो विद्वान, शास्त्रज्ञ, लेखक एवं संपादक होता है। गुरु हो तो काव्य रसिक, वैद्य एवं शास्त्र विशारद होता है। शुक्र हो तो स्वतंत्र प्रकृति, धनी एवं विचारक होता है। शनि हो तो पराक्रमी, कष्ट सहिष्णु एवं उग्र प्रकृति का होता है। राहु हो तो सुंदर, यशस्वी एवं भाग्यवान होता है।

मित्रक्षेत्रगत ग्रहों का फल

सूर्य मित्र की राशि में हो तो जातक यशस्वी, दानी, व्यवहारकुशल होता है। चंद्रमा हो तो सुखी, धनवान, गुणवान होता है। मंगल हो तो मित्रप्रिय एवं धनी होता है। बुध हो तो शास्त्रों का ज्ञाता, विनोदी और कार्यदक्ष होता है। गुरु हो तो उन्नतिशील एवं बुद्धिमान, शुक्र हो तो पुत्रवान एवं सुखी होता है। शनि हो तो परान्नभोजी और प्रेमी होता है।

एक ग्रह मित्रक्षेत्र में हो तो दूसरे के द्रव्य का उपयोग कर्ता, दो ग्रह हों तो मित्र के द्रव्य का उपभोक्ता, तीन हों तो स्वोपार्जित धन का उपभोक्ता, चार हों तो दाता, पांच हों तो सेनानायक, सरदार या नेता, छह हों तो सर्वोच्च नेता, सेनापति, राजमान्य एवं उच्च पदासीन होता है। सात ग्रह हों तो जातक राजा या राजा के तुल्य होता है।

शत्रुक्षेत्रगत ग्रहों का फल

सूर्य शत्रु ग्रह की राशि में हो तो जातक दुखी, नौकरी करने वाला, चंद्रमा हो तो माता से दुखी एवं हृदयरोगी, मंगल हो तो विकलांग, व्याकुल एवं दीन, बुध हो तो वासनायुक्त एवं साधारण सुखी होता है। गुरु हो तो भाग्यवान एवं चतुर, शुक्र हो तो नौकर या दासवृत्ति करने वाला होता है। शनि हो तो दुखी होता है।

नीच राशिगत ग्रहों का फल

सूर्य नीच राशि में हो तो जातक पापी, बंधुसेवा करने वाला होता है। चंद्रमा हो तो रोगी, अल्प धनवान और नीच प्रकृति का होता है। मंगल हो तो नीच, कृतघ्न, बुध हो तो बंधुविरोधी, चंचल उग्र प्रकृति का होता है। गुरु हो तो खल, अपवादी, अपयशभागी होता है। शुक्र हो तो दुखी और शनि हो तो दरिद्र और दुखी होता है।

नवग्रहों की दृष्टि का फल

जन्मकुंडली में विभिन्न भावों में बैठे ग्रह विशेष भावों पर दृष्टि रखता हो तो उनका विशेष प्रभाव पड़ता है। ग्रहों की इस दृष्टि का फल निम्नानुसार होता है।

सूर्य

सूर्य यदि लग्न को पूर्ण दृष्टि से देखता हो तो जातक रजोगुणी, नेत्ररोगी, सामान्य धनी, पितृभक्त, एवं राजमान्य होता है। दूसरे भाव को पूर्ण दृष्टि से देखता हो तो धन तथा कुटुंब से सामान्य सुखी, संचित धननाशक एवं परिश्रम से थोड़े धन का लाभ करने वाला होता है। तीसरे भाव को देखता हो तो कुलीन, राजमान्य, बड़े भाई के सुख से वंचित, उद्यमी एवं नेता होता है। चौथे भाव को देखता हो तो 22 वर्ष पर्यंत सुखहानि लेकिन वाहन सुख प्राप्ति एवं सामान्यतः मातृसुखी होता है। पांचवें भाव को पूर्ण दृष्टि से देखता हो तो प्रथम संताननाशक, पुत्र के लिए चिंतित, 21 वर्ष की आयु में संतान प्राप्त करने वाला एवं विद्वान होता है। छठे भाव को देखता हो तो शत्रु भय कारक, दुखी, ऋणी और मातुल को हानिकारक होता है। सातवें भाव को देखता हो तो जीवनभर ऋणी, 22 वर्ष की आयु में स्त्री के लिए कष्टकारक, व्यापारी, और अंतिम जीवन में सुखी होता है। आठवें भाव को देखता हो तो रोगी, व्यभिचारी, पाखंडी एवं निंदित कार्य करने वाला होता है। नौवें भाव को देखता हो तो धर्मभीरू, बड़े भाई और साले के सुख से वंचित होता है। दसवें भाव को देखता हो तो राजमान्य, धनी, मातृनाशक तथा उच्च राशि का सूर्य हो तो माता, वाहन और धन का पूर्ण सुख प्राप्त करने वाला, ग्यारहवें भाव को देखता हो तो धन लाभ करने वाला, प्रसिद्ध व्यापारी,

बुद्धिमान, कुलीन एवं धर्मात्मा होता है। बारहवें भाव को देखता हो तो प्रवासी, शुभ कार्यों में व्यय करने वाला, मामा को कष्टकारक एवं वाहन का शौकीन होता है।

चंद्रमा

लग्न को चंद्रमा पूर्ण दृष्टि से देखता हो तो जातक प्रवासी, व्यवसायी, भाग्यवान एवं स्त्रीप्रेमी होता है। दूसरे भाव को देखता हो तो अधिक संततिवान, सामान्य सुखी, 8–10 वर्ष में शारीरिक कष्टयुक्त एवं धनहानिकारक होता है। तीसरे भाव को देखता हो तो धार्मिक, प्रवासी, अधिक बहिन तथा भाई कम होते हैं। 24 वर्ष की अवस्था से पराक्रमी, सत्संगप्रिय एवं मिलनसार होता है। चौथे भाव को देखता हो तो 24 वर्ष की आयु से सुखी, राजमान्य, वाहनादि का सुख का धारक होता है। पांचवें भाव को देखता हो तो व्यवहारकुशल, बुद्धिमान, प्रथम संतान पुत्र प्राप्त करने वाला होता है। छठे भाव को देखता हो तो शांत, शत्रुओं से कष्ट पाने वाला एवं अधिक व्यय करने वाला होता है। सातवें भाव को देखता हो तो सुंदर, सुखी, सुंदर स्त्री पाने वाला, सत्यवादी एवं व्यापार से धन संचित करने वाला होता है। आठवें भाव को देखता हो तो पितृ धन नाशक, कुटुंबविरोधी, नेत्ररोगी और लंपट होता है। नौवें भाव को देखता हो तो धर्मात्मा, भाग्यशाली, भ्रातृहीन और बुद्धिमान होता है। दसवें भाव को देखता हो तो पशुव्यवसायी, पितृविरोधी और चिड़चिड़ा होता है। ग्यारहवें भाव को देखता हो तो लाभ प्राप्त करने वाला, कुशल व्यवसायी, अधिक कन्या संतति वाला और मित्रप्रेमी होता है। बारहवें भाव को देखता हो तो शत्रु द्वारा धन खर्च करने वाला, चिंतायुक्त, राजमान्य एवं अंतिम जीवन में सुखी होता है।

मंगल

लग्न को मंगल पूर्ण दृष्टि से देखता हो तो उग्र प्रकृति वाला, 21 या 28 वर्ष की अवस्था में पत्नी वियोग, राजमान्य और भूमि से धन प्राप्त करने वाला होता है। दूसरे भाव को देखता हो तो रोगी, स्वल्पधनी, कुटुंब से पृथक रहने वाला परिश्रमी होता है। तीसरे भाव को देखता हो तो बड़े भाई के सुख से वंचित, पराक्रमी, भाग्यवान और एक बहन विधवा वाला होता है। चौथे भाव को देखता हो तो माता–पिता के सुख से वंचित, शारीरिक कष्टधारक, 28 वर्ष की आयु तक दुखी और परिश्रम से जी चुराने वाला होता है। पांचवें भाव को देखता हो तो अनेक भाषाओं का ज्ञाता, विद्वान, संतान कष्टवाला एवं व्यभिचारी होता है। छठे भाव को देखता हो तो शत्रुनाशक, मातुलकष्टकारक, रुधिरव्याधि वाला और कीर्तिवान होता है। सातवें भाव को देखता हो तो परस्त्रीरत, कामी, 21 या 28 वर्ष की आयु में स्त्री का वियोगजन्य दुख प्राप्त करने वाला होता है। आठवें भाव को देखता हो तो धन नाशक, ऋणग्रस्त, परिश्रमी, दुखी और भाग्यहीन होता है। नौवें भाव को देखता हो तो बुद्धिमान, सुखवान, धनवान और पराक्रमी होता है। दसवें भाव को देखता हो तो राज्यसेवी, मातृ–पितृ कष्टकारक, सुखी और भाग्यवान होता है। ग्यारहवें भाव को देखता हो तो धनवान, संतानकष्ट से पीड़त और कुटुंब के दुख से दुखी होता है। बारहवें भाव को देखता हो तो कुमार्गी, मातुलनाशक, शत्रुनाशक और उग्र प्रकृति वाला होता है।

बुध

लग्न को पूर्ण दृष्टि से देखता हो तो जातक गणितज्ञ, सुंदर, व्यापारी, व्यवहारकुशल और लब्ध प्रतिष्ठ होता है। दूसरे भाव को देखता हो तो व्यापार से धन कमाने वाला, कुटुंब विरोधी, स्वतंत्र विचारक, हठी और अभिमानी होता है। तीसरे भाव को देखता हो तो भाग्यवान, प्रवासी, भ्रातृसुखयुक्त, सत्संगी और धार्मिक होता है। चौथे भाव को देखता हो तो राज्य से लाभ प्राप्त करने वाला, विद्वान एवं भूमि और वाहन का सुख पाने वाला होता है। पांचवें भाव को देखता हो तो गुणवान, विद्वान, धनवान, शिल्पकार और प्रथम संतान पुत्र होती है। छठे भाव को देखता हो तो वातरोगी, कुमार्गी, शत्रुओं से पीड़ित और अंतिम जीवन में धन संचय करने वाला होता है। सातवें भाव को देखता हो तो सुंदर सुशील भार्या वाला, व्यापारी, चतुर और गणितज्ञ होता है। आठवें भाव को देखता हो तो भ्रमणशील, दुखी और कुटुंबविरोधी होता है। नौवें भाव को देखता हो तो हंसमुख, धनोपार्जन करने वाला और विलासी होता है। दसवें भाव को देखता हो तो राजमान्य, कीर्तिमान, सुखी, कुलीन और कुलदीपक होता है। ग्यारहवें भाव को देखता हो तो संतानयुक्त, विद्वान और कलाविशारद होता है। बारहवें भाव को देखता हो तो मिथ्याभाषी, कुल–कलंकी, नीच प्रकृति वाला होता है।

गुरु

गुरु यदि लग्न को पूर्ण दृष्टि से देखता हो तो जातक धर्मात्मा, कीर्तिवान, कुलीन और विद्वान होता है। दूसरे भाव को देखता हो तो पितृधन नाशक, धनार्जन करने वाला, कुटुंबी और राजमान्य होता है। तीसरे भाव को देखता हो तो भाग्यवान, पराक्रमी, प्रवासी और शुभाचरण करने वाला होता है। चौथे भाव को देखता हो तो श्रेष्ठ, विद्याव्यसनी, भूमिपति, वाहन सुखी और माता–पिता के पूर्ण सुख को पाने वाला होता है। पांचवें भाव को देखता हो तो धनी, ऐश्वर्यवान, विद्वान और व्याख्याता होता है। छठे भाव को देखता हो तो व्याधिग्रस्त, क्रोधी और धूर्त होता है। सातवें भाव को देखता हो तो सुंदर, धनवान, कीर्तिवान और भाग्यवान होता है। आठवें भाव को देखता हो तो राजभय चिंतित, 8 वर्ष की आयु में मृत्युतुल्य कष्ट, और 26 वर्ष की आयु में कारागारजन्य कष्ट पाने वाला होता है। नौवें भाव को देखता हो तो कुलीन, भाग्यवान, शास्त्रज्ञ, धर्मात्मा और स्वतंत्र होता है। दसवें भाव को देखता हो तो राजमान्य, सुखी, धन–पुत्रादि से युक्त, भूमिपति और ऐश्वर्यवान होता है। ग्यारहवें भाव को देखता हो तो बुद्धिमान, विद्वान, कलाप्रिय और स्नेही होता है। बारहवें भाव को देखता हो तो रजोगुणी, दुखी, अधिक धन खर्च करने वाला और निर्बुद्धि होता है।

शुक्र

लग्न स्थान को शुक्र देखता हो तो जातक सुंदर, परस्त्रीरत, भाग्यवान और चतुर होता है। दूसरे भाव को देखता हो तो धन और कुटुंब से सुखी, परिश्रमी और विलासी होता है। तीसरे भाव को देखता हो तो शासक, अधिक भाई–बहिन वाला और 25 वर्ष की आयु में भाग्योदय को प्राप्त होता है। चौथे भाव को देखता हो तो सुखी, सुंदर, समाजसेवी और भाग्यशाली होता है। पांचवें भाव को देखता हो तो विद्वान, धनी, एक कन्या तथा तीन या

पांच पुत्रवाला होता है। छठे भाव को देखता हो तो पराक्रमी, शत्रुनाशक, कुमार्गी होता है। सातवें भाव को देखता हो तो कामी, व्यभिचारी और 25 वर्ष की आयु के बाद स्वाधीन जीवन जीने वाला होता है। आठवें भाव को देखता हो तो रोगी, दुखी, निर्धन और कुटुंबरहित होता है। नौवें भाव को देखता हो तो ग्रामाधिपति, कुलदीपक, शत्रुजयी, धर्मात्मा और कीर्तिवान होता है। दसवें भाव को देखता हो तो भाग्यशाली, धनी, प्रवासी, राजसेवी और भूमिपति होता है। ग्यारहवें भाव को देखता हो तो नाना प्रकार से धन लाभ करने वाला, नेता, प्रमुख, परस्त्रीरत और कवि होता है। बारहवें भाव को देखता हो तो शत्रुओं से पीड़ित, चिंतित और स्त्रीद्वेषी होता है।

शनि

लग्न को शनि पूर्ण दृष्टि से देखता हो तो नीच, स्वस्त्री से विमुख और परस्त्रीरत होता है। दूसरे भाव को देखता हो तो 36 वर्ष की अवस्था तक धननाशक, 19वें वर्ष में शारीरिक कष्ट प्राप्त करता है। तीसरे भाव को देखता हो तो पराक्रमी, अधार्मिक, भाइयों के सुख से वंचित और बुरे कार्य करने वाला होता है। चौथे भाव को देखता हो तो 35 वर्ष की आयु में राज्याधिकार में वृद्धि प्राप्त करने वाला होता है। पांचवें भाव को देखता हो तो संतानहानि, नीचजन प्रिय, और नीच कार्य करने वाला होता है। छठे भाव को देखता हो तो शत्रुनाशक, मातुलकष्टकारक, नेत्ररोगी और कुमार्गी होता है। सातवें भाव को देखता हो कलहप्रिय, 36 वर्ष की अवस्था में मृत्युतुल्य कष्ट पाने वाला होता है। आठवें भाव को देखता हो तो कुटुंबविरोधी, राज्यहानि वाला, 36 वर्ष तक पिता के धन को नष्ट करने वाला होता है। नौवें भाव को देखता हो तो देशाटन करने वाला, भाइयों का विरोधी, पराक्रमी और धर्महीन होता है। दसवें भाव को देखता हो तो पिता के सुख से रहित, माता के लिए कष्टकारक और भूमिपति होता है। ग्यारहवें भाव को देखता हो तो वृद्धावस्था में पुत्र का सुख पाने वाला और साधारण व्यापार से लाभ प्राप्त करने वाला होता है। बारहवें भाव को देखता हो तो अशुभ कार्यों में धन खर्च करने वाला, मातुल को कष्टदायक, शत्रुनाशक और सामान्य लाभ पाने वाला होता है।

राहु

लग्न को राहु पूर्ण दृष्टि से देखता हो तो शारीरिक रोगी, वातविकारी, उग्र स्वभाव वाला, उद्योगरहित और अधार्मिक होता है। दूसरे भाव को देखता हो तो कुटुंब सुखहीन, धननाशक और चंचल होता है। तीसरे भाव को देखता हो तो पराक्रमी और पुरुषार्थी होता है। चौथे भाव को देखता हो तो उदर रोगी और साधारण सुख वाला होता है। पांचवें भाव को देखता हो तो भाग्यशाली, धनी और व्यवहारकुशल होता है। छठे भाव को देखता हो तो शत्रुनाशक, वीर और व्ययशील होता है। सातवें भाव को देखता हो तो धनी, विषयी और नीच संगति प्रिय होता है। आठवें भाव को देखता हो तो पराधीन, धननाशक, कंठरोगी और धर्महीन होता है। नौवें भाव को देखता हो तो बड़े भाई के सुख से विहीन, ऐश्वर्यवान और पराक्रमी होता है। दसवें भाव को देखता हो तो मातृसुखहीन, पितृकष्टकारक, राजमान्य और उद्योगशील होता है। ग्यारहवें भाव को देखता हो तो संतति कष्ट से पीड़ित, नीच

कर्मरत और अल्पलाभ करने वाला होता है। बारहवें भाव को देखता हो तो गुप्तरोगी, शत्रुनाशक, कुमार्ग में धन व्यय करने वाला होता है।

केतु की दृष्टि का फल राहु के समान ही होता है।

इष्टकाल

60 प्रतिपल = 1 विपल	60 विपल = 1 पल	60 पल = 1 घटी
1 घटी = 24 मिनट	2.5 पल = 1 मिनट	2.5 विपल = 1 सेकेंड
2.5 घटी = 1 घंटा	60 घटी = एक अहोरात्र	60 प्रतिविकला = 1 विकला
60 विकला = 1 कला	60 कला = 1 अंश	30 अंश = 1 राशि
12 राशि = 1 भगण		

हमारी घड़ियां व रेडियो टीवी आदि भारतीय स्टैंडर्ड समय बताते हैं। एवं धूपघड़ी जो समय बताती है वह स्थानीय समय होता है। सूर्योदय से लेकर जन्म समय या अभीष्ट समय तक के काल को इष्टकाल कहते हैं। जन्मकुंडली का गणित प्रधान रूप से इष्टकाल पर आश्रित है। इष्टकाल जितना सूक्ष्म और शुद्ध होगा, जन्मकुंडली का फलादेश भी उतना ही प्रामाणिक निकलेगा। जहां का इष्टकाल बनाना हो उस स्थान पर सूर्योदय बनाकर प्रचलित स्टैंडर्ड समय को इष्ट स्थानीय सूर्य घड़ी का समय बना लें। पंचांग में प्रतिदिन की सूर्यक्रांति लिखी रहती है। जिस दिन का सूर्योदय बनाना हो उस दिन की क्रांति और इष्ट स्थानीय अक्षांश का फल चरसारणी के अनुसार निकाल लेना चाहिए। जो मिनट सेकेंड फल आए उसे उत्तरा क्रांति होने पर छह घंटे जोड़ देने और दक्षिणा क्रांति में छह घंटे से घटा देने पर सूर्यास्त का समय निकलता है। इसे 12 घंटे में से घटाने पर सूर्योदय होता है। सूर्यास्त काल को 5 से गुणा करने पर घट्यादि दिनमान होता है। इसे 60 में से घटाने पर रात्रिमान होता है।

विश्व पंचांग में 24 अप्रैल को सूर्य की उत्तरा क्रांति 12 अंश 54 कला है। यदि हमें इस दिन बिहार के आरा स्थान का सूर्योदय का समय ज्ञात करना है। आरा का अक्षांश 25 अंश 30 कला दिया गया है। अतः चरसारणी के अनुसार, इसका मिनट और सेकेंड बनाए। जो कि 25 मिनट 2 सेकेंड आया, इसे उत्तरा क्रांति होने के कारण 6 घंटे में जोड़ा तो सूर्यास्त का समय 6 बजकर 25 मिनट 2 सेकेंड आया। इसे बारह घंटे में से घटाने पर 5 बजकर 34 मिनट 58 सेकेंड आया जो कि सूर्योदय का समय होगा। सूर्यास्त काल को 5 से गुणा करने पर आरा का दिनमान 32 घटी 5 पल 10 विपल आया। जबकि इसे 60 घटी में से घटाने पर 27 घटी 54 पल 50 विपल रात्रिमान होगा।

स्टैंडर्ड समय से स्थानिक समय बनाना

स्टैंडर्ड समय से स्थानिक समय ज्ञात करने के लिए देशांतर संस्कार करना पड़ता है। स्टैंडर्ड समय भारत में 82 अंश 30 कला रेखांश है। इससे अधिक में एक अंश अंतर में 4 मिनट के हिसाब से स्टैंडर्ड समय में धन अथवा ऋण करने से स्थानिक समय आ जाता है। स्टैंडर्ड समय के रेखांश से इष्ट स्थान का रेखांश अधिक हो तो धन और कम हो तो ऋण किया जाता

है। लेकिन यहां वेलांतर संस्कार या गणना भी की जाती है। नवंबर माह में मध्यम मध्याह्न और स्पष्ट मध्याह्न का अंतर लगभग 16 मिनट तथा फरवरी में ऋण 14 हो जाता है। यदि ज्योतिषी इष्टकाल में इन दोनों गणनाओं को न करें तो बड़ी भारी भूल होती है।

यदि भारतीय स्टैंडर्ड समय के अनुसार, 06 जुलाई 2010 को तीन बच्चों का जन्म एक ही समय 10 बजकर 10 मिनट पर देहरादून, कोलकाता और मुंबई में होता है, तो स्थानीय समय के अनुसार तीनों बच्चों का जन्म अलग–अलग समय पर हुआ। स्टैंडर्ड समय में अंतर ऋण 21 मिनट है, इसे जन्म समय 10 बजकर 10 मिनट से घटाया तो 9 बजकर 49 मिनट हुए। इसमें देहरादून का देशांतर ऋण 1 मिनट घटाया तो 9 बजकर 48 मिनट देहरादून का स्थानिक समय आया। मुंबई का देशांतर ऋण 57 पल अर्थात् 23 मिनट है। 9 बजकर 49 मिनट से 23 मिनट घटाए तो मुंबई का स्थानिक समय 9 बजकर 26 मिनट हुआ। इसी प्रकार कोलकाता का देशांतर धन 1 घटी 38 पल अर्थात् 39 मिनट है। जिसे 9 बजकर 49 मिनट में जोड़ने पर स्थानिक समय 10 बजकर 28 मिनट आया। अतः तीनों स्थानों पर स्थानिक समय अलग अलग आया। जन्मकुंडली बनाते समय शुद्ध समय का प्रयोग करना चाहिए।

इष्टकाल बनाने के नियम

स्थानीय सूर्योदय, सूर्यास्त और दिनमान बनाने के पश्चात जन्मसमय को स्थानिक समय के अनुसार बना लेना चाहिए। इसके बाद पांच नियमों में से जहां जिसका उपयोग हो, उसके अनुसार, घट्यादि रूप इष्टकाल निकालना चाहिए।

1. सूर्योदय से लेकर 12 बजे दिन तक जन्म हो तो जन्म समय और सूर्योदय काल का अंतर कर शेष को 2.5 से गुणा अर्थात् ढाई गुना करने से घट्यादि इष्टकाल होता है।
2. यदि जन्म दोपहर 12 बजे से सूर्यास्त के अंदर हुआ हो तो जन्म समय और सूर्यास्त का अंतर कर शेष को ढाई से गुना कर दिनमान में से घटाने पर इष्टकाल होगा।
3. सूर्यास्त से रात 12 बजे के बीच जन्म होने पर जन्म समय और सूर्यास्त के अंतर को ढाई गुना कर दिनमान में जोड़ देने से इष्टकाल होता है।
4. यदि रात के 12 बजे के बाद और सूर्योदय के पहले का जन्म हो तो सूर्योदयकाल और जन्म समय के अंतर को ढाई से गुना कर 60 घटी में से घटाने पर इष्टकाल होता है।
5. सूर्योदय से लेकर जन्म समय तक जितने घंटा, मिनट और सेकेंड हों उन्हें ढाई से गुना करने पर इष्टकाल होता है।

भयात और भभोग साधन

यदि इष्टकाल से जन्म नक्षत्र के घटी, पल कम हों तो वह नक्षत्र गत और आगामी नक्षत्र जन्म नक्षत्र कहलाता है, तथा जन्म नक्षत्र के घटी, पल इष्टकाल के घटी, पलों से अधिक हों तो जन्म नक्षत्र के पहले का नक्षत्र गत और वर्तमान नक्षत्र जन्म नक्षत्र कहलाता है। गत नक्षत्र के घटी, पलों को 60 में से घटाने पर जो शेष आए उसे दो स्थानों पर रखना चाहिए। एक स्थान पर इष्टकाल को जोड़ने से भयात और दूसरे स्थान पर जन्म नक्षत्र जोड़ने से भभोग होता है। भयात सदैव भभोग से कम होता है। भभोग का मान 67 घटी तक हो सकता है। 67 घटी से अधिक होने पर इसमें 60 का भाग देना चाहिए।

लग्न निकालने की प्रक्रिया

जन्मकुंडली का सारा फल लग्न के ऊपर आश्रित है। यदि लग्न ठीक न बना हो तो उस कुंडली का फल सत्य नहीं हो सकता। कोई घड़ी तेज रहती है तो कोई सुस्त। जब लग्न एक राशि के अंत और दूसरी के आदि में आता है तो उस समय लग्न में संदेह हो जाता है। जन्म समय में क्रांतिवृत्त का जो प्रदेश स्थान क्षितिज वृत्त में लगता है, वही लग्न कहलाता है। अर्थात् दिन का वह अंश जितने में किसी एक राशि का उदय होता है, लग्न कहलाता है।

अहोरात्र या 24 घंटे में बारह राशियों का उदय होता है, इसीलिए एक दिन रात्रि में बारह लग्नों की कल्पना की गई है। राशिनामुदयो लग्नं अर्थात् एक राशि के उदयकाल को लग्न बताया गया है। इसके चर खंडों का साधन निम्न प्रकार करते हैं–

जन्मस्थान की पलभा तीन स्थानों पर रखकर प्रथम स्थान में 10 से, दूसरे में 8 से तथा तीसरे में 10/3 से गुणा करने पर तीन राशियों के चर खंड प्राप्त होते हैं। इनको मेषादि तीन राशियों में ऋण, कर्कादि तीन राशियों में धन, तुलादि तीन राशियों में धन तथा मकरादि तीन राशियों में ऋण करने से उदयमान आता है।

लग्न निकालने की सरल विधि

यदि किसी जातक को अपने जन्म का वर्ष ज्ञात न हो, तो भी उसका सरल विधि से लग्न निकाला जा सकता है। इसके लिए निम्न सारणी में दिए गए अंकों का प्रयोग करते हैं–

माह	अंक	प्राप्तांक	लग्न
जनवरी	726	77–181	मेष
फरवरी	850	182–302	वृष
मार्च	966	303–434	मिथुन
अप्रैल	1086	435–566	कर्क
मई	1208	567–691	सिंह
जून	1327	692–818	कन्या
जुलाई	6	819–949	तुला
अगस्त	126	950–1083	वृश्चिक
सितंबर	250	1084–1208	धनु
अक्तूबर	366	1209–1319	मकर
नवंबर	481	1320–1419	कुंभ
दिसंबर	604	1420–76	मीन

लग्न निकालने के लिए जन्मतिथि को 4 से गुणा करते हैं, जिससे अ आया। अब जिस माह में जन्म हुआ हो, उसके आगे लिखे अंक को उक्त गुणनफल अ में जोड़ें जिससे ब आया। अब जन्म समय को स्थानीय समय में परिवर्तित करके उसे मिनट में बदलें। समय

के स्थानीय अंकों को उक्त राशि ब में जोड़ें। यदि जोड़ ब 1440 से अधिक हो तो उसमें से 1440 को घटाएं। इस प्रकार प्राप्तांक से उक्त सारणी में लिखे लग्न को ज्ञात करें। उदाहरणार्थ, किसी का जन्म 26 जनवरी को दोपहर 2 बजे हुआ है–

$26 \times 4 = 104$ $104 + 726 = 830$ $830 + 840$ (मिनट) $= 1670$

$1670 - 1440 = 230$ अर्थात् वृष लग्न।

अयनांश निकालने की विधियां

अयनांश निकालने की कई विधियां प्रचलित हैं। वर्तमान में अयनांश ज्योतिर्विद्, ग्रहलाघव, मकरंद और सूर्य सिद्धांत इन तीन ग्रंथों के आधार पर निकालते हैं। इनमें से मुझे **ग्रहलाघव विधि** द्वारा निकाला गया अयनांश ठीक जंचता है। इस विधि के अनुसार, शक संवत में से 444 घटाकर शेष को 60 का भाग देने पर अयनांश आता है।

उदाहरणार्थ– शक संवत 1932 हो तो $1932 - 444 = 1488 \div 60 = 23{:}42$ अयनांश

मकरंद विधि शक वर्ष में से 421 घटाकर शेष को दो स्थानों पर रखें। एक स्थान में 10 से भाग देकर लब्धि को दूसरे स्थान में से घटाएं। जो शेष आए उसमें 60 का भाग देने से अयनांश आता है।

उदाहरणार्थ– शक संवत 1932 हो तो $1932 - 421 = 1511$

$1511 \div 10 = 151{:}1$ $1511 - 151{:}10 = 1350{:}50$

$1350{:}50 \div 60 = 23{:}20$ अयनांश

अब जिस समय का लग्न बनाना हो उस समय के स्पष्ट सूर्य में तात्कालिक स्पष्ट अयनांश जोड़ देने से तात्कालिक सूर्य सायन होता है। इस तात्कालिक सायन सूर्य के भुक्त या भोग्य अंशादि को स्वदेशीय उदयमान से गुणा करके 30 का भाग देने पर लब्ध पलादि भुक्त या भोग्य काल होता है। भुक्तांश को स्वोदय से गुणा करके 30 से भाग देने पर भुक्त काल और भोग्यांश को स्वोदय से गुणा करके 30 का भाग देने से भोग्यकाल आता है। इस भुक्त या भोग्य काल इष्ट घटी पलों में घटाने से जो शेष आए उसमें भुक्त या भोग्य राशियों के उदयमानों को जहां तक हो सके घटाना चाहिए। शेष को 30 से गुणा करके अशुद्धोदयमान (जो राशि घटी नहीं है), उसके उदयमान, से भाग देने पर जो अंशादि आए उनको क्रम से अशुद्ध राशि (जो राशि घट न सके उसे अशुद्ध राशि कहते हैं) में घटाने और शुद्ध राशि में जोड़ने से सायन स्पष्ट लग्न होता है। यदि दिन का जन्म हो तो पहले दिन का सूर्य स्पष्ट मान और रात का जन्म हो तो उसी दिन का सूर्य स्पष्ट अयनांश में जोड़कर सायन सूर्य बनाना चाहिए।

प्राचीन आचार्यों ने लग्न के शुद्धाशुद्ध विचार के लिए निम्न नियम बताए हैं–

1. प्राणपद एवं गुलिक के साधन द्वारा इष्टकाल के शुद्धाशुद्ध का निर्णय कर गणितागत लग्न के साथ तुलना करनी चाहिए।
2. इष्टकाल, सूर्य स्थित नक्षत्र, जन्मकालीन चंद्रमा, मांदि एवं स्त्री–पुरुष जन्म योग द्वारा लग्न का विचार करना चाहिए।

3. प्रसूतिका गृह, प्रसूतिका वस्त्र एवं उपप्रसूतिका संख्या आदि उत्पत्तिकालीन वातावरण के निर्णय द्वारा लग्न का विचार करना चाहिए।
4. जातक के शारीरिक चिह्न, गठन, रंग रूप आदि के द्वारा लग्न का निर्णय करना चाहिए। जिन्हें ज्योतिष शास्त्र की लग्न प्रणाली का अनुभव होता है, वे जातक के शरीर के दर्शन मात्र से लग्न का निर्णय कर लेते हैं।

यदि दिन में दिनमान के अर्द्ध भाग से पहले जन्म हो तो जन्मकालीन सूर्यगत नक्षत्र से सातवें नक्षत्र की राशि, दिन के अवशेष भाग में जन्म हो तो सूर्यगत नक्षत्र से बारहवें नक्षत्र की राशि, रात्रि के पूर्वार्द्ध में जन्म होने पर सत्रहवें नक्षत्र की राशि एवं शेष राशि में जन्म होने पर चौबीसवें नक्षत्र की लग्न राशि होती है। चंद्रमा से पांचवें या नौवें स्थान में लग्न राशि का होना संभव है। चंद्रमा के नवमांश से सातवें स्थान से नौवें और पांचवें स्थान में लग्न राशि का होना संभव है। चंद्रमा जिस स्थान में हो उस स्थान के स्वामी से विषम स्थानों में लग्न का होना संभव है। लग्न में चंद्रमा भी रह सकता है।

नवग्रह स्पष्ट मान

जन्मकुंडली में ग्रहों के स्पष्ट मान के ज्ञान बिना अन्य फलादेश ठीक से नहीं घट सकता। यहां ग्रह स्पष्टीकरण का तात्पर्य ग्रहों के राश्यादि मान से है। इसके अलावा कुंडली के बारह भावों में ग्रहों का स्थापन ग्रहमान, राश्यादि ग्रह ज्ञात होने पर ही सम्यक् हो सकता है। इसलिए कुंडली में जन्मांग चक्र से पूर्व ग्रह स्पष्ट चक्र लिखना अनिवार्य होता है।

दशवर्ग विचार

ग्रहों के बलाबल का ज्ञान करने के लिए का ज्ञान करने के लिए दशवर्ग का साधन किया जाता है। दशवर्ग में ग्रह, होरा, द्रेष्कोण, सप्तांश, नवांश, दशांश, द्वादशांश, षोडशांश, त्रिशांश और षष्टयंश परिगणित किए गए हैं।

ग्रहः जो ग्रह जिस राशि का स्वामी होता है, वह राशि उस ग्रह का गृह या स्थान कहलाती है। मेष, वृश्चिक राशि का स्वामी मंगल, वृष, तुला का शुक्र, मिथुन, कन्या का बुध, कर्क, का चंद्रमा, धनु, मीन का बृहस्पति, सिंह का सूर्य, कुंभ, मीन

होराः 15 अंश का होता है। इस प्रकार एक राशि में दो होरा होते हैं। विषम राशि मेष मिथुन आदि में 15 अंश तक सूर्य का होरा और 16 से 30 अंश तक चंद्रमा का होरा होता है। सम राशि वृष, कर्क आदि में 15 अंश तक चंद्रमा का होरा तथा 16 से 30 अंश तक सूर्य का होरा होता है। जन्मकुंडली में होरा लिखने के लिए पहले लग्न को देखा जाता है कि किस ग्रह का होरा है। यदि सूर्य का होरा हो तो होरा कुंडली की 5 लग्न राशि और चंद्रमा का होरा हो तो होरा कुंडली की 4 लग्नराशि होती है।

द्रेष्कोणः 10 अंश का एक द्रेष्कोण होता है। इस प्रकार एक राशि में तीन द्रेष्कोण होते हैं। 1 से 10 अंश तक प्रथम द्रेष्कोण, 11 से 20 अंश तक द्वितीय द्रेष्कोण और 21 से 30 तक तृतीय द्रेष्कोण समझना चाहिए। जिस किसी राशि के प्रथम द्रेष्कोण में ग्रह हो तो उसी राशि का, द्वितीय द्रेष्कोण में उस राशि से पंचम राशि का और तृतीय द्रेष्कोण में ग्रह हो तो उस राशि से नवम राशि का द्रेष्कोण होता है।

सप्तमांशः एक राशि में 30 अंश होते हैं। इन अंशों को 7 का भाग देने से 4 अंश 17 कला और 8 विकला का सप्तमांश होता है। लग्न और ग्रहों के सप्तमांश निकालने के लिए समराशि में उस राशि की सप्तम राशि से और विषम राशि में उसी राशि से सप्तमांश की गणना की जाती है।

सप्तमांश कुंडली का फल

सप्तमांश लग्न से केवल संतान का विचार किया जाता है। सप्तमांश लग्न का स्वामी पुरुष ग्रह हो तो जातक को पुत्र उत्पन्न होते हैं, और स्त्री ग्रह हो तो कन्याएं अधिक होती हैं। सप्तमांश का स्वामी यदि पाप ग्रह हो, पाप ग्रह के साथ हो या पाप ग्रह की राशि में हो तो संतान नीच कर्म करने वाली होती है। सप्तमांश का स्वामी स्वराशि का शुभ ग्रह से युक्त या दृष्ट हो या शुभ ग्रह की राशि में हो तो संतान शुभाचरण करने वाली, सुंदर और सुशील होती है।

नवमांशः एक राशि के नौवें भाग को नवमांश कहते हैं। यह 3 अंश 20 कला का होता है। अर्थात एक राशि में नौ राशियों के नवमांश होते हैं। लेकिन ये नौ नवमांश प्रति राशि में किन–किन राशियों में होते हैं इसका भी नियम है। मेष में पहला नवमांश मेष का, दूसरा वृष का, तीसरा मिथुन का, चौथा कर्क का, पांचवां सिंह का, छठा कन्या का, सातवां तुला का, आठवां वृश्चिक का और नौवां धनु का होता है। इस नौवें नवमांश में मेष राशि समाप्त हो जाती है, और वृष प्रारंभ हो जाती है। अतः वृष राशि में प्रथम नवमांश मेष राशि के अंतिम नवमांश से आगे का होगा। अर्थात् वृष राशि का पहला नवमांश मकर का, दूसरा कुंभ का, तीसरा मीन का, चौथा मेष का, पांचवां वृष का, छठा मिथुन का, सातवां कर्क का, आठवां सिंह का और नौवां कन्या का होगा। इसी प्रकार मिथुन राशि का पहला नवमांश तुला का और बाकी इसी तरह आगे होंगे।

नवमांश निकालने की गणित की भी विधि है। इसका नियम यह है कि अभीष्ट संख्या में राशि अंक को 9 से गुणा करने पर जो गुणनफल आए, उसके अंशों में 3:20 का भाग देने से जो नवमांश मिले उसे जोड़ देने से नवमांश आ जाएगा। लेकिन 12 से अधिक होने पर 12 का भाग देने से जो शेष रहे वही नवमांश होगा। लग्न स्पष्ट जिस नवमांश में आया हो वही नवमांश कुंडली का लग्न माना जाता है।

नवमांश कुंडली का फल

नवमांश लग्न से जीवनसाथी, स्त्री या पुरुष भाव का विचार किया जाता है। इससे आचरण, स्वभाव, चेष्टा, प्रभृति को देखा जाता है। नवमांश लग्न का स्वामी मंगल हो तो स्त्री क्रूर स्वभाव की, कुलटा, लड़ाकू होती है। सूर्य हो तो पतिव्रता, उग्र स्वभाव की, चंद्रमा हो तो शीतल स्वभाव की और मिलनसार होती है। बुध हो तो चतुर, सुंदर और शिल्प विद्या में निपुण होती है। गुरु हो तो ज्ञानवती, सौम्य स्वभाव वाली धार्मिक होती है। शुक्र हो तो चतुर, श्रृंगार प्रिय, विलासी होती है। शनि हो तो क्रूर स्वभाव वाली, कुल के विरुद्ध आचरण करने वाली, नीच संगति में रत, दुराचारिणी होती है। नवमांश लग्न का स्वामी शुभ ग्रह हो और स्वराशिगत, केंद्र त्रिकोण में हो तो जातक को स्त्री का पूर्ण सुख मिलता है। नवमांश

लग्न का स्वामी भाग्येश के साथ सातवें या ग्यारहवें भाव में उच्च का हो तो स्त्रियों से अनेक प्रकार का लाभ तथा ससुराल का धन मिलता है। राहु या केतु के साथ हो तो स्त्री दुराचारिणी होती है। यदि पाप ग्रहों से युत या दृष्ट हो छठे, आठवें या बारहवें भाव में स्थित हो तो जातक को स्त्री का सुख नहीं मिलता। यह जितने पाप ग्रहों से युत या दृष्ट हो उतनी ही स्त्रियों का नाश करने वाला होता है।

दशमांश विचारः एक राशि में दस दशमांश होते हैं। अर्थात् 3 अंश का एक दशमांश हुआ। विषम राशि में उसी राशि से और सम राशि में नवम राशि से दशमांश की गणना की जाती है। लग्न स्पष्ट जिस दशमांश में हो, वही दशमांश कुंडली का लग्न माना जाता है।

द्वादशांशः एक राशि में 12 द्वादशांश होते हैं। अर्थात् राशि के बारहवें भाग या ढाई अंश का एक द्वादशांश हुआ। द्वादशांश की गणना अपनी राशि से की जाती है। जैसे मेष का मेष से, वृष का वृष से, मिथुन का मिथुन से। जिस राशि में द्वादशांश जानना हो, उसमें पहला द्वादशांश अपना, दूसरा आगे वाली राशि का, इसी प्रकार 12 द्वादशांश उसी राशि के होंगे। नवमांश और दशमांश की तरह ही द्वादशांश कुंडली के लिए लग्न स्पष्ट में द्वादशांश निकालकर द्वादशांश कुंडली बनानी चाहिए।

द्वादशांश कुंडली का फल

द्वादशांश लग्न से माता–पिता के सुख–दुख का विचार किया जाता है। यदि द्वादशांश लग्न का स्वामी शुभ ग्रह हो तो जातक के माता–पिता का शुभाचरण, और पाप ग्रह हो तो व्यभिचारयुक्त आचरण होता है। द्वादशांश लग्न का स्वामी पुरुष ग्रह अपनी राशि, मित्र या उच्च राशि में स्थित होकर 1/4/5/7/9/10वें स्थान में स्थित हो तो पिता का पूर्ण सुख और नीच राशि, शत्रु राशि या पाप ग्रह की राशि में, या छठे, आठवें, बारहवें भाव में हो तो पिता का अल्प सुख होता है। द्वादशांश लग्न का स्वामी स्त्री ग्रह सौम्य हो और स्वराशि, मित्रराशि या उच्च राशि में स्थित होकर 1/4/5/7/9/10वें भाव में स्थित हो जो जातक को माता का सुख होता है। यदि स्त्री ग्रह पाप ग्रह युक्त या पाप ग्रह दृष्ट होकर छठे, आठवें या बारहवें भाव में हो तो माता का सुख नहीं मिलता है।

षोडशांशः एक राशि में 16 षोडशांश होते हैं। एक षोडशांश में 1 अंश 52 कला 30 विकला होते हैं। इसकी गणना चर राशियों में मेषादि से, स्थिर राशियों में सिंहादि से और द्विस्वभाव राशियों में धनु राशि से की जाती है। लग्न स्पष्ट जिस षोडशांश में आया हो, वही षोडशांश कुंडली का लग्न माना जाता है। और ग्रहों के स्पष्ट के अनुसार ग्रह स्थापित किए जाते हैं।

त्रिंशांशः विषम राशियों में– मेष, मिथुन, सिंह, तुला, धनु और कुंभ में 1 से 5 अंश मंगल का, 6 से 10 अंश शनि का, 11 से 18 अंश बृहस्पति का, 19 से 25 अंश बुध का, 26 से 30 अंश शुक्र का त्रिंशांश होता है।

सम राशियों में– वृष, कर्क, कन्या, वृश्चिक, मकर और मीन में 1 से 5 अंश तक मेष का, 6 से 10 अंश तक कुंभ का, 11 से 18 अंश तक धनु का, 19 से 25 अंश तक मिथुन का और 26 से 30 अंश तक तुला का त्रिंशांश होता है। त्रिंशांश कुंडली भी पूर्ववत नियम के अनुसार ही बनाई जाएगी।

षष्ट्यांशः एक राशि में 60 षष्ट्यांश होते हैं। अर्थात् 30 कला का एक षष्ट्यांश होता है। जिस ग्रह या लग्न का षष्ट्यांश करना हो उस ग्रह की राशि को छोड़कर अंशों की कला बनाकर आगे वाली कलाओं को उसमें जोड़ दिया जाता है। इन योगफल वाली कलाओं में 30 का भाग देने से जो लब्धि आए उसमें एक जोड़ देने से षष्ट्यांश बोधक चक्र में देखने से षष्ट्यांश की राशि मिल जाती है।

ग्रहों की निसर्ग मैत्री

जन्मकुंडली में ग्रहों की मैत्री चक्र भी लिखा जाता है। सूर्य के चंद्रमा, मंगल और गुरु मित्र, शुक्र और शनि शत्रु एवं बुध सम है।

चंद्रमा के सूर्य और बुध मित्र, मित्र, राहु और केतु शत्रु, मंगल, गुरु, शुक्र, शनि सम होते हैं।

मंगल के सूर्य, चंद्र, गुरु, केतु मित्र, बुध और राहु शत्रु, शुक्र और शनि सम होते हैं।

बुध के सूर्य और शुक्र मित्र, चंद्र शत्रु, मंगल, गुरु, शनि और राहु सम होते हैं।

गुरु के सूर्य, चंद्र, मंगल मित्र, बुध और शुक्र शत्रु, शनि, राहु और केतु सम होते हैं।

शुक्र के बुध, शनि, राहु और केतु मित्र, सूर्य, और चंद्र शत्रु, मंगल और गुरु सम होते हैं।

शनि के बुध, शुक्र और राहु मित्र, सूर्य, चंद्र, मंगल और केतु शत्रु, गुरु सम होता है।

राहु के गुरु, शुक्र, शनि मित्र, सूर्य, चंद्र, मंगल और केतु शत्रु, बुध सम होता है।

केतु के मंगल और शुक्र मित्र, सूर्य, चंद्र और शनि शत्रु, गुरु और बुध सम होते हैं।

तात्कालिक मैत्री चक्र

जो ग्रह जिस स्थान में होता है, वह उससे दूसरे, तीसरे, चौथे, दसवें, ग्यारहवें और बारहवें भाव के ग्रहों के साथ मित्रता रखता है, और तात्कालिक मित्र होता है। अन्य स्थानों 1/5/6/7/8/9 वें स्थान के ग्रह शत्रु होते हैं।

सूर्य के मंगल, बुध, शुक्र, शनि, राहु और केतु मित्र, चंद्र और गुरु शत्रु होते हैं।

चंद्र के मंगल, बुध, शुक्र, शनि, राहु और केतु मित्र, सूर्य और गुरु शत्रु होते हैं।

मंगल के सूर्य, चंद्र, बुध, गुरु, शुक्र और राहु मित्र, शनि और केतु शत्रु होते हैं।

बुध सूर्य, चंद्र, मंगल, गुरु, शनि और राहु मित्र, शुक्र और केतु शत्रु होते हैं।

गुरु के मंगल, बुध, शुक्र, शनि, राहु और केतु मित्र, सूर्य और चंद्र शत्रु होते हैं।

शुक्र के सूर्य, चंद्र, मंगल, गुरु, शनि और राहु मित्र, बुध और केतु शत्रु होते हैं।

शनि के सूर्य, चंद्र, बुध, गुरु, शुक्र और राहु मित्र, मंगल और केतु शत्रु होते हैं।

राहु के सूर्य, चंद्र, मंगल, बुध, गुरु, शुक्र और शनि मित्र, केतु शत्रु होता है।

केतु के सूर्य, चंद्र और गुरु मित्र, मंगल, बुध, शुक्र, शनि और राहु शत्रु होते हैं।

पंचधा मैत्री चक्र

पंचधा मैत्री में अति मित्र, अति शत्रु का विचार होता है।

सूर्य के मंगल अतिमित्र, बुध मित्र, चंद्र गुरु, शुक्र, शनि, राहु और केतु सम होते हैं।

चंद्र के बुध अतिमित्र, मंगल, शुक्र और शनि मित्र, सूर्य, राहु और केतु सम, गुरु शत्रु होता है।

मंगल के सूर्य, चंद्र और गुरु अतिमित्र, शुक्र मित्र, बुध, राहु और केतु सम तथा शनि शत्रु होता है।

बुध के सूर्य अतिमित्र, मंगल, गुरु, शनि और राहु मित्र, चंद्र और शुक्र सम तथा केतु शत्रु होता है।

गुरु के मंगल अतिमित्र, शनि, राहु और केतु मित्र, सूर्य, चंद्र, बुध और शुक्र सम होते हैं।

शुक्र के शनि और राहु अतिमित्र, मंगल और गुरु मित्र, सूर्य, चंद्र, बुध और केतु सम होते हैं।

शनि के बुध, शुक्र और राहु अतिमित्र, गुरु मित्र, सूर्य और चंद्र सम तथा मंगल और केतु अतिशत्रु होते हैं।

राहु के गुरु, शुक्र और शनि अतिमित्र, बुध मित्र, सूर्य, चंद्र और मंगल मित्र, केतु अति शत्रु होता है।

केतु के गुरु मित्र, सूर्य, चंद्र मंगल और शुक्र सम, बुध शत्रु तथा शनि और राहु अतिशत्रु होते हैं।

तात्कालिक और मैत्री दोनों जगह मित्र होने से अति मित्र, दोनों जगह शत्रु होने से अतिशत्रु, एक में मित्र और दूसरे में सम होने से मित्र, एक में सम और दूसरे में शत्रु होने से शत्रु, एवं एक में शत्रु और दूसरे में मित्र होने से सम उदासीन ग्रह होते हैं।

दशा विचार

ग्रह दशाओं के बारे में वैदिक ज्योतिष में सटीक गणना दी गई है। दशाएं ग्रहों का चक्र है जिसे निश्चित क्रम में 120 वर्षों में बांटा गया है। जातक जन्म के समय इस चक्र में कहां प्रवेश करता है यह विंशोत्तरी दशा प्रदर्शित करती है। प्रत्येक व्यक्ति इस 120 वर्ष के चक्र में कहीं न कहीं पर स्थित है। 120 वर्ष के बाद यह चक्र पुनः इसी निश्चित क्रम से चलता है। जातक को जन्म के बाद किन ग्रहों की किस अवधि तक दशा भोगनी है उसे दशा विचार कहते हैं। अष्टोत्तरी, विंशोत्तरी, योगिनी आदि कई प्रकार की दशाएं होती हैं, लेकिन ज्योतिष शास्त्र के मर्मज्ञों ने विंशोत्तरी दशा को ही ग्रहों के शुभाशुभत्व का समय जानने के लिए प्रधान माना जाता है। मारकेश का निर्णय भी विंशोत्तरी दशा से ही किया जाता है।

विंशोत्तरी

भारत में सर्वाधिक महत्व महर्षि पाराशर द्वारा प्रतिपादित विंशोत्तरी महादशा अंतरदशा पद्धति को दिया जाता है। इस दशा में 120 वर्ष की आयु मानकर ग्रहों का विभाजन किया गया है। सूर्य की दशा 6 वर्ष, चंद्रमा की 10 वर्ष, मंगल की 7 वर्ष, राहु की 18 वर्ष, बृहस्पति की 16 वर्ष, शनि की 19 वर्ष, बुध की 17 वर्ष, केतु की 7 वर्ष एवं शुक्र की 20 वर्ष की होती है।

यह दशा जन्म नक्षत्रानुसार होती है। कृतिका, उत्तरा फाल्गुनी और उत्तराषाढ़ा नक्षत्र में जन्म होने से सूर्य की दशा होती है। रोहिणी, हस्त, श्रवण में जन्म होने पर चंद्रमा की, मृगशिर, चित्रा और धनिष्ठा में जन्म होने से मंगल की, आर्द्रा, स्वाति और शतभिषा में जन्म होने से राहु की, पुनर्वसु, दिशाखा और पूर्वा भाद्रपद में जन्म होने से बृहस्पति की, पुष्य,

अनुराधा और उत्तरा भाद्रपद में जन्म होने से शनि की, आश्लेषा, ज्येष्ठा और रेवती में जन्म होने से बुध की, मघा, मूल और अश्विनी में जन्म होने से केतु की एवं भरणी, पूर्वा फाल्गुनी और पूर्वाषाढ़ा नक्षत्र में जन्म होने से शुक्र की दशा होती है। आचार्य वराहमिहिर के अनुसार, जातक को जिस ग्रह की महादशा, अंतर्दशा होती है, उस ग्रह अवधि में जातक पर उस ग्रह की छाया होती है। अग्नि, पृथ्वी, जल, आकाश और वायु इन पांचों में से जो महाभूत जिस ग्रह से संबंधित होता है, वह ग्रह अपनी दशा और अंतर्दशा में उस महाभूत की कांति को प्राणी के शरीर एवं उसकी चेष्टाओं से प्रकट करता है। जैसे सूर्य एवं मंगल की दशाओं में जातक रूपवान एवं तेजवान कांतियुक्त हो जाता है। यदि अशुभ हो तो जातक में क्रोध बढ़ जाता है, पित्त प्रकोप, नेत्र पीड़ा या रक्त विकार होते हैं। यदि जातक को मधुर अम्लादि रसों के प्रति रुचि, संगीत, गायन, कल्पना, काम एवं भोगासक्ति की प्रबलता हो तो चातक पर चंद्र एवं शुक्रकृत जल की छाया होती है। जब जातक के शरीर से उत्तम सुगंध अथवा दुर्गंध आए तो बुधकृत पृथ्वी की शुभ और अशुभ छाया होती है। जब जातक धार्मिक कार्यों की ओर बढ़े तो गुरुकृत आकाश की छाया होती है। जो स्पर्श में कोमल हो या वायु संबंधी प्रकोप हो तो आकाश संबंधी छाया समझनी चाहिए।

दशा जानने की सुगम विधि

कृतिका नक्षत्र से जन्म नक्षत्र तक गिनकर 9 का भाग देने से एकादि शेष में क्रम से सूर्य, चंद्र, मंगल, राहु, बृहस्पति, शनि, बुध, केतु और शुक्र की दशा होती है। यदि किसी का जन्म नक्षत्र मघा है तो कृतिका से मघा की गणना संख्या 8 हुई। इसमें 9 का भाग दिया तो लब्ध कुछ नहीं मिला और शेष 8 ही रहा। सूर्य, चंद्र, मंगल आदि क्रम में 8वीं संख्या केतु की हुई। अतः जन्मदशा केतु की कहलाएगी।

दशा साधन या गणना

किसी भी जातक के भूत या भविष्य के बारे में जानने के लिए उसकी विंशोत्तरी और अंतर, प्रत्यंतर दशा के द्वारा ही मालूम किया जाता है। इसलिए इसकी गणना अत्यंत सूक्ष्म और सटीक होनी चाहिए। यह जन्म समय पर ही आधारित है। अतः जन्म समय जितना शुद्ध होगा उतना ही शुद्ध जन्म लग्न होगा।

इसके लिए जन्म समय तक जितना नक्षत्र व्यतीत हो गया हो अर्थात् भयात और कुल नक्षत्र अर्थात् भभोग को पलात्मक बनाकर जन्म नक्षत्र के अनुसार, जिस ग्रह की दशा हो, उसके वर्षों से पलात्मक भयात को गुणा कर पलात्मक भभोग का भाग देने से जो लब्ध आए वह वर्ष, और

शेष को 12 से गुणा कर पलात्मक भभोग का भाग देने से जो लब्ध आए वह माह और

शेष को 30 से गुणा कर पलात्मक भभोग का भाग देने से जो लब्ध आए वह दिन और

शेष को 60 से गुणा कर पलात्मक भभोग का भाग देने से जो लब्ध आए वह घटी और

शेष को 60 से गुणा कर पलात्मक भभोग का भाग देने से जो लब्ध आए वह पल होगा। इनको दशा में से घटाने पर जातक को भोग्य वर्षादि आ जाएंगे। विंशोत्तरी दशा का चक्र बनाने के लिए पहले जिस ग्रह की भोग्य दशा जितनी आई है, उसे रखकर फिर

क्रम से सब ग्रहों को स्थापित कर देंगे। बीच चक्र में एक खाना संवत के लिए रहेगा और नीचे एक खाना जन्म समय के राश्यादि सूर्य के लिए रहेगा। नीचे खाने के लिए सूर्य स्पष्ट की भोग्य दशा के मासादि में जोड़ देना चाहिए, और इस योगफल को नीचे के खाने में जोड़ देना चाहिए और अगले कोष्ठक में रख देना चाहिए। मध्य वाले कोष्ठक के संवत को ग्रहों के वर्षों में जोड़कर आगे रखना चाहिए।

उदाहरणार्थ– भयात 16 घटी 39 पल और भभोग 58:44 है, तो

पलात्मक भयात हुए 999 तथा पलात्मक भभोग हुए 3524

यहां जन्म नक्षत्र कृतिका है। जन्म नक्षत्र द्वारा ग्रह दशाबोधक चक्र में कृतिका नक्षत्र की जन्म दशा सूर्य की लिखी गई है। इस ग्रह की दशा 6 वर्ष की होती है।

अतः पलात्मक भयात 999 को सूर्य की ग्रह दशा 6 से गुणा किया और पलात्मक भभोग 3524 से भाग दिया।

999 × 6 = 5994 ÷ 3524 = 1 वर्ष शेष 2470

2470 × 12 = 29640 ÷ 3524 = 8 माह शेष 1448

1448 × 30 = 43440 ÷ 3524 = 12 दिन शेष 1152

1152 × 60 = 69120 ÷ 3524 = 19 घटी शेष 2164

2164 × 60 = 129840 ÷ 3524 = 36 पल

अतः सूर्य के भुक्त वर्षादि = 1:8:12:19:36 या 1वर्ष 8 माह 12 दिन 19 घटी 36 पल

अंतर्दशा निकालने की विधि

प्रत्येक ग्रह की महादशा में 9 ग्रहों की अंतर्दशा होती है। जैसे सूर्य की महादशा में पहली अंतर्दशा सूर्य की, दूसरी चंद्रमा की, तीसरी मंगल की, चौथी राहु की, पांचवीं बृहस्पति की, छठी शनि की, सातवीं बुध की, आठवीं केतु की और नौवीं दशा शुक्र की होती है। इसी प्रकार अन्य ग्रहों में समझना चाहिए। अंतर्दशा निकालने की सरल विधि यह है कि दशा दशा का परस्पर गुणा करके 10 से भाग देने से लब्ध मास और शेष को तीन से गुणा करने से दिन होंगे।

उदाहरणार्थ–सूर्य की महादशा में सूर्य की अंतर्दशा निकालनी है, तो

सूर्य की दशा के वर्ष 6 को सूर्य की दशा वर्षों से ही गुणा करके 10 का भाग दिया

6×6 = 36 ÷ 10 = 3 माह शेष 6

6×3 = 18 दिन अर्थात् 3 माह 18 दिन सूर्य की दशा

सूर्य की महादशा में चंद्रमा की अंतर्दशा

6×10 = 60 ÷ 10 = 6 माह

सूर्य में मंगल की अंतर्दशा

6×7 = 42 ÷ 10 = 4 माह शेष 2×3 = 6 दिन अर्थात् 4 माह 6 दिन

सूर्य में राहु की अंतर्दशा

6×18 = 108 ÷ 10 = 10 माह शेष 8×3 = 24 दिन अर्थात् 10 माह 24 दिन

सूर्य में बृहस्पति की अंतर्दशा

6×16 = 96 ÷ 10 = 9 माह शेष 6×3 = 18 दिन अर्थात् 9 माह 18 दिन

सूर्य में शनि की अंतर्दशा

$6 \times 19 = 114 \div 10 = 11$ माह शेष $4 \times 3 = 12$ दिन अर्थात् 11 माह 12 दिन

सूर्य में बुध की अंतर्दशा

$6 \times 17 = 102 \div 10 = 10$ माह शेष $2 \times 3 = 6$ दिन अर्थात् 10 माह 6 दिन

सूर्य में केतु की अंतर्दशा

$6 \times 7 = 42 \div 10 = 4$ माह शेष $2 \times 3 = 6$ दिन अर्थात् 4 माह 6 दिन

सूर्य में शुक्र की अंतर्दशा

$6 \times 20 = 120 \div 10 = 12$ माह अर्थात् एक वर्ष

चंद्रमा की महादशा में नौ ग्रहों की अंतर्दशा

चंद्र की महादशा में चंद्र की अंतर्दशा $10 \times 10 = 100 \div 10 = 10$ माह

चंद्र की महादशा में मंगल की अंतर्दशा $10 \times 7 = 70 \div 10 = 7$ माह

चंद्र की महादशा में राहु की अंतर्दशा $10 \times 18 = 180 \div 10 = 18$ माह

चंद्र की महादशा में बृहस्पति की अंतर्दशा $10 \times 16 = 160 \div 10 = 16$ माह

चंद्र की महादशा में शनि की अंतर्दशा $10 \times 19 = 190 \div 10 = 19$ माह

चंद्र की महादशा में बुध की अंतर्दशा $10 \times 17 = 170 \div 10 = 17$ माह

चंद्र की महादशा में केतु की अंतर्दशा $10 \times 7 = 70 \div 10 = 7$ माह

चंद्र की महादशा में शुक्र की अंतर्दशा $10 \times 20 = 200 \div 10 = 20$ माह

चंद्र की महादशा में सूर्य की अंतर्दशा $10 \times 6 = 60 \div 10 = 6$ माह

इसी प्रकार अन्य ग्रहों की महादशा में अंतर्दशा ज्ञात की जाती है। जन्मकुंडली में जो महादशा आई है पहले उसकी अंतर्दशा बनाई जाती है। अंतर्दशा में जिस ग्रह का जो चक्र है पहले कोष्ठक में विंशोत्तरी के समान उस चक्र के वर्षादि को लिख दिया जाता है। मध्य में संवत का कोष्ठक होता है और अंत में सूर्य का कोष्ठक रहेगा। सूर्य के राशि अंश को दशा के माह और दिन में जोड़ना चाहिए। दिन संख्या में तीस से अधिक होने पर तीस का भाग देकर लब्ध को भाग से जोड़ देना चाहिए और माह संख्या में 12 से अधिक होने पर 12 का भाग देकर लब्ध को वर्ष में जोड़ देना चाहिए। नीचे और ऊपर के कोष्ठक के जोड़ने के अनंतर मध्य वाले में संवत के वर्षों में जोड़कर लिखा जाना चाहिए। जिस ग्रह की महादशा आई है उसका अंतर निकालने के लिए उसके भुक्त वर्षों को अंतर्दशा के ग्रहों के वर्षों में से घटाकर तब अंतर्दशा लिखनी चाहिए। अंतर्दशा के समान ही प्रत्यंतर दशा और सूक्ष्मांतर दशाएं लिखी जाती हैं।

प्रत्यंतर दशा

जिस प्रकार प्रत्येक ग्रह की महादशा में नौ ग्रहों की अंतर्दशा होती है, उसी प्रकार एक अंतर्दशा में नौ ग्रहों की प्रत्यंतर दशा होती है। जैसे सूर्य की महादशा में सूर्य की अंतर्दशा 3 माह 18 दिन है। इस 3 माह 18 दिन में उसी क्रम और परिमाणानुसार प्रत्यंतर भी होता है।

प्रत्यंतर दशा निकालने का नियम यह है कि महादशा के वर्षों को अंतर और प्रत्यंतर दशा के वर्षों से गुणा कर 40 का भाग देने पर जो दिनादि आएंगे वही प्रत्यंतर दशा के दिनादि होंगे।

उदाहरणार्थ– सूर्य की महादशा में चंद्र की अंतर्दशा में चंद्र की प्रत्यंतर दशा निकालनी है,

सूर्य की महादशा 6 वर्ष × चंद्रमा की अंतर्दशा 10 वर्ष = 60×10 = 600 ÷ 40 = 15 अर्थात् 15 दिन

मंगल की प्रत्यंतर दशा

60×7 = 420 ÷ 40 = 10 दिन शेष 20 × 30 = 600 अर्थात् 10 दिन 30 घटी

राहु की प्रत्यंतर दशा

60×18 = 1080 ÷ 40 = 27 दिन

बृहस्पति का प्रत्यंतर

60×16 = 960 ÷ 40 = 24 दिन

शनि का प्रत्यंतर

60×19 = 1140 ÷ 40 = 28 दिन 30 घटी

बुध का प्रत्यंतर

60×17 = 1020 ÷ 40 = 25 दिन 30 घटी

केतु का प्रत्यंतर

60×7 = 420 ÷ 40 = 10 दिन 30 घटी

शुक्र का प्रत्यंतर

60×20 = 1200 ÷ 40 = 30 दिन

सूर्य का प्रत्यंतर

60×6 = 360 ÷ 40 = 9 दिन

इसी प्रकार अन्य ग्रहों की प्रत्यंतर दशा ज्ञात की जाती है।

अष्टोत्तरी दशा विचार

दक्षिण भारत में अष्टोत्तरी दशा का विशेष प्रचार है। स्वरशास्त्र में कहा गया है कि जिसका जन्म शुक्ल पक्ष में हुआ है उसका अष्टोत्तरी दशा द्वारा और जिसका जन्म कृष्ण पक्ष में हुआ है उसका विंशोत्तरी दशा द्वारा शुभाशुभ फल ज्ञात करना चाहिए। अष्टोत्तरी 108 वर्ष की दशा में सूर्य की दशा 6 वर्ष, चंद्रमा की 15 वर्ष, मंगल की 8 वर्ष, बुध की 17 वर्ष, शनि की 10 वर्ष, बृहस्पति की 19 वर्ष, राहु की 12 वर्ष और शुक्र की 21 वर्ष की दशा होती है। जन्म नक्षत्र द्वारा दशा ज्ञान करने की यह विधि है कि अभिजित सहित आर्द्रादि नक्षत्रों को पापग्रहों में चार–चार और शुभ ग्रहों में तीन–तीन ग्रह स्थापित करने से ग्रह दशा मालूम पड़ जाती है। आर्द्रा, पुनर्वसु, पुष्य और आश्लेषा में जन्म हो तो सूर्य, मघा, पूर्वा फाल्गुनी और उत्तरा फाल्गुनी में जन्म हो तो चंद्रमा, हस्त, चित्रा, स्वाति और दिशाखा में जन्म हो तो मंगल, अनुराधा, ज्येष्ठा और मूल में जन्म हो तो बुध, पूर्वाषाढ़ा, उत्तराषाढ़ा, अभिजित और श्रवण में जन्म हो तो शनि, धनिष्ठा, शतभिषा और पूर्वाभाद्रपद में जन्म हो

तो बृहस्पति, उत्तरा भाद्रपद, रेवती, अश्विनी और भरणी में जन्म हो तो राहु एवं कृतिका, रोहिणी और मृगशिरा नक्षत्र में जन्म हो तो शुक्र की दशा होती है।

योगिनी दशा

योगिनी दशा 36 वर्ष में पूर्ण होती है। इसलिए कुछ ज्योतिष इसका फल 36 वर्ष की आयु तक ही मानते हैं। लेकिन कुछ लोग इसकी 36 वर्ष के बाद पुनरावृत्ति मानते हैं। योगिनी दशाओं में मंगला, पिंगला, धान्या, भ्रामरी, भद्रिका, उल्का, सिद्धा और संकटा ये नाम बताए गए हैं। इनकी वर्ष संख्या भी 1, 2, 3, 4, 5, 6, 7 और 8 वर्ष है। इन दशाओं के स्वामी क्रमशः चंद्र, सूर्य, बृहस्पति, मंगल, बुध, शनि और शुक्र होते हैं। संकटा दशा के पूर्वार्द्ध 1 से 4 वर्ष में राहु और उत्तरार्द्ध 5 से 8 वर्ष तक में केतु स्वामी होते हैं। जन्म नक्षत्र से योगिनी दशा निकालने के लिए जन्म नक्षत्र में तीन जोड़कर आठ का भाग देने पर एकादि शेष में क्रमशः मंगला, पिंगलादि दशा एवं शून्य शेष में संकटा दशा समझनी चाहिए।

विंशोत्तरी दशा का फल विचार

दशा के द्वारा प्रत्येक ग्रह की फल प्राप्ति का समय जाना जाता है। सभी ग्रह अपनी दशा, अंतर्दशा, प्रत्यंतर्दशा और सूक्ष्म दशाकाल में फल देते हैं। जो ग्रह उच्चराशि, मित्र राशि या अपनी राशि में रहता है, वह अपनी दशा में अच्छा फल और जो नीच राशि, शत्रु राशि या अस्तगत हों वे अपनी दशा में धन हानि, रोग अवनति आदि फल देते हैं। दशा फल ज्ञात करने के लिए यह आवश्यक है कि ग्रह किस भाव का स्वामी है और उसका संबंध कैसे ग्रहों से है।

सूर्य की दशा का फल

सूर्य की दशा में परदेश गमन, राजा से धनलाभ, व्यापार से आय, ख्यातिलाभ, धर्म में अभिरुचि होती है। यदि सूर्य नीच राशि में पाप ग्रह युत या दृष्ट हो तो ऋणी, व्याधि पीड़ित, प्रियजनों का वियोग, राजा से भय और अशुभ फल होते हैं। सूर्य यदि मेष राशि में हो तो नेत्ररोग, धनहानि होती है। वृष राशि में हो तो स्त्री–पुत्र के सुख से हीन, हृदय और नेत्ररोगी होता है। मिथुन राशि में हो तो अन्न–धन से युक्त, शास्त्र, काव्य से आनंद, विलास होता है। कर्क राशि में हो तो राजसम्मान, धन प्राप्ति, माता–पिता से पृथक्कता होती है। सिंह राशि में हो तो राजमान्य, उच्चपदस्थ होता है। कन्या में हो तो कन्या रत्न की प्राप्ति, धर्म में रुचि होती है। तुला में हो तो स्त्री–पुत्र की चिंता, परदेशगमन, वृश्चिक में हो तो प्रताप में वृद्धि, विष तथा अग्नि से पीड़ा होती है। धनु में हो तो राजा से प्रतिष्ठा, विद्या की प्राप्ति, मकर में हो तो स्त्री–पुत्र–धन की चिंता, कुंभ में हो तो अल्पधन, कुटुंबियों से विरोध और मीन में हो तो सूर्यदशाकाल में वाहन लाभ, प्रतिष्ठा में वृद्धि होती है।

चंद्रमा की दशा का फल

पूर्ण, उच्च का और शुभ ग्रह युत चंद्रमा हो तो उसकी दशा में अनेक प्रकार से सम्मान, मंत्री, विधानसभा का सदस्य, विद्या, धन आदि की प्राप्ति होती है। नीच या शत्रुराशि में रहने से कलह, क्रूरता, सिर में दर्द, धननाश आदि होता है। चंद्रमा मेष राशि में हो तो उसकी दशा में स्त्री सुख, विदेश से प्रीति होती है। वृष राशि में हो तो धन, वाहन का सुख, स्त्री से प्रेम,

माता की मृत्यु, पिता को कष्ट होता है। मिथुन में हो तो देशाटन, संपत्ति लाभ होता है। कर्क में हो तो गुप्तरोग, धन–धान्य में वृद्धि, सिंह में हो तो बुद्धिमान, धनलाभ, कन्या में हो तो विदेशगमन, काव्य प्रेम, स्त्री प्रेम व धनलाभ होता है। तुला में हो तो विरोध, चिंता, अपमान, व्यापार से धनलाभ, वृश्चिक में हो तो साधारण लाभ, धर्महानि, धनु में हो तो वाहनसुख, धननाश, मकर में हो तो पुत्र, स्त्री, धन की प्राप्ति, कुंभ में हो तो व्यसन, ऋण, नाभि से ऊपर तथा नीचे पीड़ा तथा मीन में हो तो धनलाभ, धनसंग्रह, शत्रुनाश आदि फलों की प्राप्ति होती है।

मंगल की दशा का फल

मंगल यदि उच्च स्थान, स्वस्थान या मूलत्रिकोण में हो तो उसकी दशा में यशलाभ, स्त्री–पुत्र का सुख, साहस, धनलाभ आदि फल मिलते हैं। मंगल मेष राशि में हो तो धनलाभ, ख्याति, अग्निपीड़ा, वृष में हो तो रोग, अन्य से धनलाभ, परोपकाररत, मिथुन में हो तो विदेशवास, कुटिल, अधिक व्यय, कर्क में हो तो धनयुक्त, क्लेश, स्त्री–पुत्र से दूरी, सिंह में हो तो शासनलाभ, शस्त्रादिपीड़ा, धनव्यय, कन्या में हो तो पुत्र, भूमि, धन न अन्न से परिपूर्ण, तुला में हो तो स्त्री धन से हीन, उत्सवरहित, क्लेश, वृश्चिक में हो तो अन्न, धन से परिपूर्ण, अग्निशस्त्र से पीड़ा, धनु में हो तो राजमान्य, विजय, धनलाभ, मकर में हो तो अधिकार प्राप्ति, स्वर्ण–रत्न लाभ, कार्यसिद्धि, कुंभ में हो तो आचार का अभाव, दरिद्रता, रोग, व्यय अधिक और मीन में हो तो ऋण, चिंता, पीड़ा आदि फल मिलते हैं।

बुध की दशा का फल

उच्च, स्वराशिगत और बलवान बुध की दशा में विद्या, विज्ञान, शिल्पकृषि कर्म में उन्नति, धनलाभ, स्त्री–पुत्र को सुख, वात–पित्त–कफ की पीड़ा होती है। बुध मेष राशि में हो तो बुध की दशा में धनहानि, छल–कपटयुक्त व्यवहार के लिए प्रवृत्ति, वृष में हो तो धन, यश लाभ, स्त्री–पुत्र की चिंता, विश से कष्ट, मिथुन में हो तो अल्प लाभ, साधारण कष्ट, माता को सुख, कर्क में हो तो धनार्जन, काव्य सृजन, विदेश यात्रा, सिंह में हो तो ज्ञान, यश, धन नाश, कन्या में हो तो ग्रंथों का निर्माण, प्रतिभा का विकास, धन, ऐश्वर्य, तुला में हो तो परिवार के लिए सुख, धनलाभ, वृश्चिक में हो तो कामपीड़ा, अनाचार, अधिक व्यय, धनु में हो तो मंत्री, शासन की प्राप्ति, मकर में हो तो नीच व्यक्तियों से मित्रता, धनहानि, अल्पलाभ, कुंभ में हो तो बंधुओं को कष्ट, दरिद्रता, रोग, मीन में हो तो बुध की दशा में खांसी, विष, अग्नि से पीड़ा, अल्पहानि आदि फलों की प्राप्ति होती है।

बृहस्पति की दशा का फल

बृहस्पति की दशा में ज्ञानलाभ, धन, अस्त्र, वाहन लाभ, कंठ रोग आदि फल मिलते हैं। मेष राशि में हो तो अधिकारी, विद्या, स्त्री, धन, पुत्र सम्मान आदि फल मिलते हैं। वृष में हो तो रोग, विदेश में निवास, धनहानि, मिथुन में हो तो विरोध, क्लेश, धननाश, कर्क में हो तो राज्य से लाभ, ऐश्वर्य, उच्च पद की प्राप्ति, सिंह में हो तो पुत्र, स्त्री, बंधु लाभ, हर्ष, धन धान्य का लाभ, कन्या में हो तो शासन में योगदान, भ्रमण, विवाद, कलह, तुला में हो तो विवेक का अभाव, अपमान, शत्रुता, वृश्चिक में हो तो पुत्रलाभ, नीरोगी, धनलाभ, ऋण की अदायगी, धनु में हो तो सेनापति, मंत्री, उच्च पदासीन, अल्पलाभ, मकर में हो तो

आर्थिक कष्ट, कुंभ में हो तो राजा से सम्मान, विद्या, धन लाभ, मीन में हो तो विद्या, धन, स्त्री, पुत्र आदि सुख मिलते हैं।

शुक्र की दशा का फल

शुक्र की दशा में रत्न, वस्त्र, आभूषण, सम्मान, नवीन कार्य आरंभ, मदनपीड़ा, वाहनसुख आदि मिलते हैं। मेष राशि में हो तो मन में चंचलता, विदेश भ्रमण, व्यसन, धनहानि, वृष में हो तो विद्या का लाभ, धन, कन्या का सुख, मिथुन में हो तो काव्य प्रेम, प्रसन्नता, धनलाभ, परदेशगमन, व्यवसाय में उन्नति, कर्क में हो तो उद्यम से लाभ, स्त्रियों से विशेष प्रेम, सिंह में हो तो साधारण आर्थिक कष्ट, स्त्री द्वारा धनलाभ, पुत्रहानि, कन्या में हो तो आर्थिक कष्ट, दुखी, परदेशगमन, स्त्री–पुत्र से विरोध, तुला में हो तो ख्यातिलाभ, भ्रमण, अपमान, वृश्चिक में हो तो प्रताप, क्लेश, धनलाभ, सुख, धनु में हो तो काव्य प्रेम, प्रतिभा का विकास, राज्य से सम्मान, लाभ, मकर में हो तो चिंता, कष्ट, वात–कफ रोग, कुंभ में हो तो व्यसन, रोग, कष्ट, धनहानि और मीन में हो तो राजा से धनलाभ, व्यापार से लाभ, कारोबार की वृद्धि आदि फलों की प्राप्ति होती है।

शनि की दशा का फल

बलवान शनि की दशा में जातक को धन, वाहन, प्रताप, भ्रमण, कीर्ति आदि फल प्राप्त होते हैं। मेष राशि में शनि हो तो शनि की दशा में स्वतंत्रता, प्रवास, बंधु–बांधवों से वियोग, वृष में हो तो निरुद्यम, वायुपीड़ा, राजा से लाभ, मिथुन में हो तो ऋण, कष्ट, चिंता, कर्क में हो तो नेत्र कान के रोग, बंधु वियोग, विपत्ति, सिंह में हो तो रोग, कलह, आर्थिक कष्ट, कन्या में हो तो मकान का निर्माण, भूमिलाभ, तुला में हो तो धन–धान्य का लाभ, विजय, विलास, भोगोपभोग वस्तुओं की प्राप्ति, वृश्चिक में हो तो भ्रमण, कृपणता, नीच संगति, आर्थिक कष्ट, धनु में हो तो राजा से सम्मान, जनता में ख्याति, यशलाभ, मकर में हो तो आर्थिक संकट, विश्वासघात, कुंभ में हो तो स्त्री, पुत्र, धन का लाभ, कीर्ति और मीन में हो तो अधिकार प्राप्ति, सुख सम्मान, स्वास्थ्य और उन्नति आदि का लाभ मिलता है।

राहु की दशा का फल

मेष राशि में राहु हो तो उसकी दशा में अर्थलाभ, साधारण सफलता, घरेलू झगड़े, भाई से विरोध, वृष में हो तो राज्य से लाभ, अधिकार प्राप्ति, कष्ट सहिष्णुता, मिथुन में हो तो दशा के प्रारंभ में कष्ट, मध्य में सुख, कर्क में हो तो अर्थलाभ, पुत्र लाभ, नवीन कार्य का शुभारंभ, धन संचय, सिंह में हो तो प्रेम, सम्मान, कार्यों में सफलता, कन्या में हो तो मध्य वर्ग के लोगों से लाभ, व्यापार से लाभ, व्यसनों से हानि, तुला में हो तो अचानक कष्ट, बंधु बांधवों से क्लेश, धन लाभ, यश, वृश्चिक में हो तो आर्थिक कष्ट, शत्रुओं से हानि, नीचकार्यरत, धनु में हो तो यश लाभ, उच्च पद की प्राप्ति, मकर में राहु हो तो सिर में रोग, वातरोग, आर्थिक संकट, कुंभ में हो तो धन लाभ, व्यापार से साधारण लाभ, मीन में हो तो विरोध, झगड़ा, अल्प लाभ आदि फल मिलता है।

केतु की दशा का फल

मेष में केतु हो तो धन लाभ, यश, स्वास्थ्य लाभ, वृष में हो तो कष्ट, हानि, पीड़ा, चिंता, अल्प लाभ, मिथुन में हो तो कीर्ति, बंधुओं से विरोध, कर्क में हो तो सुख, कल्याण, स्त्री, पुत्र लाभ, सिंह में हो तो अल्प सुख, धन लाभ, कन्या में हो तो नीरोग, सत्कार्यों से प्रेम, नए कार्यों में रुचि, तुला में हो तो व्यसनों में रुचि, कार्य हानि, अल्प लाभ, वृश्चिक में हो तो धन, सम्मान, स्त्री, पुत्र लाभ, बंधुजन्य कष्ट, धनु में हो तो सिर में रोग, नेत्र पीड़ा, भय, झगड़े, मकर में हो तो धन हानि, साधारण व्यापार से लाभ, नए कार्यों में असफलता, कुंभ में हो तो आर्थिक संकट, पीड़ा, चिंता, बंधुओं का वियोग और मीन में हो तो साधारण लाभ, अकस्मात धन प्राप्ति, लोक में ख्याति, विद्या लाभ, कीर्ति आदि फल मिलते हैं।

ग्रहों की दशा का फल संपूर्ण दशाकाल में एक जैसा नहीं रहता। किंतु प्रथम द्रेष्कोण में ग्रह हो तो दशा के प्रारंभ में, द्वितीय द्रेष्कोण में हो तो मध्य में, तृतीय द्रेष्कोण में हो तो दशा के अंत में फल की प्राप्ति होती है। वक्री ग्रह हो तो विपरीत अर्थात् तृतीय द्रेष्कोण में हो तो प्रारंभ में, द्वितीय द्रेष्कोण में मध्य में और प्रथम द्रेष्कोण में अंत में फल समझना चाहिए।

वक्री ग्रह की दशा का फल

वक्री ग्रह की दशा में स्थान, धन और सुख का नाश होता है। परदेशगमन तथा सम्मान की हानि होती है।

मार्गी ग्रह की दशा का फल

मार्गी ग्रह की दशा में सम्मान, सुख, धन, यश की वृद्धि, लाभ, राजनीति और उद्योग में सफलता प्राप्त होती है। यदि मार्गी ग्रह छठे, आठवें या बारहवें भाव में हो तो अभीष्ट सिद्धि में बाधा आती है।

नीच और शत्रुक्षेत्री ग्रह की दशा का फल

नीच और शत्रु ग्रह की दशा में परदेश में निवास, परिजनों से वियोग, शत्रुओं से हानि, दुराग्रह, रोग, विवाद और अनेक प्रकार के कष्ट आते हैं। यदि ये ग्रह सौम्य से युत हों तो या दृष्ट हों तो बुरा फल कुछ न्यून रूप में मिलता है।

अंतर्दशा का फल

- पाप ग्रह की महादशा में पाप ग्रह की अंतर्दशा धनहानि, शत्रुभय, कष्ट देने वाली होती है।
- जिस ग्रह की महादशा हो उससे छठे या आठवें स्थान में स्थित ग्रहों की अंतर्दशा स्थानच्युत, भयानक रोग, मृत्युतुल्य कष्ट या मृत्यु देने वाली होती है।
- पाप ग्रह की महादशा में शुभ ग्रह की अंतर्दशा हो तो उस अंतर्दशा का पहला भाग कष्टदायक और आखिरी भाग सुखदायक होता है।

- शुभ ग्रह की महादशा में शुभ ग्रह की अंतर्दशा हो तो अंतर्दशा धनागम, सम्मानवृद्धि, सुखोदय और शारीरिक सुख प्रदान करती है।
- शुभ ग्रह की महादशा में पाप ग्रह की अंतर्दशा हो तो का पूर्वार्द्ध सुखदायक और उत्तरार्द्ध कष्टकारक होता है।
- पाप ग्रह की महादशा में अपने शत्रु ग्रह से युत पाप ग्रह की अंतर्दशा हो तो विपत्ति आती है।
- शनि क्षेत्र में चंद्रमा हो तो उसकी महादशा में सप्तमेश की महादशा परम कष्टदायक होती है।
- शनि में चंद्रमा व चंद्रमा में शनि का दशाकाल आर्थिक रूप से कष्ट देता है।
- बृहस्पति में शनि और शनि में बृहस्पति की दशा रोगकारक होती है।
- मंगल में शनि और शनि में मंगल की दशा रोगकारक होती है।
- शनि में सूर्य और सूर्य में शनि की दशा चिंताकारक होती है।
- राहु और केतु की दशा प्रायः अशुभ होती है। किंतु जब राहु तीसरे, छठे या ग्यारहवें भाव में हो तो उसकी दशा अच्छा फल देती है।

बलाबल विचार

जन्मकुंडली का यथार्थ फल ज्ञात करने के लिए षड्बल का विचार करना अति आवश्यक होता है, क्योंकि ग्रह अपने बलाबलानुसार ही फल देते हैं। ज्योतिष शास्त्र में ग्रहों के छह प्रकार के बल कहे गए हैं। स्थान बल, दिग्बल, कालबल, चेष्टाबल, नैसर्गिक बल और दृग्बल माने गए हैं।

प्रत्येक ग्रह के पृथक पृथक स्थान बल, दिग्बल, कालबल, चेष्टाबल, नैसर्गिक बल और दृग्बल इन छह बलों का का योग करने से प्रत्येक ग्रह का षड्बल आ जाता है।

जिन ग्रहों का बलाबल षड्बलैक्य तीन अंशों से कम हो वे निर्बल, तीन से अधिक और छह से कम होने पर मध्यबली एवं जिनका छह अंश से अधिक हो वे पूर्ण बलवान होते हैं।

बल वृद्धिः सूर्य से शनि, शनि से मंगल, मंगल से बृहस्पति, बृहस्पति से चंद्रमा, चंद्रमा से शुक्र, शुक्र से बुध एवं बुध से चंद्रमा का बल बढ़ता है। अर्थात् सूर्य के साथ शनि का बल, शनि के साथ मंगल का बल, मंगल के साथ बृहस्पति का बल, बृहस्पति के साथ चंद्रमा का बल, चंद्रमा के साथ शुक्र का बल और शुक्र के साथ बुध का बल बढ़ता है।

स्थान बलः जो ग्रह उच्च, स्वग्रही, मित्रग्रही, मूल–त्रिकोणस्थ, स्व नवांशस्थ अथवा द्रेष्कोण में होता है, वह स्थान बली कहलाता है। चंद्रमा शुक्र समराशि में और अन्य ग्रह विषमराशि में बली होते हैं।

दिग्बलः बुध एवं बृहस्पति लग्न में रहने से बली होते हैं। शुक्र और चंद्रमा चतुर्थ भाव में रहने से, सूर्य और मंगल दसवें भाव में रहने से दिग्बली होते हैं। कुंडली में लग्न पूर्व में, दसवां स्थान दक्षिण में, सातवां स्थान पश्चिम में और चौथा स्थान उत्तर दिशा में होता है। इसी कारण उन स्थानों में ग्रहों का रहना दिग्बल कहलाता है।

काल बलः रात में जन्म होने पर चंद्र, शनि और मंगल व दिन में जन्म होने पर सूर्य, बुध और शुक्र कालबली होते हैं। शास्त्रानुसार बुध को सर्वदा कालबली माना जाता है।

नैसर्गिक बलः शनि, मंगल, बुध, बृहस्पति, शुक्र, चंद्र और सूर्य उत्तरोत्तर बली होते हैं।

चेष्टाबलः मकर से मिथुन पर्यंत किसी राशि में रहने से सूर्य और चंद्रमा तथा मंगल, बुध, बृहस्पति, शुक्र और शनि चंद्रमा के साथ रहने से चेष्टाबली होते हैं।

दृग्बलः शुभ ग्रहों से दृष्ट ग्रह दृग्बली होते हैं।

ग्रहों का स्थान बल

सूर्य– अपने उच्च राशि, द्रेष्कोण, होरा, रविवार, नवांश, उत्तरायण, मध्याह्न, राशि का प्रथम प्रहर, मित्र के नवांश एवं दसवें भाव में बली होता है।

चंद्रमा– कर्क और वृष राशि, दिन, द्रेष्कोण, निजी होरा, स्वनवांश, राशि के अंत में शुभ ग्रहों द्वारा दृष्ट, रात्रि, चतुर्थ भाव और दक्षिणायन में बली होता है।

मंगल– मंगलवार, स्वनवांश, स्व द्रेष्कोण, मीन, वृश्चिक, कुंभ, मकर, मेष राशि की रात्रि, दक्षिण दिशा में राशि के प्रारंभ में रहने पर बली माना जाता है।

बुध– कन्या, धनु और मिथुन राशि, बुधवार, अपने वर्ग, रविवार के अतिरिक्त अन्य दिन एवं उत्तरायण में बली होता है। यदि राशि के मध्य का होकर लग्न में स्थित हो तो सदा यश और बल की वृद्धि करता है।

बृहस्पति– कुंभ, मीन, वृश्चिक, धनु और कर्क राशि, स्ववर्ग, बृहस्पतिवार, मध्य दिन, उत्तरायण, राशि का मध्य बली होता है। नीचस्थ होने पर भी लग्न, चौथे और दसवें भाव में स्थित होने पर धन, यश और सुख प्रदान करता है।

शुक्र– उच्च राशि मीन, स्ववर्ग, शुक्रवार, राशि का मध्य, तीसरे, चौथे, छठे या बारहवें भाव में स्थित, अपराह्न, चंद्रमा के साथ एवं वक्री शुक्र बली माना जाता है।

शनि– तुला, मकर और कुंभ राशि, सातवां भाव, दक्षिणायन, स्वद्रेष्कोण, शनिवार, अपनी दशा, भुक्ति एवं राशि के अंत में रहने पर बली होता है। कृष्ण पक्ष में वक्री हो तो समस्त राशि में बलवान होता है।

राहु– मेष, वृश्चिक, कुंभ, कन्या, वृष और कर्क राशि एवं दसवें स्थान में बलवान होता है।

केतु– मीन, वृष और धनु राशि एवं उत्पात में केतु बली होता है।

ग्रहों की दृष्टि

सभी ग्रह अपने स्थान से तीसरे और दसवें भाव को एक चरण दृष्टि से, पांचवें और नौवें भाव को दो चरण दृष्टि से, चौथे और आठवें भाव को तीन चरण दृष्टि से एवं सातवें भाव को पूर्ण दृष्टि से देखते हैं। किंतु मंगल चौथे और आठवें भाव को, बृहस्पति पांचवें और नौवें भाव को एवं शनि तीसरे और दसवें भाव को भी पूर्ण दृष्टि से देखते हैं।

उच्च और मूल त्रिकोण

सूर्य का मेष के 10 अंश पर, चंद्रमा का वृष के 3 अंश पर, मंगल का मकर के 28 अंश पर, बुध का कन्या के 15 अंश पर, बृहस्पति का कर्क के 5 अंश पर, शुक्र का मीन के 27 अंश पर और शनि का तुला के 20 अंश पर परमोच्च होता है। प्रत्येक ग्रह अपने स्थान से सातवीं राशि में इन्हीं अंशों पर नीच का होता है। राहु वृष राशि में उच्च और वृश्चिक राशि में नीच तथा केतु वृश्चिक राशि में उच्च, और वृष राशि में नीच का होता है।

उच्च ग्रह की अपेक्षा मूल त्रिकोण में ग्रहों का प्रभाव कम पड़ता है। लेकिन स्वक्षेत्री या अपनी राशि में रहने की अपेक्षा मूल त्रिकोण में बली होता है। सूर्य सिंह में स्वक्षेत्री है, चूंकि सिंह राशि का स्वामी है, परंतु सिंह के 1 से 20 अंश तक सूर्य का मूल त्रिकोण और 21 से 30 अंश तक स्वक्षेत्र कहलाता है। जैसे किसी का जन्मकालीन सूर्य सिंह के 15वें अंश पर है तो यह मूल त्रिकोण का कहलाएगा। यदि यही सूर्य 22वें अंश पर है तो स्वक्षेत्री कहलाता है। चंद्रमा वृष राशि के 3 अंश तक परमोच्च है, और इसी राशि के 4 से 30 अंश तक मूल त्रिकोण है। मंगल का मेष के 18 अंश तक मूल त्रिकोण है, और इससे आगे स्वक्षेत्री है। बुध का कन्या के 15 अंश तक उच्च, 16 से 20 अंश तक मूल त्रिकोण और 21 से 30 अंश तक स्वक्षेत्र है। बृहस्पति का धनु राशि के 1 से 13 अंश तक मूल त्रिकोण और 14 से 30 अंश तक स्वगृही होता है। शुक्र का कुंभ के 1 से 20 अंश तक मूल त्रिकोण और 21 से 30 अंश तक स्वक्षेत्र होता है। राहु का वृष में उच्च, मेष में स्वगृही और कर्क में मूल त्रिकोण है।

कुंडली जीवित की या मृत की

जन्म कुंडली यदि सूक्ष्म गणना के आधार पर बनी है तो यह ज्ञात करना भी अधिक आसान है कि कुंडली जीवित व्यक्ति की है अथवा मृत की। कभी–कभी कुछ लोग मरे हुए व्यक्ति की कुंडली देकर प्रश्न पूछते हैं। निश्चित ही ऐसा वे ज्योतिषी की परीक्षा लेने के लिए करते हैं, इसलिए हमेशा सर्व प्रथम कुंडली की शुद्धता की जांच कर लेनी चाहिए। उसके पश्चात जन्म लग्न, अष्टम लग्न और प्रश्न लग्न के अंकों को जोड़कर अष्टमेश से गुणा करें। लग्नेश जिस राशि पर बैठा हो उसकी संख्या से भाग दें। यदि विषम अंक शेष रहे तो कुंडली जीवित व्यक्ति की जाननी चाहिए।

कुंडली पुरुष की या स्त्री की

सूर्य लग्न, राहु तथा मंगल की राशियों के अंकों को जोड़कर तीन से भाग दें। यदि शेष सम रहे तो पुरुष की और विषम रहे तो स्त्री की कुंडली जानें। अथवा लग्न, सूर्य और राहु के अंकों को जोड़कर तीन का भाग दें। यदि यदि शेष सम रहे तो पुरुष की और विषम शेष रहे तो स्त्री की कुंडली जाननी चाहिए।

स्त्री–पुरुष मरण विचार

स्त्री के जन्म नक्षत्र से पुरुष के जन्म नक्षत्र तक तथा पुरुष के जन्म नक्षत्र से स्त्री के जन्म नक्षत्र तक गिनने से जो संख्या आए उसमें अलग अलग सात से गुणा करके 28 का भाग देने से यदि प्रथम संख्या में अधिक शेष रहे तो स्त्री की मृत्यु पहले और द्वितीय संख्या में अधिक शेष रहे तो पुरुष की मृत्यु पहले होती है।

•

दुर्लभ शुभाशुभ योग

जन्म कुंडली में ग्रहों की स्थिति से शुभ अशुभ योग का आकलन किया जाता है। शुभ और पाप ग्रहों का कुंडली के भाव में स्थान और अन्य ग्रहों के साथ युति अथवा दृष्टि संबंध से उनके शुभ–अशुभ परिणाम होते हैं। ये योग मनुष्य के स्वभाव, जीवन से संबंधित अनेक महत्वपूर्ण गुण और फलों का वर्णन करते हैं। ये ग्रह ही हमारे पिछले जन्मों और वर्तमान और भविष्य के बारे में सब कुछ वर्णन करते हैं। जातक के जीवन में धन, सम्मान, पुत्रादि के बारे में क्या स्थिति रहेगी ग्रह योग सब कुछ कहते हैं। प्राचीन काल में राजा आदि होते थे, इसलिए इन योगों में हमने राजा शब्द का ही प्रयोग किया है। आधुनिक काल में राजा का अभिप्रायः राजसी ठाटबाट या वैभवशाली होने से है। आधुनिक युग में हाथी, घोड़े आदि भी नहीं होते अतः इसका अभिप्राय वाहनों से लेना चाहिए। बांझ स्त्री का अभिप्रायः ऐसी महिला से है जो गर्भ धारण करने में असमर्थ हो। भले ही इसमें पति का दोष हो। जन्मकुंडली में हजारों प्रकार के योग होते हैं, यहां हम ऐसे ही प्रमुख 1340 महत्वपूर्ण शुभाशुभ योग दे रहे हैं–

1. **आश्रय योग**–चर राशि में सभी ग्रह हों तो आश्रय योग होता है। रज्जुयोग में उत्पन्न जातक भ्रमण प्रेमी, देखने में सुंदर, धनार्जन के लिए विदेश जाने वाला, क्रूर तथा दुष्ट स्वभाव का होता है।
2. **चर आश्रय योग**–यदि लग्न चर राशि में हो तथा कई ग्रह चर राशि में हों तो चर आश्रय होता है। जातक महत्वाकांक्षी होता है तथा नाम प्रसिद्धि और यश के लिए जगह–जगह घूमता है। यात्रा प्रिय, शीघ्र निर्णय लेने वाला और अधिक ग्रहणशील होता है। बौद्धिक रूप से गतिशील और खुले दिमाग का होता है। यद्यपि कभी–कभी अत्यधिक परिवर्तनशील स्वभाव, अनिर्णय, अस्थिर मन, अविश्वसनीय और किसी एक कार्य में संलग्न रहने में असमर्थ होता है। जातक लगातार संघर्ष में रहता है और सामान्यतः स्थिर संपत्ति बनाने में सफलता नहीं मिलती।
3. **स्वाभिमानी योग**–सभी ग्रह स्थिर राशिस्थ हों तो स्वाभिमानी योग होता है। इस योग में उत्पन्न मनुष्य स्वाभिमानी, ज्ञानी, धन संपत्तियुक्त, राजप्रिय, विख्यात, अनेक पुत्रवान होता है।
4. **स्थिर बुद्धि योग**–यदि लग्न स्थिर राशि में हो तथा कई ग्रह स्थिर राशि में हों तो यह योग होता है। इस योग में उत्पन्न जातक मानी, ज्ञानी, धन संपत्तियुक्त,

राजप्रिय, विख्यात, अनेक पुत्रवान तथा स्थिर बुद्धि वाला होता है। जातक विश्वसनीय, दृढ़ और स्थायित्व युक्त होता है। लेकिन जातक दुराग्रही जिद्दी, शीघ्र निर्णय लेने में असमर्थ होता है।

5. **नल योग**–सभी ग्रह द्विस्वभावगत हों तो नलयोग होता है। नल योग में उत्पन्न जातक हीनांग या अधिकांग धन संचयकर्ता, अत्यंत कुशल बंधु बांधव प्रेमी तथा सुंदर होता है।
6. **द्विस्वभाव आश्रय योग**–यदि लग्न द्विस्वभाव राशि में हो तथा कई ग्रह द्विस्वभाव राशि में हों तो यह योग होता है। इस योग में उत्पन्न जातक हीनांग या अधिकांग धनसंचयकर्ता, अत्यंत कुशल, बंधु बांधव प्रेमी तथा सुंदर होता है। लेकिन अवसर चूकने की प्रवृत्ति होती है जिससे निराशा और उदासी होती है।
7. **मालायोग**–सभी शुभग्रह तीन केंद्र स्थानों और पापग्रह केंद्रातिरिक्त स्थानों में हों तो मालायोग होता है। माला योगोत्पन्न जातक सतत सुखी, वाहन, वस्त्र, अन्न आदि भोग्य सामग्रियों से युक्त तथा अनेक सुंदर स्त्रियों से युक्त होता है।
8. **सर्पयोग**–सभी अशुभग्रह तीन केंद्र स्थानों और शुभग्रह केंद्र स्थानों में न हों तो सर्पयोग होता है। सर्पयोगज जातक कुटिल, दुष्ट, निर्धन, सतत दुःखपीडित, दीन तथा दूसरों के ही अन्न जल पर जीवित रहता है।
9. **गदा योग**–आसन्नवर्ती दो केंद्र स्थानों (प्रथम से चतुर्थ तक) में सभी ग्रह हों तो गदा नामक योग होता है। गदा योग में उत्पन्न जातक सतत अर्थोद्योगरत, यज्ञ कराने वाला, शास्त्र तथा गान में प्रवीण, और धन तथा स्वर्णादि रत्नों से परिपूर्ण होता है।
10. **शंख योग**–यदि सभी ग्रह चतुर्थ से सप्तम भावों के बीच हों तो आकृति शंखयोग बनता है। जातक धनार्जन में हमेशा व्यस्त, धनवान, विद्वान, धार्मिक ग्रंथों का ज्ञानी लेकिन ईर्ष्यालु होता है।
11. **विभुक योग**–यदि सभी ग्रह सप्तम से दशम भावों के बीच हों तो आकृति विभुक योग बनता है। जातक धनार्जन में हमेशा व्यस्त, धनवान, विद्वान, धार्मिक ग्रंथों का ज्ञानी लेकिन ईर्ष्यालु होता है।
12. **वज योग**–यदि सभी ग्रह दशम से प्रथम भाव के बीच हों तो वज योग बनता है। जातक धनार्जन में हमेशा व्यस्त, धनवान, विद्वान, धार्मिक ग्रंथों का ज्ञानी लेकिन ईर्ष्यालु होता है।
13. **आत्मजनहीन योग**–लग्न और सप्तम में सभी ग्रह हों तो यह योग होता है। इस योग में उत्पन्न जातक रोग पीड़ित, कुत्सित नखवाला, मूर्ख, गाड़ी चलाकर आजीविका चलाने वाला, निर्धन, मित्रवर्ग तथा आत्मीयजनों से विहीन होता है।
14. **विहग योग**–चौथे, दसवें भाव में सभी ग्रह हों तो विहग योग होता है। विहग योगज जातक भ्रमणशील, पराधीन, दूत, ढीठ व झगड़ालू होता है।
15. **वज्र योग**–शुभग्रह लग्न तथा सप्तम में हों और पाप चतुर्थ दशमस्थ हों वज्रयोग होता है। वज्रयोग में उत्पन्न जातक बाल्य काल तथा वृद्धावस्था में सुखी, शूर, देखने में सुंदर, निरीह भाग्यरहित, दुष्ट तथा जनविरोधी होता है।

16. **यव योग**–लग्न सप्तम में पापग्रह और चतुर्थदशम में शुभग्रह हों यव योग होता है। यवयोग में उत्पन्न जातक व्रत, नियम तथा मागंलिक कार्य में रत, अवस्था के मध्य में सुख, धन, पुत्र से युक्त, दान देने वाला तथा स्थिर बुद्धि वाला होता है।

17. **कमल योग**–सभी ग्रह चारों केंद्र में ही हों तो कमल योग होता है। कमलयोग में उत्पन्न जातक ऐश्वर्य तथा गुणों से युक्त, दीर्घायु, विपुलकीर्ति तथा सैकड़ों सत्कर्म करने वाला राजा होता है।

18. **वापी संज्ञक योग**–केंद्र से अन्य (पणफर तथा आपोक्लिम) में ही सभी ग्रह हों तो वापी संज्ञक योग होता है। वापीयोग में उत्पन्न जातक धन संग्रह में प्रवीण, स्थिर धन स्थिर सुख तथा पुत्रों से युक्त, नेत्र सुखकारी नृत्यादिकों से प्रसन्न राजा होता है।

19. **पणफर योग**–केंद्र से अन्य (पणफर) में ही सभी ग्रह हों तो पणफर योग होता है। वापीयोग में उत्पन्न जातक धन संग्रह में प्रवीण, स्थिर धन, स्थिर सुख तथा पुत्रों से युक्त, नेत्र सुखकारी नृत्यादिकों से प्रसन्न राजा होता है।

20. **आपोक्लिम योग**–केंद्र से अन्य (आपोक्लिम) में ही सभी ग्रह हों तो आपोक्लिम योग होता है। वापीयोग में उत्पन्न जातक जातक धन संग्रह में प्रवीण, स्थिर धन, स्थिर सुख तथा पुत्रों से युक्त, नेत्र सुखकारी नृत्यादिकों से प्रसन्न राजा होता है।

21. **श्रृंगाटक योग**–यदि सभी ग्रह त्रिकोण 1/5/9 वें भाव में हों तो श्रृंगाटक योग कहलाता है। श्रृंगाटक योग में उत्पन्न जातक सैनिक, योद्धा, राजकर्मचारी, सुखी, राजवल्लभ, सुंदर स्त्री वाला, धनी स्त्री से द्वेष करने वाला होता है। इस योग वाले जातक का भाग्य 23 वर्ष की आयु से उदय होता है।

22. **दासवृत्ति योग**–यदि कुंडली में सभी ग्रह 2/6/10 में सभी ग्रह हों तो दास वृत्ति योग होता है। इस योग में उत्पन्न जातक बहुत खाने वाला, दरिद्र, कृषक, दुःखी, उद्विग्न, बंधु और मित्रों से युक्त तथा दासवृत्ति का होता है।

23. **चाटुकार योग**–यदि सभी ग्रह 3/7 तथा 11 वें भावों में ही स्थित हों तो चाटुकार योग होता है। जातक अधिक खानेवाला, चाटुकार, मित्रों से युक्त, लोगों में लोकप्रिय, कृषि से आजीविका और निर्धनता से दुःखी होता है।

24. **हल योग**–यदि सभी ग्रह 4/7/12 वें भावों में ही स्थित हों तो आकृति हल योग होता है। जातक अधिक खानेवाला, मित्रों से युक्त, लोगों में लोकप्रिय, कृषि से आजीविका और निर्धनता से दुःखी होता है।

25. **यूप योग**–लग्न से चौथे स्थान तक सभी ग्रह हों तो यूप योग होता है। यूपयोग में उत्पन्न जातक आत्मज्ञानी, स्त्रीयुक्त, पराक्रमी, व्रत, यम, नियम में तत्पर विशिष्ट पुरुष होता है।

26. **शर योग**–यदि सभी ग्रह 4/5/6/7 वें भावों में हों तो शरयोग होता है। शरयोगोत्पन्न जातक शर (तीर) बनाने वाला, जेलर, शिकार से धन संपन्न, मांसाहारी, हिंसक तथा कुत्सितकर्म करने वाला होता है।

27. **शक्ति योग**–यदि सभी ग्रह 7/8/9/10 वें में हों तो शक्ति योग होता है। इस योग में उत्पन्न जातक निर्धन, विफलताओं से दुःखी, नीच, आलसी, दीर्घायु, युद्धकुशल, स्थिर तथा सुरूपवान होता है।

28. दंड योग—यदि सभी ग्रह 10/11/12 तथा पहले भाव में हों तो दंड योग होता है। दंडोद्भव जातक पुत्र व स्त्री से विहीन, निर्धन, सर्वत्र निर्दयी, आत्मीयजनों से बहिष्कृत, दु:खी, नीच तथा दासवृत्तिवाला होता है।

29. नौका योग—यदि लग्न से लगातार सात राशियों में सभी ग्रहों के रहने से नौका योग होता है। नौका योगोत्पन्न जातक जलजीवी पदार्थों या जीवों से जीविका चलाने वाला, बड़ी—बड़ी आशा करने वाला, विख्यात यश वाला, दुष्ट, कंजूस, हृदय का मलिन तथा लालची होता है।

30. कूट योग—यदि सभी ग्रह 4/5/6/7 राशियों में हों तो कूट योग होता है। कूटयोगोत्पन्न जातक असत्याभाषी, कारागारेश, अकिंचन, शठ, क्रूर, पहाड़ तथा किलों में रहने वाला होता है।

31. छत्र योग—यदि सभी ग्रह सातवें स्थान से सात राशियों में हों तो छत्र योग होता है। छत्र योगोत्पन्न जातक अपने जनों का भरण पोषण करने वाला, दयालु, राजगणप्रिय, आकृष्ट बुद्धि वाला, आद्य तथा अंतिम अवस्था में सुखी तथा दीर्घायु होता है।

32. चाप योग—दसवें से सात स्थानों में सातों ग्रहों के रहने पर चाप योग होता है। चापयोगज जातक असत्यभाषी, कारागार का अधिकारी, चोर, धूर्त, जंगल में घूमने वाला, भाग्यहीन और अवस्था के मध्य में सौख्यपूर्ण होता है।

33. धन भाव अर्द्धचंद्र योग—दूसरे से लेकर आठवें स्थान पर्यंत प्रत्येक स्थान में एक एक सातों ग्रह हों तो यह योग होता है। इस योग में उत्पन्न जातक सेनापति, सुंदर शरीर वाला, राजवल्लभ, बली, मणि सुवर्ण तथा भूषणों से युक्त होता है।

34. सुत भाव अर्द्धचंद्र योग—पांचवें से लेकर ग्यारहवें स्थान पर्यंत प्रत्येक स्थान में एक एक सातों ग्रह हों तो सुत भाव अर्द्धचंद्र होता है। अर्द्धचंद्र योगोत्पन्न जातक सेनापति, सुंदर शरीर वाला, राजवल्लभ, बली, मणि सुवर्ण तथा भूषणों से युक्त होता है।

35. जीवन भाव अर्द्धचंद्र योग—आठवें से लेकर दूसरे स्थान पर्यंत प्रत्येक स्थान में एक एक सातों ग्रह हों तो जीवन भाव अर्द्धचंद्र योग होता है। अर्द्धचंद्र योगोत्पन्न जातक सेनापति, सुंदर शरीर वाला, राजवल्लभ, बली, मणि सुवर्ण तथा भूषणों से युक्त होता है।

36. लाभ भाव अर्द्धचंद्र योग—ग्यारहवें से लेकर पांचवें स्थान पर्यंत प्रत्येक स्थान में एक एक सातों ग्रह हों तो लाभ भाव अर्द्धचंद्र योग होता है। इस योग में उत्पन्न जातक सेनापति, सुंदर शरीर वाला, राजवल्लभ, बली, मणि सुवर्ण तथा भूषणों से युक्त होता है।

37. सहज भाव अर्द्धचंद्र योग—तीसरे से लेकर नौवें स्थान पर्यंत प्रत्येक स्थान में एक एक सातों ग्रह हों तो सहल भाव अर्द्धचंद्र योग होता है। इस अर्द्धचंद्र योगोत्पन्न जातक सेनापति, सुंदर शरीर वाला, राजवल्लभ, बली, मणि सुवर्ण तथा भूषणों से युक्त होता है।

38. आकृति अर्द्धचंद्र योग—छठे से लेकर बारहवें स्थान पर्यंत प्रत्येक स्थान में एक एक सातों ग्रह हों तो आकृति अर्द्धचंद्र योग होता है। इस अर्द्धचंद्र योगोत्पन्न जातक सेनापति, सुंदर शरीर वाला, राजवल्लभ, बली, मणि सुवर्ण तथा भूषणों से युक्त होता है।

39. भाग्य भाव अर्द्धचंद्र योग—नौवें से लेकर तीसरे स्थान पर्यंत प्रत्येक स्थान में एक एक कर सातों ग्रह हों तो भाग्य भाव अर्द्धचंद्र योग होता है। अर्द्धचंद्र योगोत्पन्न जातक सेनापति, सुंदर शरीर वाला, राजवल्लभ, बली, मणि सुवर्ण तथा भूषणों से युक्त होता है।

40. व्यय भाव अर्द्धचंद्र योग—बारहवें से लेकर छठे स्थान पर्यंत प्रत्येक स्थान में एक एक सातों ग्रह हों तो व्यय भाव अर्द्धचंद्र योग होता है। इस अर्द्धचंद्र योगोत्पन्न जातक सेनापति, सुंदर शरीर वाला, राजवल्लभ, बली, मणि सुवर्ण तथा भूषणों से युक्त होता है।

41. चक्र योग—लग्न से एकांतर करके 1/3/5/7/9/11 छह स्थानों में सभी ग्रह हों तो चक्रयोग होता है। चक्र योग में उत्पन्न जातक नतमस्तक राजगण के मुकुट रत्नों की कांति से उज्जवल चरण वाला चक्रवर्ती राजा होता है।

42. समुद्र योग—दूसरे भाव से एकांतर करके 2/4/6/8/10/12 छह स्थानों में सभी ग्रह हों तो समुद्र योग होता है। समुद्र योग में उत्पन्न जातक अनेक रत्नों से परिपूर्ण, धनसमृद्ध, भोगी, जनप्रिय, पुत्रवान, स्थिर वैभव वाला तथा साधु स्वभाव का होता है।

43. संख्या गोल योग—सभी ग्रह जब एक ही स्थान में हों तो संख्या गोल योग बनता है। गोलयोगज मनुष्य बलशाली, निर्धन, विद्या विज्ञान से रहित, ह्रदय का मलिन तथा सतत दुःखी होता है।

44. संख्या युग्म योग—यदि सभी ग्रह दो स्थानों में होते हैं तो संख्या युग्म योग बनता है। युग्मोगोत्पन्न बालक पाखंडी, धनहीन, समाज बहिश्कृत और माता—पुत्र धर्म से रहित होता है।

45. संख्या शूल योग—यदि सभी ग्रह तीन स्थानों में होते हैं तो 'शूल' योग बनता है। शूलयोगोत्पन्न जातक प्रखर स्वभाव, आलसी, दरिद्र, हिंसक, समाज से बहिष्कृत, शूर तथा युद्ध में विख्यात होता है। स्वभाव से क्रोधी, धन लोभी, बहादुर, क्षत छिद्रों से युक्त तथा निर्धन होता है। शिक्षित किंतु स्वतंत्र व्यवसाय में रुचि, जन्मभूमि से दूर प्रवास, माता—पिता का भरपूर सुख मिलता है।

46. संख्या केदार योग—सभी ग्रह जब चार स्थानों में होते हैं, तो 'केदार' योग बनता है। केदारयोगज जातक बहुतों का उपकारक, किसान, सत्यवादी, सुखी, चंचल स्वभाव वाला तथा धनी होता है। धनवान, कृषि से लाभ, सुस्त, बुद्धिमान, उपकारी, नौकरी से लाभान्वित, पूर्व आयु में कष्ट बाद में कष्ट रहित जीवन, माता—पिता का सुख बहुधा दीर्घजीवी होता है।

47. संख्या पाश योग—सभी ग्रह जब पांच स्थानों में होते हैं, तो 'पाश' योग बनता है। पाशयोगोत्पन्न जातक जेल जाने वाला, कार्य में दक्ष, प्रपंची, बहुत भाषण करने वाला, शीलरहित, अनेक सेवक वाला तथा दिशाल परिवार वाला होता है। दूसरों से हमेशा प्रशंसित, धनोपार्जन में सर्वदा ध्यान देने वाला, अत्यंत चतुर, बातूनी, पुत्रवान, जनता का कल्याण करने की इच्छा होती है।

48. संख्या दाम योग—यदि सभी ग्रह छह स्थानों में होते हों तो यह योग होता है। दामयोगोत्पन्न जातक जनोपकारी, न्यायोपार्जित धन वाला, महान ऐश्वर्यशाली, विख्यात, अनेक पुत्र तथा रत्नों से समृद्ध धीर तथा विद्वान होता है। उपकारी, उत्तम बुद्धि, विद्या तथा धन से यशस्वी, पूर्व आयु में बहुत कष्ट उठाकर उत्तर आयु में सुख भोगने वाला, आयु के 36वें वर्ष तक माता–पिता का सुख, 42वें वर्ष के बाद आय के नये स्रोत बनते हैं। लोगों के विरोध तथा शत्रुता से जीवन में कष्ट मिलते हैं।

49. संख्या वीणा योग—सभी ग्रह जब सात स्थानों में होते हैं तब वीणा योग होता है। वीणायोगज जातक गीत, नृत्य तथा वाद्य का प्रेमी, कुशल, सुखी, धनी, नेता तथा अनेक सेवक वाला होता है। सब कार्यों में प्रवीण तथा गायन वादनादि कलाओं का शौकीन होगा।

50. रुचक महापुरुष योग—यदि मंगल अपनी उच्च राशि या स्वराशि में स्थित होकर लग्न से केंद्र में हो तो 'रुचक' योग होता है। 'रुचक' योग में उत्पन्न जातक बलान्वित शरीर, शास्त्री, मंत्रों के जप और अभिचार में कुशल, राजा या राजा के समान, लावण्य युक्त शरीर, कोमल तनु, शत्रुओं पर विजय प्राप्ति करने वाला, त्यागी, धनी, 70 वर्ष की आयु प्राप्त करने वाला, सुखी, सेना और घोड़ों का स्वामी होता है।

51. सूर्य चंद्र रुचक योग—यदि कुंडली में मंगल स्वराशि या उच्च राशि में स्थित होकर लग्न से केंद्र में हो व सूर्य या चंद्रमा से युक्त हो तो रुचक योग बनता है। यदि सूर्य या चंद्रमा का भी मंगल से योग हो तो यह योग भंग हो जाता है और इस योग के विशिष्ट फलों के स्थान पर साधारण सत् फल प्राप्त होते हैं।

52. न्यून फल रुचक योग—यदि कुंडली में मंगल स्वराशि या उच्च राशि में स्थित होकर लग्न से केंद्र में हो व सूर्य या चंद्रमा बलवान न हों तो रुचक योग बनता है। महापुरुष योग के फलों में न्यूनता आ जाती है किंतु जातक को फिर भी सुख प्राप्त होता है।

53. भद्र महापुरुष योग—यदि बुध अपनी उच्च राशि या स्वराशि में स्थित होकर लग्न से केंद्र में हो तो 'भद्र' योग होता है। भद्र योग में उत्पन्न जातक का सिंह के समान चेहरा, हाथी के समान गति, पुष्ट ऊरु, उन्नत वक्षस्थल तथा बाहु लंबे और पुष्ट होते हैं। जातक मानी, बंधुजनों के उपकार में निपुण, विपुल प्रज्ञा, यश, धन वाला राजा के समान होता है, और 80 व्रर्ष की आयु होती है।

54. सूर्य चंद्र भद्र योग—यदि कुंडली में बुध स्वराशि या उच्च राशि का लग्न से केंद्र में हो किंतु सूर्य या चंद्रमा से युक्त हो तो भद्र योग बनता है। महापुरुषयोग के सभी राजयोग कारक फल नहीं मिलते, किंतु बुध की दशा में सामान्य शुभ फल मिलते हैं।

55. न्यून फल भद्र योग—यदि कुंडली में बुध स्वराशि या उच्च राशि का लग्न से केंद्र में हो किंतु सूर्य या चंद्रमा बलवान न हों तो भद्र योग बनता है। महापुरुष योग के फलों में न्यूनता आ जाती है किंतु जातक को फिर भी सुख प्राप्त होता है।

56. हंस महापुरुष योग—यदि बृहस्पति अपनी उच्च राशि या स्वराशि में स्थित होकर लग्न से केंद्र में हो तो 'हंस' योग होता है। 'हंस' योग में उत्पन्न जातक का लालिमायुक्त मुख, ऊंची नाक, शुभ चरण, हंस के समान स्वर, कफ प्रधान प्रकृति,

गौर वर्ण, सुकुमार पत्नी, कामदेव के समान सुंदर, सुखी, शास्त्र ज्ञान परायण, अतिनिपुण, गुणी, उत्तम कार्य और आचार वाला होता है और उसकी 84 वर्ष की आयु होती है।

57. **सूर्य चंद्र हंस योग**—यदि कुंडली में बृहस्पति स्वराशि या उच्च राशि में स्थित होकर लग्न से केंद्र में हो किंतु सूर्य या चंद्रमा से युक्त हो तो हंस योग बनता है। महापुरुषयोग के सभी राजयोग कारक फल नहीं मिलते, किंतु गुरु की दशा में सामान्य शुभ फल मिलते हैं।

58. **न्यून फल हंस योग**—यदि कुंडली में गुरु स्वराशि या उच्च राशि में स्थित होकर लग्न से केंद्र में हो किंतु सूर्य या चंद्रमा बलवान न हों तो हंस योग बनता है। महापुरुष योग के फलों में न्यूनता आ जाती है किंतु जातक को फिर भी सुख प्राप्त होता है।

59. **मालव्य महापुरुष योग**—यदि शुक्र अपनी उच्च राशि या स्वराशि में स्थित होकर लग्न से केंद्र में हो तो 'मालव्य' योग होता है। 'मालव्य' योग में जन्म हो उसकी स्त्री के समान चेष्टा (हाथ मटकाना, चलना, लज्जा का नाट्य करना आदि) शरीर की संधियां ललित (मृदु और सुंदर), सुंदर आकर्षक नेत्र, सौंदर्य युक्त शरीर, गुणी (अनेक सद् गुण संपन्न), तेजस्वी, स्त्री, पुत्र, वाहन से युक्त, धनी, विद्वान, उत्साहयुक्त, प्रभुशक्ति संपन्न, मंत्रवक्ता, चतुर, त्यागी, परस्त्रीरत होता है और 70 वर्ष की आयु तक जीता है।

60. **सूर्य चंद्र मालव्य योग**—यदि कुंडली में शुक्र स्वराशि या उच्च राशि में स्थित होकर लग्न से केंद्र में हो किंतु सूर्य या चंद्रमा से युक्त हो तो मालव्य योग बनता है। महापुरुषयोग के सभी राजयोग कारक फल नहीं मिलते, किंतु शुक्र की दशा में सामान्य शुभ फल मिलते हैं।

61. **न्यून फल मालव्य योग**—यदि कुंडली में शुक्र स्वराशि या उच्च राशि में स्थित होकर लग्न से केंद्र में हो किंतु सूर्य या चंद्रमा बलवान न हों तो मालव्य योग बनता है। महापुरुष योग के फलों में न्यूनता आ जाती है किंतु जातक को फिर भी सुख प्राप्त होता है।

62. **शश महापुरुष योग**—यदि शनि अपनी उच्च राशि या स्वराशि में स्थित होकर लग्न से केंद्र में हो तो 'शश' योग होता है। जातक राजा या राजा के समान, वन और पर्वतों से प्रेम करने वाला, बहुत से व्यक्तियों का अधिपति, क्रूर बुद्धियुक्त, धातु के व्यापार में कुशल, वाद विवाद में विनोद करने वाला, दानी, क्रोधभरी दृष्टि वाला, तेजस्वी, माता का भक्त, शूर, श्याम वर्ण, सुखी, परस्त्री में आसक्त होता है और 70 वर्ष की आयु होती है।

63. **सूर्य चंद्र शश योग**—यदि कुंडली में शनि स्वराशि या उच्च राशि में स्थित होकर लग्न से केंद्र में किंतु सूर्य या चंद्रमा से युक्त हो तो शश योग बनता है। महापुरुषयोग के सभी राजयोग कारक फल नहीं मिलते, किंतु शनि की दशा में सामान्य शुभ फल मिलते हैं।

64. न्यून फल शश योग—यदि कुंडली में शनि स्वराशि या उच्च राशि में स्थित होकर लग्न से केंद्र में हो किंतु सूर्य या चंद्रमा बलवान न हों तो शश योग बनता है। महापुरुष योग के फलों में न्यूनता आ जाती है किंतु जातक को फिर भी सुख प्राप्त होता है।

65. दीर्घायु गजकेसरी योग—चंद्रमा से केंद्र स्थान 1/4/7/10 वें भाव में गुरु हो तो गजकेसरी योग होता है। 'गजकेसरी' में उत्पन्न जातक तेजस्वी, धन धान्य से युक्त, मेधावी, गुणी, राजप्रिय होता है। जातक केसरी (शेर) की तरह अपने शत्रुओं को नष्ट कर देता है। वाणी पर आधिपत्य हो, राजस वृत्ति का होता है। ऐसा व्यक्ति दीर्घायु होता है। बहुत तीव्र बुद्धि, महान यश और अपने स्वाभाविक तेज से ही औरों को जीत लेता है।

66. चंद्र गुरु गजकेसरी योग—कुंडली में चंद्रमा और गुरु की युति हो तो जातक शक्तिशाली, प्रसिद्ध, बुद्धिमान, गुणवान, धनवान, प्रेम में समान, रूप तथा चंचल मन का होता है।

67. परोपकारी गजकेसरी योग—कुंडली में यदि चंद्रमा से चतुर्थ में गुरु हो तो गजकेसरी योग बनता है। जातक को घर का तथा माता का अच्छा सुख मिलता है। किंतु कई बार सुख से वंचित भी करता है और दूसरों के लिए कार्य करने की मनोवृत्ति देता है।

68. गजकेसरी योग—जब चंद्रमा से सप्तम में गुरु हो तो गजकेसरी योग बनता है। जातक का स्वास्थ्य उत्तम होता है। दीर्घायु होता है, परिवार के सदस्यों द्वारा मान्य होता है तथा मितव्ययी होता है। जातक नपुंसक, पीलिया रोग से पीड़ित तथा वैवाहिक सुख प्राप्त करता है।

69. मनोकूल गजकेसरी योग—यदि चंद्रमा से दशम में गुरु हो तो गजकेसरी योग बनता है। जातक मनोनुकूल कार्य करता है तथा सम्मानित पद और धन प्राप्त करता है। प्रबल आदर्शवादी तथा अध्यात्म में रुचि होती है। उच्च दशा में जातक संन्यासी हो जाता है।

70. सौंदर्य गजकेसरी योग—यदि चंद्रमा और गुरु की युति प्रथम भाव में हो तो गजकेसरी योग बनता है। जातक देखने में सुंदर, मित्रों, पति–पत्नी, संतान से युक्त होता है। जातक को स्वास्थ्य सुख मिलता है, सम्मानित होता है तथा प्रभावित करता है।

71. विद्वजन गजकेसरी योग—यदि चंद्रमा और गुरु की युति चतुर्थ भाव में हो तो गजकेसरी योग बनता है। जातक राजा या मंत्री के समान, विद्वान होता है। गृह सुख भरपूर मिलता है।

72. भाग्यशाली गजकेसरी योग—यदि चंद्रमा और गुरु की युति सप्तम भाव में हो तो गजकेसरी योग बनता है। जातक विद्वान, कुशल, व्यवसायी, धनवान तथा वैवाहिक सुख प्राप्त करता है। जातक भाग्यशाली होता है तथा व्यवसाय में साझेदारी से धन प्राप्त करता है।

73. संतोषी गजकेसरी योग—यदि चंद्रमा और गुरु की युति नवम भाव में हो तो गजकेसरी योग बनता है। जातक प्रतिष्ठित, भाग्यशाली, धनवान, और संतोषी होता है। भाग्य उत्तम होता है तथा सत्कर्म और धार्मिक कार्य होते हैं।

74. शीर्षपद गजकेसरी योग—यदि चंद्रमा और गुरु की युति दशम भाव में हो तो गजकेसरी योग बनता है। जातक विद्वान, धनी, अहंकारी, सम्मानित होता है। यह कर्म के क्षेत्र में उच्च पद तथा आर्थिक समृद्धि का योग है।

75. चंद्राधि योग—चंद्रमा से छठे, सातवें तथा आठवें स्थानों में शुभग्रह बुध, बृहस्पति, शुक्र हों तो अधियोग होता है। जातक ग्रहों के बलानुसार राजा, मंत्री या सेनापति होता है।

76. सुनफा योग—सुनफा और अनफा ये दोनों योग मंगल, बुध, गुरु, शुक्र व शनि पांच ग्रहों से होते हैं। चंद्रमा से दूसरे भाव में मंगल, बुध, गुरु, शुक्र व शनि में से एक ग्रह हो। इस विकल्प में दस योग बनते हैं। सूर्य के अतिरिक्त कोई ग्रह मंगल, बुध, बृहस्पति, शुक्र या शनि यदि चंद्र से द्वितीय में हो तो सुनफा योग बनता है। सुनफा योग में उत्पन्न जातक राजा या राजसदृश, मतिमान, धनी, विख्यात तथा स्वबाहुबलोपार्जित वित्त वाला होता है।

77. सुनफा (मंगल) योग—यदि चंद्र से द्वितीय में मंगल हो तो सुनफा योग बनता है। जातक पराक्रमी, धनी, कठोर वाणी बोलने वाला, उग्र, सेनापति, हिंसक, पाखंड का विरोध करने वाला होता है।

78. सुनफा (बुध) योग—यदि चंद्र से द्वितीय स्थान में बुध हो तो सुनफा योग बनता है। यदि सुनफा योग कारक जन्मांग में बुध हो तो जातक वेद, शास्त्र, संगीत विद्या में निपुण, धर्म में रत, काव्य बनाने वाला, मनस्वी, सब का हितैशी व सुंदर शरीर वाला होता है।

79. सुनफा (गुरु) योग—यदि चंद्र से द्वितीय स्थान में गुरु हो तो सुनफा योग बनता है। सुनफा योग कारक गुरु हो तो जातक विद्याओं में आचार्य अर्थात् समस्त विद्या जानने वाला, विख्यात, राजा या राजा का प्रिय पात्र तथा सुंदर परिवार व धन से परिपूर्ण होता है।

80. सुनफा (शुक्र) योग—यदि चंद्र से दूसरे स्थान में शुक्र हो तो सुनफा योग बनता है। सुनफा योग कारक शुक्र हो तो जातक स्त्री खेत, धन, गृह, वैभव, चतुष्पदों (पशु व वाहनादि) से युक्त, सुंदर, पराक्रमी, राजा से सम्मानित धैर्यवान् व समस्त कार्यों में कुशल होता है।

81. सुनफा शनि योग—यदि चंद्र से दूसरे स्थान में शनि हो तो सुनफा योग बनता है। सुनफा योग कारक शनि हो तो जातक चतुर बुद्धि वाला, गांव तथा शहरी मनुष्यों से प्रतिदिन पूजित, धनी, कार्यों में संलग्न व धैर्य धारण करने वाला होता है।

83–92. सुनफा दो ग्रह योग—चंद्रमा से दूसरे भाव में मंगल–बुध, मंगल–गुरु, मंगल–शुक्र, मंगल–शनि, बुध–गुरु, बुध–शुक्र, बुध–शनि, गुरु–शुक्र, गुरु–शनि और शुक्र–शनि के रहने से दस योग बनते हैं। जातक धैर्यवान और धार्मिक होता है।

93–102. सुनफा तीन ग्रह योग–चंद्रमा से दूसरे भाव में मंगल–बुध–गुरु, मंगल–बुध–शुक्र, मंगल–बुध–शनि, मंगल–गुरु–शुक्र, मंगल–गुरु–शनि, बुध–गुरु–शुक्र, बुध–गुरु–शनि, बुध–शुक्र–शनि और गुरु–शुक्र–शनि के रहने से दस योग बनते हैं।

103–108. सुनफा चार ग्रह योग–चंद्र से दूसरे और बारहवें भाव में मंगल–बुध–गुरु–शुक्र, मंगल–बुध–गुरु–शनि, मंगल–गुरु–शुक्र–शनि, मंगल–बुध–शुक्र–शनि और बुध–गुरु–शुक्र–शनि के रहने से पांच योग बनते हैं।

109. सुनफा पांच ग्रह योग–चंद्रमा से दूसरे भाव में मंगल, बुध, गुरु, शुक्र, शनि ये पांचों ग्रह चंद्र से दूसरे भाव में हों तो एक योग होता है।

110. अनफा योग–जब सूर्य को छोड़कर कोई ग्रह चंद्र से बारहवें स्थान में हो तो अनफा योग बनता है। अनफा योगज जातक राजा, नीरोगी, सुशील, यशस्वी, लोकविख्यात, सुंदर तथा अनेक विधा सौख्यपूर्ण होता है। जातक अच्छा वक्ता, सामर्थ्यवान, ध ानवान, अन्न, धन, पुष्प–वस्त्र व स्त्री का सुख भोगने वाला होता है।

111. अनफा मंगल योग–यदि चंद्र से बारहवें स्थान में मंगल हो तो अनफा भौम योग बनता है। जातक चोरों का मालिक, ढीठ, स्वतंत्र, अभिमानी, युद्ध प्रिय, क्रोधी, सेवा करने योग्य, प्रशंसनीय, सुंदर शरीर वाला व सुंदर लाभ कर्ता होता है।

112. अनफा बुध योग–जब चंद्र से बारहवें स्थान में बुध हो तो अनफा बुध योग बनता है। जातक गांधर्व (गान–नृत्य) विद्या व लेख लिखने में चतुर, कवि, भाषण में निपुण, राजा से आदर व सत्कार पाने वाला, सुंदर शरीर वाला और प्रसिद्ध कार्यकर्ता होता है।

113. अनफा गुरु योग–जब चंद्र से बारहवें स्थान में गुरु हो तो अनफा गुरु योग बनता है। जातक गंभीर, बलवान, मेधावी, शुभ कार्यो में संलग्न, बुद्धिमान, राजा से यश प्राप्त करने वाला और उत्तम कवि होता है।

114. अनफा शुक्र योग–यदि चंद्र से बारहवें स्थान में शुक्र हो तो अनफा शुक्र योग बनता है। जातक स्त्रियों का प्रिय, नम्र, राजा, गायों का स्वामी व भोगी स्वरूपवान, प्रसिद्ध, सुवर्ण से संपत्ति वाला व उग्र होता है।

115. अनफा शनि योग–जब शनि चंद्र से बारहवें स्थान में हो तो अनफा शनि योग बनता है। यदि अनफा योग करने वाला शनि हो तो विशाल हाथ वाला, विशाल भूमि व जंगल का स्वामी, स्ववचन का पालनकर्ता, चतुष्पद संपत्ति वाला, दुष्चरित्र स्त्री का पति एवं गुणवान होता है।

116–125. अनफा दो ग्रह योग–चंद्रमा से बारहवें भाव में मंगल–बुध, मंगल–गुरु, मंगल–शुक्र, मंगल–शनि, बुध–गुरु, बुध–शुक्र, बुध–शनि, गुरु–शुक्र, गुरु–शनि और शुक्र–शनि के रहने से दस योग बनते हैं।

126–135. अनफा तीन ग्रह योग–चंद्रमा से बारहवें भाव में मंगल–बुध–गुरु, मंगल–बुध–शुक्र, मंगल–बुध–शनि, मंगल–गुरु–शुक्र, मंगल–गुरु–शनि, बुध–गुरु–शुक्र, बुध–गुरु–शनि, बुध–शुक्र–शनि और गुरु–शुक्र–शनि के रहने से दस योग बनते हैं।

136–140. अनफा चार ग्रह योग–चंद्र से दूसरे और बारहवें भाव में मंगल–बुध–गुरु–शुक्र, मंगल–बुध–गुरु–शनि, मंगल–गुरु–शुक्र–शनि, मंगल–बुध–शुक्र–शनि और बुध–गुरु–शुक्र–शनि के रहने से पांच योग बनते हैं।

141. **अनफा पांच ग्रह योग**–मंगल, बुध, गुरु, शुक्र, शनि ये पांचों ग्रह चंद्र से बारहवें भाव में हों तो एक योग होता है।

142. **दुरुधरा योग**–जब चंद्रमा से दूसरे तथा बारहवें स्थान में सूर्य के अतिरिक्त कोई न कोई ग्रह हो तो दुरुधरा नाम का योग होता है। दुरुधरोत्पन्न मनुष्य धनी, वाहनयुक्त, दानी, सुखी, नौकरों से युक्त तथा शत्रुहंता होता है। वह वाणी बुद्धि पराक्रम व गुणों से संसार में ख्याति प्राप्त करने वाला, स्वतंत्र, लक्ष्मी वाहन सवारी आदि के सुख को भोगने वाला, दानी, पारिवारिक पालन से दुःख प्राप्त करने वाला, अच्छे व्यवहार वाला व प्रधान होता है।

43–144. **मंगल बुध दुरुधरा योग**–जब चंद्रमा से दूसरे तथा बारहवें अथवा बारहवें तथा दूसरे स्थान में मंगल व बुध ग्रह हों तो दुरुधरा नाम का योग होता है। जातक असत्यवादी, धनी, चतुर, अत्यंत दुष्ट, अधिक लोभी, वृद्ध स्त्री–पुरुष में आसक्त व कुल में प्रधान होता है।

45–146. **मंगल गुरु दुरुधरा योग**–जब चंद्रमा से दूसरे तथा बारहवें अथवा बारहवें तथा दूसरे स्थान में मंगल व गुरु ग्रह हों तो दुरुधरा नाम का योग होता है। जातक कार्यों में विख्यात, वैभव से युत अर्थात् धनी, शत्रुता करने वाला, क्रोधी, प्रसन्न चित्त, कुल का रक्षक एवं संग्रह करने वाला होता है।

47–148. **मंगल शुक्र दुरुधरा योग**–जब चंद्रमा से दूसरे तथा बारहवें अथवा बारहवें तथा दूसरे स्थान में मंगल व शुक्र ग्रह हों तो दुरुधरा नाम का योग होता है। जातक उत्तम पति–पत्नी वाला, पाठांतर से अच्छी कामना करने वाला, सुंदर, ऐश्वर्य से युत, विवादी, पवित्र, कुशल कार्यकर्ता, व्यायाम करने वाला और वीर होता है।

9–150. **मंगल शनि दुरुधरा योग**–जब चंद्रमा से दूसरे तथा बारहवें अथवा बारहवें तथा दूसरे स्थान में मंगल व शनि ग्रह हों तो दुरुधरा नाम का योग होता है। जातका निंदित स्त्री–पुरुष के साथ रमण करने वाली पाठांतर से खराब पति या पत्नी व निंदित धन वाला, अत्यंत संग्रही, कुकर्मों में आसक्त, क्रोधी, चुगलखोर व शत्रु को मारने वाला होता है।

1–152. **बुध गुरु दुरुधरा योग**–जब चंद्रमा से दूसरे तथा बारहवें अथवा बारहवें तथा दूसरे स्थान में बुध व गुरु ग्रह हों तो दुरुधरा नाम का योग होता है। बुध गुरु से दुरुधरा योग हो तो जातक धर्मपरायण, शास्त्रज्ञाता, वाचाल, सुंदर कवि, धनी, त्यागी और प्रसिद्ध होता है।

3–154. **बुध शुक्र दुरुधरा योग**–जब चंद्रमा से दूसरे तथा बारहवें अथवा बारहवें तथा दूसरे स्थान में बुध व शुक्र ग्रह हो तो दुरुधरा नाम का योग होता है। इस योग के जातक मीठा वचन बोलने वाला, सुंदर ऐश्वर्य से युत, स्वरूपवान, नाच गाने में प्रीति रखने वाला, सेवा करने के योग्य, विक्रमी व मंत्री होता है।

–156. **बुध शनि दुरुधरा योग**–जब चंद्रमा से दूसरे तथा बारहवें अथवा बारहवें तथा दूसरे स्थान में बुध व शनि ग्रह हों तो दुरुधरा नाम का योग होता है। जातक अल्पविद्या ज्ञान से देश से विदेश में जाकर धन पैदा करने वाला, दूसरों से वंदनीय व अपने मनुष्यों का विरोध करने वाला होता है।

157–158. गुरु शुक्र दुरुधरा योग–जब चंद्रमा से दूसरे तथा बारहवें अथवा बारहवें तथ दूसरे स्थान में गुरु शुक्र ग्रह हों तो दुरुधरा नाम का योग होता है। जातक धैर बुद्धि व पराक्रम से युत, नीति ज्ञाता, सुवर्ण रत्नों से परिपूर्ण, विख्यात, राजा क कार्य करने वाला होता है।

159–160. गुरु शनि दुरुधरा योग–जब चंद्रमा से दूसरे तथा बारहवें अथवा बारहवें तथ दूसरे स्थान में गुरु व शनि ग्रह हों तो दुरुधरा नाम का योग होता है। जातक सुख नीति विज्ञान से युक्त, प्यारी वाणी बोलने वाला, श्रेष्ठ विद्वान, उत्तम, शांत, धनवा व स्वरूपवान होता है।

161–162. शुक्र शनि दुरुधरा योग–जब चंद्रमा से दूसरे तथा बारहवें अथवा बारहवें तथ दूसरे स्थान में शुक्र व शनि ग्रह हों तो दुरुधरा नाम का योग होता है। जातव प्रबुद्ध, परिपक्व, कुल में प्रधान, निपुण, स्त्रियों का प्यारा, धनी व राजा से सत्का प्राप्त होने पर अधिक धन पाने वाला होता है।

163–222. एक दो ग्रह दुरुधरा योग–जब मंगल, बुध, गुरु, शुक्र, शनि में से एक ग्रह चं से दूसरे भाव में तथा दो ग्रह चंद्र से बारहवें भाव में हो एवं दो ग्रह दूसरे भाव और एक ग्रह बारहवें भाव में हो तो 60 प्रकार के दुरुधरा योग बनते हैं।

223–262.एक तीन ग्रह दुरुधरा योग–जब मंगल, बुध, गुरु, शुक्र, शनि में से एक ग्रह च से दूसरे और तीन ग्रह बारहवें भाव में हो या तीन ग्रह चंद्र से दूसरे और एक ग्र बारहवें भाव में हो 40 योग बनते हैं।

263–272. एक चार ग्रह दुरुधरा योग–जब मंगल, बुध, गुरु, शुक्र, शनि में से एक ग्रह च से दूसरे और चार ग्रह बारहवें भाव में हो या चार ग्रह चंद्र से दूसरे और एक ग्र बारहवें भाव में हो 10 योग बनते हैं।

273–302. दो दो ग्रह दुरुधरा योग–जब मंगल, बुध, गुरु, शुक्र, शनि में से दो ग्रह च से दूसरे और दो ग्रह बारहवें भाव में हो तो 30 प्रकार के दुरुधरा योग बनते

303–322. दो तीन ग्रह दुरुधरा योग–जब मंगल, बुध, गुरु, शुक्र, शनि में से दो ग्रह चंद्र दूसरे और तीन ग्रह बारहवें भाव में हो या तीन ग्रह चंद्र से दूसरे और दो ग्रह बार भाव में हो 20 योग बनते हैं। इस प्रकार दुरुधरा योग के कुल 180 प्रकार हुए।

323. केमद्रुम योग–यदि चंद्र से दूसरे तथा बारहवें स्थान में सूर्य, राहु और केतु के अल कोई भी ग्रह न हो तो 'केमद्रुम' योग बनता है। जिस मनुष्य का केमद्रुम योग जन्म होता है तो वह राजा के वंश में उत्पन्न होने पर भी स्त्री, अन्नादि व मित्र अभाव होता है। दुःख, रोग व दीनता के विकार से युत, मजदूरी करने वाला, दु प्रकृति वाला व सबसे विरुद्ध व्यवहार करने वाला होता है। मानसिक व आर्थि रूप से अस्थिर, स्वतंत्र व्यापार में पूंजी डूबने का भय, कंजूस और ऋण लेने प्रवृत्ति तथा कुंडली के शुभ योगों के फल प्राप्ति में बाधा होती है।

324. कल्पद्रुम योग–केमद्रुम योग उपस्थित हो किंतु लग्न से केंद्र में ग्रह हों तो कल्प योग बनता है। केमद्रुम योग के अशुभ फल नहीं होते तथा जातक को सभी प्राप्त होते हैं।

325. केमद्रुम भंग योग–यदि चंद्र से दूसरे तथा बारहवें स्थान में सूर्य, राहु और केतु के अलावा कोई भी ग्रह न हो तो 'केमद्रुम' योग बनता है। किंतु चंद्रमा से केंद्र में ग्रह होने से केमद्रुम योग भंग हो जाता है। यह योग केमद्रुम योग के अशुभ फलों को भंग कर देता है।

326. चंद्र दृष्ट केमद्रुम भंग योग–यदि केमद्रुम योग हो लेकिन सभी ग्रह चंद्रमा को देखें तो केमद्रुम योग भंग हो जाता है। यह योग केमद्रुम योग के अशुभ फलों को भंग कर देता है।

327. गुरु दृष्ट केमद्रुम भंग योग–यदि केमद्रुम' योग हो लेकिन चंद्र और शुक्र केंद्र में हो तथा उन पर गुरु की पूर्ण दृष्टि हो तो केमद्रुम योग भंग हो जाता है। यह योग केमद्रुम योग के अशुभ फलों को भंग कर देता है।

328. बली चंद्र केमद्रुम भंग योग–यदि केमद्रुम योग हो लेकिन केंद्र में बलवान चंद्रमा हो तथा शुभग्रहों से दृष्ट हो तो केमद्रुम योग भंग हो जाता है। यह योग केमद्रुम योग के अशुभ फलों को भंग कर देता है।

329. चंद्र गुरु केमद्रुम भंग योग–यदि केमद्रुम योग हो लेकिन चंद्रमा किसी शुभ ग्रह के साथ हो या बृहस्पति से दृष्ट हो तो केमद्रुम योग भंग हो जाता है।

330. नवांश केमद्रुम भंग योग–यदि केमद्रुम' योग हो किंतु चंद्रमा नवांश कुंडली में उच्च राशि में या मित्र राशि में हो तथा गुरु से दृष्ट हो तो केमद्रुम योग भंग हो जाता है। यह योग केमदुम योग के अशुभ फलों को भंग कर देता है।

331. पूर्ण चंद्र केमद्रुम भंग योग–यदि केमद्रुम योग हो लेकिन पूर्णिमा का चंद्रमा लग्न में किसी शुभ ग्रह के साथ हो तो केमद्रुम योग भंग हो जाता है। यह योग केमदुम योग के अशुभ फलों को भंग कर देता है।

332. कर्म भाव केमद्रुम भंग योग–यदि केमद्रुम हो लेकिन चंद्रमा दसवें स्थान में उच्च राशि में तथा किसी शुभ ग्रह से दृष्ट हो तो केमद्रुम योग भंग हो जाता है। यह योग केमद्रुम योग के अशुभ फलों को भंग कर देता है।

333. केमद्रुम भंग योग–यदि केमद्रुम हो किंतु मंगल और बृहस्पति तुला राशि में हों, सूर्य कन्या में और चंद्रमा मेष राशि में हो तो केमद्रुम योग भंग हो जाता है। यह योग केमद्रुम योग के अशुभ फलों को भंग कर देता है।

334. न्यायालय कर्मी योग–यदि व्ययेश 1/2/4/5/9/10 वें में से किसी एक स्थान में हो तो नौकरी योग होता है। इस योग के होने पर 3/6/11 वें स्थान में सौम्य ग्रह बलवान चंद्रमा, बुध, गुरु, शुक्र, केतु हों या इन ग्रहों की राशियां हों तो दीवानी विभाग में नौकरी का योग होता है।

335. दंडाधिकारी योग–यदि व्ययेश 1/2/4/5/9/10 वें में से किसी एक स्थान में हो तो नौकरी योग होता है। इस योग के होने पर 3/6/11 वें स्थान में क्रूर ग्रह की राशियां हों और इन भावों में से किसी भी भाव में स्वग्रही ग्रह हों तो दंडाधिकारी योग होता है।

336. न्यायाधीश योग—यदि व्ययेश 1/2/4/5/9/10 वें में से किसी एक स्थान में हो तो नौकरी योग होता है। इस योग के होने पर 3/6/11 वें स्थान में से किन्हीं भी दो भावों में क्रूर ग्रहों की राशियां हों और शेष स्थानों में सौम्य ग्रहों की राशियां हों तथा इन स्थानों में भी कोई ग्रह स्वग्रही हो और लग्नेश बलवान हो तो जज या न्यायाधीश का योग होता है।

337. समुद्र योग—यदि द्वितीय स्थान में एकांतर से छह स्थानों 2/4/6/10/12 में सभी ग्रह हों तो समुद्र योग होता है। इस योग में उत्पन्न जातक धनी, राजमान्य, भोगी, लोकप्रिय, पुत्रवान और वैभवशाली होता है।

338. चंद्र वसुमति योग—चंद्रमा से उपचय 3/6/10/11 वें स्थानगत सभी शुभग्रह (बुध, बृहस्पति, शुक्र) हों तो 'वसुमति योग' होता है। जातक पूर्ण धनी, दो शुभग्रह हों तो मध्यम धन वाला और एक शुभग्रह हो तो अल्पधन वाला होता है।

339. लग्न वसुमति योग—लग्न से उपचय 3/6/10/11वें स्थान में सभी शुभग्रह (चंद्रमा, बुध, बृहस्पति, शुक्र) हों तो 'वसुमति योग' होता है। यदि दो शुभग्रह उपचय में हों तो मध्यम धनी, यदि 1 शुभग्रह हो तो अल्पधनी होता है।

340. अधम योग—यदि सूर्य से केंद्र में 1/4/7/10वें स्थान में चंद्रमा हो तो अधम योग होता है। इस योग में उत्पन्न जातक द्रव्य, सवारी, यश, सुख, संपत्ति, ज्ञान, बुद्धि, निपुणता, उदारता का बहुत कम फल प्राप्त होता है।

341. सम योग—सूर्य से पणकर स्थान 2/5/8/11वें में चंद्रमा हो तो सम योग होता है। सम योग में उत्पन्न जातक द्रव्य, सवारी, यश, सुख, संपत्ति, ज्ञान, बुद्धि, निपुणता, विद्या, उदारता और सुख का मध्यम फल प्राप्त होता है।

342. वरिष्ठ योग—सूर्य से आपोक्लिम 3/6/9/12वें स्थान में चंद्रमा हो तो वरिष्ठ योग होता है। वरिष्ठ योग में जन्म हो तो द्रव्य, सवारी, यश, सुख, संपत्ति, ज्ञान, बुद्धि, निपुणता, विद्या, उदारता और सुख आदि प्रचुर मात्रा में मिलता है।

343. धनधारा दिन योग—दिन में जन्म हो तथा चंद्रमा स्व नवांश या अधिमित्र के नवांश में हो और बृहस्पति से दृष्ट हो तो धनधारा योग बनता है। जातक अत्यधिक धनी होता है।

344. धनधारा रात्रि योग—रात में जन्म हो तथा चंद्रमा स्व नवांश या अधिमित्र के नवांश में हो और शुक्र से दृष्ट हो तो धनधारा योग बनता है। जातक अत्यधिक धनी होता है।

345. दीन हीन योग—यदि चंद्रमा से बृहस्पति छठे भाव में स्थित हो और बृहस्पति लग्न से केंद्र में न हो तो 'दीनहीन' योग बनता है। जातक दीन हीन (निराश्रय), दरिद्र, हमेशा मुश्किल में फंसा हुआ, सबका अप्रिय तथा सदा भाग्य में उतार चढ़ाव आता रहता है। जातक अनासक्त (अलग), गृह विहीन, दीर्घायु तथा दूसरों के उपकार व दया पर जीने वाला होता है। सदा कष्ट तथा परिश्रम का जीवन पाता है और राज्य, धन, सुख सबसे वंचित रहता है। जीवन में संपन्नता और विपन्नता का चक्र चलता रहता है। कभी कभी ऐसे व्यक्ति का सितारा बहुत तेज हो जाता है और कभी सितारा बिलकुल गिर जाता है।

346. परजीवी योग—बृहस्पति लग्न से केंद्र में न हो तथा चंद्रमा से अष्टम में हो तो शकट योग बनता है। जातक दीन हीन (निराश्रय), दरिद्र, हमेशा मुश्किल में फंसा हुआ, सबका अप्रिय तथा सदा भाग्य में उतार चढ़ाव आता रहता है। जातक दूसरों के उपकार पर जीने वाला होता है।

347. निराश्रय योग—बृहस्पति लग्न से केंद्र में न हो तथा चंद्रमा से बारहवें स्थान में हो तो निराश्रय योग बनता है। जातक दीन हीन (निराश्रय), दरिद्र, हमेशा मुश्किल में फंसा हुआ, सबका अप्रिय तथा सदा भाग्य में उतार चढ़ाव आता रहता है। जातक अनासक्त (अलग), गृह विहीन, दीर्घायु तथा दूसरों के उपकार व दया पर जीने वाला होता है।

348. शकट भंग योग—बृहस्पति लग्न से केंद्र में न हो तथा चंद्रमा से बारहवें स्थान में हो तथा छठे भाव को देख रहा हो तो शकट योग भंग हो जाता है। शकट योग के अधिकांश अशुभ फल नहीं मिलते तथा जातक को सुख की प्राप्ति होती है।

349. वेशि योग—सूर्य से दूसरे स्थानगत चंद्रमा के अतिरिक्त ग्रहों के रहने से वेशि योग बनता है। वेशियोगोत्पन्न जातक सत्यवादी, सतत आलसी, समदर्शी, सुखी, स्वल्पधनी तथा लंबा शरीर वाला होता है। जातक मंद दृष्टि, स्थिर वाणी, अधिक परिश्रमी नम्र व लंबा देह होता है।

350. शुभ वेशि योग—सूर्य से दूसरे स्थान में चंद्रमा के अतिरिक्त कोई शुभ ग्रह हो। जातक सुवक्ता, धनवान तथा अपने शत्रुओं को नष्ट करने वाला होता है।

351. अशुभ वेशि योग—सूर्य से दूसरे स्थान में चंद्रमा के अतिरिक्त कोई अशुभ ग्रह हो। जातक सुवक्ता, धनवान तथा अपने शत्रुओं को नष्ट करनेवाला होता है।

352. मंगल वेशि योग—सूर्य से दूसरे स्थान में मंगल हो तो जातक अधिक चलने वाला व परोपकारी होता है।

353. बुध वेशि योग—सूर्य से दूसरे स्थान में बुध हो। वेशि योग में उत्पन्न जातक बहुत कार्य करने वाला, निर्धन, कोमल, नम्र और लज्जा करने वाला होता है।

354. गुरु वेशि योग—सूर्य से दूसरे स्थान में गुरु हो। तो जातक धन का संग्रही, विद्वान, सुंदर मित्रों से युत होता है।

355. शुक्र वेशि योग—सूर्य से दूसरे स्थान में शुक्र हो तो जातक भयभीत, कार्य में अस्थिर, स्वल्प इच्छा करने वाला और परतंत्र होता है।

356. शनि वेशि योग—सूर्य से दूसरे स्थान में शनि हो तो जातक दूसरे की स्त्री में आसक्त, उग्र स्वभाव, बड़ी आकृति वाला, शठ, ग्लानि करने वाला और धनी होता है।

357. वोशि योग—सूर्य से दूसरे स्थान में चंद्रमा के अतिरिक्त ग्रहों के रहने से वोशि योग बनता है। वोशियोगज जातक कुशल, दानशील, बली, विद्वान, कीर्तिमान, अच्छी वाणी वाला, स्मरण शक्ति वाला, उद्योगी, तिरछी दृष्टि वाला, स्थूल शरीर धारी, राजा के तुल्य व सात्विक होता है।

358. शुभ वोशि योग—सूर्य से बारहवें स्थान में चंद्रमा के अतिरिक्त कोई शुभ ग्रह हो तो जातक देखने में सुंदर, सुखी, गुणनिधि, धीर, धार्मिक, दाता, राजा का प्रिय, अच्छे पद वाला और विख्यात होता है।

359. अशुभ वोशि योग—सूर्य से बारहवें स्थान में चंद्रमा के अतिरिक्त कोई अशुभ ग्रह हो तो जातक दूसरों की निंदा करने वाला, कांतिहीन, छोटे आदमी की संगति करे और स्वयं दुर्जन, मायावी, दुष्टों का मित्र, स्वयं दुराचरण करने वाला लेकिन शास्त्रों की दुहाई देने वाला होता है।

360. मंगल वोशि योग—सूर्य से बारहवें स्थान में मंगल ग्रह हो तो जातक युद्ध में विख्यात विजय प्राप्त कर्ता, एक वाणी वाला, अपने भाग्य से जीने वाला होता है।

361. बुध वोशि योग—सूर्य से बारहवें स्थान में बुध हो तो जातक प्रिय वाणी बोलने वाला, लाल शरीर वाला एवं दूसरों की आज्ञा का पालन करने वाला होता है।

362. गुरु वोशि योग—सूर्य से बारहवें स्थान में गुरु हो तो जातक धैर्य बल बुद्धि से युत एवं वाणी में तत्व वाला होता है।

363. शुक्र वोशि योग—सूर्य से बारहवें स्थान में शुक्र हो तो जातक वीर, विख्यात, गुणी एवं यशस्वी होता है।

364. शनि वोशि योग—सूर्य से बारहवें स्थान में शनि हो तो जातक बनिया (व्यापारी) के कुल के समान स्वभाव वाला, दुष्ट स्वभाव वाला, दूसरे के धन को चुराने वाला, गुरुजनों से शत्रुता करने वाला व निर्लज्ज किंतु तपस्विनी स्त्री का स्वामी होता है।

365. अभ्युदय योग—यदि लग्नेश बली हो, सुखेश और बृहस्पति परस्पर केंद्रगत हों अथवा सुखेश और दशमेष एक साथ उच्च या स्वराशि में हों तो अभ्युदय योग होता है। इस योग में उत्पन्न जातक बली, साहसी, धूर्त, चतुर और राजदूत होता है। अभ्युदय योग राजनीतिक अभ्युदय का भी सूचक है। जातक छोटी सेना अथवा किसी गाँव का प्रमुख होता है।

366. उभयचर योग—सूर्य से दूसरे व बारहवें दोनों स्थानों में चंद्रमा के अतिरिक्त अन्य ग्रहों के रहने से उभयचर योग होता है। पाप उभयचरोत्पन्न जातक रोगग्रस्त, दरिद्र, पराधीन, कर्म करने वाला होता है। 'शुभ' उभयचरोत्पन्न जातक राजा तुल्य धनी, ऐश्वर्यशाली, बलवान, सुखी, सुशील, दयावान होता है। जातक समस्त कार्यभार को सहन करने वाला, कल्याण से युत, सुंदर समदृष्टि वाला, समान शरीर वाला, अधिक बलवान, अधिक ऊंची देह से रहित, समस्त वस्तु व साधनों से पूर्ण, विद्यावान, सुंदर ऐश्वर्य से युत, अधिक नौकर व धन से युत, अपने बंधु बांधवों का रक्षक, राजा के सदृश, पूर्ण उत्साही, प्रसन्न चित्त व सुख भोग करने वाला होता है।

367. सफल अमल कीर्तियोग—लग्न से दसवें स्थान में शुभ ग्रह स्थिति हो तो 'अमल योग' बनता है। इस योग में उत्पन्न जातक राजपूज्य, भोगेंद्र, दानी, बंधुजनप्रिय, परोपकारी तथा गुणवान् होता है। जो व्यक्ति अमल योग में पैदा होता है वह आचारवान, धर्म में मति रखने वाला, प्रसन्न, सौभाग्यवान, राजा द्वारा सम्मानित, मृदु स्वभाव का, मुस्कराकर बोलने वाला और धनी होता है। वह निर्मल कीर्ति वाला तथा स्थायी धनवान् होता है।

368. निर्धन योग—अष्टमेश 4/5/9/10 वें स्थान में हो और लग्नेश निर्बल हो तो जातक दिवालिया होता है। योगकारक ग्रह पर राहु एवं सूर्य की दृष्टि पड़ने से योग अधूरा रह जाता है। लाभेश व्यय में हो या भाग्येश और दशमेश व्यय में हो तो

दिवालिया होता है। यदि पांचवें भाव में शनि तुला राशि में हो तो दिवालिया योग बनता है।

369. **शुभ कर्तरी योग**–लग्न से दूसरे और बारहवें दोनों स्थानों में शुभ ग्रहों के रहने से शुभ कर्तरी योग होता है। शुभयोगोत्पन्न जातक वाग्मी, सौंदर्यशील तथा गुणयुक्त होता है और पापयोगोत्पन्न कामुक पापकर्मकारी तथा परधनापहारक होता है। जो व्यक्ति शुभ कर्तरी योग में उत्पन्न होता है वह दीर्घायु, सुखी लक्ष्मीवान् और वैभव से युक्त होता है। उसे शत्रुओं तथा रोगों से भय नहीं होता।

370. **पाप कर्तरी योग**–लग्न से दूसरे तथा बारहवें स्थानों में पापग्रह के होने पर पाप कर्तरी योग होता है। इस योग में उत्पन्न जातक दरिद्र, अपवित्र, दुःखी अंगहीन, अल्पायु, भार्यारहित, पुत्ररहित होता है। यह आवश्यक नहीं कि सब लक्षण अक्षरशः मिलें, भावार्थ लेना चाहिये।

371. **लग्नाधियोग**–लग्न से 6/7/8 वें स्थान में शुभग्रह हों और पापग्रहों की दृष्टि उन पर नहीं हो तो लग्नाधियोग होता है। इस योग में उत्पन्न जातक सुखी तथा विद्वान होता है।

372. **कृष्ण योग**–आठवां स्थान ग्रहरहित या शुभग्रहयुक्त हो और केंद्रस्थान शुभग्रहयुत हो तो कृष्ण योग होता है। पर्वतयोगोत्पन्न जातक यशस्वी, तेजस्वी, भाग्यवान, दानी, वक्ता, विनोदी, पुरनायक, शास्त्रवेत्ता तथा कामी होता है।

373. **पर्वत योग**–लग्न तथा बारहवें भाव का स्वामी यदि एक दूसरे से केंद्र में हों और मित्रों से दृष्ट हों तो भी 'पर्वत' योग बनता है। जातक यशस्वी, तेजस्वी, भाग्यवान, दानी, वक्ता, विनोदी, पुरनायक, शास्त्रवेत्ता तथा कामी होता है।

374. **राजदूत योग**–यदि लग्नेश बली हो, सुखेश और गुरु परस्पर केंद्र में स्थित हों तो राजदूत योग बनता है। इस योग में उत्पन्न जातक ओजस्वी, साहसी, राज्य संपदा से युक्त, राजदूत होता है। काहल योग राजनीतिक अभ्युदय का भी सूचक है।

375. **काहल योग**–सुखेश और दशमेश एक साथ उच्च या स्वराशि में हों तो काहल योग होता है। इस योग में उत्पन्न जातक तेजस्वी, साहसी, चतुरंग सैनिकों से युक्त, कतिपय ग्रामों का स्वामी होता है।

376. **चामरयोग**–उच्च स्थित लग्नेश यदि केंद्रगत हो और गुरु से देखा जाए तो चामर योग होता है। इस योग में जातक राजा या राजप्रिय तथा अनेक कलाओं का जानकार होता है।

377. **चामर ज्ञान योग**–दो शुभ ग्रह 1/7/9/10 भावगत हों तो भी चामर ज्ञान योग होता है। इस योग में जातक राजा या राजप्रिय, वक्ता तथा अनेक कलाओं का जानकार होता है।

378. **कामदेव योग**–यदि लग्न में शुभ ग्रह हों या लग्न को शुभ ग्रह देखते हों और लग्नेश अस्त न होकर उत्तम स्थान में स्वराशि का या स्वक्षेत्री होकर बैठा हो तो कामदेव योग होता है। जातक शुक्ल पक्ष के चंद्रमा की तरह वृद्धि को प्राप्त होता है। शुक्ल पक्ष के चंद्रमा की भांति सुंदर और सुशील भी होता है। ऐसा व्यक्ति लक्ष्मीवान, कीर्तिवान, दीर्घायु और जनपति होता है।

379. धेनु योग—यदि दूसरे स्थान में शुभ ग्रह हों या दूसरे घर को शुभ ग्रह देखते हों और दूसरे भाव का स्वामी उदित होकर स्वराशि या उच्चराशि में स्थित होता हुआ सुस्थान में बैठा हो तो धेनु योग होता है। इस योग का जातक सुवर्ण, धन, धान्य और रत्न से समृद्ध होता है। वह राजराज अर्थात् राजाओं का राजा और कुबेर की भांति ध ानी होता है। दूसरे भाव से विद्या, कुटुंब, भोजन, पान (पीने की वस्तु) आदि का भी विचार किया जाता है। और दूसरा स्थान तथा दूसरे स्थान के स्वामी के बलवान होने से ऐसे व्यक्ति को उत्तम भोजन, पेय पदार्थ, विद्या, बड़े कुटुंब का सुख आदि प्राप्त होंगे। दक्षिण भारत में दूसरे भाव से भी विद्या का विचार किया जाता है। वास्तव में दूसरा भाव मुख, जिह्वा या वाणी का है। वाणी और विद्या में बहुत समानता है।

380. शौर्य योग—तीसरे भाव में शुभ ग्रह हों या इस भाव को शुभ ग्रह देखते हों और तृतीय भाव का स्वामी अस्त न हो और अपनी राशि या उच्चराशि में स्थित होकर उत्तम स्थान में हो तो 'शौर्य' योग होता है। ऐसा जातक बहुत पराक्रमी होता है और उसके छोटे भाई यशस्वी और भ्रातृभक्त होते हैं। वह स्वयं भी बहुत यशस्वी होता है और राज्य कार्य में रत रहता है। अच्छे सरकारी पद पर आसीन होता है।

381. जलधि योग—चौथे स्थान में शुभ ग्रह हों या शुभ ग्रह चौथे स्थान को देखते हों, चतुर्थेश अस्त न हो और अपनी स्वराशि या उच्चराशि में स्थित होकर उत्तम स्थान में हो तो अंबुधि या जलधि योग होता है। अंबुधि या जलधि समुद्र को कहते हैं। जातक को गौ संपत्ति, धन धान्य, आदि पर्याप्त मात्रा में प्राप्त करते हैं। इसका मकान बहुत सुंदर होता है। बंधुओं की बहुतायत रहती है। उत्तम स्त्री, रत्न, वस्त्र, भूषण आदि के साथ साथ आदरणीय उत्तम स्थान प्राप्त होता है। ऐसे मनुष्य का सुख स्थिर होता है अर्थात् दीर्घ काल तक वह सुखी रहता है। ऐसे मनुष्य देवताओं और ब्राह्मणों के भक्त अर्थात् धार्मिक कार्यों में प्रवृत्त रहते हैं और कुएं खुदवाना, प्याऊ लगवाना आदि कार्य करते रहते हैं।

382. छत्र योग—पांचवें भाव में शुभ ग्रह हों या इसे देखते हों और पांचवें भाव का स्वामी अस्त न हो और अपनी राशि का या अपनी उच्चराशि में स्थित होकर उत्तम स्थान में बैठा हो तो छत्र योग होता है। इस योग का जातक संसार के सब सौभाग्यों से युक्त, संतान सुख वाला, धनी, यशस्वी बुद्धिमान, उत्तम भाषण करने वाला, तीक्ष्ण बुद्धि, राजा का मंत्री होता है। ऐसे व्यक्ति को राजा या सरकार से सम्मान प्राप्त होता है।

383. अस्त्र योग—छठे भाव का स्वामी अस्त न होकर स्वराशि या उच्चराशि में स्थित होकर उत्तम स्थान में बैठा हो और छठा भाव शुभ ग्रह युत या शुभग्रहों से दीक्षित हो तो अस्त्र योग होता है। इस योग में उत्पन्न जातक बड़े–बड़े बलवान शत्रुओं को अपनी जबर्दस्त ताकत से दबा देता है। बहुत क्रूर प्रवृत्ति वाला अभिमानी होता है। ऐसे व्यक्ति के शरीर के अवयव दृढ़ होते हैं, किंतु शरीर में व्रण के चिह्न भी होते हैं। अस्त्र योग में उत्पन्न व्यक्ति विवादकारी होता है।

384. काम योग—सातवें स्थान पर शुभ ग्रहों की दृष्टि हो और सातवें स्थान में शुभ ग्रह बैठे हों एवं सातवें स्थान का स्वामी स्वराशि या उच्चराशि का होकर उत्तम स्थान पर बैठा हो तो "काम" योग होता है। सप्तमेश अस्त नहीं होना चाहिए। जातक

परदारा पराङ्मुख होते हैं अर्थात् व्यभिचारी नहीं होते। ऐसे व्यक्ति को उत्तम स्त्री, संतान और बंधुओं का सुख प्राप्त होता है। ऐसा आदमी अपने शुभ गुणों से बहुत लक्ष्मी प्राप्त करता है और अपने पिता से अधिक उच्च पदवी प्राप्त करता है।

385. असुर योग–आठवें स्थान में शुभ ग्रह हों या शुभ ग्रह इस स्थान को देखते हों और अष्टमेश स्वराशि, उच्चराशि का अस्तंगत न होकर उत्तम स्थान में बैठा हो तो असुर योग होता है। इसका फल निकृष्ट है। जातक स्वार्थी कुकर्मी, दरिद्र, दुराग्रही, चुगलखोर और दूसरों का काम बिगाड़ने वाला होता है। अपने किए हुए दुष्ट कार्यों के परिणाम स्वरूप ऐसा मनुष्य स्वयं हानि और दुःख उठाता है।

386. भाग्य योग–नौवें भाव में शुभ ग्रह बैठे हों, नौवें भाव को शुभ ग्रह देखते हों, नौवें भाव का स्वामी सूर्य किरणों के सान्निध्य से अस्तंगत न होकर अपनी राशि या अपनी उच्चराशि में स्थित होता हुआ उत्तम स्थान में बलवान बैठा हो तो 'भाग्य' योग होता है। इस योग में उत्पन्न जातक परम ऐश्वर्यशाली होता है। जातक को सदैव रहने वाली लक्ष्मी प्राप्त होती है अर्थात् सदैव पूर्ण धनी रहता है। बड़े–बड़े आदमी जातक को नमस्कार करते हैं। जातक अपने माता पिता का, पितरों, ब्राह्मणों और देवताओं का पूजन कर सदैव उनको प्रसन्न रखता है। भाग्य योग में उत्पन्न व्यक्ति अपने कुल की कीर्ति को बढ़ाने वाला, आचारनिष्ठ और सुहृदय होता है।

387. ख्याति योग–दसवें भाव में शुभ ग्रह बैठे हों और दसवें भाव को शुभ ग्रह देखते हों तथा दसवें भाव का स्वामी अस्त न होकर उत्तम स्थान में बैठकर अपनी उच्चराशि या स्वराशि में स्थित हो तो ख्याति योग होता है। जातक उत्तम कर्म करता है और उसके कार्य की सब प्रशंसा करते हैं। ऐसा व्यक्ति नृप होकर अपनी प्रजा की अच्छी रक्षा करता है और लोक में ख्याति प्राप्त करता है। ऐसे जातक को स्त्री, पुत्र, मित्र और धन का पूर्ण सुख प्राप्त होता है और भाग्यवान होता है।

388. सुपारिजात योग–लाभेश अस्त न होकर अपनी स्वयं की राशि या उच्चराशि में स्थित होकर लग्न से उत्तम स्थान बैठा हो और लाभ स्थान में शुभ ग्रह बैठे हों या एकादश को शुभ ग्रह देखते हों तो सुपारिजात योग होता है। इस योग का जातक अच्छे कुटुंब वाला, अर्थ संग्रह करने से धनी, नित्य शुभ कार्यों में भाग लेने वाला, पुण्य कथाओं के सुनने में तथा भक्ति में समय लगाने वाला, विद्वान और सत्कर्म करने वाला होता है।

389. मुसल योग–बारहवें भाव में शुभ ग्रह बैठे हों या इस भाव को शुभ ग्रह देखते हों और इस भाव का स्वामी स्वराशि या उच्चराशि में स्थित होकर लग्न से उत्तम स्थान में बैठा हो तो मुसल योग होता है। जातक को बड़ी कठिनता से धन प्राप्ति होती है। उसकी संपत्ति चंचल होती है अर्थात् कभी धन रहता है और कभी नहीं रहता। ऐसा व्यक्ति बहुत व्यय करने वाला होता है परंतु वाजिब काम में ही खर्च करता है। ऐसे व्यक्ति को अन्य लोग शत्रु दबा लेते हैं। मुसलयोग में उत्पन्न व्यक्ति चपल और मूर्ख होता है किंतु उसे जीवन के अंत में स्वर्ग प्राप्ति होती है।

390. अवयोग—लग्नेश दुःस्थान में हो तो 'अवयोग' होता है। इस योग में उत्पन्न जातक की स्थिति बहुत चंचल होती है। ऐसा व्यक्ति असज्जनों के साथ रहता है, उसका चरित्र अच्छा नहीं होता है। जातक स्वल्पायु और अप्रसिद्ध रहता है, और घोर दरिद्रता तथा अपमान को प्राप्त होता है।

391. निःस्वयोग—दूसरे भाव का स्वामी 6/8/12 वें तीनों स्थानों में से कहीं हो तो "निःस्वयोग" होता है। "निःस्व" का अर्थ है जिसके पास अपना कुछ न हो अर्थात् दरिद्र। जातक के दांत और नेत्र खराब होते हैं, अच्छे वचन नहीं बोलता, कुटुंब भी विफल होता है। कुटुंब में बहुत से आदमी हों वह सफल कुटुंब जिसके घर में स्त्री, पुत्र कन्या आदि न हों मान लीजिये कि केवल मात्र स्त्री है तो वह विफल कुटुंब हुआ। निःस्व योग वाला मनुष्य अच्छी संगति में नहीं रहता। ऐसा व्यक्ति बुद्धि, पुत्र, विद्या और वैभव से हीन होता है। उसके धन को शत्रु लोग हर लेते हैं।

392. मृति योग—तृतीय स्थान का स्वामी दुःस्थान में स्थित हो तो 'मृति' योग होता है। जातक शत्रुओं से पराजित, अनुचित कर्म करने वाला, परिश्रम से खिन्न और निर्लज्ज होता है। उसके बल और धन का हरण हो जाता है। उसे भाई बहिनों का सुख न हो। ऐसे व्यक्ति का अपने ऊपर काबू नहीं रहता। इस कारण ऐसे कर्म करता है जिसके लिये उसे बाद में पश्चाताप होता है।

393. कुहूयोग—चतुर्थेश 6/8/12 वें स्थानों में से किसी में हो तो कुहूयोग होता है। जातक को माता, सवारी, मित्र, आभूषण तथा बंधुओं का सुख प्राप्त नहीं होता। चौथा भाव सुख स्थान कहलाता है और इस घर के बिगड़ जाने से मनुष्य सुखहीन होता है। ऐसे व्यक्ति को कहीं आश्रय नहीं मिलता, कोई न कोई संकट ऐसा उपस्थित हो जाता है कि अपना स्थान छोड़ना पड़ता है। ऐसा व्यक्ति कुस्त्री में अभिरत होता है। अनुभव के अनुसार शनि यदि चौथे भाव में हो और चौथे भाव का स्वामी भी बिगड़ा हो तो बुढ़ापा बहुत दरिद्रता में बीतता है।

394. पामर योग—यदि पंचमेश दुःस्थान में पड़ा हो तो पामर योग होता है। जातक दुःख से जीवन व्यतीत करता है। ऐसा व्यक्ति असत्य बोलने वाला अविवेकी तथा दूसरे को ठगने वाला होता है। ऐसे जातक को संतान सुख नहीं होता या तो संतान होवे ही नहीं या होकर मर जाए। यदि संतान चिरजीवी हों तो भी उनसे सुख प्राप्त न हो, पिता के प्रति कर्तव्य पालन न करने वाली बल्कि पिता को संताप देने वाली पितृद्वेषी संतान होती है। ऐसा व्यक्ति नास्तिक होता है और छोटे तथा दुष्ट आदमियों की सोहबत करता है। ऐसे व्यक्ति बहुत अधिक भोजन करते हैं अर्थात् पेटू होते हैं।

395. दुष्कृति योग—सप्तमेश दुःस्थान में पड़ा हो तो दुष्कृति योग होता है। इस योग में उत्पन्न जातक को सप्तम स्थान संबंधी सभी कष्ट प्राप्त होते हैं। पत्नी का वियोग (चाहे वह मर जाए या उससे अलग रहना पड़े या रोगिणी हो, दूसरे की स्त्री से रति हो या इसकी इच्छा रहे, कष्टमय यात्रा करनी पड़े। जातक के बंधु उसे धि िक्कारें, इस कारण उसे शौक प्राप्त हो। राजा या सरकार से पीड़ा मिले। सप्तम स्थान से जननेंद्रिय का विचार किया जाता है। सप्तम भाव और सप्तमेश दोनों बिगड़े हों तो यौनरोग होते हैं।

396. निर्भाग्य योग—नौवें भाव का स्वामी लग्न से 6/8/12 वें भाव में हो तो 'निर्भाग्य' योग होता है। जातक बहुत दुःख उठाने वाला, पुराने कपड़े पहनने वाला दुर्गति को प्राप्त होता है। नवम भाव धर्म भाव है यह बिगड़ने से मनुष्य साधुओं की और गुरुओं की निंदा करता है। ऐसे व्यक्ति को जो कुछ पैतृक संपति प्राप्त होती है, वह सब नष्ट हो जाती है।

397. दुर्योग—दशमेश छठे, आठवें या बारहवें स्थान में हो तो 'दुर्योग' होता है। इस योग में उत्पन्न जातक द्वारा पूर्ण परिश्रम से किए हुए कार्यों में भी सफलता प्राप्त नहीं होती। उसके प्रयास निष्फल होते हैं। ऐसा मनुष्य प्रायः प्रवासी घर से बाहर परदेश में रहता है। दुर्योग में उत्पन्न मनुष्य का आदर नहीं होता। वह अन्य लोगों से द्रोह करता रहता है और अपने पेट पालने की ही चिंता में रहता है।

398. शंख योग—पंचमेश और षष्ठेश यदि एक दूसरे से केंद्र में हों और लग्नेश बलवान हो तो 'शंख' योग बनता है। शंखयोग में उत्पन्न जातक दयालु, पुण्यवान, विद्वान, पुत्र, धन, स्त्री से युक्त, दीर्घायु तथा शुभ आचरण वाला होता है। मानवतावादी, सत्कर्म में रुचि, धार्मिक, विद्वान तथा आनंदप्रिय, पत्नी—संतान और भूमि से युक्त दीर्घायु होता है। दूसरों के प्रति व्यवहार मधुर और सौम्य होता है तथा पारिवारिक दृष्टि से सफल होता है। इस योग के जनक ग्रह सूर्य, चंद्रमा, मंगल, बुध, बृहस्पति, शुक्र शनि हैं।

399. बली भाग्येश योग—लग्नेश और दशमेश चर राशि में हों और भाग्येश बलि हो तो 'बली भाग्येश योग' होता है। में उत्पन्न जातक दयालु, पुण्यवान, विद्वान, पुत्र, धन, स्त्री से युक्त, दीर्घायु तथा शुभ आचरण वाला होता है। मानवतावादी, सत्कर्म में रुचि, धार्मिक, विद्वान तथा आनंदप्रिय, पत्नी—संतान और भूमि से युक्त दीर्घायु होता है। दूसरों के प्रति व्यवहार मधुर और सौम्य होता है तथा पारिवारिक दृष्टि से सफल होता है। इस योग के जनक ग्रह सूर्य, चंद्रमा, मंगल, बुध, बृहस्पति, शुक्र शनि हैं।

400. भेरी योग—भाग्येश प्रबल हो और सभी ग्रह लग्न, द्वितीय, सप्तम, द्वादश स्थानों में हों तो भेरी योग होता है। जातक सद्व्यवहारयुक्त, सुखभोगों से पूर्ण, स्त्री, पुत्र, धन, यश तथा सद्गुणवान राजा होता है।

401. सर्वगुण योग—भाग्येश प्रबल हो और केंद्र में लग्नेश, गुरु तथा शुक्र हों तो सर्वगुण योग होता है। जातक सद्व्यवहारयुक्त, सुखभोगों से पूर्ण, स्त्री, पुत्र, धन, यश तथा सद्गुणवान राजा होता है।

402. सुखाक्षी योग—भाग्येश प्रबल हो और लग्नेश, गुरु तथा शुक्र आपस में केंद्र में हों तो सुखाक्षी योग होता है। जातक सद्व्यवहारयुक्त, सुखभोगों से पूर्ण, स्त्री, पुत्र, धन, यशवान राजा होता है।

403. खड्ग योग—भाग्येश धन स्थान में और धनेश भाग्य स्थान में हो और लग्नेश केंद्र या त्रिकोण में हो तो यह योग बनता है। इस योग में उत्पन्न जातक बुद्धि, बल सुख, धन से परिपूर्ण, शास्त्रज्ञ, कृतज्ञ तथा कार्यकुशल होता है। जातक पारिजात के अनुसार जातक समस्त वेदशास्त्रों के अर्थों से भिज्ञ, बुद्धिमान, प्रतापवान, निरभिमानी, कुशल और कृतज्ञ होता है। इस योग के जनक ग्रह सूर्य, चंद्रमा, मंगल, बुध, बृहस्पति, शुक्र और शनि हैं।

404. लक्ष्मी योग—लग्नेश प्रबल हो, भाग्येश स्वभाव में हो, स्वोच्च या मूलत्रिकोणस्थ होकर केंद्रगत हो तो लक्ष्मीयोग होता है। जातक सुंदर, धनी, गुणी, यशस्वी राजा तथा अनेक पुत्रों से परिपूर्ण होता है।

405. महाभाग्य योग—यदि पुरुष का दिन में जन्म हो और लग्न, सूर्य व चंद्र तीनों विषम राशियों में स्थित हों तो 'महाभाग्य' योग बनता है। जातक सचरित्र, दूसरों के लिए सुख का स्रोत, उदार, प्रसिद्ध, शासक या शासक के समकक्ष तथा दीर्घायु होता है। जो व्यक्ति महाभाग्य योग में उत्पन्न होता है वह सबके नेत्रों को आनंद देने वाला, उदार, विख्यात, निर्मल चरित्र का, भूमि का स्वामी, राजा के समान ऐश्वर्यशाली होता है।

406. सौभाग्यवती योग—किसी स्त्री का जन्म रात्रि के समय हो और लग्न, सूर्य तथा चंद्र तीनों सम राशियों में स्थित हो तो 'सौभाग्यवतीयोग होता है। जिन स्त्रियों की कुंडली में यह योग हो वह उत्तम चरित्र की, सौभाग्यशालिनी, धनवती होती हैं। उन्हें पति, पुत्र, पौत्रों का सुख चिरकाल तक प्राप्त होता है और सदैव सौभाग्यवती रहती हैं।

407. भिक्षुक योग—नौवें भाव में चंद्रमा और शनि हो तथा लग्नेश नीच राशि में हो तो भिक्षुक योग होता है। इस योग में उत्पन्न जातक भिक्षुक होता है।

408—429. दरिद्र योग—निम्न दरिद्र योग धनस्थान में हों तो पूर्ण फल, व्यय स्थान में हों तो पादोन तीन चौथाई और अन्य स्थान में हों तो अर्द्ध फल देते हैं।

षष्ठेश और धनेश का योग, षष्ठेश और लग्नेश का योग, षष्ठेश और चतुर्थेश का योग, व्ययेश और चतुर्थेश का योग, व्ययेश और धनेश का योग, व्ययेश और लग्नेश का योग, षष्ठेश और दशमेश का योग, व्ययेश और दशमेश का योग, षष्ठेश और पंचमेश का योग, षष्ठेश और सप्तमेश का योग, व्ययेश और पंचमेश का योग, व्ययेश और सप्तमेश का योग, षष्ठेश और भाग्येश का योग, व्ययेश और भाग्येश का योग, षष्ठेश और तृतीयेश का योग, व्ययेश का योग, षष्ठेश और लाभेश का योग, व्ययेश और लाभेश का योग, षष्ठेश और अष्टमेश का योग, व्ययेश और अष्टमेश का योग, षष्ठेश और व्ययेश का योग। इन धनी और दरिद्र योगों का विचार करने के लिए जो जो योग आएं उन्हें पृथक लिख लेना चाहिए। यदि धनी योग कुंडली में अधिक हों और दरिद्र योग कम हों तो जातक धनवान एवं दरिद्र योग अधिक और धनी योग कम हों तो जातक दरिद्र होता है।

इन योगों में रहस्यपूर्ण बात यह है कि बलवान धनी योग कम हों और निर्बल दरिद्र योग अधिक हों तो जातक धनी, एवं दरिद्र योग बलवान और उनकी अपेक्षा निर्बल धनी योग हों तो जातक धनी होते हुए भी कुछ समय के लिए दरिद्र जैसा जीवन यापन करता है। धनी और दरिद्र का विचार करते समय देश, काल तथा जाति का विचार अवश्य कर लेना चाहिए। यदि किसी धनी घराने में पैदा हुए जातक की कुंडली में धनी योग हो तो जातक लक्षाधीश या योग के बलानुसार, कोट्याधीश होता है। यदि वही योग किसी साधारण घर में जन्मे व्यक्ति की कुंडली में हो तो वह अपनी स्थिति के अनुसार धनी होता है। जिसकी कुंडली में दो बलवान धनी योग हों तो वह सहस्राधिपति, तीन हों तो लक्षाधिपति, चार या पांच हों तो कोट्याधिपति होता है। इससे अधिक धनी योग होने पर जातक विपुल संपत्ति का स्वामी होता है।

धनी योगों से एक दरिद्र योग अधिक हो तो अल्पधनी, दो अधिक हों तो दरिद्र और तीन अधिक हों तो भिक्षुक या उसके समदृश होता है। धनी योगों के अभाव में एक धनी योग होने पर जातक खाता–पीता, सुखी, दो धनी योग होने पर आश्रयदाता, लक्षाधीश एवं तीन या इससे अधिक योग होने पर जातक बहुत धनी होता है।

430. **पापी योग**–चंद्र सूर्य के साथ नीचगत ग्रह से दृष्ट पापांशक में हो तो जातक दरिद्र होता है।

431. **विश्वासघाती योग**–रात के समय जन्म हो और लग्नगत क्षीण चंद्र से अष्टम पाप ग्रह की दृष्टि हो या पाप ग्रह स्थित हो तो विश्वासघातीयोग होता है।

432. **ग्रहण योग**–राहु आदि से पीड़ित चंद्र पाप ग्रह के द्वारा दृष्ट हो तो जातक धनिक के घर में जन्म लेने पर भी दरिद्र बन जाता है।

433. **कृपण योग**–लग्न या चंद्र से केंद्र स्थानों 1/4/7/10 में पाप ग्रह हों तो कृपण योग होता है, और जातक दरिद्र होता है।

434. **भिक्षा योग**–चंद्र शुभ ग्रह से दृष्ट हो लेकिन राहु आदि से पीड़ित हो तो जातक दरिद्र होता है।

435. **निर्बल वर्ग योग**–चंद्र नीचगत या शुभ ग्रह दृष्ट हो तो या शत्रु की राशि अथवा वर्ग में स्थित हो अथवा तुला राशि में स्थित हो तो जातक दरिद्र होता है।

436. **महादरिद्र योग**–नीच या शत्रु के वर्ग का चंद्र लग्न, केंद्र या त्रिकोण में स्थित हो और चंद्र से बारहवें, आठवें या छठे भाव में गुरु हो तो जातक महादरिद्र होता है।

437. **मित्रघाती योग**–पाप ग्रह के नवांश में शत्रु दृष्ट, चर राशिस्थ या चरांश मं चंद्र हो और गुरु उसे न देखता हो तो जातक दरिद्र होता है।

438. **कर्मसिद्धि योग**–दशमेश लग्न, चतुर्थ, सप्तम या दशम में शुभ ग्रह के साथ हो तो कर्मसिद्धि योग होता है। जातक के कर्म एवं प्रयास सफल होते हैं।

439. **चंद्र मंगल योग**–चंद्रमा मंगल की युति या परस्पर दृष्टि हो तो 'चंद्र मंगल योग' होता है। इस योग में उत्पन्न जातक विभिन्न प्रकार से धर्नाजन होता है।

440. **लग्न मालिका योग**–यदि लग्न से आरंभ कर सातवें स्थान तक सातों भावों में ग्रह हों तो इसे मालिका कहते हैं। जब सूर्यादि सात ग्रह (राहु केतु को इनमें नहीं लेना चाहिये) निरंतर सात राशियों में हों तो मालिका योग होता है। इस योग में उत्पन्न जातक राजा, अनेक वाहनों का स्वामी होता है।

441. **धन मालिका योग**–यदि दूसरे से आठवें तक सातों भावों में ग्रह हों तो इसे मालिका कहते हैं। जब सूर्यादि सात ग्रह निरंतर सात राशियों में हों तो मालिका योग होता है। इस योग में उत्पन्न जातक खजाने का मालिक अर्थात् धनी, पिता में भक्ति रखने वाला चक्रवर्ती होता है।

442. **विक्रम मालिका योग**–तीसरे से नौवें तक सातों स्थानों में ग्रह हों तो मालिका कहते हैं। जब सूर्यादि सात ग्रह (राहु केतु को इनमें नहीं लेना चाहिये) निरंतर सात राशियों में हों तो मालिका योग होता है। जातक राजा, शूरवीर, धनी किंतु रोगी होता है।

443. सुख मालिका योग–सुख से दशम तक सातों भावों में ग्रह हों तो मालिका कहते हैं। जब सूर्यादि सात ग्रह (राहु केतु को इनमें नहीं लेना चाहिये) निरंतर सात राशियों में हों तो मालिका योग होता है। जातक बहुत देशों में भाग्यवान, भोगी, महादानी, राजा होता है।

444. पुत्र मालिका योग–जन्म लग्न से पांचवें (पुत्र स्थान) से ग्यारहवें तक सातों घरों में ग्रह हों। जब सूर्यादि सात ग्रह (राहु केतु को इनमें नहीं लेना चाहिये) निरंतर सात राशियों में हों तो पुत्र मालिका योग होता है। जातक राजा, यज्ञ करने वाला अथवा कीर्तियुक्त होता है।

445. शत्रु मालिका योग–छठे से बारहवें स्थान तक सातों भावों में ग्रह हों तो मालिका कहते हैं। जब सूर्यादि सात ग्रह (राहु केतु को इनमें नहीं लेना चाहिये) निरंतर सात राशियों में हों तो मालिका योग होता है। जातक को धन और सुख की प्राप्ति होती है और कभी दरिद्रता नहीं आती।

446. कलत्र मालिका योग–सातवें से लग्न तक सातों स्थानों में ग्रह हों तो मालिका कहते हैं। जब सूर्यादि सात ग्रह (राहु केतु को इनमें नहीं लेना चाहिये) निरंतर सात राशियों में हों तो मालिका योग होता है। इस योग में उत्पन्न जातक अनेक स्त्रियों का प्यारा और राजा होता है।

447. रंध्र मालिका योग–आठवें से दूसरे तक सातों स्थानों में ग्रह हों तो मालिका कहते हैं। जब सूर्यादि सात ग्रह (राहु केतु को इनमें नहीं लेना चाहिये) निरंतर सात राशियों में हों तो मालिका योग होता है। इस योग में उत्पन्न जातक दीर्घायु किंतु निर्धन, मनुष्यों में श्रेष्ठ किंतु स्त्रीनिर्जित अर्थात् स्त्री या स्त्रियों के दबाव में रहने वाला होता है।

448. भाग्य मालिका योग–धर्म स्थान अर्थात् नौवें से तीसरे तक सातों स्थानों में ग्रह हों तो भाग्य मालिका योग होता है। जब सूर्यादि सात ग्रह (राहु केतु को इनमें नहीं लेना चाहिये) निरंतर सात राशियों में हों तो मालिका योग होता है। गुणनिधि, यज्ञ करने वाला, तपस्वी, विभु (समर्थ, अन्य जनों पर अधिकारी) होता है।

449. कर्म मालिका योग–कर्म स्थान दशम से चौथे तक सातों स्थानों में ग्रह हों तो मालिका कहते हैं। जब सूर्यादि सात ग्रह (राहु केतु को इनमें नहीं लेना चाहिये) निरंतर सात राशियों में हों तो मालिका योग होता है। जातक धर्म कर्म निरत और सज्जनों से संपूजित होता है।

450. लाभ मालिका योग–लाभ (एकादश) से पंचम तक सातों घरों में ग्रह हों तो लाभ मालिका कहते हैं। जब सूर्यादि सात ग्रह (राहु केतु को इनमें नहीं लेना चाहिये) निरंतर सात राशियों में हों तो मालिका योग होता है। जातक राज्य, उत्तम, रत्नों से पूर्ण, कुल, सौंदर्य, गुण विद्या, बुद्धि, सुशीला, धर्म कर्म निष्ठादि आचार विचार में श्रेष्ठ स्त्री से युत होता है।

451. व्यय मालिका योग–व्यय (बारहवें भाव) से छठे तक सातों स्थानों में ग्रह हों तो व्यय मालिका कहते हैं। जब सूर्यादि सात ग्रह (राहु केतु को इनमें नहीं लेना चाहिये)

निरंतर सात राशियों में हों तो मालिका योग होता है। जातक बहुत व्यय करने वाला, सर्वत्र पूज्य होता है।

452. **चतुस्सागर योग**—जब चारों केंद्रों में ग्रह हों या चारों चर राशियों में सभी ग्रह हों तो यह योग बनता है। जातक प्रसिद्ध, नेतृत्व गुण से युक्त, दीर्घजीवी, स्वस्थ, भ्रमणप्रिय होता है तथा विदेश यात्राएं करता है।

453. **सरस्वती योग**—बुध, बृहस्पति और शुक्र केंद्र या त्रिकोण में हों अथवा बृहस्पति या द्वितीय भाव बलवान हो तो सरस्वती योग होता है। इस योग में उत्पन्न जातक उच्च कोटि का विद्वान, गद्य और पद्य में निष्णात तथा धार्मिक ज्ञान व गणित का जानकार होता है।

454. **हत् हंत योग**—यदि ग्यारहवें स्थान में चंद्रमा हो तथा सूर्य कर्क राशि में हो तो हत् हंत योग होता है। इस योग में उत्पन्न जातक अपने मूर्खता एवं अहंकारपूर्ण कार्य से मृत्यु प्राप्त करता है।

455. **नीचभंग राजयोग**—यदि कोई ग्रह नीच राशि का हो और यदि उस नीच राशि का स्वामी, यदि लग्न से अथवा चंद्र लग्न से केंद्र में स्थित हो तो 'नीचभंग' राजयोग बनता है। इस योग में जन्म लेने वाला जातक धार्मिक तथा राजा के समान पदवी प्राप्त करता है।

456. **क्लिष्ट भंग राजयोग**—यदि कोई ग्रह नीच राशि का हो और उस राशि का स्वामी जहां वह ग्रह उच्च होता है, यदि लग्न से केंद्र में स्थित हो तो क्लिष्ट भंग' राजयोग बनता है। इस योग में उत्पन्न जातक धार्मिक तथा राजा के समान पदवी प्राप्त करता है।

457. **चंद्र नीचभंग राजयोग**—नीच ग्रह जिस राशि में उच्च का होता है, उसका स्वामी चंद्र से केंद्र में हो तो चंद्र नीचभंग राजयोग होता है। इस योग से नीच ग्रह की नीचता (निर्बलता) निरस्त हो जाती है तथा वह ग्रह शुभ फल व राजयोग देता है।

458. **स्वराशि नीचभंग राजयोग**—नीचस्थ ग्रह अपने राशि स्वामी से युक्त या दृष्ट हो तो स्वाराशि नीचभंग राजयोग होता है। नीच ग्रह की नीचता (निर्बलता) निरस्त हो जाती है तथा वह ग्रह शुभ फल व राजयोग देता है।

459. **उच्च दृष्ट नीचभंग राजयोग**—नीचस्थ ग्रह अपने उच्च राशि स्वामी से युक्त या दृष्ट हो तो उच्च दृष्ट नीचभंग राजयोग होता है। इससे नीच ग्रह की नीचता (निर्बलता) निरस्त हो जाती है तथा वह ग्रह शुभ फल व राजयोग देता है।

460. **परिवर्तन नीचभंग राजयोग**—नीचस्थ ग्रह अपने राशि के स्वामी से स्थान परिवर्तन करे तो परिवर्तन नीचभंग राजयोग होता है। इससे नीच ग्रह की नीचता (निर्बलता) निरस्त हो जाती है तथा वह ग्रह शुभ फल व राजयोग देता है।

461. **परस्पर नीचभंग राजयोग**—यदि दो नीच ग्रहों की परस्पर दृष्टि हो तो परस्पर नीचभंग राजयोग होता है। इससे नीच ग्रह की नीचता (निर्बलता) निरस्त हो जाती है तथा वह ग्रह शुभ फल व राजयोग देता है।

462. उच्चस्थ नीचभंग राजयोग—यदि नीचस्थ ग्रह किसी उच्चस्थ ग्रह के साथ हो तो उच्चस्थ नीचभंग राजयोग होता है। इससे नीच ग्रह की नीचता (निर्बलता) निरस्त हो जाती है तथा वह ग्रह शुभ फल व राजयोग देता है।

463. मृदंग योग—यदि लग्नेश प्रबल हो और सभी ग्रह अपने भाव या उच्चस्थ होकर केंद्र या कोण में हों तो मृदंग योग होता है। इस योग में जन्म लेने वाला जातक राजा अथवा राजसदृश होता है।

464. श्रीनाथ योग—उच्चस्थ सप्तमेष जायेश कर्मस्थानगत हो और भाग्येश कर्मेश का संयोग हो तो श्री नाथ योग होता है। जातक इंद्र सदृश राजा होता है, विधायक और सांसद तथा मंत्री बनता है।

465. शारद योग—कर्मेश पंचमस्थ हो, बली बुध सूर्य स्वक्षेत्री होकर केंद्रस्थ हों तो शारद योग होता है। जातक राजमान्य, विद्वान, सुख तप धर्म से युक्त तथा स्त्री पुत्र धनपूर्ण होता है।

466. शारद योग—चंद्रमा से नौवें या पांचवें स्थान में बुध व गुरु और ग्यारहवें भाव में मंगल हो तो शारद योग होता है। इस योग में उत्पन्न जातक राजमान्य, विद्वान, सुख तप धर्म से युक्त तथा स्त्री पुत्र धनपूर्ण होता है।

467. मत्स्य कुमारी योग—लग्न तथा नौवें भाव में शुभ ग्रह, पांचवें में शुभ तथा पाप और चौथे व आठवें भाव में पाप ग्रह हों तो मत्स्य कुमारी योग होता है। जातक दयालु, कालवेत्ता, विद्वान, सौंदर्य, बुद्धि तथा गुणों से युक्त एवं यश, बल, तपस्या से परिपूर्ण होता है।

468. मत्स्य योग—यदि लग्न तथा नौवें स्थान में अशुभ ग्रह, पांचवें भाव में शुभ तथा पाप और चौथे, आठवें स्थान में पाप ग्रह हों तो मत्स्य योग होता है। इस योग में उत्पन्न जातक दयालु, कालवेत्ता, विद्वान, सौंदर्य, बुद्धि तथा गुणों से युक्त एवं यश, बल, तपस्या से परिपूर्ण होता है।

469. धर्माधिकारी कूर्म योग—मित्र गृह, उच्च या स्वक्षेत्र में शुभ ग्रह पांचवें, छठे या सातवें भाव में हों, पाप ग्रह लग्न, तीसरे या ग्यारहवें भाव में स्वराशि या उच्च के हों तो धर्माधिकारी संज्ञक योग होता है। इस योग में उत्पन्न जातक गुणी, सुखी, यशस्वी तथा धर्मिष्ठ होता है। वह जनोपकार करने वाला जननायक अथवा राजा होता है।

470. कूर्म योग—मित्र गृह, उच्च या स्वक्षेत्री शुभग्रह पहले, तीसरे या ग्यारहवें भाव में हों तो कूर्म योग होता है। इस योग में उत्पन्न जातक गुणी, सुखी, यशस्वी तथा धर्मिष्ठ होता है। वह जनोपकार करने वाला जननायक अथवा राजा होता है।

471. कुसुम ख्याति योग—स्थिर लग्न हो, शुक्र केंद्रगत हो, शुभ ग्रह युक्त चंद्रमा नौवें या पांचवें भाव में हो, शनि दसवें भाव में हो तो कुसुम ख्याति योग होता है। इस योग में उत्पन्न जातक सर्वसौख्यसंपन्न राजा या राजदृश, विद्वान, गुणी, भोगेंद्र एवं वंशख्यात होता है।

472. कुसुम योग—लग्न में बृहस्पति हो, सातवें भाव में चंद्रमा हो व आठवें स्थान में सूर्य हो तो कुसुम योग होता है। इस योग में जन्म लेने वाला जातक उज्जवल वंश

परंपरा का राजा, प्रसिद्ध, अति गुणवान, विद्वान, सभी सुखों से युक्त तथा धरती के शासकों से आदर प्राप्त करता है।

473. कलानिधि बलिष्ठ योग–यदि दूसरे या पांचवें स्थान में स्थित गुरु, बुध व शुक्र से युत या दृष्ट हो तो कलानिधि बलिष्ठ योग बनता है। इस योग में उत्पन्न जातक विद्या, धन, गुण से युक्त, सुखी, राजमान्य, नीरोगी, निर्भय तथा कामुक होता है।

474. कलानिधि योग–दूसरे या पांचवें भाव में स्थित गुरु, बुध व शुक्र क्षेत्र (मिथुन, कन्या, वृश, तुला) में स्थित हों तो कलानिधि योग होता है। इस योग में उत्पन्न जातक विद्या, धन, गुण से युक्त, सुखी, राजमान्य, नीरोगी, निर्भय तथा कामुक होता है।

475. हरि योग–आठवें व बारहवें स्थानों में शुभग्रह हों तो हरियोग होता है। इस योग में उत्पन्न जातक सुखी, विद्वान, धनी तथा पुत्रवान होता है।

476. हर योग–सप्तमेश से 4/8/9 वें स्थानों में शुभग्रह हों तो हरयोग होता है। इस योग में उत्पन्न जातक सुखी, विद्वान, धनी तथा पुत्रवान होता है।

477. ब्रह्म योग–सप्तमेश से 4/8/9 वें स्थानों में शुभग्रह (गुरु, बुध, चंद्र) हों तो ब्रह्म योग होता है। इस योग में उत्पन्न जातक सुखी, विद्वान, धनी तथा पुत्रवान् होता है।

478. हरि हर ब्रह्म योग–लग्नेश से दूसरे, दसवें, ग्यारहवें स्थानों में शुभग्रह हों तो हरि हर ब्रह्म योग होता है। इस योग में उत्पन्न जातक संपूर्ण धार्मिक साहित्य का जानने वाला, प्रमुख विद्वान, सत्यवादी, धनवान, गुणवान, सभी सुविधाओं से संपन्न तथा लोगों की भलाई करने वाला होता है।

479. हरि दर्शनयोग–लग्नेश से दूसरे, दसवें और ग्यारहवें स्थानों में सूर्य, शुक्र और मंगल हों तो हरि हर ब्रह्म योग होता है। इस योग में उत्पन्न जातक संपूर्ण धार्मिक साहित्य का जानने वाला, प्रमुख विद्वान, सत्यवादी, धनवान, गुणवान, सभी सुविधाओं से संपन्न तथा लोगों की भलाई करने वाला होता है।

480. पीहू योग–यदि चंद्र राशि का स्वामी लग्नेश के साथ केंद्र में अधिमित्र की राशि में स्थित हो और लग्न को कोई बलवान ग्रह देखता हो या लग्न में स्थित हो तो 'पीहू' नाम का योग होता है। इस योग में जन्म लेने वाला जातक धनवान, शुभ वाणी बोलने वाला, प्रसिद्ध, महान व्यक्तियों से सम्मानित होता है।

481. पुष्कल योग–यदि लग्नेश और चंद्रराशि का स्वामी दोनों केंद्र में हो अथवा परम मित्र की राशि में हो, लग्न को देख रहे हों तथा लग्न में बलवान ग्रह हो तो पुष्कल योग होता है। इस योग का जातक राज पूज्य, धनवान, प्रसिद्ध, सुवक्ता तथा बहुत से लोग उसके आराम का ध्यान रखने वाले होते हैं।

482. भास्कर योग–सूर्य से दूसरे भाव में बुध हो, बुध से ग्यारहवें भाव में चंद्रमा हो और चंद्रमा से त्रिकोण में बृहस्पति हो तो भास्कर योग होता है। इस योग में उत्पन्न जातक बहादुर, राजा जैसा, धार्मिक ग्रंथों का ज्ञाता, देखने में सुंदर तथा कार्यकुशल होता है।

483. इंद्र योग–चंद्रमा से तीसरे भाव में मंगल हो, मंगल से सातवें भाव में शनि हो, शनि से सातवें भाव में शुक्र हो, शुक्र से सातवें भाव में गुरु हो तो इंद्र योग होता है। इस योग में उत्पन्न जातक विख्यात, राजा या राजा के समान, सौम्य, वाक्पटु धनवान और भाग्यशाली होता है।

484. सक्षम योग—यदि पांचवें और ग्यारहवें भाव के स्वामियों में परिवर्तन हो तथा चंद्रमा पांचवें भाव में हो तो सक्षम योग होता है। इस योग में उत्पन्न जातक प्रसिद्ध तथा उच्च कोटि का नेता या शासक होता है, साहसी होता है तथा 36 वर्ष की आयु तक विशेष सुखी होता है।

485. इंदु योग—चंद्रमा से तीसरे भाव में मंगल हो, मंगल से बारहवें भाव में शनि हो, शनि से सातवें भाव में शुक्र हो और शुक्र से सातवें भाव में बृहस्पति हो तो इंदु योग होता है। इस योग में उत्पन्न जातक प्रसिद्ध, गुणवान, राजा या राजा के समान, वाक्पटु, धनवान, आभूषण से युक्त तथा बहादुर होता है।

486. अखंड साम्राज्य योग—लग्न से 2/9/11 वें भाव में से किसी एक भाव का स्वामी चंद्रमा से केंद्र में हो तथा लग्न से 2/5/9 वें में से किसी एक भाव का स्वामी बृहस्पति हो तो अखंड सामाज्य योग बनता है। इस योग में जन्म लेने वाला जातक विस्तृत राज्य का स्वामी होता है।

487. मरुत योग—यदि शुक्र से त्रिकोण में बृहस्पति हो, बृहस्पति से पांचवें भाव में चंद्रमा हो तथा चंद्र से केंद्र में सूर्य हो तो मरुत योग होता है। इस योग के जातक की छाती चौड़ी, पेट भारी, वाणी धारा प्रवाह, धार्मिक ग्रंथों का ज्ञाता तथा राजा या राजा के समान होता है।

488. सिंहासन योग—सभी ग्रह 2/6/8/12 वें भावों में हो तो सिंहासन योग होता है। इस योग में उत्पन्न जातक को सिंहासन की प्राप्ति होती है।

489. ध्वज योग—यदि सभी पापग्रह आठवें भाव में तथा शुभग्रह लग्न में हों तो ध्वज योग होता है। इस योग में जन्म लेने वाला जातक सेनापति होता है, जिसके आदेश का अन्य लोग अनुकरण करते हैं।

490. योग हंस योग—सभी ग्रह 1/5/7/9 वें भाव में हो तो हंस योग होता है। इस योग में उत्पन्न जातक अपने से नीचे लोगों का आहार ग्रहण करता है।

491. कारिका योग—सभी ग्रह 7/10/11 वें भाव में हो तो कारिका योग बनता है। इस योग में उत्पन्न जातक सामान्य कुल में पैदा हो तो भी राज्य प्राप्त करता है।

492. भूपति योग—यदि सभी पापग्रह केंद्र में हों तो भूपति योग बनता है। इस योग में उत्पन्न जातक विस्तृत भूमि का स्वामी बनता है।

493. अमर योग—सभी शुभग्रह केंद्र में हों तो अमर योग बनता है। इस योग में उत्पन्न जातक अधिक धन प्राप्त करता है।

494. महापातक योग—चंद्रमा के साथ राहु हो, जिस पर पापग्रह से युत गुरु की दृष्टि हो तो महापातक योग होता है। इस योग में उत्पन्न जातक घोर पापी होता है।

495. राज लक्षण योग—यदि बृहस्पति, शुक्र, बुध और चंद्रमा लग्न में हो या अन्य केंद्रों में हो तो राज लक्षण योग होता है। इस योग का जातक देखने में आकर्षक होता है तथा उसमें माननीय व्यक्तियों के सभी गुण होते हैं।

496. संदेह योग—यदि पापग्रह लग्न में हों, गुलिक त्रिकोण में हो तो संदेह योग होता है। इस योग में उत्पन्न जातक को अपने आसपास के लोगों पर संदेह रहता है कि वे उसे धोखा न दे दें। ठग चोरों से भय होता है।

497. वंचन चोर भीति योग—गुलिक केंद्र या त्रिकोण के स्वामी से युक्त हो तो वंचन चोर भीति योग होता है। इस योग में उत्पन्न जातक को अपने आसपास के लोगों पर संदेह रहता है कि वे उसे धोखा न दे दें। ठग चोरों से भय होता है।

498. विश्वासघात योग—लग्नेश पापयुक्त (शनि, राहु या केतु के साथ) हो तो वंचन चोर भीति योग होता है। इस योग में उत्पन्न जातक को अपने आसपास के लोगों पर संदेह रहता है कि वे उसे धोखा न दे दें। ठग चोरों से भय होता है।

499. गौरी योग—दशमेश जिस नवांष में हो उसका स्वामी यदि जन्मकुंडली में दशम स्थान में लग्नेश के साथ हो तो गौरी योग होता है। गौरी योग में उत्पन्न जातक सुंदर शरीर वाला, राजा का मित्र, सद्गुणों और पुत्रों से युक्त, शत्रुओं को जीतने वाला, प्रशंसित होता है। उसके वंश की सब लोग प्रशंसा करते हैं और उसका मुख कमल के समान होता है। संक्षेप में इसे भी बहुत शुभ योग माना गया है।

500. कामरत योग—लग्न और सातवें भाव के स्वामी स्थान परिवर्तन कर रहे हों तथा इनमें से एक शुक्र के साथ हो तो कामरत योग बनता है। इस योग में उत्पन्न जातक/जातिका के कई स्त्रियों/पुरुषों से घनिष्ठ संबंध होते हैं।

501. मदनगोपाल योग—सातवें भाव में शुक्र उच्च राशि में हो तथा सप्तमेश पर दृष्टि हो या सप्तमेश की दृष्टि हो तो मदनगोपाल योग बनता है। इस योग में उत्पन्न जातक/जातिका के कई स्त्रियों पुरुषों से घनिष्ठ संबंध होते हैं।

502. भारती योग—द्वितीयेश जिस नवांश में हो उसका स्वामी जन्मकुंडली में उच्च राशि में हो तथा नवम भाव में हो या नवमेश के साथ हो तो भारती योग होता है। इस योग के जातक विश्व प्रसिद्ध और विख्यात विद्वान, धार्मिक, संगीत और रोमांस में रुचि, आकर्षक तथा सम्मोहक नेत्र वाले होते हैं।

503. आकर्षण योग—पंचमेश जिस नवांश में हो उसका स्वामी यदि उच्च राशि में हो तथा नवमेश के साथ हो या वही ग्रह स्वयं नवमेश हो तो आकर्षण योग होता है। इस योग के जातक विश्व प्रसिद्ध और विख्यात, संगीत और रोमांस में रुचि, आकर्षक तथा सम्मोहक नेत्र वाले होते हैं।

504. जीवन भारती योग—एकादशेश जिस नवांश में हो उसका स्वामी जन्मकुंडली में उच्च राशि में हो तथा नवम् भाव में हो या नवमेश के साथ हो तो जीवन भारती योग होता है। इस योग के जातक विश्व प्रसिद्ध और विख्यात, विद्वान, धार्मिक, संगीत और रोमांस में रुचि, आकर्षक तथा सम्मोहक नेत्र वाले होते हैं।

505. चाप योग—लग्नेश उच्च राशि में हो तथा चतुर्थेश व दशमेश का स्थान परिवर्तन करें तो चाप योग होता है। इस योग का जातक को राजाश्रय प्राप्त होता है तथा खजांची होता है। जातक बलवान और धनवान होता है।

506. अंशावतार योग—बृहस्पति और शुक्र केंद्र में हों और शनि अपनी उच्च राशि में केंद्र में हो, चर लग्न में जन्म हो तो यह अंशावतार योग होता है। इस योग का जातक पुण्य आचरण वाला, तीर्थसेवी या तीर्थाटन करने वाला, कला समझने में निश्णात, कामासक्त, यथाकाल कार्य करने वाला, संयमी, वेदांतज्ञ, वेदशास्त्राधिकारी, अतिलक्ष्मीवान, राजश्रीधर अर्थात् राजोचित ऐश्वर्यों से संपन्न होता है।

507. बृहज्जातक योग—यदि मीन लग्न हो और ग्यारहवें भाव में मंगल और बारहवें में शनि हो तो बृहज्जातक योग होता है। इस योग में जन्म लेने वाला जातक भाग्यवान, चरित्रवान तथा अत्यधिक प्रसिद्धि प्राप्त करता है।

508. महाराज योग—लग्नेश पंचम भावस्थ और पंचमेश लग्नस्थ हो, आत्मकारक तथा पुत्रकारक ग्रह कारकांश लग्न, पंचम, स्वक्षेत्र स्व नवांश या अपने उच्च में स्थिर होकर शुभग्रह से दृष्ट हों तो महाराज योग बनता है। इस योग में उत्पन्न जातक विख्यात तथा सुखी होता है।

509. वैभव राज योग—लग्नेश का संबंध केंद्र (4/7/10) या त्रिकोण (5/9) भावों के स्वामियों से हो तो 'राजयोग' बनता है। ग्रहों के योग चार प्रकार से बनते हैं– 1. जब दो ग्रह परस्पर देखते हों। 2. जब एक ग्रह दूसरे को देखता हो। 3. जब दो ग्रहों में राशि परिवर्तन हो। 4. जब दो ग्रह एक ही राशि में हों। राजसी स्वभाव, सम्मान तथा सभी प्रकार के वैभव से युक्त होता है। इस योग के जनक ग्रह के स्वामी सूर्य, मंगल, बुध, बृहस्पति, शुक्र, शनि, चंद्रमा हैं।

510. केंद्र त्रिकोण राज योग—यदि चतुर्थेश (केंद्र) का संबंध पंचमेश या नवमेश (त्रिकोण) से हो तो राजयोग होता है। इस योग के जातक को सफलता, सम्मान तथा प्रतिष्ठा में वृद्धि होती है।

511. श्रीवृद्धि राज योग—पंचमेश का सप्तमेश या दशमेश से परस्पर संबंध हो तो राजयोग बनता है। इस योग में उत्पन्न जातक को सफलता, सम्मान तथा प्रतिष्ठा में वृद्धि होती है।

512. यशवृद्धि राज योग—सप्तमेश तथा नवमेश में परस्पर संबंध हो तो राजयोग बनता है। सफलता, सम्मान तथा प्रतिष्ठा में वृद्धि होती है।

513. धर्मकर्माधिपति राज योग—नवमेश तथा दशमेश में परस्पर संबंध हो तो धर्मकर्माधिपति राजयोग बनता है। इस योग में जातक को सफलता, सम्मान तथा प्रतिष्ठा में वृद्धि होती है। यह प्रथम श्रेणी का राजयोग है। जातक यशस्वी, ऐश्वर्यमयी जीवन व्यतीत करने वाला तथा समाज में सम्मानित होता है।

514. राज्याधिपति राज योग—पंचमेश तथा नवमेश में परस्पर संबंध हो तो राजयोग बनता है। नवमेश मंत्री होता है और पंचमेश विशेष मंत्री (मुख्यमंत्री) होता है। दोनों में पारस्परिक दृष्टि संबंध हो तो जातक राज्याधिकारी होता है। जहां कहीं भी दोनों संयुक्त हों या एक दूसरे से सप्तम स्थानगत हो तो राजवंशोत्पन्न बालक निश्चयत राजा होता है। राजा या राजसी पद प्राप्त होता है। आधुनिक संदर्भ में उच्च राजकीय पद मिलता है।

515. शीर्ष राज योग—चतुर्थेश दशमस्थ हो और दशमेश चतुर्थस्थ हो और नवमेश पंचमेश की उस पर दृष्टि या युति हो तो शीर्ष राज योग होता है। इस योग में जातक राजा या राजसी पद प्राप्त होता है। सफलता, सम्मान तथा प्रतिष्ठा में वृद्धि होती है। आधुनिक संदर्भ में उच्च राजकीय पद मिलता है।

516. संयुक्त राज योग–सुखेश व कर्मेश, पंचमेश या नवमेश के साथ संयुक्त हो तो राज योग होता है। जातक को राजा या राजसी पद प्राप्त होता है। सफलता, सम्मान तथा प्रतिष्ठा में वृद्धि होती है। आधुनिक संदर्भ में उच्च राजकीय पद मिलता है।

517. आधिक्य राज योग–पंचमेश धर्मेष या लग्नेश के साथ 1/4/10 स्थानों में से कहीं हो तो मनुष्य राजा होता है। जातक राजा या राजसी पद प्राप्त होता है। सफलता, सम्मान तथा प्रतिष्ठा में वृद्धि होती है। आधुनिक संदर्भ में उच्च राजकीय पद मिलता है।

518. अपवाद राज योग–सभी शुभ ग्रह केंद्रगत हों, सभी पाप ग्रह त्रिशडाय (3/6/11) में स्थित हों तो राज योग होता है। निःसंशय दुश्कुलज जातक भी राजा होता है या राजसी पद प्राप्त होता है। सफलता, सम्मान तथा प्रतिष्ठा में वृद्धि होती है। आध ुनिक संदर्भ में उच्च राजकीय पद मिलता है।

519. दुर्लभ राज योग–यदि छठे, आठवें, बारहवें भाव के स्वामी अस्तंगत, नीचप्राप्त या शुभग्रहगत हों और स्वभाव या स्वोच्च का लग्नेश लग्न को देखता हो तो दुर्लभ राजयोग होता है। जातक राजा या राजसी पद प्राप्त होता है। सफलता, सम्मान तथा प्रतिष्ठा में वृद्धि होती है। आधुनिक संदर्भ में उच्च राजकीय पद मिलता है।

520. उच्चाधिकार राज योग–नीच के ग्रह तीसरे, छठे या आठवें स्थानगत हों, अपने क्षेत्र या उच्च का लग्नेश लग्न को देखता हो तो राजयोग युक्त जातक होता है। राजा या राजसी पद प्राप्त होता है। आधुनिक संदर्भ में उच्च राजकीय पद मिलता है। सफलताएं सम्मान तथा प्रतिष्ठा में वृद्धि होती है।

521. शुक्र संयुक्त राज योग–शुक्र संयुक्त गुरु अपने भाव धर्मस्थान (नवम) में हो या पंचमेश से युक्त हो तो राजयोग होता है। जातक को राजा या राजसी पद प्राप्त होता है। सफलता, सम्मान तथा प्रतिष्ठा में वृद्धि होती है। आधुनिक संदर्भ में उच्च राजकीय पद मिलता है।

522. राजवर्गीय राज योग–लग्नस्थ शुक्र पर गुरु चंद्र की युति या दृष्टि हो, तो जातक राजवर्गीय (राजसंबंधी या राजा ही) होता है। राजा या राजसी पद प्राप्त होता है। सफलता, सम्मान तथा प्रतिष्ठा में वृद्धि होती है। आधुनिक संदर्भ में उच्च राजकीय पद मिलता है।

523. कारकांश राज योग–कारकांश या उससे पंचम में स्थित शुक्र पर गुरु या चंद्र की दृष्टि या योग हो तो जातक राजवर्गीय (राजसंबंध या राजा ही) होता है। राजा या राजसी पद प्राप्त होता है। सफलता, सम्मान तथा प्रतिष्ठा में वृद्धि होती है। आधुनिक संदर्भ में उच्च राजकीय पद मिलता है।

524. केंद्रलाभी राज योग–स्वभाव या अपने उच्च का राज्येश यदि लग्न को देखे व सभी शुभग्रह केंद्रगत हों तो जातक निश्चयतः राजयोग भागी होता है। राजा या राजसी पद प्राप्त होता है। सफलता, सम्मान तथा प्रतिष्ठा में वृद्धि होती है। आधुनिक संदर्भ में उच्च राजकीय पद मिलता है।

525. केंद्र दृष्टा राज योग—राहु केंद्र या त्रिकोण में हो तथा केंद्र या त्रिकोण के स्वामी के साथ हो तो योगकारक होते हैं। जातक राजा या राजसी पद प्राप्त होता है। सफलता, सम्मान तथा प्रतिष्ठा में वृद्धि होती है। आधुनिक संदर्भ में उच्च राजकीय पद मिलता है।

526. राज योग—केतु केंद्र या त्रिकोण में हो तथा केंद्र या त्रिकोण के स्वामी के साथ हो तो योगकारक होता है। राजा या राजसी पद प्राप्त होता है। सफलता, सम्मान तथा प्रतिष्ठा में वृद्धि होती है। आधुनिक संदर्भ में उच्च राजकीय पद मिलता है।

527. हर्ष योग—यदि छठे घर का मालिक दुःस्थान (6/8/12) में स्थित हो तो हर्ष योग होता है। इस योग में उत्पन्न जातक भाग्यवान, दृढ़ शरीर वाला, सुखी, भोगी, शत्रुओं को पराजित करने वाला और पाप भीरु होता है। विख्यात और प्रधान व्यक्तियों का प्यारा होता है और उसे धन, पुत्र, मित्र का पूर्ण सुख मिलता है। हर्ष योग वाले व्यक्ति यशस्वी होते हैं और उनके चेहरे पर शोभा रहती है।

528. सरल योग—यदि आठवें भाव का स्वामी छठे, आठवें या बारहवें भाव में बैठा हो तो सरल योग होता है। इस योग का जातक दीर्घायु, दृढ़ मति, निर्भय, लक्ष्मीवान, विद्या, पुत्र और धन से युत, अपने उद्योग में सफलता प्राप्त करने वाला निर्मल और शत्रुओं को जीतने वाला, विख्यात पुरुष होता है।

529. विमल योग—यदि बारहवें भाव का मालिक दुःस्थान छठे, आठवें या बारहवें भाव में हो तो विमल योग होता है। इस योग का जातक व्यय थोड़ा करता है। उसके धन की अधिक वृद्धि होती है। ऐसा मनुष्य सुखी, स्वतंत्र, अपने सद्गुणों के लिये विख्यात, उत्तम कार्य करने वाला होता है और सब व्यक्तियों के अनुकूल आचरण करता है।

530. कुलश्रेष्ठ राजयोग—उच्च राशि का बुध केंद्र में हो तो राजयोग होता है। इस योग में उत्पन्न जातक अपने पारिवारिक पृष्ठभूमि के अनुसार शक्ति या राज्य प्राप्त करता है।

531. कुल उच्च राजयोग—उच्च राशि का कोई भी शुभ्र ग्रह केंद्र में हो तो राजयोग होता है। इस योग में उत्पन्न जातक अपने पारिवारिक पृष्ठभूमि के अनुसार शक्ति या राज्य प्राप्त करता है।

532. वरुण राजयोग—यदि मीन लग्न में जन्म हो और बृहस्पति दसवें भाव में हो तो निश्चय ही राजयोग होता है। इस योग में उत्पन्न जातक अपने पारिवारिक पृष्ठभूमि के अनुसार शक्ति या राज्य प्राप्त करता है।

533. श्रीकृष्ण राजयोग—मीन लग्न में जन्म हो, चंद्रमा वृष राशि में हो, सूर्य सिंह में हो बुध कन्या में हो, शुक्र तुला में हो और बृहस्पति धनु में हो तो राजयोग होता है इस योग में उत्पन्न जातक अपने पारिवारिक पृष्ठभूमि के अनुसार शक्ति या राज्य प्राप्त करता है।

534. मकर कर्क राजयोग—मकर लग्न में जन्म हो, चंद्रमा कर्क में और मंगल मकर में हो तो राजयोग होता है। इस योग में उत्पन्न जातक अपने पारिवारिक पृष्ठभूमि के अनुसार शक्ति या राज्य प्राप्त करता है।

535. तुला कर्क राजयोग—तुला लग्न में जन्म हो, लग्न में शनि तथा कर्क में चंद्रमा हो तो राजयोग होता है। इस योग में उत्पन्न जातक अपने पारिवारिक पृष्ठभूमि के अनुसार शक्ति या राज्य प्राप्त करता है।

536. तुला त्रिक राजयोग—तुला लग्न में जन्म हो सूर्य, शनि और बुध की युति मंगल या चंद्रमा के साथ हो तो राजयोग होता है। इस योग में उत्पन्न जातक अपने पारिवारिक पृष्ठभूमि के अनुसार शक्ति या राज्य प्राप्त करता है।

537. ऐश्वर्य राजयोग—कर्क लग्न में जन्म हो तथा एकादश भाव में चंद्रमा, बुध और शुक्र हों, बृहस्पति लग्न में हो तथा सूर्य दशमभाव में हो तो राजयोग होता है। इस योग में जन्म होने से राज्य प्राप्ति अथवा राजकीय पद प्राप्त होता है।

538. श्रीजातक राजयोग—लग्न में कर्क राशि हो और गुरु विराजमान हो, दसवें भाव में सूर्य एवं ग्यारहवें भाव में बुध, चंद्र और शुक्र हों तो राजयोग होता है। जातक राजपद वाला तथा राजकीय प्रतिष्ठा वाला होता है।

539. सम राजयोग—एक ग्रह जो दुर्बल हो, पर उदित हो या उसका अंश अधिक हो या वक्री हो तथा अनुकूल भाव में बैठा हो तो राजयोग होता है। जातक की शासक के समान प्रतिष्ठा होती है तथा वह समस्त राजकीय चिह्नों को धारण करता है।

540. चंद्र बली राजयोग—चंद्र पूर्ण बली हो और स्वक्षेत्री ग्रह या उच्च ग्रह से दृष्ट हो तो राजयोग होता है। इस योग में उत्पन्न जातक यद्यपि सामान्य घर में जन्म लेता है तथापि शासक बनता है।

541. उच्च शनि राजयोग—यदि चंद्र लग्न में हो, बृहस्पति चौथे भाव में हो, शुक्र दसवें भाव में हो, शनि उच्च का अथवा स्वक्षेत्री हो तो राजयोग होता है। इस योग का जातक शासक अथवा शासक के समान उच्च पद प्राप्त करता है।

542. दुर्बल युति राजयोग—चंद्र अथवा लग्न से केंद्र में स्वक्षेत्री या उच्च ग्रह के साथ यदि दुर्बल ग्रह की युति हो तो राजयोग होता है। इस योग में उत्पन्न जातक राजा होता है अथवा राजा के समान उच्च पद प्राप्त करता है।

543. गुरु दृष्ट राजयोग—चंद्र केंद्र में हो परंतु लग्न में न हो और बृहस्पति से दृष्ट हो और बली हो तो राजयोग होता है। जातक राजकीय प्रतिष्ठा वाला या फिर शासक के समान प्रभावशाली, शक्तिशाली और समृद्धिशाली होता है।

544. उच्च नवमांश राजयोग—शुभ ग्रह यदि दुर्बल राशि में हो परंतु नवमांश में उच्च के हों तो राजयोग होता है। इस योग का जातक राजकीय प्रतिष्ठा वाला होता है अथवा शासक के समान प्रभावशाली, शक्तिशाली, समृद्धिशाली होता है।

545. धनदृष्टा राजयोग—यदि लग्न में बृहस्पति हो बुध केंद्र में हो और क्रमशः नौवें एवं ग्यारहवें भाव के स्वामी द्वारा दृष्ट हो तो राजयोग होता है। इस योग का जातक राजकीय प्रतिष्ठा वाला होता है और शासक के समान प्रभावशाली, शक्तिशाली और समृद्धशाली होता है।

546. पुण्यात्मा राजयोग—यदि लग्न में बृहस्पति हो बुध केंद्र में हों और क्रमशः पहले व नौवें भाव के स्वामी द्वारा दृष्ट हों तो राजयोग होता है। इस योग का जातक राजा या राजकीय प्रतिष्ठा वाला, शासक के समान शक्तिशाली, प्रभावशाली एवं समृद्धशाली होता है।

547. कर्मात्मा राजयोग—शनि उच्च का केंद्र अथवा मूल त्रिकोण में हो और दसवें भाव के स्वामी से दृष्ट हों तो राजयोग होता है। इस योग में उत्पन्न जातक राजा बनता है या राजा के समान उच्च पद प्राप्त करता है।

548. सहज धन राजयोग—चंद्र और मंगल की युति यदि दूसरे या तीसरे भाव में हो और राहु पांचवें भाव में हो तो राजयोग होता है। इस योग का जातक राजा होता है अथवा राजा के समान उच्च पद प्राप्त करता है।

549. अर्जुन राजयोग—दसवें भाव का स्वामी यदि नौवें भाव में उत्तमांश प्राप्त हो और नवमांश में उच्च राशि अथवा मित्र राशि में हो तो राजयोग होता है। इस योग में उत्पन्न जातक शासक होता है अथवा शासक के समान उच्च पद प्राप्त करता है।

550. सुतकर्म राजयोग—लग्न से पंचम स्थान पर बृहस्पति अथवा चंद्र से केंद्र में बृहस्पति हो तथा लग्न की राशि स्थिर हो जिसका स्वामी दसवें भाव में हो तो राजयोग होता है। जातक शासक होता है अथवा शासक के समान उच्च पद प्राप्त करता है।

551. बुध त्रिक राजयोग—नवमांश राशि के स्वामी यदि चंद्र के आधिपत्य में हो और केंद्र अथवा लग्न अथवा बुध से त्रिकोण में हो तो राजयोग होता है। इस योग में उत्पन्न जातक सेनापति अथवा शासक के समान होता है।

552. दुर्बल त्रिक राजयोग—नवमांश का स्वामी दुर्बल ग्रह के आधिपत्य में हो, केंद्र में या लग्न में त्रिकोण में हो, लग्न चर राशि हो तो राजयोग होता है। इस योग में जन्म लेने वाला जातक शासक होता है अथवा शासक के समान उच्च पद प्राप्त करता है।

553. शनि राजयोग—लग्नेश और दुर्बल ग्रह की युति हो, राहु और शनि दसवें भाव में स्थित हों और नौवें भाव के स्वामी से दृष्ट हो तो राजयोग होता है। इस योग का जातक राजा या राजा के समान उच्च पद प्राप्त करता है।

554. पुण्य भाग्य राजयोग—ग्यारहवें, नौवें अथवा दूसरे में से किसी भाव का स्वामी यदि चंद्र से केंद्र में हो तथा बृहस्पति दूसरे, पांचवें अथवा ग्यारहवें भाव के स्वामी हो तो राजयोग होता है। इस योग में उत्पन्न जातक महापुरुष अथवा सम्मानित शासक होता है ।

555. मित्रयुत राजयोग—बृहस्पति, बुध और शुक्र या चंद्र नौवें स्थान पर हों, मित्र ग्रहों से युत हों अथवा दृष्ट हों और क्रूर दृष्टि से मुक्त हों तो राजयोग होता है। इस योग में उत्पन्न जातक महापुरुष अथवा सम्मानित शासक होता है।

556. सम्मुख राजयोग—लग्न में वष्श राशि हो चंद्र स्थित हो, शनि दसवें भाव में हो सूर्य चौथे भाव में हो और बृहस्पति सातवें स्थान में हों तो राजयोग होता है। ऐसा जातक सफलता, प्रसिद्धि तथा प्रतिष्ठा के शिखर तक जाता है।

557. सूर्य चंद्र बली राजयोग—सूर्य और चंद्र दोनों पूर्ण बली हों तथा उच्च राशि में स्थित हों तो राजयोग होता है। इस योग का जातक प्रसिद्धि, सफलता तथा प्रतिष्ठा के शिखर तक जाता है।

558. जैमिनी राजयोग—नौवें स्थान का स्वामी और आत्मकारक लग्न, पांचवें या सातवें स्थान में स्थित हों और शुभ ग्रहों से दृष्ट हों तो राजयोग होता है। इस योग में उत्पन्न जातक प्रसिद्धि, सफलता तथा प्रतिष्ठा के शिखर तक जाता है।

559. शत्रु बंदी राजयोग–यदि शुभ ग्रह लग्न या आत्मकारक से दूसरे, चौथे या पांचवें स्थान में स्थित हों और अनिष्ट ग्रह तीसरे तथा छठे स्थान में हों तो राजयोग होता है। इस योग में उत्पन्न जातक को प्रसिद्धि, सफलता तथा प्रतिष्ठा मिलती है।

560. चंद्र शुक्र राजयोग–चंद्र और शुक्र की युति हो या चंद्र शुक्र से दृष्ट हो तो राजयोग होता है। इस योग के जातक को प्रसिद्धि, प्रतिष्ठा तथा सफलता मिलती है।

561. बहुदृष्टा राजयोग–चंद्र यदि कई ग्रहों के द्वारा दृष्ट हो तो राजयोग होता है और जातक को प्रसिद्धि, सफलता तथा प्रतिष्ठा मिलती है।

562. राज भंग योग–चंद्र यदि अत्यंत दुर्बलता के अंश में हो तो राज भंग योग होता है। इस योग में उत्पन्न जातक के किसी भी प्रकार के राजयोग को भंग करता है।

563. धन योग–मिथुन लग्न हो चंद्र और मंगल ग्यारहवें भाव में हो, शनि नौवें भाव में हो तो धन योग होता है। इस योग का जातक अति सम्पन्न होता है।

564. मांगल्य धन योग–शुक्र पांचवें स्थान में स्वक्षेत्री हो और मंगल ग्यारहवें भाव में हो तो धन योग होता है। इस योग में उत्पन्न जातक अति संपन्न होता है।

565. समृद्धि धन योग–यदि बुध स्वक्षेत्री पांचवें भाव में स्थित हो और चंद्र, मंगल तथा बृहस्पति ग्यारहवें भाव में हों तो धन योग होता है। इस योग का जातक अत्यंत समृद्धिशाली होता है।

566. संपन्न धन योग–पांचवें स्थान पर सूर्य यदि स्वक्षेत्री हो, शनि, चंद्र और बृहस्पति ग्यारहवें भाव में स्थित हों तो धन योग होता है। इस योग में उत्पन्न जातक अत्यंत संपन्न होता है।

567. शनि कृपा धन योग–यदि शनि पांचवें स्थान में स्वक्षेत्री हो और नक्षत्र ग्यारहवें भाव में हो तो धन योग होता है। इस योग का जातक अत्यंत धनवान होता है ।

568. गुरु कृपा धन योग–बृहस्पति स्वक्षेत्री पांचवें स्थान में हो और बुध ग्यारहवें स्थान में हो तो धन योग होता है। इस योग में उत्पन्न जातक अत्यंत धनवान होता है ।

569. मंगल कृपा धन योग–पांचवें भाव में मंगल स्वक्षेत्री हो और शुक्र ग्यारहवें भाव में हो तो धन योग होता है। इस योग का जातक धनवान होता है ।

570. चंद्र कृपा धन योग–पांचवें स्थान में चंद्र स्वक्षेत्री हो और शनि ग्यारहवें स्थान में हो तो धन योग होता है। इस योग में उत्पन्न जातक अत्यंत समृद्धशाली होता है।

571. धन वृष्टि योग–लग्न में सूर्य स्वक्षेत्री हो, मंगल और बृहस्पति की युति हो अथवा दृष्ट हो तो धन योग होता है। इस योग के जातक पर अपार धन की वर्षा होती है।

572. चंद्रात्मा धन योग–लग्न में चंद्र स्वक्षेत्री हो एवं बुध और बृहस्पति से दृष्ट हों या युति हो तो धन योग होता है। इस योग में उत्पन्न जातक धनवान होता है ।

573. मंगलात्मा धन योग–लग्न में मंगल स्वक्षेत्री हो एवं बुध, शुक्र और शनि से दृष्ट हों अथवा साथ हों तो धन योग होता है। जातक अत्यंत धनवान होता है ।

574. बुधात्मा धन योग–लग्न में बुध स्वक्षेत्री हो और शनि और बृहस्पति की युति हो या इनसे दृष्ट हों तो धन योग होता है। जातक को अपार धन संपदा मिलती है।

575. गुरुआत्मा धन योग—लग्न में बृहस्पति स्वक्षेत्री हो बुध और मंगल से दृष्ट हों या युति हो तो धन योग होता है। इस योग का जातक धनवान होता है ।

576. शुक्रात्मा धन योग—यदि शुक्र लग्न में स्वक्षेत्री हो और शनि और बुध द्वारा देखे जाते हों या साथ में हों तो धन योग होता है। इस योग में उत्पन्न जातक धनवान होता है।

577. शनिआत्मा धन योग—शनि लग्न में स्वक्षेत्री हो एवं मंगल और बृहस्पति से दृष्ट हो तो धन योग होता है। जातक पर अपार धन की वर्षा होती है ।

578. धर्मसुत धन योग—नौवें स्थान का स्वामी पांचवें भाव के स्वामी के साथ हो तो धन योग होता है। इस योग में उत्पन्न जातक के जिन ग्रहों के द्वारा यह योग बनता है उनके दशा काल में जातक अपार धन का उपभोग करता है।

579. पुण्यात्मा धन योग—लग्न के स्वामी का यदि 2/5/9 या 11वें भाव के स्वामी से संबंध हो तो धन योग होता है। जातक धनवान होगा !

580. लक्ष्मी धन योग—दूसरे स्थान के स्वामी का यदि 5/9 या 11वें भाव के स्वामी से संबंध हो तो लक्ष्मी धन योग होता है। जातक धनवान होता है।

581. सुतलाभ धन योग—यदि पांचवें भाव के स्वामी का नौवें अथवा ग्यारहवें भाव के स्वामी के साथ संबंध हो तो धन योग होता है। जातक धनवान होता है ।

582. धर्मलाभ धन योग—यदि नौवें स्थान के स्वामी का ग्यारहवें भाव के स्वामी से संबंध हो तो धन योग होता है। इस योग में उत्पन्न जातक धनवान होता है।

583. गृहलक्ष्मी धन योग—सप्तमेश और द्वितीयेश एक साथ हों और उन पर शुक्र की पूर्ण दृष्टि हो तो ससुराल से धन प्राप्त होता है।

584. जायेश लक्ष्मी धन योग—चतुर्थेश यदि सातवें भाव में हो और शुक्र चौथे भाव में हो तथा इन दोनों में मित्रता हो तो ससुराल से धन मिलने का योग होता है।

585. अकस्मात् धन प्राप्ति योग—यदि पांचवें भाव में चंद्र हो और शुक्र की उस पर दृष्टि हो तो लाटरी आदि से अकस्मात् धन मिलता है।

586. कुबेर धन योग—एकादशेश और द्वितीयेश चौथे स्थान में हों और चतुर्थेश शुभ ग्रह की राशि में शुभ ग्रह से युत हो या दृष्ट हो तो अकस्मात् धन मिलता है।

587. भूगर्भ लक्ष्मी योग—यदि द्वितीयेश और चतुर्थेश शुभग्रह की राशि में शुभ ग्रहों से युत या दृष्ट हों तो जातक को भूमि में गड़ा हुआ धन मिलता है।

588. भूगर्भ संपत्ति योग—यदि लग्नेश दूसरे भाव में और द्वितीयेश ग्यारहवें स्थान में हो तथा एकादशेश लग्न में हो तो जातक को भूमि में दबी संपत्ति मिलती है।

589. पाताल लक्ष्मी योग—यदि लग्नेश शुभ ग्रह हो और धन स्थान में हो या धनेश आठवें स्थान में हो तो जातक को गड़ा हुआ धन मिलता है।

590. कर्ण योग—यदि नौवें स्थान का स्वामी अपनी उच्च राशि में हो और शुभ ग्रहों द्वारा दृष्ट हो और नौवां भाव स्वयं भी शुभ ग्रहों से दृष्ट हो तो कर्ण योग होता है। इस योग का जातक बेहद दानी होता है। यदि संपन्न न हो तो भी दान पुण्य से जुड़ा रहता है। राज योग और भाग्य योग की उपस्थिति इसके परिणाम को अधिक बढ़ाती है।

591. धर्मात्मा दान योग–नौवें भाव का स्वामी पर्वतांश में हो और बृहस्पति से दृष्ट हो तथा लग्न का स्वामी शुक्र से दृष्ट हो तो धर्मात्मा दान योग होता है। इस योग का जातक अत्यंत दानी होता है। यदि संपन्न न हो तब भी दान पुण्य से जुड़ा रहता है। भाग्य योग एवं राज्य योग इसके परिणाम को अधिक बढ़ाते हैं।

592. दयालु योग–लग्न या लग्न का स्वामी नौवें भाव के स्वामी से दृष्ट हो जो कि केंद्र में अथवा त्रिकोण में हो तो दयालु योग होता है। इस योग का जातक अत्यंत दानी होता है। यदि संपन्न न हो तब भी दान पुण्य से जुड़ा रहता है। भाग्य योग्य एवं राज्य योग इसके परिणाम को अधिक बढ़ाते हैं।

593. सुहृदय योग–नौवें भाव का स्वामी यदि सिंहासन में हो और लग्न के स्वामी तथा दसवें भाव के स्वामी से दृष्ट हो तो सुहृदय योग होता है। इस योग का जातक अत्यंत दानी होता है। यदि संपन्न न हो तब भी दान पुण्य से जुड़ा रहता है। भाग्य योग एवं राज्य योग इसके परिणाम को अधिक बढ़ाते हैं।

594. मातृ आशीष योग–नौवें भाव का स्वामी यदि चौथे भाव में हो, दशमेश यदि केंद्र में हो, द्वादशेश यदि बृहस्पति से दृष्ट हो तो मातृ आशीष योग होता है। इस योग का जातक अत्यंत दानी होता है। यदि संपन्न न हो तब भी दान पुण्य से जुड़ा रहता है। भाग्य योग एवं राज्य योग इसके परिणाम को अधिक बढ़ाते हैं।

595. सरस्वती दान योग–यदि उच्च का बुध नवमेश से दृष्ट हो और एकादशेश केंद्र में स्थित हो तो सरस्वती दान योग होता है। इस योग का जातक अत्यंत दानी होता है। यदि संपन्न न हो तब भी दान पुण्य से जुड़ा रहता है। भाग्य योग एवं राज्य योग इसके परिणाम को अधिक बढ़ाते हैं।

596. बहुद्रव्यार्जन धन योग–लग्नेश यदि द्वितीय भाव में हो और द्वितीयेश यदि एकादश भाव में हो तथा एकादशेश यदि लग्न में हो तो बहुद्रव्यार्जन योग होता है। इस योग में उत्पन्न जातक यथेष्ट धन अर्जित करता है।

597. स्ववीर्य धन योग–लग्नेश सबसे अधिक शक्तिशाली ग्रह के रूप में केंद्र में हो, बृहस्पति के साथ हो और द्वितीयेश के साथ वैशेषिकांश हो तो यह योग होता है। इस योग का जातक अपने पराक्रम से धन अर्जित करता है ।

598. बाहुबली धन योग–द्वितीयेश लग्नेश से केंद्र अथवा त्रिकोण में हो या स्वाभाविक शुभ ग्रह (मित्र ग्रह) द्वितीयेश उच्च का हो या उच्च के ग्रह के साथ हो तो यह योग होता है। इस योग में उत्पन्न जातक स्वयं के पराक्रम से अर्थ अर्जित करता है।

599. अंत्यव्यासी धन योग–राशिपति जिसमें लग्नेश और द्वितीयेश पूर्ण बली होकर शुभ ग्रहों से युत हों और लग्न में स्थित हों तो यह योग होता है। जातक को जीवन के उत्तरार्द्ध में धन की प्राप्ति होती है।

600. बाल्य धन योग–द्वितीयेश और दशमेश की युति केंद्र में हो और नवमांश का स्वामी लग्नेश के साथ हो तो बाल्य धन योग होता है। इस योग का जातक अपनी बाल्यावस्था में ही बहुत सा द्रव्य अर्जित करता है।

601. भ्रातृमूलार्धन योग—लग्नेश और द्वितीयेश की युति तृतीय भाव में हो तथा शुभ ग्रह से दृष्ट हों तो यह योग होता है। इस योग में उत्पन्न जातक को छोटे भाई बहिन से या रिश्तेदारों से धन की प्राप्ति होती है।

602. कीर्तिमान योग—तृतीय भाव का स्वामी गुरु के साथ द्वितीय स्थान पर स्थित हो और लग्नेश द्वितीय स्थान पर स्थित हो और लग्नेश से दृष्ट हो जो कि वैशेषिकांश में हो तो यह योग होता है। इस योग के जातक को अपने परिजन अथवा छोटे भाई बहिन से धन प्राप्ति होती है ।

603. मातृमूलार्धन योग—द्वितीयेश बली हो और चतुर्थेश के साथ हो अथवा दृष्ट हो जो कि वैशेषिकांश में भी हो तो यह योग होता है। जातक को अपनी मां से अथवा मातृ संबंधों के सहयोग से धन की प्राप्ति होती है।

604. पुत्रामूलार्धन योग—द्वितीयेश बली हो और पंचमेश अथवा बृहस्पति के साथ युति हो और लग्नेश वैशेषिकांश में हो तो यह योग होता है। जातक को अपने पुत्रों से अथवा उनके सहयोग से धनार्जन होता है।

605. शत्रुमूलार्धन योग—द्वितीयेश बली हो षष्टमेश निर्बल हो या मंगल से युत हो या दृष्ट हो जबकि लग्नेश वैशेषिकांश में हो तो यह योग होता है। इस योग के जातक को अपने शत्रुओं अर्थात् प्रतिस्पर्धी की मदद से धन की प्राप्ति होती है ।

606. कलत्रमूलार्धन योग—बली द्वितीयेश सप्तमेश और शुक्र से युत हो या दृष्ट हो तथा लग्नेश भी बली हो तो यह योग होता है। जातक को अपने जीवन साथी से धन की प्राप्ति होती है !

607. अयत्न धन लाभ योग—लग्नेश यदि द्वितीय भाव में हो और द्वितीयेश यदि लग्न में हो तो अयत्न धन लाभ योग होता है। जातक के बिना अधिक परिश्रम के धन लाभ होता है ।

608. स्वर्णऔषधि जीव योग—यदि नवमांश का स्वामी दशम स्थान पर हो और दशमेश सूर्य हो तो स्वर्णऔषधि जीव योग होता है। जातक का जीविकोपार्जन एवं संपत्ति सुगंधित द्रव्य, सोना, ऊन और दवाइयों से प्राप्त होता है। जातक चिकित्सा के क्षेत्र से जुड़ा होता है तथा पिता से भी धनार्जन होता है।

609. गगन कर्मजीव योग—लग्न से या चंद्र से दशम स्थान पर सूर्य हो तो यह योग होता है। जातक का व्यवसाय एवं सामाजिक प्रतिष्ठा सुगंधित द्रव्य, सोना ऊन और दवाओं द्वारा होती है। जातक चिकित्सक अथवा चिकित्सक का सहायक होता है।

610. व्योम कर्मजीव योग—चंद्र या लग्न से सूर्य दशम स्थान (यह अन्य कर्मजीव योग से कम अंश का है) का स्वामी हो तो कर्मजीव योग होता है। इस योग के जातक के लिए ग्रहों की यह स्थिति सूर्य से संबंधित व्यवसायों में सहायक होती है। जातक सुगंधित द्रव्य, ऊन और दवाइयों से जुड़ा होता है, अथवा चिकित्सक या सहायक चिकित्सक हो सकता है।

611. चंद्र भाग्य कर्मजीव योग—नवमांश का स्वामी दशम स्थान पर हो और दशमेश यदि चंद्र हो तो यह योग होता है। इस योग में उत्पन्न जातक को संपदा एवं

जीविकोपार्जन कृषि, जल संबंधी उत्पादन, मूंगा, मोती एवं सीप से मिलेगा। जातक महिला के ऊपर निर्भर होगा। किसी प्रकार मां के द्वारा धनार्जन होगा।

612. **सूर्य भाग्य कर्मजीव योग**—लग्न या सूर्य से चंद्र यदि दशम स्थान पर हो तो कर्मजीव योग होता है। जातक को व्यवसाय और सामाजिक प्रतिष्ठा कृषि, जलीय उत्पादन मूंगा, मोती, सीप से मिलती है और जातक महिला पर निर्भर होता है। मां के द्वारा भी किसी रूप में धनार्जन होता है।

613. **महिला आश्रित योग**—यदि सूर्य या लग्न से दशम स्थान का स्वामी चंद्र हो तो यह योग होता है। जातक के लिए ग्रहों की यह स्थिति चंद्र से संबंधित व्यवसायों के लिए होती है तथा कृषि संबंधित, जल संबंधित मूंगा, मोती, सीप संबंधित व्यवसायों के लिए भी सहायक होती है। जातक महिला पर निर्भर होता है।

614. **जलीय कर्मजीव योग**—लग्न से या सूर्य से दशम स्थान चंद्र से युत हो या दृष्ट हो तो जलीय कर्मजीव योग होता है। जातक के ग्रहों की यह स्थिति चंद्र से संबंधित व्यवसायों, कृषि से संबंधित जलीय उत्पादों से संबंधित, मूंगा–मोती–सीप आदि से संबंधित व्यवसायों के लिए सहायक होती है। जातक महिला पर निर्भर करता है।

615. **अग्नि कर्मजीव योग**—नवमांश का स्वामी दशम में हो और दशमेश मंगल हो तो अग्नि कर्मजीव योग होता है। जातक को जीविकोपार्जन एवं संपदा अग्नि तत्वों (पटाखे, रसोई, इंजन चालक, अग्नि और ताप से संबंधित कार्य), शस्त्रों, रोमांचकारी कार्यों, बाहुबल से मिलती है। जातक को शत्रु द्वारा धनार्जन होता है।

616. **खनिज कर्मजीव योग**—लग्न सूर्य या चंद्र से यदि मंगल दशम स्थान पर हो तो यह कर्मजीव योग होता है। जातक का व्यवसाय तथा सामाजिक प्रतिष्ठा खनिज तत्वों, रोमांचकारी कार्यों और बाहुबल से मिलती है। जातक को शत्रु द्वारा भी धन प्राप्त हो सकता है।

617. **रक्ताभा कर्मजीव योग**—लग्न, चंद्र या सूर्य से दशम स्थान का स्वामी यदि मंगल हो तो रक्ताभा कर्मजीव योग होता है। ग्रहों की स्थिति मंगल से संबंधित व्यवसायों खनिज तत्वों, अग्नि तत्वों (पटाखे, रसोई, इंजन चालक, अग्नि और ताप से संबंधित कार्य), शस्त्रों, रोमांचकारी कार्यों और बाहुबल कार्यों में सहायक होती है।

618. **लघु रक्ताभा कर्मजीव योग**—लग्न, चंद्र या सूर्य से दशम स्थान का स्वामी मंगल से युत हो या दृष्ट हो तो लघु रक्ताभा कर्मजीव योग होता है। लेकिन यह अन्य कर्मजीव योग से कम अंश का है। यह योग मंगल से संबंधित व्यवसायों, खनिज तत्वों, अग्नि, हथियार, रोमांचकारी एवं बाहुबल से जुड़े व्यवसाय में सहायक है।

619. **कलाजीवी योग**—नवमांश का स्वामी दशम स्थान पर हो और दशमेश बुध हो तो कलाजीवी योग होता है। जातक की संपदा और जीविका लेखन, गणित, काव्य और ललित कलाओं द्वारा होती है। जातक अभियांत्रिक, चित्रकार, मूर्तिकार, वास्तुकार, नक्काश या सुगंधित द्रव बनाने वाला होता है।

620. **मित्रलाभ योग**—लग्न या चंद्र से दशम स्थान पर बुध हो तो मित्रलाभ योग होता है। जातक का व्यवसाय और सामाजिक प्रतिष्ठा लेखन, गणित, काव्य एवं ललित कला

द्वारा होती है। जातक लेखक, चित्रकार, मूर्तिकार, नक्काश, वास्तुकार, अभियांत्रिक या इत्र बनाने वाला हो सकता है। जातक को अपने मित्र से धनार्जन हो सकता है।

621. लघु बुध योग—लग्न, सूर्य या चंद्र से दशम स्थान के स्वामी बुध हों तो यह योग होता है, लेकिन अन्य कर्मजीव योग से यह योग कम अंश का है। यह योग बुध से संबंधित व्यवसाय जैसे मैकेनिक, चित्रकार, मूर्तिकार, नक्काश, वास्तुकार एवं इत्र निर्माता आदि के लिए सहायक होता है।

622. जीविकोपार्जन योग—लग्न, सूर्य या चंद्र से दशम स्थान के स्वामी बुध से युत हो या दृष्ट हों तो यह योग होता है, लेकिन अन्य कर्मजीव योग से यह योग कम अंश का है। यह योग बुध से संबंधित व्यवसाय जैसे मैकेनिक, चित्रकार, मूर्तिकार, नक्काश, वास्तुकार एवं इत्र निर्माता हेतु सहायक होता है।

623. पुत्राश्रित कर्मजीव योग—नवमांश का स्वामी बृहस्पति दशमेश हो तो यह योग होता है। जातक को संपदा और उपजीविका शिक्षित वर्ग के संपर्क से, ज्ञान से, कानून, धर्म, मंदिरों, दान—पुण्य एवं साधना, तीर्थ यात्रा, आध्यात्मिक अनुसरण आदि से प्राप्त होती है। जातक को धनार्जन अगली पीढ़ी से अर्थात् बच्चों से हो सकती है।

624. सरस्वती कर्मजीव योग—चंद्र, लग्न या सूर्य से दशम स्थान पर बृहस्पति हों तब यह योग होता है। जातक को व्यवसाय और सामाजिक प्रतिष्ठा शिक्षित वर्ग के जुड़ाव से, ज्ञान से, कानून से, धर्म से, मंदिरों से, दान पुण्य से, साधना से, तीर्थ यात्रा से तथा आध्यात्मिक अनुसरण आदि से प्राप्त होती है।

625. पांडित्य कर्मजीव योग—लग्न, चंद्र या सूर्य से दशम भाव का स्वामी बृहस्पति हो तो यह योग होता है, लेकिन अन्य कर्मजीव योग से यह कम अंश का है। ग्रहों की स्थिति जातक को बृहस्पति से जुड़े व्यवसाय में सहायक होती है, जैसे शिक्षित वर्ग के संपर्क से, ज्ञान से, कानून से, धर्म से, मंदिरों से, दान से, साधना से, तीर्थ यात्राओं से तथा अध्यात्म से जुड़े व्यवसाय से।

626. पुजारी कर्मजीव योग—लग्न, चंद्र या सूर्य से दशमेश से बृहस्पति युत हो या दृष्ट हो तो यह योग होता है। लेकिन अन्य कर्मजीव योग से कम अंश का है। यह ग्रह स्थिति जातक को बृहस्पति से जुड़े व्यवसाय में सहायक होती है।

627. लक्ष्मी कर्मजीव योग—नवमांश का स्वामी यदि दशमेश शुक्र हो तो कर्मजीव योग होता है। व्यक्ति के पास धन तथा रोजी रत्न, चांदी, गाय, भैंस अथवा कोई भी मूल्यवान वस्तु अथवा संवेदिक प्रसन्नता अथवा सौंदर्य संबंधी साधनों से होती है। जातक को आय या संपदा का माध्यम स्त्री अथवा जीवनसाथी द्वारा प्राप्त हो सकता है।

628. जायेश कर्मजीव योग—लग्न या चंद्र से शुक्र दशम स्थान पर होने पर यह योग होता है। जातक का व्यवसाय तथा सामाजिक प्रतिष्ठा रत्न, चांदी, भैंस, गाय या किसी मूल्यवान वस्तु या संवेदिक प्रसन्नता या सौंदर्य से संबंधित व्यवसाय द्वारा मिल सकती है। जातक को आय या सम्पदा का माध्यम स्त्री अथवा जीवनसाथी द्वारा प्राप्त हो सकता है।

629. श्रृंगार योग–लग्न से, चंद्र से या सूर्य से दशम स्थान का स्वामी शुक्र हो तब यह योग होता है। लेकिन यह कर्मजीव योग की तुलना में कम अंश का होता है। ग्रहों की स्थिति शुक्र से जुड़े व्यवसायों में सहायक होती है, जैसे रत्न व्यवसाय, चांदी, गाय, भैंस और मूल्यवान वस्तु या आनंदित करने वाला कार्य या सौंदर्य से जुड़ा व्यवसाय।

630. अल्प शुक्र योग–लग्न, चंद्र या सूर्य से दशमेश शुक्र से दृष्ट हो या युत हो तो यह योग होता है। लेकिन अन्य कर्मजीव योग से यह योग कम अंश का होता है। ग्रहों की स्थिति शुक्र से संबंधित व्यवसायों में सहायक होती है, जैसे रत्न, चांदी, गाय, भैंस, मूल्यवान वस्तु, आनंदित करने वाला या सौंदर्य संबंधी कार्य।

631. प्रतिकूल श्रमजीवी योग–नवमांश का स्वामी दशम स्थान पर हो और उसका स्वामी शनि हो तो यह योग होता है। जातक के पास धन तथा आजीविका मेहनत से आती है। जैसे भार वहन करना, निम्न स्तर का व्यापार करना जो पारिवारिक प्रतिष्ठा के विपरीत हो। आजीविका का मूल नौकरी द्वारा हो सकता है।

632. श्रमजीवी योग–लग्न से दसवें भाव में शनि उपस्थित हो या सूर्य या चंद्र से दसवें भाव में शनि हो तो श्रमजीवी योग होता है। व्यक्ति का व्यवसाय या सामाजिक स्तर परिश्रम संबंधित होता है, जैसे भार वहन करना या निम्न स्तर का व्यापार करना।

633. पिंगला कर्मजीव योग–लग्न, सूर्य या चंद्र से दसवें भाव में शनि की उपस्थिति से पिंगला कर्मजीव योग होता है, लेकिन अन्य कर्मजीव योग से यह योग कम अंश का होता है। ग्रहों की स्थिति शनि से संबंधित व्यवसायों का संकेत देती है, जैसे कर्म से जुड़े व्यवसाय, लौह संबंधित व्यापार करना।

634. मंदसंज्ञा कर्मजीव योग–लग्न, सूर्य या चंद्र से दशमेश की यदि शनि से युति हो अथवा दृष्ट हो तो मंद संज्ञा कर्मजीव योग होता है, लेकिन अन्य कर्मजीव योग से यह योग कम अंश का होता है। जातक को यह ग्रह स्थिति शनि से जुड़े व्यवसाय से जोड़ती है। जैसे परिश्रमी कार्य, भार वहन करना अथवा निम्न स्तर के व्यापार जो परिवार के मान के विरुद्ध हों।

635. विदेश कर्मजीव योग–दशमेश यदि चर राशि में स्थित हो और नवमांश में हो तो कर्मजीव योग होता है। इस योग में जन्म लेने वाले जातक को धन और प्रसन्नता की प्राप्ति विदेश में होती है।

636. मातृभूमि कर्मजीव योग–दशमेश यदि स्थिर राशि में तथा नवमांश में स्थित हो तो कर्मजीव योग होता है। इस योग के जातक को धन तथा प्रसन्नता मातृभूमि पर प्राप्त होती है।

637. चराचर कर्मजीव योग–दशमेश यदि द्विस्वभाव राशि में हो और नवमांश में हो तो चराचर कर्मजीव योग होता है। इस योग के जातक को धन व सुख विदेश तथा स्वदेश दोनों में प्राप्त होते हैं।

638. दिग्बली कर्मजीव योग–चंद्रमा से दसवें भाव में बुध यदि बली हो तथा अनिष्टकर दृष्टि से रहित हो तो कर्मजीव योग होता है। इस योग के जातक की प्रतिष्ठा में चहुंओर से वृद्धि होती है।

639. स्वक्षेत्री बुध योग—चंद्रमा से दसवें भाव में बुध स्वक्षेत्री हो तथा अनिष्टकर दृष्टि रहित हो तो स्वक्षेत्री बुध योग होता है। इस योग के जातक की प्रतिष्ठा में चहुंओर से वृद्धि होती है।

640. धनवर्षायोग—लग्न से दसवें भाव में यदि बलि बुध हो तथा अनिष्टकर दृष्टि रहित हों तो धनवर्षा योग होता है। जातक की प्रतिष्ठा में हर ओर से वृद्धि होती है।

641. गज योग—ग्यारहवें भाव से नवमेश यदि ग्यारहवें भाव में ही स्थित हो, चंद्र से युत हो तथा एकादशेश द्वारा दृष्ट हो तो गज योग होता है। ऐसा जातक वाहन, मवेशी, घोड़ों तथा हाथियों का स्वामी होता है तथा सदा संपन्न तथा खुशहाल जीवन व्यतीत करता है।

642. देवेंद्र योग—यदि लग्न राशि स्थिर हो, लग्नेश एकादश भाव में तथा एकादशेश लग्न में हो। साथ ही द्वितीयेश दशम भाव में तथा दशमेश द्वितीय भाव में उपस्थित हों तो देवेंद्र योग होता है। जातक अत्यंत आकर्षक तथा रमणीय प्रतीत होता है तथा शासक होकर जीवन का आनंद अनुभव करता है और मान प्रतिष्ठा वाला होता है।

643. मुकुट योग—गुरु नवमेश से नवम भाव में स्थित हो, गुरु से नवम भाव में कोई शुभ ग्रह की उपस्थिति हो तथा शनि दसवें भाव में हो तो मुकुट योग होता है। इस योग का जातक जंगली आदिवासी या फिर शिकारी दल का शासक होता है। वह शक्तिशाली, सफल, क्रूर मानसिकता का तथा अच्छा धावक होता है।

644. चंद्रिका योग—नवमांश के स्वामी का षष्टमेश पर आधिपत्य हो और नवमांश के स्वामी का नवमेश पर आधिपत्य हो या सूर्य की युति हो तो चंद्रिका योग होता है। जातक संपन्न, उत्साही, धार्मिक, दान दाता, दीर्घ सुखी एवं प्रसिद्ध जीवन जीता है।

645. प्रसिद्धि योग—नवमांश के स्वामी का षष्टमेश पर आधिपत्य हो तथा नवमांश के स्वामी का नवमेश पर आधिपत्य हो या सूर्य से युति हो, षष्टमेश से प्रभावित होकर स्थिर राशि में, केंद्र में स्थित हो। ग्रहों की इस स्थिति में चंद्रिका योग होता है। जातक संपन्न और उत्साही दान दाता होता है और दीर्घ, सुखी और प्रसिद्ध जीवन जीता है।

646. जय योग—छठे भाव का स्वामी दुर्बल हो तथा दशम भाव का स्वामी हो तो जय योग होता है। इस योग का जातक अपने शत्रु पर विजय और प्रसन्नता पाता है। जातक को हर जोखिम या अपने किसी साहसिक कार्य में आजीवन सफलता प्राप्त होती है।

647. विद्वत योग—एकादशेश यदि अति उच्च का हो और शुक्र से युति हो और लग्नेश से केंद्र में हो तो विद्वत योग होता है। जातक दान दाता होता है। प्रसन्नता चाहने वाला, कोषागार का अध्यक्ष, महान शासक या इसके समकक्ष हो सकता है।

648. गंधर्व योग—दशमेश यदि काम भाव में हो, लग्नेश की युति बृहस्पति के साथ हो, सूर्य अति उच्च का हो तथा चंद्रमा नवम भाव में स्थित हो तो गंधर्व योग होता है। इस योग का जातक कलाकार होता है तथा अच्छे कपड़े और प्रसन्नता का शौकीन होता है। जातक 68 साल की उम्र तक ख्याति प्राप्त करता है।

649. शिव योग—पंचमेश नवम भाव में हो, जबकि नवमेश दशम भाव में हो तथा दशमेश पंचम भाव में हो तो शिव योग होता है। जातक व्यावसायिक कार्यों में सफलता

पाता है, विजयी होता है, सेनापति होता है। जातक बुद्धिमान होने के साथ–साथ ईमानदारी से जीवन व्यतीत करता है।

650. विष्णु योग–नवमांश के स्वामी के साथ नवमेश तथा दशमेश की युति यदि द्वितीय भाव में हो तो विष्णु योग होता है। जातक प्रसन्नता तथा आनंदपूर्वक जीवन व्यतीत करता है। जातक विदेशी भूमि पर धन अर्जित करता है तथा बुद्धिमान और अच्छा संवाद पटु होता है। वह शासकों द्वारा पसंद किया जाता है और 100 साल की आयु तक पूर्ण धन का आनंद लेता है।

651. ब्रह्म योग–नवमेश से बृहस्पति केंद्र में हो और शुक्र एकादशेश से केंद्र में हो और बुध लग्नेश से केंद्र में हो या दशमेश से केंद्र में हो तो ब्रह्म योग होता है। जातक उत्तम प्रकार के भोजनादि का शौकीन होता है। भोग विलास की वस्तुओं का शौकीन होता है। जातक का सम्मान ज्ञानी तथा आध्यात्मिक व्यक्ति के रूप में होता है। जातक सुशिक्षित, नैतिक तथा दानी होता है तथा दीर्घायु होता है।

652. सूर्य योग–सूर्य दशम भाव में हो तथा दशमेश की शनि से युति यदि तृतीय भाव में हो तो सूर्य योग होता है। जातक पंद्रह वर्ष की आयु में अत्यधिक प्रसिद्धि पाता है। शासक की ओर से उसे सम्मान प्राप्त होता है। विज्ञान का ज्ञाता सादा भोजन पसंद करने वाला, कमल नयन वाला और उन्नत वक्षस्थल वाला होता है।

653. गरुड़ योग–नवमांश राशि के स्वामी का चंद्रमा उच्च का होकर अधिपति हो। जन्म समय दिन का हो जब चंद्रमा शुक्ल पक्ष दिखाई देता हो तो गरुड़ योग होता है। जातक बराबर वालों से सम्मान प्राप्त करता है। सत्य भाषी, बलवान, उससे शत्रु भय खाते हैं, लेकिन उम्र के चौंतीसवें वर्ष में जहर द्वारा संकटग्रस्त हो सकता है।

654. गौ योग–बली बृहस्पति द्वितीयेश के साथ अपने मूल त्रिकोण का अधिपति हो जबकि लग्नेश उच्च का हो तब गौ योग होता है। जातक प्रतिष्ठित परिवार में पला बढ़ा होता है। संपन्न एवं शक्तिशाली होता है। शासक होता है या शासक के समान होता है।

655. गोला योग–पूर्ण चंद्र नौवें भाव में हो शुक्र और बृहस्पति के साथ हो जबकि बुध नवमांश लग्न में हो तो गोला योग होता है। जातक दीर्घायु होता है, पौष्टिक भोजन प्राप्त करने वाला, विनयशील, सुशिक्षित, कस्बे का नेता या न्यायाधीश होता है।

656. त्रिलोचन योग–सूर्य, चंद्र और मंगल एक दूसरे से तीसरे स्थान पर हों तो त्रिलोचन योग होता है। जातक संपन्न तथा अत्यंत बुद्धिमान होता है। शत्रु को भयग्रस्त रखता है तथा दीर्घजीवी होता है।

657. शरीर सुख्य योग–लग्नेश बृहस्पति या शुक्र केंद्र में हों तो यह योग होता है। जातक को दीर्घ जीवन एवं संपदा मिलती है तथा राजनीतिक शक्तियों द्वारा संबंध बनता है।

658. देहपुष्टि योग–लग्नेश चर राशि में हो और शुभ ग्रह से दृष्ट हो तो देहपुष्टि योग होता है। जातक को पूर्ण विकसित देहयष्टि के साथ जीवन में प्रसन्नता संपदा एवं आनंद की प्राप्ति होती है।

659. देहकष्ट योग—लग्नेश यदि पापग्रह के साथ हो या अष्टम भाव में हो तो यह योग होता है। जातक को शारीरिक सुख के अभाव में जीवन यापन करना होगा।

660. दौर्बल्य योग—लग्नेश लग्न में षष्टमेश, अष्टमेश या द्वादशेश के साथ हो तो यह योग होता है। जातक का शारीरिक गठन दुर्बल होगा तथा रोगी होगा।

661. रोगग्रस्त योग—दुर्बल लग्नेश केंद्र या त्रिकोण में हो तो रोगग्रस्त योग होता है। जातक दुर्बल शरीर वाला और रोगी होता है।

662. कृसंग योग—लग्नेश यदि शुष्क राशि में हो या उस राशि में हो जिसका स्वामी शुष्क ग्रह हो तो यह योग होता है। जातक को शारीरिक कष्ट और पीड़ा होगी तथा जातक कृश्काय होगा।

663. कृश्काय योग—नवमांश लग्नेश शुष्क ग्रह हो और पापग्रह लग्न में हो तो यह योग होता है। जातक को शारीरिक कष्ट और पीड़ा होगी तथा कृषकाय होगा।

664. सौष्ठव योग—नवमांश में लग्न का स्वामी तथा लग्न कुंडली लग्नेश यदि जलीय राशि में स्थित हों तब यह योग होता है। जातक बलिष्ठ शरीर वाला होगा ।

665. देहस्थूल्य योग—बृहस्पति लग्न में हो या जलीय राशि से लग्न को देखें तब यह योग होता है। जातक बलिष्ठ शरीर वाला होगा।

666. बलिष्ठ योग—लग्न में जलीय राशि हो तथा शुभ ग्रह से युत हो अथवा लग्नेश जलीय ग्रह हो तब यह योग होता है। जातक बलिष्ठ शरीर वाला होगा ।

667. सदा संचार योग—लग्न का स्वामी अथवा राशि का स्वामी चर राशि में लग्नेश के आधिपत्य में हो तब सदा संचार योग होता है। जातक सदा भ्रमणशील रहेगा।

668. परिहासक योग—नवमांश राशि के स्वामी में सूर्य हो वैशेषिकांश द्वितीय भाव में हो तब यह योग होता है। जातक हाजिर जवाब और विनोदी वक्ता होता है।

669. असत्यवादी योग—द्वितीयेश यदि शनि अथवा मंगल के घर में हों और पापग्रह केंद्र और त्रिकोण में हो तो असत्यवादी योग होता है। जातक असत्यवादी होगा।

670. जड़ योग—द्वितीयेश दशम भाव में पापग्रहों के साथ हो या द्वितीय स्थान पर सूर्य और मांदी या द्वितीयेश सूर्य और मांदी के साथ हो तो जड़ योग होता है। जातक विफल हो जाता है। समूह के समक्ष बोलने पर अपना संतुलन खो बैठता है।

671. मूक योग—यदि द्वितीयेश (बृहस्पति) गुरु के साथ यदि अष्टम भाव में स्थित हो तो मूक योग होता है। जातक गूंगा हो जाएगा।

672. वाणीबाधा योग—कर्क, वृश्चिक और मीन राशि में गए हुए बुध को अमावस्या का चंद्रमा देखता हो, चौथे स्थान में सूर्य हो और छठे भाव को पापग्रह देखते हैं तो जातक गूंगा होता है।

673. स्वरहर योग—बुध और षष्ठेश दोनों एक साथ स्थित हों तो जातक मूक होगा।

674. पंचवर्षीय मूक योग—वृश्चिक और मीन राशि में पापग्रह स्थित हों एवं किसी भी राशि के अंतिम अंशों में व वृष राशि में चंद्र स्थित हो ओर पापग्रहों से दृष्ट हो तो जीवनभर के लिए मूक तथा शुभग्रहों से दृष्ट हो तो बालक पांच वर्ष के उपरांत बोलता है।

675. क्रूर मूक योग–क्रूर ग्रह संधि में गए हों, चंद्रमा पापग्रहों से युक्त हो तो भी जातक गूंगा होता है।

676. चंद्र मंगल मूक योग–शुक्ल पक्ष का जन्म हो और चंद्रमा, मंगल का योग लग्न में हो तो जातक गूंगा होता है।

677. धनास्त मूक योग–द्वितीय स्थान में पापग्रह हों और द्वितीयेश नीच या अस्तंगत होकर पापग्रहों से दृष्ट हों एवं सूर्य, बुध का योग सिंह राशि में किसी भी स्थान में हो तो जातक गूंगा होता है।

678. स्वराशि सूर्य योग–सूर्य और सिंह राशि में एक साथ हों तो जातक गूंगा होता है।

679. बधिर योग–शनि से चौथे स्थान में बुध हो और षष्ठेश छठे, आठवें या बारहवें स्थान में हो तो जातक बधिर होता है।

680. चंद्र शुक्र बधिर योग–पूर्ण चंद्र और शुक्र ये दोनों शत्रुग्रह से युक्त हों तो जातक बधिर होता है।

681. बुध शुक्र बधिर योग–रात्रि का जन्म हो, लग्न से छठे स्थान में बुध और दसवें स्थान में शुक्र हो तो जातक बधिर होता है।

682. पापग्रह बधिर योग–बारहवें भाव में बुध और शुक्र दोनों हो अथवा 3/5/9/11वें भाव में पापग्रह हों और इन पर शुभ भावों की दृष्टि न हो तो जातक बधिर होता है।

683. नेत्रांस योग–दशमेश एवं षष्टमेश और द्वितीयेश यदि लग्न को देखें या सभी नीचमांष में हो, जबकि सूर्य और चंद्र ज्यादा बली न हो, तब यह योग होता है। जातक अपने जीवन काल में अंधा हो जाएगा। संभावना है कि ऐसा शासकों के संपर्क में आने पर या उनमें असंतोष के कारण हो।

684. अंध योग–चंद्र और बुध द्वितीय भाव में हो या लग्नेश और द्वितीयेश सूर्य के साथ द्वितीय भाव में हों तब अंध योग होता है। जातक या तो रतौंधी से पीड़ित होता है अथवा जन्मांध होता है।

685. दृष्टिबाधिता योग–मंगल, चंद्र, शनि और सूर्य क्रमशः दूसरे, छठे, बारहवें तथा आठवें स्थान पर हो तब अंध योग होता है। जातक या तो अंधा हो सकता है अथवा भारी दृष्टि दोष हो सकता है।

686. सुमुख योग–द्वितीयेश यदि केंद्र में हो शुभ ग्रहों से दृष्ट हो या शुभ ग्रह द्वितीय भाव में हों तो सुमुख योग होता है। जातक प्रसन्नचित्त और आकर्षक चेहरे वाला होता है।

687. सर्वप्रिय योग–द्वितीयेश यदि केंद्र में स्वक्षेत्री हो, मित्र के घर में या उच्च राशि में हो तथा केंद्र का स्वामी गोपुरांश में हो तो सुमुख योग होता है। जातक प्रसन्न एवं आकर्षक चेहरे वाला होता है।

688. दुर्मुख योग–पापग्रह द्वितीय भाव में हो और द्वितीयेश निर्बल हो या पापग्रह से युत हो तो यह योग होता है। जातक का चेहरा अनाकर्षक और बिगड़ा हुआ होगा। या तो जन्म से अथवा दुर्घटनावश होगा।

689. कुरूप योग–द्वितीयेश पापग्रह हो तथा गुलिका से युत हो अथवा शत्रु या दुर्बल नवमांश में पापग्रहों के साथ हो तो दुर्मुख योग होता है। जन्म से अथवा दुर्घटनावश

जातक का चेहरा बिगड़ा हुआ तथा अनाकर्षक होगा। उसके चेहरे के भाव उसके नकारात्मक भावों की सरलता से बता देंगे।

690. **भोजनसुख योग**–द्वितीयेश बली हो तथा वैशेषिकांश में स्थित हो तथा बृहस्पति या शुक्र से दृष्ट हो तो यह योग होता है। जातक अपार धन अर्जित करता है तथा उत्तम प्रकार के भोजनादि का आनंद उठाता है।

691. **अन्नदान योग**–द्वितीयेश वैशेषिकांश में हो तथा बृहस्पति या बुध द्वारा दृष्ट हो तो यह योग होता है। जातक स्वभाव से आतिथ्य होता है तथा असाधारण संख्या में लोगों को भोजन कराता है।

692. **परान्न भोजन योग**–द्वितीयेश दुर्बल हो या प्रतिकूल नवमांश राशि में स्थित हो और किसी दुर्बल ग्रह द्वारा दृष्ट हो तो यह योग होता है। जातक भोजन के लिए पराये व्यक्ति पर निर्भर करता है तथा दोषपूर्ण भोजन प्राप्त करता है।

693. **श्राद्धान्नभुक्ता योग**–द्वितीयेश शनि हो या द्वितीयेश शनि से युत या द्वितीय भाव अथवा द्वितीयेश दुर्बल शनि से दृष्ट हो तो यह योग होता है। जातक अस्वच्छ या मृत भोजन या मृत्यु भोज (संबंधी का नहीं) प्राप्त करता है।

694. **सर्पगंधा योग**–द्वितीय भाव में राहु शनि युत हो तो यह योग होता है। जातक सर्पदंश से असुरक्षित रहेगा।

695. **सर्पभय योग**–द्वितीय भाव में राहू के साथ गुलिका हो तब यह योग होता है। जातक सर्पदंश से असुरक्षित रह सकता है।

696. **वाक्चालन योग**–पापग्रह यदि द्वितीय भाव में स्थित हों तथा क्रूर नवमांश से युत हो तथा द्वितीय भाव शुभ ग्रह रहित हो या शुभ ग्रह से न देखा जाये तो वाक्चालन योग होता है। जातक में हकलाने जैसा वाणी दोष होगा।

697. **विषप्रयोग योग**–द्वितीय भाव में पापग्रह हो अथवा पापग्रह से दृष्ट हो और द्वितीयेश क्रूर नवमांश में पापग्रह द्वारा दृष्ट हो तो विषप्रयोग योग होता है। जातक को दूसरे से विषपान संबंधी संकट उत्पन्न हो सकता है। दूसरों द्वारा उसे जहर दिया जा सकता है।

698. **सहोदरांश योग**–मंगल और तृतीयेश यदि अष्टम में हो और पापग्रहों से दृष्ट हों तो यह योग होता है। जातक के छोटा भाई–बहिन नहीं होगा।

699. **अल्प सहोदर योग**–मंगल और तृतीयेश यदि तृतीय स्थान पर हों तथा पापग्रह से दृष्ट हों तो यह योग होता है। जातक के छोटे भाई बहिन बहुत कम होते हैं।

700. **भातृभगिनीहीन योग**–मंगल और तृतीयेश यदि चतुर्थ या सप्तम भाव में हों और पापग्रहों से दृष्ट हों तो यह योग होता है। जातक के छोटे भाई बहिन या तो कम होते हैं या बिल्कुल नहीं होते।

701. **सहोदरहीन योग**–मंगल और तृतीयेश यदि दुःस्थान पर (छठे, आठवें और बारहवें भाव में) हों, पापग्रह से युत हों या दृष्ट हों तो यह योग होता है। जातक के छोटे भाई बहिन या तो कुछ या बिल्कुल नहीं होते।

702. अत्यल्प सहोदर योग—नवमांश में तृतीयेश यदि दुर्बल होकर अष्टम स्थान पर बैठा हो तो यह योग होता है। जातक के छोटे भाई बहिन बहुत कम होते हैं।

703. इकभगिनी योग—बुध तृतीय भाव में हो, तृतीयेश के साथ चंद्र हो और मंगल दुर्बल हो, शनि के साथ हो तो यह योग होता है। जातक के केवल एक बहिन होगी।

704. द्वादश सहोदर योग—यदि तृतीयेश केंद्र में हो और उच्च का मंगल बृहस्पति के साथ तृतीयेश से त्रिकोण में हो तो द्वादश सहोदर योग होता है। जातक बारह भाई बहिनों में तीसरे नंबर का होगा।

705. सप्त सहोदर योग—द्वादशेश की मंगल से युति होए चंद्र बृहस्पति के साथ तृतीय भाव में हो शुक्र की दृष्टि न हो तो सप्तसंख्या सहोदर योग होता है। जातक के सात भाई होंगे।

706. पराक्रम योग—तृतीयेश शुभ नवमांश की राशि से युत हो या शुभ ग्रहों से दृष्ट हो और मंगल शुभ राशि में हो तो यह योग होता है। जातक पराक्रमी होता है।

707. युद्धात्पूर्वाद्रिधाचित्त योग—तृतीयेश उच्च का होकर अष्टम में पापग्रह से युत चर राशि या नवमांश में हो तो यह योग होता है। युद्ध से पूर्व जातक में साहस होगा, परंतु युद्ध आरंभ होते ही वह अपना आत्म विश्वास व संतुलन खो देगा।

708. युद्धात्पश्चादद्रुधा योग—तृतीयेश यदि स्थिर राशि में हो और नवमांश क्रूर षष्टिमांश राशि में हो और लग्नेश निर्बल हो तो यह योग होता है। जातक अपना साहस युद्ध के उपरांत पाता है और जबकि आरंभ में वह स्वयं को कमजोर और संकटग्रस्त समझता है।

709. सत्कथादिश्रवण योग—तृतीय भाव में शुभ राशि हो शुभ ग्रहों से दृष्ट हो और तृतीयेश शुभ नवमांश में हो तो यह योग होता है। जातक सदैव उच्च कोटि के साहित्य में रुचि लेने वाला और धार्मिक एवं दार्शनिक भाषण देने वाला होता है।

710. उत्तम गृहयोग—चतुर्थेश केंद्र अथवा त्रिकोण में शुभ ग्रहों से दृष्ट हो तो उत्तम गृहयोग होता है। जातक का स्वयं का अच्छा घर होता है।

711. विचित्र सौध प्रकार योग—चतुर्थेश और दशमेश एक साथ शनि और मंगल से युत हो तो विचित्र सौध प्रकार योग होता है। जातक अनेक प्रासादों एवं हवेलियों का स्वामी होता है।

712. अयत्न गृह प्राप्त योग—लग्नेश और सप्तमेश लग्न में हों या चतुर्थ भाव में स्थित हों शुभ ग्रहों से दृष्ट हों तो यह योग होता है। जातक बहुत कम प्रयत्न से यथेश्ट जायदाद प्राप्त करता है।

713. अयत्न गृह प्राप्त योग—नवमेश केंद्र में हो जबकि चतुर्थेश स्वक्षेत्री होकर या उच्च का मूल त्रिकोण में हो तो अयत्न गृह प्राप्त योग होता है। जातक कम प्रयत्न से यथेश्ट जायदाद प्राप्त करता है।

714. गृहांश योग—चतुर्थेश यदि द्वादश भाव में हो तथा पापग्रहों से दृष्ट हो तो यह योग होता है। जातक गृह संपत्ति में अत्यधिक नुकसान भुगतेगा या सहेगा।

715. संपत्तिहानि योग—नवमांश राशि का स्वामी तथा चतुर्थेश द्वादश भाव में स्थित हों तो गृहांश योग होता है। जातक को गृह संपत्ति से अत्यधिक नुकसान होगा।

716. बंधु पूज्य योग—चतुर्थेश शुभ ग्रह हो, शुभ ग्रह से दृष्ट हों तथा बुध लग्न में हो तो बंधु पूज्य योग होता है। जातक परिवार एवं मित्रजनों से आदर प्राप्त करता है।

717. मित्रपूज्य योग—चतुर्थ भाव या चतुर्थेश गुरु से युत हों या गुरु से दृष्ट हों तो यह योग होता है। जातक मित्रजनों से आदर प्राप्त करता है।

718. बंधुभीशठ्यक्ता योग—यदि चतुर्थेश पापग्रहों से जुड़ा हो या नीच षष्टिमांश में हो या शत्रु राशि में या दुर्बल राशि में हो तो यह योग होता है। जातक अपने निकटवर्ती परिजनों के कारण संकटग्रस्त होगा तथा गलतफहमी का शिकार हो उनके द्वारा त्याग दिया जाएगा।

719. मातृदीर्घायुर योग—चतुर्थ भाव में शुभ ग्रह हों जबकि चतुर्थेश उच्च का हो तथा चंद्रमा बली हो तो यह योग होता है। जातक की माता दीर्घ जीवन प्राप्त करती है।

720. मातृशतायु योग—नवमांश का स्वामी राशि का स्वामी चतुर्थेश के साथ बली होकर लग्न या चंद्र से केंद्र में हो तो मातृशतायु योग होता है। जातक की माता शतायु होगी।

721. मातृशां योग—चंद्रमा यदि पापग्रहों के बीच पीड़ित जाए या पापग्रहों से युत हो या दृष्ट हो तो यह योग होता है। जातक की मां का निधन शीघ्र हो जाता है।

722. मातृगामी योग—चंद्र और शुक्र केंद्र में हो, पापग्रह से युत या दृष्टि हों जबकि चतुर्थ भाव में पापग्रह स्थित हों तो मातृगामी योग होता है। जातक स्वयं की मां से परगमन कर जाएगा।

723. सहोदरिसंगम योग—सप्तमेश और शुक्र चतुर्थ स्थान पर साथ हों पापग्रहों से दृष्ट या युत हों या क्रूर षष्टिमांश में हो तो यह योग होता है। जातक अपने भाई बहिनों के साथ व्यभिचार करता है।

724. दृक् सम्स्थावसिता योग—स्त्री की कुंडली में शनि और शुक्र एक दूसरे से दृष्ट हों लग्न वृष या तुला हों नवमांश लग्न कुंभ हों तो यह योग होता है। स्त्री जातक अपनी कामवासना की संतुष्टि ऐसी स्त्री से करेगी जो पुरुष परिधान पहिने।

725. नवमांश सम्स्थावसिता योग—स्त्री की कुंडली में शनि और शुक्र एक दूसरे के नवमांश में हो और राशि में आपस में एक दूसरे को देखते हों तो यह योग होता है। स्त्री जातक अपनी कामवासना की संतुष्टि ऐसी स्त्री से करेगी जो पुरुष परिधान पहिने।

726. कुंभ नवमांश समस्थावसिता योग—स्त्री की कुंडली में वृष या तुला लग्न के साथ कुंभ नवमांश लग्न हों तो यह योग होता है। स्त्री जातक अपनी कामवासना की संतुष्टि ऐसी स्त्री से करेगी जो पुरुष परिधान पहिने।

727. पाखंडी योग—चतुर्थेश पापग्रहों से दृष्ट हो या युत हो और चतुर्थ भाव में यदि पाप ग्रह हो तो पाखंडी योग होता है। जातक पाखंडी होगा अपनी भावनाओं को गुप्त रखेगा और कभी अपनी मानसिक स्थिति को प्रकट कर देगा।

728. कपट योग–चतुर्थ भाव में शनि, मंगल और राहु हो और दशमेश पापग्रह हो और पापग्रह से दृष्ट हो तो कपट योग होता है। जातक पाखंडी होगा अपनी भावनाओं को गुप्त रखेगा और कभी अपनी मानसिक स्थिति को प्रकट कर देगा।

729. धूर्त योग–चतुर्थेश शनि मांदी और राहु से युत हो और पापग्रह से दृष्ट हो तो धूर्त योग होता है। जातक पाखंडी होगा अपनी भावनाओं को गुप्त रखेगा और कभी अपनी मानसिक स्थिति को प्रकट कर देगा।

730. निष्कपट योग–चतुर्थ भाव में शुभ ग्रह हो या स्वक्षेत्री या मित्र राशि में या उच्च का हो या चतुर्थ भाव में शुभ राशि हो तो निष्कपट योग होता है। जातक निष्कपट सरल ह्रदयी होता है और गुप्त मंत्रणाओं एवं पाखंड से सदा दूर रहता है।

731. सुह्रदयी योग–लग्नेश चतुर्थ भाव में शुभ ग्रह से दृष्ट अथवा युत हो या पर्वत या उत्तमांश हो तो निष्कपट योग होता है। जातक निष्कपट सरल ह्रदयी होता है और दुराव छिपाव एवं पाखंड से सदा दूर रहता है ।

732. मातृ शत्रु योग–मिथुन लग्न में बुध यदि पापग्रह के साथ हो अथवा दृष्ट हो तो मातृ शत्रु योग होता है। जातक अपनी मां से घृणा करेगा अथवा मां को नापसंद करेगा।

733. मातृ स्नेह योग–लग्नेश और चतुर्थेश यदि एक हो या लग्नेश और चतुर्थेश लौकिक हो या नैसर्गिक मित्र हो या शुभ ग्रहों से दृष्ट हो तो मातृ स्नेह योग होता है। जातक और उसका अपनी माता के साथ संबंध अत्यंत मधुर रहेगा।

734. वाहन योग–लग्नेश चतुर्थ भाव या नवम भाव हो या एकादश भाव में हो तो वाहन योग होता है। जातक का स्वयं का वाहन होगा तथा अन्य भौतिक सुविधाएं प्राप्त होंगी।

735. चतुष्पद योग–चतुर्थेश उच्च का हो तथा उस उच्च राशि का स्वामी केंद्र अथवा त्रिकोण में हो तो चतुष्पद योग होता है। जातक का स्वयं का वाहन होगा तथा अन्य भौतिक सुविधाएं प्राप्त होंगी।

736. अनापाथ्य योग–बृहस्पति, लग्नेश, पंचमेश तथा सप्तमेश यदि दुर्बल हो तो अनापाथ्य योग होता है। जातक निःसन्तान होगा।

737. सर्पशाप योग–पंचम भाव में राहु पंचम भाव का स्वामी हो या मंगल पंचम भाव का स्वामी हो और इस भाव में राहु हो तो सर्पशाप योग होता है। जातक को अपने बच्चों की अकाल मृत्यु भुगतनी पड़ती है।

738. नागशाप योग–पंचमेश राहु से युत हो, जबकि शनि पंचम भाव में चंद्रमा से दृष्ट या युत हो तो सर्पशाप योग होता है। जातक के बच्चों की अकाल मृत्यु हो जाती है।

739. तक्षकशाप योग–पंचमेश यदि मंगल हो, जिसमें राहु स्थित हो तथा वह बुध से दृष्ट या युत हो तो नागशापित योग होता है। जातक अपने बच्चों की अकाल मृत्यु भोगता है।

740. पितृशाप सुताक्षय योग–दुर्बल सूर्य यदि पंचम भाव में हो, या सूर्य पंचम भाव में मकर या कुंभ की संधि में हो या पापग्रहों के बीच पड़ा हुआ हो तो यह योग होता है। जातक (पिता के श्राप या क्रोध के कारण) को अपने बच्चों की अकाल मृत्यु का सामना करना पड़ता है।

741. मातृशाप सुताक्षय योग—अष्टमेश तथा पंचमेश अपने स्थानों का आदान प्रदान कर लें तथा चंद्रमा और चतुर्थेश की युति यदि षष्टम भाव में होए, तो मातृशाप सुताक्षय योग होता है। जातक के बच्चों की अकाल मृत्यु, उसकी मां द्वारा दिये गये अभिशाप के कारण हो जाती है।

742. भ्रातृशाप सुताक्षय योग—लग्नेश तथा पंचमेश की युति अष्टमेश में हो तथा तृतीयेश यदि पंचम भाव में राहु और मंगल के साथ हो तो भ्रातृशाप सुताक्षय योग होता है। अपने भाई या बहन द्वारा दिए गए अभिशाप के कारण जातक के बच्चों की अकाल मृत्यु हो जाती है।

743. प्रेतशाप योग—पंचम भाव में सूर्य और शनि की युति हो, चंद्रमा सप्तम भाव में दुर्बल हो तथा राहु लग्न और बृहस्पति द्वादश भाव में स्थित हों तो प्रेतशाप योग होता है। प्रेत द्वारा दिए गए अभिशाप के कारण जातक के बच्चों की अकाल मृत्यु हो जाती है।

744. बहुपुत्र योग—संतान का विचार जन्मकुंडली में पांचवें भाव और जन्मस्थ चंद्रमा के पंचम स्थान से होता है। राहु पंचम भाव में हो तथा शनि के नवमांश में न हो तो बहुपुत्र योग होता है। इस योग के जातक को बहुत सारे पुत्र प्राप्त होते हैं।

745. कर्क तुला सुतयोग—पांचवें स्थान में बुध, कर्क और तुला में से कोई राशि हो, तो बहुपुत्र योग होता है। इस योग के जातक को बहुत सारे पुत्र प्राप्त होते हैं।

746. वंशावलि योग—पांचवें स्थान में शुक्र या चंद्रमा स्थित हो अथवा इनकी दृष्टि पंचम पर हो तो वंशावलि योग होता है। इस योग के जातक को बहुत सारे पुत्र प्राप्त होते हैं।

747. कर्कस्थ शनि योग—पंचम भाव में कर्क राशि में शनि हो तो पुत्र योग होता है। जातक को अनेक पुत्रों का वरदान प्राप्त होगा।

748. नवांशपति बहुपुत्र योग—पांचवें भाव में 1/3/5/7/11 राशियां तथा इन्हीं राशियों के नवांशाधिपति मंगल, शनि और शुक्र हों तो जातक के पुत्र अधिक होते हैं।

749. बहुपुत्री योग—पांचवें भाव में 2/4/6/8/10 राशियां व इन्हीं राशियों के नवांश शनि, बुध, शुक्र या चंद्रमा से युत हों तो कन्याएं अधिक होती हैं।

750. कन्याभागे योग—पंचमेश धन में अथवा आठवें भाव में गया हो तो कन्याएं अधिक होती हैं।

751. पुत्रहीन योग—ग्यारहवें भाव में बुध, शुक्र या चंद्रमा में से कोई एक ग्रह भी हो तो जातक के पुत्र नहीं होते और कन्याएं अधिक होती हैं।

752. कन्याधिक्य योग—बुध, चंद्र और शुक्र में से कोई एक ग्रह पांचवें भाव में हो तो जातक को कन्याएं अधिक होंगी।

753. बहुपुत्री वरदान योग—बृहस्पति उच्च का होकर पंचम भाव में स्थित हो तो बहुपुत्री योग होता है। जातक को अनेक पुत्री रत्न का वरदान मिलेगा।

754. औरसपुत्र योग—पंचम भाव में शुभ ग्रह हों या इस भाव में शुभ राशि स्थित हो या यह भाव शुभग्रहों द्वारा दृष्ट हो तो औरसपुत्र योग होता है। जातक को पत्नी से वैध संतान होगी।

755. वैधसंतान योग—लग्न, सूर्य अथवा चंद्रमा को बृहस्पति देखें तो औरसपुत्र योग होता है। जातक को वैध पत्नी द्वारा स्वयं की वैध संतान होगी।

756. क्षेत्रजपुत्र योग—बुध यदि पंचम् भाव का स्वामी हो तथा यहीं स्थित हो जो कि शनि से दृष्ट हो लेकिन बृहस्पति, मंगल या सूर्य की दृष्टि रहित हो तो क्षेत्रजपुत्र योग होता है। पति की सलाह एवं जानकारी से पत्नी उस शिशु को जन्म देगी जो पति के शुक्राणु का नहीं हो। आधुनिक संदर्भ में वीर्य बैंक से परखनली शिशु को जन्म देने वाली मां इसका प्रतिनिधित्व करती है।

757. परवीर्य पुत्र योग—पंचमेश बुध हो जो कि शनि द्वारा दृष्ट हो तो परवीर्य पुत्र योग होता है। यह ग्रह स्थिति अन्य से कम अंश की होती है। पति की जानकारी एवं सलाह से पत्नी उस शिशु को जन्म देगी जो पति के शुक्राणु से नहीं हो।

758. अल्प क्षेत्रजपुत्र योग—पंचमेश यदि बुध हो जो कि शनि द्वारा दृष्ट हो किंतु बृहस्पति, मंगल अथवा सूर्य की दृष्टि रहित हो तो यह योग होता है। यह ग्रह स्थिति अन्य क्षेत्रजपुत्र योगों की अपेक्षा कम अंश की है। पति की जानकारी एवं सलाह से पत्नी ऐसे शिशु को जन्म देगी जो उसके पति के शुक्राणु से न हो।

759. दत्तकपुत्र योग—बुध यदि पंचमेश हो और वहीं स्थित हो और चंद्रमा द्वारा दृष्ट हो तो दत्तकपुत्र योग होता है। जातक द्वारा संतान गोद ली जाती है ।

760. स्वक्षेत्री बुध योग—बुध यदि पंचमेश होकर स्वक्षेत्री हो और चंद्रमा द्वारा दृष्ट हो तो दत्तकपुत्र योग होता है। जातक संतान गोद लेता है ।

761. अल्प दत्तकपुत्र योग—मंगल तथा शनि पंचम भाव में स्थित हों तथा लग्नेश बुध की राशि में स्थित होकर बुध द्वारा दृष्ट या युत हो तो दत्तकपुत्र योग होता है। यह ग्रह स्थिति अन्य दत्तकपुत्र योग से कम अंश की होती है। जातक द्वारा संतान गोद ली जाती है।

762. दत्तकपुत्र पुत्री योग—सप्तमेश यदि एकादश भाव में हो जबकि पंचमेश किसी शुभग्रह तथा मंगल से युत हो तथा शनि पंचम भाव में स्थित हो तो दत्तकपुत्र योग होता है। यह ग्रह स्थिति अन्य योग से कम अंश की है। जातक द्वारा पुत्र/पुत्री गोद ली जाती है।

763. दुर्बल पंचमेश योग—पंचमेश दुर्बल हो तथा लग्नेश और सप्तमेश से किसी भी प्रकार से संबंधित न हो तो यह योग होता है। जातक द्वारा संतान गोद ली जाती है।

764. संतानहीन योग—दशम भाव तथा दशमेश के साथ शनि हो या शनि की दृष्टि हो तो दत्तकपुत्र होने की स्थिति बनती है। जातक के द्वारा संतान गोद लेने की संभावना रहती है।

765. मंगलाधिपत्य योग—पंचम भाव में शनि हो अन्य ग्रहों से दृष्ट न हो और पंचम भाव सप्तमांश में पड़ता हो जो मंगल के आधिपत्य में हो तो जातक अपने अभिभावकों की सहमति के बिना किशोर को गोद लेगा।

766. कृत्रिमपुत्र योग—सप्तमांश में पंचम भाव में मंगल शनि के साथ हो अन्य ग्रहों से दृष्ट न हो तो कृत्रिमपुत्र योग होता है। जातक अपने माता पिता की सहमति के बिना किशोर को गोद लेगा।

767. मंदावलोकिता योग—चंद्र पंचम भाव में हो शनि के प्रभाव में हो जबकि पंचम भाव मंगल के नवमांश में हो तो मंदावलोकिता योग होता है। जातक को मंद बुद्धि संतान की प्राप्ति होती है।

768. मूर्खावलोकिता योग—चंद्र पंचम स्थान पर हो शनि के प्रभाव में तथा मंगल के नवमांश में चंद्र हो तो यह योग होता है। जातक को मूर्ख संतान की प्राप्ति होती है।

769. अल्पबुद्धि संतान योग—पंचम स्थान पर मंगल के अंश में चंद्र हो, शनि के प्रभाव में हो तथा उस पर किसी ग्रह की दृष्टि न हो तो यह योग होता है। जातक को अल्पबुद्धि संतान की प्राप्ति होती है।

770. गुढ़ोत्पन्न योग—चंद्र पंचम भाव में ही एकमात्र शनि से दृष्ट हो और पंचम भाव मंगल के नवमांश में हो तो यह योग होता है। पत्नी से संतान गुप्त रूप से जन्म ले सकती है। पति की जानकारी के बिना उस संतान का पिता पति की ही तरह की कद, ऊँचाई या महत्ता वाला हो सकता है।

771. परगामी संतान योग—पंचम भाव में चंद्र एकमात्र शनि से दृष्ट हो जबकि चंद्रमा मंगल के नवमांश में हो। पत्नी से संतान गुप्त रूप से जन्म ले सकती है। पति की जानकारी के बिना उस संतान का पिता पति की ही तरह कद, ऊँचाई या महत्ता वाला हो सकता है।

772. पतिद्रोहा योग—पंचम भाव में मंगल के अंश में चंद्र हो शनि से दृष्ट हो अन्य किसी ग्रह से देखा न जाता हो तो यह योग होता है। पति से द्रोह कर पत्नी को संतान गुप्त रूप से हो सकती है।

773. पुनर्भव योग—पंचम भाव में चंद्र और शनि हों, शनि के वर्ग में हो, शुक्र और सूर्य से दृष्ट हों तो यह योग होता है। जातक ऐसी संतान गोद लेगा जो विवाह पूर्व संबंध या पत्नी के पूर्व संबंध से हो। शास्त्रों के अनुसार पुनर्विवाह के समय गर्भवती हो।

774. कानिनपुत्र योग—सप्तम भाव में चंद्र, सूर्य के साथ हो या सूर्य से दृष्ट हो तो यह योग होता है। जातक अविवाहित कन्या द्वारा संतान प्राप्त करेगा।

775. पंचमभाव कानिनपुत्र योग—पंचम भाव में चंद्र, सूर्य के साथ हो या सूर्य से दृष्ट हो तो यह योग होता है। जातक अविवाहित कन्या द्वारा संतान प्राप्त करेगा।

776. कर्क सूर्य कानिनपुत्र योग—पंचम भाव में कर्क राशि हो सूर्य स्थित हो या सूर्य से पंचम भाव दृष्ट हो तो यह योग होता है। जातक अविवाहित कन्या द्वारा संतान प्राप्त करेगा।

777. चंद्र सूर्य कानिनपुत्र योग—चंद्र सप्तम स्थान सूर्य के साथ हो या सूर्य से दृष्ट हो तो यह योग होता है। जातक अविवाहित कन्या से संतान प्राप्त करेगा। यदि स्त्री जातक के यह योग हो तो वह कम उम्र के पुरुष अविवाहित से संतान होगी।

778. सहोदपुत्र योग—सूर्य एवं चंद्र दोनों पंचम भाव में हो केवल शुक्र से दृष्ट हो और पंचम भावसूर्य या चंद्र के अंशों में विभक्त हो तो सहोदपुत्र योग होता है। जातक ऐसी स्त्री से संतान प्राप्त करता है जो विवाह के समय गर्भवती हो।

779. दासी प्रभाव योग–पंचम भाव शुक्र के नवमांश में हो और शुक्र से दृष्ट हो तो यह योग होता है अवैध जन्म या बालक का जन्म स्त्री, दासी या नौकरानी द्वारा होता है। यद्यपि आधुनिक संदर्भ में इसका यह अर्थ हो सकता है कि जातक की रखैल से संतान हो अथवा कष्टकर स्थिति में विवाहेत्तर संबंध से संतान हो।

780. अवैध संतान योग–पंचम भाव चंद्र के नवमांश में हो और चंद्र से दृष्ट हो तो यह योग होता है। इस योग के होने पर अवैध जन्म या बालक का जन्म स्त्री, दासी या नौकरानी द्वारा होता है। आधुनिक संदर्भ में इसका अर्थ हो सकता है कि जातक की रखैल से संतान हो।

781. तनयभक्कला योग–सूर्य पंचम भाव में हो निसंतान राशि वृश्चिक, सिंह, कन्या में हो एवं शनि और मंगल क्रमशः अष्टम भाव में तथा लग्न में हो तो यह योग होता है। जातक को जीवन काल में कुछ प्रयत्नों द्वारा देर से संतान प्राप्त होगी।

782. संतान विलंब योग–पंचम भाव में निसंतान राशि वृश्चिक, सिंह, कन्या हो, शनि, बृहस्पति और मंगल क्रमशः लग्न, अष्टम और द्वादश भाव को देखें तो यह योग होता है। जातक को जीवन काल में कुछ प्रयत्नों द्वारा देरी से संतान प्राप्ति होगी।

783. संतान प्रतिबंधक योग–पांचवें स्थान पर पाप राशि हो और पाप ग्रह स्थित हों और शुभ ग्रह की दृष्टि न हो तो अपुत्रा योग होता है। जातक के संतान नहीं होगी।

784. निसंतान योग–पंचमेश दु:स्थान छठे, आठवें या बारहवें भाव में स्थित हो तथा पंचम भाव बली न हो और पूर्ण चंद्र या शुक्ल पक्ष से रहित हो तो संतान प्रतिबंधक योग होता है। जातक निसंतान होगा।

785. वंशरोधी योग–तृतीयेश और चंद्रमा 1/4/6/8/10/12वें स्थान में हो तो जातक के संतान नहीं होती।

786. संततिहीना योग–सिंह राशि में शनि, पांचवें भाव में मंगल स्थित हो और पंचमेश छठे भाव में हो तो जातक के संतान नहीं होती।

787. बांझ योग–लंग्न में चंद्रमा, गुरु का का योग हो तथा सातवें भाव में शनि या मंगल हो तो बांझ प्रतिबंधक योग होता है। यह योग स्त्री–पुरुष दोनों पर लागू होता है।

788. संतान बाधा योग–पांचवें भाव में चंद्रमा तथा आठवें, बारहवें भाव में संपूर्ण पापग्रह स्थित हों, सातवें भाव में बुध, शुक्र, चौथे भाव में पापग्रह और पांचवें भाव में गुरु स्थित हों तो संतान बाधा योग होता है।

789. मातृत्वहीन योग–सातवें भाव में शुक्र, दसवें भाव में चंद्रमा और चौथे भाव में तीन–चार पापग्रह हों तो संतान नहीं होती।

790. वंश विच्छेदक योग–पांचवें, आठवें और बारहवें भाव में पापग्रह हों तो वंशविच्छेक योग होता है। अर्थात् जातक के संतान नहीं होती।

791. वंश नाशक योग–लग्न में पापग्रह, चौथे भाव में चंद्रमा, पांचवें भाव में लग्नेश स्थित हों और पंचमेश अल्प बली हो तो वंश नाशक योग होता है। अतः जातक के संतान नहीं होती।

792. पितृत्वहीन योग–लग्न में मंगल, आठवें भाव में शनि और पांचवें भाव में सूर्य हो तो पितृत्वहीन योग होता है। इस योग के जातक के संतान नहीं होती।

793. संतान विलंब योग–लग्नेश, पंचमेश और नवमेश तीनों ग्रह शुभग्रह से युत होकर छठे, आठवें, बारहवें भाव में हों तो जातक को विलंब से संतान प्राप्त होगी।

794. संतान विलंब योग–दसवें भाव में सभी शुभ ग्रह और पांचवें भाव में सभी पाप ग्रह हों तो जातक को विलंब से संतान होगी।

795. त्रिशूल योग–पाप ग्रह अथवा गुरु चौथे या पांचवें भाव में हो और चंद्रमा आठवें भाव में हो तो जातक को तीस वर्ष की आयु में संतान होगी।

796. त्रिंश संतान विलंब योग–पाप ग्रह की राशि लग्न में पाप ग्रह युक्त हो, सूर्य निर्बल हो और मंगल सम राशि 2/4/6/8/10/12 में हो तो जातक के तीस वर्ष की आयु के पश्चात संतान होगी।

797. षष्ठी संतान विलंब योग–कर्क राशि में गया हुआ चंद्रमा पाप ग्रह से युक्त व दृष्ट हो और सूर्य को शनि देखता हो तो जातक के 60 वर्ष की आयु में पुत्र की प्राप्ति होगी। ग्यारहवें भाव में राहु हो तो वृद्धावस्था में पुत्र होता है।

798. त्रिपुंड योग–पांचवें भाव में गुरु हो और पंचमेश शुक्र से युक्त हो तो जातक के 32 या 33 वें वर्ष में संतान होती है।

799. त्रिनेत्र योग–पंचमेश व गुरु 1/4/7/10वें भाव में हो तो जातक के 36 वर्ष की आयु में संतान होगी।

800. वृद्धासुख योग–नौवें भाव में गुरु हो और गुरु से नौवें भाव में शुक्र लग्नेश से युत हो तो जातक की 40 वर्ष की आयु में पुत्र उत्पन्न होता है।

801. संतान अभाव योग–स्त्री की कुंडली में सूर्य लग्न में और शनि सातवें स्थान में हो। सूर्य और शनि सातवें स्थान में हों। चंद्रमा दसवें भाव में हो तथा बृहस्पति से दोनों ग्रह अदृष्ट हों। षष्ठेश, रवि और शनि ये तीनों ग्रह छठे भाव में हों और चंद्रमा सातवें स्थान में हो तथा बुध से अदृष्ट हो। शनि और मंगल छठे और चौथे स्थान में हों। छठे, आठवें, बारहवें भावों के स्वामी पांचवें भाव में हों या पंचमेश तीसरे, आठवें, बारहवें भावों में हो। पंचमेष नीच या अस्तंगत हो। चौथे, आठवें, दसवें, बारहवें भाव का बृहस्पति पांचवें स्थान में हो। तृतीयेश 1/3/5वें भावों में से किसी एक भाव में हो तथा शुभग्रह से युत और दृष्ट न हो तो संतान योग का अभाव होता है।

802. एकपुत्र योग–पंचमेश केंद्र या त्रिकोण में हो तो एकपुत्र योग होता है। इस योग में जातक के केवल एक पुत्र या पुत्री होगी।

803. सत्पुत्र योग–पंचमेश बृहस्पति हो और सूर्य अनुकूल भाव में हो तो यह योग होता है। जातक के योग्य संतान होगी।

804. कालानिर्देसत् पुत्र योग–राहु पंचम भाव में हो, पंचम भाव में पाप ग्रह हो और बृहस्पति दुर्बल हो तो यह योग होता है। जातक की उम्र के बत्तीसवें और चालीसवें वर्ष में संतान हानि हो सकती है।

805. संतान संख्या योग–पांचवें भाव में जितने ग्रह हों और इस स्थान पर जितने ग्रहों की दृष्टि हो उतनी संख्या संतान की समझनी चाहिए। पुरुष ग्रहों के योग और दृष्टि से पुत्र और स्त्री ग्रहों के योग और दृष्टि से कन्या संख्या का अनुमान करना चाहिए। तुला तथा वृष राशि का चंद्रमा पांचवें या नौवें भाव में हो तो एक पुत्र होता है। पांचवें भाव में राहु या केतु हो तो एक पुत्र होता है।

806. आदित्य संतान योग–पांचवें भाव में सूर्य शुभग्रह से दृष्ट हो तो तीन पुत्र होते हैं।

807. संतान किरण योग–पंचमेश की किरण संख्या के समान संतान संख्या जाननी चाहिए। किरण संख्या– सूर्य उच्च राशि का हो तो 10, चंद्र हो तो 9, मंगल हो तो 5, बुध हो तो 5, गुरु हो तो 7 और शनि हो तो 5 किरणें होती हैं।

808. पंच पुत्रा योग–कुंभ राशि का शनि पांचवें भाव में हो तो जातक के पांच पुत्र होते हैं।

809. रौद्रांतक संतान योग–मकर राशि में 6 अंश 40 कला के भीतर का शनि हो तो जातक के 3 पुत्र होते हैं।

810. गुरु आशीष संतानयोग–पांचवें भाव में मंगल हो तो जातक के 3 पुत्र होते हैं। गुरु हो तो 5 पुत्र, सूर्य और मंगल दोनों हों तो 4 पुत्र, सूर्य और गुरु हों तो 6 संतानें, मंगल और गुरु हों तो 8 संतानें एवं सूर्य, मंगल और गुरु हों तो 9 संतानें होती हैं। पांचवें भाव में चंद्रमा हो तो 3 कन्याएं, शुक्र हो तो 5 कन्याएं और शनि हो तो 7 कन्याएं होती हैं। आधुनिक युग में बंध्याकरण ऑपरेशन या गर्भपात के कारण संख्या कम हो सकती हैं।

811. काकबंध्या योग–पंचमेश नीच का होकर शनि से युत हो तो काकबंध्या योग होता है। अतः जातक के संतान नहीं होती।

812. बंध्या योग–पंचमेश नीच का होकर छठे, आठवें, बारहवें भाव में हो व पापग्रह से युत हो तो काकबंध्या योग होता है। जातक संतानहीन होता है।

813. बुद्धमातुर्य योग–पंचमेश शुभ ग्रह होए शुभ ग्रह से दृष्ट हो या शुभ राशि में स्थित हो तो यह योग होता है। जातक अत्यंत बुद्धिमान एवं सच्चरित्र होता है।

814. तीव्रबुद्धि योग–नवमांश राशि को स्वामी जिसमें पंचम भाव का शुभ स्वामी बैठा हो जो शुभ ग्रहों से दृष्ट हो तो यह योग होता है। जातक अविश्वसनीय बुद्धिमान होता है।

815. बुद्ध जड़ योग–लग्नेश पापग्रह से युत या दृष्ट हो शनि पंचम भाव और लग्नेश से दृष्ट हो तो यह योग होता है। जातक जड़ बुद्धि होता है या ज्ञान की कमी होती है।

816. त्रिकालग्न योग–बृहस्पति मृदुमांष में हो अपनी नवमांश राशि में हो या गोपुरांश हो जबकि शुभ ग्रह से दुष्ट हो तो यह योग होता है। जातक भूत, वर्तमान एवं भविश्य तीनों कालों का ज्ञाता होता है।

817. जारा योग–दशमेश यदि दशम् स्थान पर द्वितीयेश और सप्तमेश के साथ हो तो यह योग होता है। जातक के विपरीत लिंग के कई लोगों के साथ विवाहेतर संबंध होते हैं।

818. जारज पुत्र योग–पंचमेश और सप्तमेश बली हों, षष्टमेश से युत हो और शुभ ग्रहों से दृष्ट हो तो यह योग होता है। जातक अप्रजायी होगा लेकिन उसकी पत्नी के अन्य पुरुष से संतान होगी।

819. परपुरुष पुत्र योग—पंचमेश और सप्तमेश बली हों, षष्टमेश से युत हो और शुभ ग्रहों से दृष्ट हो तो यह योग होता है। जातक अप्रजायी होगा, लेकिन उसकी पत्नी के अन्य पुरुष से संतान होगी।

820. जप समाधि योग—दशमेश यदि नवम भाव में हो बली हो या शुभ ग्रहों के साथ हो तो यह योग होता है। जातक जप ध्यान एवं समाधि में रत रहेगा।

821. ध्यान समाधि योग—नवमांश राशि का स्वामी बली दशमेश के साथ हो तथा नवमेश एवं दशमेश के बीच आपसी संबंध हो तो यह योग होता है। जातक जप, ध्यान और समाधि में रत रहेगा।

822. आजप्पा समाधि योग—नवमांश राशि का स्वामी बली दशमेश के साथ हो तथा नवमेश एवं दशमेश के बीच आपसी संबंध हो तो यह योग होता है। जातक जप, ध्यान और समाधि में रत रहेगा।

823. समाधि योग—दशमेश या नवमेश देवलोकमांश या पर्वतामांश में हो तो यह योग होता है। जातक सर्वोच्च शक्ति से अपना तादात्म्य स्थापित कर लेगा।

824. तंद्रासन समाधि योग—नवमेश या दशमेश देवलोकमांश या पर्वतामांश में शुभ ग्रहों से दृष्ट हो तो यह योग होता है। जातक सर्वोच्च शक्ति से अपना संबंध स्थापित कर लेगा।

825. बहुस्त्री योग—लग्नेश और सप्तमेश साथ हो या आपस में एक दूसरे से दृष्ट हों तो यह योग होता है। जातक के कई पति/पत्नी होंगें।

826. सत्कलत्र योग—सप्तमेश या शुक्र, बृहस्पति या बुध से युत हों या दृष्ट हों तो यह योग होता है। जातक का जीवन साथी (पत्नी) कुलीन और नैतिक चरित्र वाला होता है।

827. आसक्त योग—सप्तमेश चतुर्थ भाव में शुक्र से युत हो तो यह योग होता है। जातक हस्तमैथुन, दुराचार तथा विवाहित स्त्रियों में अत्यधिक आसक्त रहेगा तथा अपने अपमान का कारण भी बनेगा।

828. कामुक योग—लग्नेश राशि अथवा नवमांश में दुर्बल हो तो यह योग होता है। जातक विपरीत यौन, वेश्यागमन, परस्त्रीगमन, हस्तमैथुन तथा विचित्र यौन क्रियाओं में आसक्त रहेगा।

829. भाग्य योग—लग्न, तृतीय भाव या पंचम भाव में बली और शुभ ग्रह हो और नवम् भाव को देखे तो यह योग होता है। जातक अत्यधिक भाग्य संपदा और आनंद का उपभोग करता है।

830. जननात्पूर्वम् पितृ मरण योग—सूर्य दुःस्थान पर छठे, आठवें और बारहवें भाव में हो, जबकि बारहवें भाव का स्वामी लग्न में हो तथा षष्टमेश पांचवें भाव में हो तो यह योग होता है। जातक जब संसार में आता है (शायद शल्य क्रिया द्वारा) तब उसकी मां का या पिता का निधन हो चुका होता है।

831. जननात्पूर्वम् मातृ मरण योग—चंद्र यदि दुःस्थान छठे, आठवें या बारहवें भाव में हो, जबकि अष्टमेश नौवें स्थान पर हो और द्वादशेश लग्न में हो तथा षष्टमेश पांचवें

स्थान पर स्थित हो तो यह योग होता है। जातक के संसार में आते ही उसकी मां का निधन होगा।

832. **सत्कीर्ति योग**—दशमेश शुभ ग्रह हो उच्च राशि में, स्वक्षेत्री या मित्र राशि में हो तथा शुभ षष्टिमांश में हो तो यह योग होता है। जातक कीर्तिवान होता है।

833. **प्रसिद्धि योग**—दशमेश शुभ ग्रह हो देवलोकमांश में हो और सूर्य के नवमांश में हो तथा पूर्ण बली हो तो यह योग होता है। जातक को जीवन काल में प्रसिद्धि मिलती है।

834. **धातृत्व योग**—नवमेश उच्च राशि का हो शुभ ग्रह से दृष्ट हो तो नवम भाव में शुभ ग्रह हो तो यह योग होता है। जातक अपनी अति उदारता के कारण पहचाना जाएगा।

835. **अपकीर्ति योग**—दशम भाव में सूर्य और शनि हों जो कि पाप क्षेत्र हों या पापग्रहों से दृष्ट हो तो यह योग होता है। जातक कुख्यात होगा या खराब छवि वाला होगा।

836. **अरिष्ट योग**—लग्नेश यदि षष्टमेश, अष्टमेश या द्वादशेश के साथ हो या एक दूसरे से दृष्ट हो तो यह योग होता है। यदि द्वितीयेश और सप्तमेश का दखल हो तो इसका प्रभाव और अधिक गंभीर हो जाता है। जातक का स्वास्थ्य खराब रहेगा।

837. **स्वास्थ्य अरिष्ट योग**—यदि षष्टमेश अष्टमेश या द्वादशेश के साथ हो या आपस में ,क दूसरे से दृष्ट हो तो यह योग होता है। यदि द्वितीयेश और सप्तमेश का दखल हो तो इसका प्रभाव और अधिक गंभीर हो जाता है। जातक का स्वास्थ्य खराब रहेगा।

838. **अरिष्ट रोग योग**—अष्टमेश द्वादशेश से युत हो या आपस में एक दूसरे से दृष्ट हो तो यह योग होता है। द्वितीयेश और सप्तमेश का दखल हो तो प्रभाव और अधि ाक गंभीर हो जाता है। जातक का स्वास्थ्य खराब रहेगा।

839. **अरिष्ट गलकर्ण योग**—मांदी और राहु तृतीय भाव में हो तो यह योग होता है। जातक कर्ण के रोगों से ग्रस्त रहेगा।

840. **अरिष्ट व्रण योग**—षष्टमेश यदि पापग्रह हो और लग्न में स्थित हो, अष्टम भाव में स्थित हो या दशम भाव में स्थित हो तो यह योग होता है। इस योग के कारण जातक अल्सर, ट्यूमर या कैंसर से ग्रस्त रह सकता है।

841. **अरिष्ट शिश्नव्याधि योग**—लग्न में बुध हो, षष्टमेश से युत हो या अष्टमेश से युत हो तो यह योग होता है। जातक असुरक्षित असाध्य रति रोगों से ग्रस्त रहेगा।

842. **अरिष्ट शिश्नव्याधि योग**—लग्न में बुध हो शुक्र से युत हो या किसी एक दुःस्थान का स्वामी हो या किसी दुःस्थान के स्वामी छठे, आठवें, बारहवें भाव से दृष्ट हो तो यह योग होता है। जातक असुरक्षित असाध्य रति रोगों जैसे एड्स से ग्रस्त रहेगा।

843. **अरिष्ट कलात्रशंदा योग**—सप्तमेश, छठे भाव में शुक्र से युत हो तो यह योग होता है। जातक का जीवन साथी अप्रजायीध्बंध्या होगा।

844. **अरिष्ट कुष्ठ रोग योग**—लग्नेश यदि मंगल से युत हो, बुध चतुर्थ भाव में या द्वादश भाव में हो तो यह योग होता है। जातक को कुष्ठ रोग होगा।

845. **अरिष्ट कुष्ठ रोग योग**—बृहस्पति छठे स्थान पर हो शनि और चंद्र से युत हो तो यह योग होता है। जातक को कुष्ठ रोग होगा।

846. अरिष्ट क्षय रोग योग—लग्नेश आठवें स्थान में हो जबकि मांदी केंद्र में हो और राहु छठे स्थान पर हो तो यह योग होता है। जातक को क्षय रोग हो सकता है।

847. अरिष्ट बंधन योग—लग्नेश षष्टमेश के साथ और शनि, राहु या केतु से युत केंद्र अथवा त्रिकोण में हों तो यह योग होता है। जातक को कैद या बंधक बनने का खतरा उत्पन्न हो सकता है।

848. अरिष्ट करच्छेद योग—शनि और बृहस्पति यदि नौवें या पांचवें भाव में हो तो यह योग होता है। जातक को हाथ कटने का खतरा हो सकता है।

849. अरिष्ट सिरच्छेद योग—षष्टमेश यदि शुक्र से युत हो और शनि या सूर्य, राहु से युत, पाप षष्टिमांश में हो तो यह योग होता है। जातक की मृत्यु उसका सिर कटने से हो सकती है।

850. अरिष्ट दुर्मरण योग—चंद्र यदि लग्नेश से दृष्ट हो और दुःस्थान छठे, आठवें, बारहवें भाव में हो, शनि, मांदी या राहु के साथ हो तो यह योग होता है। जातक की मृत्यु अस्वाभाविक कारणों से होगी।

851. अरिष्ट युद्ध मरण योग—षष्टमेश मंगल या अष्टमेश मंगल तृतीयेश से युत हो और राहु शनि या मांदी पाप प्रभाग में हो तो यह योग होता है। जातक युद्ध स्थल पर मारा जाता है।

852. अरिष्ट संघटक मरण योग—सूर्य, राहु और शनि बुरे प्रभाग में और अष्टमेश से दृष्ट हो तो अरिष्ट संघटक मरण योग होता है। जातक सामूहिक मौत में मारा जायेगा। प्राकृतिक आपदा या सामूहिक दुर्घटना में मौत होगी।

853. अरिष्ट पिनासा रोग योग—छठे भाव में चंद्र हो तो आठवें भाव में शनि हो और द्वादश भाव में पापग्रह हो और लग्नेश अशुभ नवमांश में हो तो यह योग होता है। बुध का पीड़ित होना इस योग के बल में वृद्धि करता है। जातक नासिका रोगों से असुरक्षित रहेगा।

854. अरिष्ट रोग योग—छठे भाव में सूर्य हो, पापग्रह से युत हो और दूसरे किसी पाप ग्रह से दृष्ट हो तो अरिष्ट पित्त रोग योग होता है। जातक को पित्त विकार या पित्त असंतुलन रहेगा। यदि पित्त की अधिकता हो तो सामान्य से अधिक शरीर का ताप, अल्सर, यकृत या हृदय रोग, त्वचा या नेत्र विकार हो सकता है। यदि पित्त की कमी हो तो पाचन संबंधी विकार और सर्दी से उत्पन्न विकार हो सकता है।

855. अरिष्ट पित्त रोग योग—बली सूर्य और मंगल चौथे भाव में स्थित हो तो अरिष्ट पित्त रोग योग होता है। जातक पित्त की अधिकता या पित्त के असंतुलन से पीड़ित होगा।

856. अरिष्ट विकलांग पत्नी योग—शुक्र और सूर्य पांचवें, सातवें या नौवें भाव में बुरे प्रभाग में हो या पाप ग्रह से दृष्ट हो तो यह योग होता है। जातक के जीवन साथी के अंग विकृत हो सकते हैं।

857. अरिष्ट पुत्रकलत्रहीना योग—चंद्र क्षय हो, पांचवें स्थान में हो और पाप ग्रह लग्न में, सातवें भाव में और बारहवें भाव में हो तो यह योग होता है। जातक को संतान और पारिवारिक जीवन से वंचित होने का संकट उत्पन्न होगा।

858. अरिष्ट भार्यासह व्यभिचार्या योग—शुक्र, शनि और मंगल सातवें स्थान में एक साथ हों तो यह योग होता है। जातक और उसका जीवन साथी दोनों ही व्यभिचारी होते हैं।

859. अरिष्ट वामशद्धेद योग—चंद्र दसवें भाव में हो, शुक्र सातवें भाव में हो और एक पाप ग्रह चौथे भाव में हो तो यह योग होता है। जातक अपनी वंशावली में अंतिम हो सकता है।

860. वंशावली नाशक योग—पाप ग्रह लग्न, पांचवें, आठवें और बारहवें भाव में हो तो यह योग होता है। जातक अपनी वंशावली में अंतिम हो सकता है।

861. कुलदीपक नाशक योग—बुध और शुक्र सातवें भाव में हो बृहस्पति पांचवें भाव हो और पापग्रह चौथे भाव में हो तो यह योग होता है। जातक अपनी वंशावली में अंतिम हो सकता है।

862. दीपक नाशक योग—चंद्र पांचवें भाव में और पापग्रह लग्न अष्टम और द्वादश भाव में हो तो यह योग होता है। जातक अपनी वंशावली में अंतिम हो सकता है।

863. अरिष्ट गुह्यरोग योग—चंद्र पाप ग्रह से युत कर्क या वृश्चिक राशि के नवमांश में हो तो यह योग होता है। जातक जननांग रोगों से असुरक्षित हो सकता है।

864. अरिष्ट अंगहीना योग—चंद्र दसवें भाव में हो, मंगल सातवें भाव में हो और शनि आठवें स्थान पर हो तो यह योग होता है। जातक का कोई अंग भंग हो सकता है।

865. अरिष्ट श्वेतकुष्ठरोग योग—मंगल दूसरे भाव में हो, शनि बारहवें भाव में हो, चंद्र लग्न में हो और सूर्य सातवें भाव में स्थित हो तो यह योग होता है। इस योग में जातक कुष्ठ रोग से ग्रसित हो सकता है।

866. अरिष्ट पिशाचग्रस्थ योग—राहु चंद्र के साथ लग्न में हो और पाप ग्रह त्रिकोण में हो तो यह योग होता है। यदि शनि भी लग्न में हो या लग्न को देखे तो यह योग और बली होता है। जातक पिशाच के वश में या पिशाच के प्रभाव से असुरक्षित रहता है।

867. अरिष्ट अंध योग—राहु सूर्य के साथ लग्न में हो और पापग्रह त्रिकोण में स्थित हों तो अरिष्ट अंध योग होता है। जातक पूर्ण जन्मांध होगा।

868. अरिष्ट अंध योग—द्वितीयेश सूर्य और शुक्र लग्नेश के साथ छठे, आठवें या बारहवें भाव में हो तो यह योग होता है। जातक पूरी तरह जन्मांध होगा।

869. अरिष्ट वात योग—बृहस्पति लग्न में और शनि सातवें भाव में हो तो यह योग होता है। जातक वात (वायु) असंतुलन से असुरक्षित रहेगा। यह अधिकता विश्रांतिहीन, अनिद्रा, कब्ज, शरीर में द्रव की कमी, सर्दी और निराशा के बीच रह सकता है।

870. अरिष्ट मतिभ्रम योग—गुरु लग्न में हो और मंगल सातवें भाव में हो तो यह योग होता है। जातक मानसिक असंतुलन के विकसित होने से असुरक्षित रहता है।

871. इंद्र मतिभ्रम योग—शनि लग्न में हो और मंगल नौवें, पांचवें या सातवें भाव में हो तो अरिष्ट मतिभ्रम योग होता है। जातक मानसिक संतुलन के विकसित होने से असुरक्षित रहता है।

872. हनु अरिष्ट मतिभ्रम योग—शनि लग्न में हो और सूर्य बारहवें भाव में और चंद्र या मंगल त्रिकोण भाव में हो तो यह योग होता है। जातक को मानसिक असंतुलन, वाणी में दोष और स्वभाव में नटखटपन का विकार हो सकता है।

873. भरत मतिभ्रम योग—शनि बारहवें भाव में हो चंद्र से युत हो जो कि दुर्बल या क्षीण हो तो यह योग होता है। जातक मनोविकार से ग्रस्त हो सकता है।

874. कैकयी मतिभ्रम योग—चंद्र और बुध केंद्र में हों किसी अन्य ग्रह से युत या दृष्ट हों तो यह योग होता है। जातक मानसिक असंतुलन से ग्रस्त हो सकता है।

875. दशरथ मतिभ्रम योग—क्षीण चंद्र अनिष्ट नवमांश में केंद्र में हो जबकि बुध पापग्रहों से युत हो तो यह योग होता है। जातक मानसिक असंतुलन से ग्रसित रह सकता है।

876. रावण मतिभ्रम योग—चंद्र, दुर्बल शनि के साथ आठवें भाव में हो तो यह योग होता है। जातक मानसिक असंतुलन से ग्रस्त हो सकता है।

877. कुंभकर्ण मतिभ्रम योग—चंद्र मंगल से युत हो, राहु और शनि किसी दुःस्थान छठे, आठवें, बारहवें भाव में हों तो यह योग होता है। जातक मानसिक असंतुलन से ग्रसित हो सकता है।

878. त्रेता मतिभ्रम योग—चंद्र दुर्बल और क्षीण हो, आठवें भाव में हो, राहु से युत हो और पापग्रहों से दृष्ट हो तो यह योग होता है। जातक मानसिक असंतुलन से ग्रस्त हो सकता है।

879. मेघनाद मतिभ्रम योग—चंद्र और बुध केंद्र में हो दोनों पापग्रहों से युत या दृष्ट हो तो यह योग होता है। जातक मानसिक असंतुलन का मरीज हो सकता है।

880. सूर्पनखा मतिभ्रम योग—चंद्र और बुध केंद्र में हो और लाभ नवमांश में नहीं हो तो यह योग होता है। जातक मानसिक असंतुलन से ग्रस्त हो सकता है।

881. सुग्रीव मतिभ्रम योग—षष्टमेश पापग्रहों से दृष्ट या युत हो, छठे भाव में पापग्रह स्थित हों या छठा भाव पापग्रह से दृष्ट हो, बुध व चंद्र दुःस्थान पर हो या पापग्रहों से दृष्ट हों तो यह योग होता है। जातक मानसिक असंतुलन से ग्रस्त रहेगा।

882. बाली मतिभ्रम योग—चंद्र बारहवें भाव में राहु से युत हो, जबकि शुभ ग्रह आठवें भाव में हो तो यह योग होता है। जातक मनोरोग से ग्रस्त और पूर्णतः क्रोधी और लड़ाई का शौकीन होगा।

883. सुरसा मतिभ्रम योग—चंद्र और राहु लग्न में साथ हों, पापग्रह त्रिकोण में हो तो यह योग होता है। जातक मानसिक असंतुलन का रोगी हो सकता है।

884. भीम मतिभ्रम योग—बुध निर्बल हो और पापग्रह से युत होकर तीसरे, छठे, आठवें या बारहवें भाव में हो तो भीम मतिभ्रम योग होता है। जातक मानसिक असंतुलन से ग्रस्त रहेगा।

885. राक्षस मतिभ्रम योग—सूर्य लग्न में हो एवं मंगल और शनि सातवें भाव में हो तो यह योग होता है। जातक मानसिक असंतुलन का रोगी हो सकता है।

886. अरिष्ट हर्षमोहा योग—चंद्र मंगल और शनि के साथ आठवें भाव में हो तो यह योग होता है। जातक हिस्टीरिया के रोग का शिकार हो सकता है।

887. विचलित योग—सूर्य चंद्र और मंगल आठवें भाव में हो और पापग्रह से दृष्ट हो तो यह योग होता है। जातक हिस्टीरिया रोग से ग्रसित होगा।

888. अति विचलित योग—सूर्य चंद्र और मंगल लग्न में हों, किसी पापग्रह से दृष्ट हों तो यह योग होता है। जातक हिस्टीरिया से ग्रसित होगा।

889. कामारिष्ट योग—चंद्र और बुध केंद्र में हों, पापग्रह से दृष्ट हों और पापग्रह आठवें भाव में स्थित हो तो यह योग होता है। जातक हिस्टीरिया रोग से असुरक्षित होता है।

890. बलहीन अरिष्ट योग—मंगल और शनि की युति छठे या आठवें भाव में हो और बृहस्पति लग्न या त्रिकोण में हो तो यह योग होता है। जातक हिस्टीरिया से असुरक्षित होता है।

891. हर्षमोहा योग—चंद्र राहु या शनि से युत और बुध दुर्बल या पीड़ित हो तो यह योग होता है। जातक हिस्टीरिया से असुरक्षित होता है।

892. अरिष्ट पैशाका योग—चंद्र और बुध केंद्र में हों, किसी अन्य ग्रह से युत न हों और जिस भाव में हो उनके स्वामी द्वारा दृष्ट न हों तो यह योग होता है। जातक मानसिक असंतुलन का शिकार हो सकता है।

893. अरिष्ट महाग्रद योग—केंद्र में शुक्र और चंद्र की युति हो और पापग्रह आठवें और पांचवें भाव में हो तो यह योग होता है। जातक मिर्गी का शिकार हो सकता है।

894. विध्वंसक योग—पापग्रह त्रिकोण में हों, सूर्य और मंगल प्रतिकूल स्थान पर हों, शनि और राहु आठवें भाव में हो तो यह योग होता है। जातक मिर्गी का शिकार हो सकता है।

895. अरिष्ट खलवात योग—लग्न धनु राशि या वृष राशि का हो या कि पाप राशि का हो और पापग्रहों से दृष्ट हो तो अरिष्ट खलवात योग होता है। जातक के बालों का क्षय होगा और गंजा हो जाएगा।

896. अरिष्ट निष्ठुर भाषी योग—चंद्र शनि से युत हो तो यह योग होता है। जातक की वाणी कर्कश होगी।

897. अरिष्ट राजभ्रष्ट योग—अरुण लग्नेश अरुण द्वादश (उपपाद) से युत हो तो यह योग होता है। जातक को ऊँचाई से गिरने का खतरा होता है।

898. राजयोग भंग—लग्न सिंह हो, शनि उच्च का हो, जबकि दुर्बल नवमांश राशि या शुभ ग्रहों से दृष्ट हो, तो यह योग होता है। जातक को उच्च सामाजिक प्रतिष्ठा और भाग्य खो जाने का संकट होता है।

899. राजनाशक योग—सूर्य तुला राशि के दसवें अंश में हो और पापग्रह से दृष्ट हो तो यह योग होता है। जातक को भाग्य, उच्च सामाजिक प्रतिष्ठा और जन्म कुंडली के अनेक योगों को खोने का संकट उत्पन्न होता है।

900. गोहंता योग—पापग्रह बिना किसी शुभ ग्रह की दृष्टि के केंद्र में हो और बृहस्पति आठवें स्थान पर हो तो यह योग होता है। जातक कसाई के रूप में अपने रोजगार का चुनाव करता है।

901. **सुदामा योग**—लग्नेश और द्वादशेश एक दूसरे के भाव में हों और मारकेश किसी एक से या दोनों से प्रभावित या दृष्ट हो तो यह योग होता है। जातक गरीबी, कंजूसी और खराब स्वास्थ्य का शिकार रहता है।

902. **शबरी योग**—लग्नेश और षष्टमेश एक दूसरे के भाव में हों और मारकेश किसी एक या दोनों से प्रभावित हो तो यह योग होता है। जातक गरीब और खराब स्वास्थ्य वाला होगा।

903. **मारक निर्धन योग**—लग्न या चंद्र केतु से पीड़ित हों और लग्नेश आठवें भाव में हो, मारक से पीड़ित हो तो यह योग होता है। जातक गरीबी, कंजूसी और खराब सेहत से परेशान हो सकता है।

904. **भाग्यनाशक योग**—लग्नेश पापग्रह से युत हो, दुःस्थान में हो और द्वितीयेश निर्बल हो या छठे भाव में हो तो यह योग होता है। इस योग के प्रभाव से जातक संपन्न घर में जन्म लेता है, परंतु दरिद्रता भोगता है।

905. **कंटक योग**—लग्नेश यदि दुःस्थान के स्वामी से युत हो शनि के साथ हो और किसी शुभ ग्रह से दृष्ट न हो तो यह योग होता है। जातक गरीबी और खराब सेहत का शिकार हो सकता है।

906. **जटिल योग**—पंचमेश छठे भाव में हों और नवमेश बारहवें भाव में मारक के प्रभाव में हो तो जटिल योग होता है। जातक गरीबी और खराब स्वास्थ्य से पीड़ित रहता है।

907. **पापग्रह योग**—नवमेश एवं दशमेश के अलावा पापग्रह लग्न में मारक ग्रहों के प्रभाव में हो तो दरिद्र योग होता है। जातक गरीबी, कंजूसी और खराब स्वास्थ्य से पीड़ित रहता है।

908. **दुःस्थान योग**—जिन भावों में दुःस्थान के स्वामी बैठें हों, उन भावों के स्वामी भी स्वयं दुःस्थान में बैठे हों और पापग्रहों से दृष्ट हों या युत हो तो यह योग होता है। जातक गरीबी, कंजूसी और खराब स्वास्थ्य से पीड़ित रहता है।

909. **श्वेत दरिद्र योग**—नवमांश का स्वामी चंद्र मारक ग्रह से युत या मारक भाव में स्थित हो तो यह योग होता है। जातक गरीबी, कंजूसी और खराब स्वास्थ्य से पीड़ित होता है ।

910. **भयभीत दरिद्र योग**—लग्नेश और इसके नवमांश का स्वामी या नवमांश लग्न का स्वामी दुःस्थान पर हों और मारक ग्रह से दृष्ट या युत हो तो भयभीत दरिद्र योग होता है। जातक गरीबी, कंजूसी और खराब स्वास्थ्य से पीड़ित रहता है।

911. **विलोम योग**—शुभ ग्रह पाप भावों में स्थित हों और पाप ग्रह शुभ भावों में स्थित हों तो यह योग होता है। जातक गरीबी, कंजूसी और खराब स्वास्थ्य से पीड़ित हो सकता है।

912. **एकाकी दरिद्र योग**—जो ग्रह छठे, आठवें, बारहवें के स्वामी से युक्त हों और मारक दूसरे व सातवें भी साथ हो पांचवें और नौवें भाव के प्रभाव से एकाकी हो तो यह योग होता है। जातक गरीबी, कंजूसी और खराब स्वास्थ्य से पीड़ित रहेगा है।

913. आत्मकारक दरिद्र योग—आत्मकारक या लग्न से आठवें या बारहवें, लग्नेश और आत्मकारक नवमांश के स्वामी से दृष्ट हों तो यह योग होता है। जातक गरीबी और खराब स्वास्थ्य से पीड़ित रहेगा।

914. लग्नेश दृष्ट दरिद्र योग—आत्मकारक से बारहवें भाव आत्मकारक के नवमांश के स्वामी से दृष्ट या लग्न से द्वादश भाव लग्नेश से दृष्ट हो तो यह योग होता है। जातक गरीबी, कंजूसी और खराब स्वास्थ्य से पीड़ित हो सकता है।

915. परिवार योग—मंगल और शनि दूसरे भाव में हो और बुध से दृष्ट नहीं हो तो यह योग होता है। जातक गरीबी, कंजूसी और खराब सेहत से पीड़ित होता है।

916. पिता पुत्र दरिद्र योग—सूर्य दूसरे भाव में हो और शनि से दृष्ट हो या शनि दूसरे भाव में हो और सूर्य से दृष्ट हो तो यह योग होता है। जातक खराब स्वास्थ्य और गरीबी से पीड़ित हो सकता है।

917. चक्रव्यूह दरिद्र योग—नवमांश (या अन्य वर्ग) में सातों ग्रह स्वाभाविक क्रम के विपरीत क्रम में इस प्रकार हों कि शुक्र शनि से द्वितीय स्थान पर, बृहस्पति शुक्र से द्वितीय स्थान पर, बुध बृहस्पति से द्वितीय स्थान पर, मंगल बुध से द्वितीय स्थान पर, चंद्र मंगल से द्वितीय स्थान पर, सूर्य चंद्र से दूसरे स्थान पर स्थित हों तो जातक गरीबी से पीड़ित होता है।

918. दिशाहीन योग—सभी ग्रह या तो दुर्बल अथवा शत्रु क्षेत्री भाव में नवमांश में हों चाहे वे उच्च राशि के हों तो भी यह योग होता है। जातक गरीबी और खराब स्वास्थ्य से पीड़ित हो सकता है।

919. बंधक योग—लग्न में चंद्र केतु से पीड़ित हो तो यह योग होता है। जातक गरीबी, कृपणता और खराब सेहत से पीड़ित हो सकता है।

920. शीतोष्ण योग—चंद्र और सूर्य एक राशि में हों और एक दूसरे के नवमांश में हों तो यह योग होता है। जातक गरीबी, कृपणता और खराब सेहत से पीड़ित हो सकता है।

921. व्यभिचार योग—ग्यारहवें भाव का स्वामी दुःस्थान छठे, आठवें, बारहवें भाव में हों तो दरिद्र योग होता है। जातक अत्यधिक ऋण लेता है। गरीबी से पीड़ित होता है, श्रवणेंद्रिय में विकार से ग्रस्त होता है, तुच्छ मानसिकता का होता है और पापकर्मों में लिप्त रहता है।

922. युक्ति समन्विथवाग्मि योग—द्वितीयेश शुभ ग्रह से युत केंद्र या त्रिकोण में या उच्च राशि में बृहस्पति से युत हो तो यह योग होता है। जातक मेधावी और चतुर वक्ता होता है।

923. मेधावी योग—वाणी का स्वामी बुध केंद्र में स्थित हो परमोच्च और पर्वतांश और बृहस्पति या शुक्र सिंहासनांश में हों तो यह योग होता है। जातक मेधावी और अच्छा वक्ता होता है।

924. चांडाल योग—शुक्र, चंद्र और बुध केंद्र में साथ हों और राहु लग्न में हों तो चांडाल योग होता है। जातक अपनी जन्म की जाति से संबंधित कर्तव्यों का पालन कर पाने से वंचित रहता है।

925. शक्तिसंपन्न योग–जन्म के समय शुक्र के नवांश से रहित सिंह का सूर्य लग्न में हो, कन्या राशि में बुध स्थित हो जातक अत्यंत शक्तिशाली होता है। यह योग भाद्रपद मास में उत्पन्न व्यक्तियों में विशेष रूप से घटित होता है।

926. उच्चपदा योग–चौथे, सातवें, दसवें भाव में पूर्ण बली चंद्र हो इस पर गुरु व शुक्र की दृष्टि हो तो जातक उच्च सरकारी पद प्राप्त करता है।

927. महापरिवर्तन योग–लग्नेश यदि द्वितीयेश से भाव विनिमय करता है या चतुर्थेश या पंचमेश या सप्तमेश या नवमेश या दशमेश या एकादशमेश लग्नेश से भाव बदलते हैं (एक दूसरे के भाव में हों) तो महापरिवर्तन योग होता है। इस योग से जातक को संपदा, प्रतिष्ठा और भौतिक सुखानुभूति मिलती है साथ ही इसमें जिस भाव का योगदान होता है उसके अनुकूल अच्छे परिणाम मिलते हैं।

928. लक्ष्य परिवर्तन योग–द्वितीयेश, चतुर्थेश या पंचमेश या सप्तमेश या नवमेश या दशमेश से, या एकादशमेश से भाव विनिमय करता है तो यह योग होता है। यह योग संपदा, प्रतिष्ठा और भौतिक सुख दिलवाता है साथ ही जो भाव इससे जुड़ते हैं, उनका लाभ जातक को मिलता है।

929. भौतिक परिवर्तन योग–चतुर्थेश, पंचमेश या सप्तमेश या नवमेश या दशमेश या एकादशमेश से अपना भाव बदलते हैं तो यह योग होता है। यह योग संपदा, प्रतिष्ठा और भौतिक सुख दिलवाता है साथ ही जो भाव इससे जुड़ते हैं, उनका लाभ जातक को मिलता है।

930. प्रतिष्ठा महापरिवर्तन योग–पंचमेश, सप्तमेश या नवमेश दशमेश या एकादशमेश से भाव बदलते हैं तो प्रतिष्ठा महापरिवर्तन योग होता है। यह योग संपदा, प्रतिष्ठा और भौतिक सुख दिलवाता है साथ ही जो भाव इससे जुड़ते हैं, उनका लाभ जातक को मिलता है।

931. मिलन महापरिवर्तन योग–सप्तमेश, नवमेश या दशमेश से, या एकादशमेश से भाव विनिमय करते हैं तो यह योग होता है। यह योग संपदा, प्रतिष्ठा और भौतिक सुख दिलवाता है साथ ही जो भाव इससे जुड़ते हैं, उनका लाभ जातक को मिलता है।

932. पैतृक महापरिवर्तन योग–नवमेश यदि दशमेश या एकादशमेश से भाव बदलता है तो यह योग होता है। यह योग संपदा, प्रतिष्ठा और भौतिक सुख दिलवाता है साथ ही जो भाव इससे जुड़ते हैं, उनका लाभ जातक को मिलता है।

933. लाभेश महापरिवर्तन योग–दशमेश यदि एकादशमेश से भाव विनिमय करता है तो यह योग होता है। यह योग संपदा, प्रतिष्ठा और भौतिक सुख दिलवाता है साथ ही जो भाव इससे जुड़ते हैं, उनका लाभ जातक को मिलता है।

934. दैन्य परिवर्तन योग–षष्टमेश यदि लग्नेश या द्वितीयेश या तृतीयेश या चतुर्थेश या पंचमेश या सप्तमेश या अष्टमेश या नवमेश या दशमेश से एकादशमेश या द्वादशेश से भाव विनिमय करता है तो यह योग होता है। यह योग दुष्ट स्वभाव, विरोधियों से उत्पन्न संकट और खराब सेहत प्रदान करता है।

935. निकृष्ट परिवर्तन योग–अष्टमेश, लग्नेश या द्वितीयेश या तृतीयेश या चतुर्थेश या पंचमेश या सप्तमेश या नवमेश या दशमेश या एकादशमेश या द्वादशेश से भाव विनिमय करता है तो यह योग होता है। ग्रहों का यह योग दुष्ट स्वभाव, विरोधियों से उत्पन्न संकट और खराब सेहत प्रदान करता है।

936. दैत्य योग–द्वादशेश यदि लग्नेश, द्वितीयेश, तृतीयेश, चतुर्थेश, पंचमेश, सप्तमेश, नवमेश, दशमेश या एकादशमेश से भाव विनिमय करता है तो यह योग होता है। यह योग दुष्ट स्वभाव, खराब सेहत प्रदान करता है।

937. खल परिवर्तन योग–तृतीयेश, लग्नेश, द्वितीयेश या चतुर्थेश या पंचमेश या सप्तमेश या नवमेश या दशमेश या एकादशमेश से भाव विनिमय करता है तो यह योग होता है। यह योग अस्थिर और दुष्ट स्वभाव, अस्थिर भाग्य और अस्थिर प्रकृति प्रदान करता है।

938. बालारिष्ट योग–चंद्र यदि दुःस्थान में स्थित हो और पापग्रह से दृष्ट हो तो यह योग होता है। नवजात शिशु शीघ्र मृत्यु से असुरक्षित होता है (यह भी ध्यान में रखना चाहिए कि यह एक पृथक विचार है, अरिष्ट भंग योग भी इस योग को निरस्त करने हेतु देखना चाहिए।)

939. अतिकष्टकारी योग–कोई शुभ ग्रह वक्री होकर दुःस्थान में हो और पापग्रह से दृष्ट हो तो यह योग होता है। नवजात शिशु को शीघ्र मृत्यु का संकट हो सकता है। यह भी ध्यान रखना चाहिए कि यह एक पृथक संकेत है। अरिष्ट भंग योग भी इस योग को निरस्त करता है।

940. अति बालारिष्ट योग–चंद्र और समस्त पापग्रह केंद्र में हो तो यह योग होता है। नवजात शिशु को मृत्यु का संकट हो सकता है। यह भी ध्यान देने योग्य है कि अरिष्ट भंग योग इस योग को निरस्त करता है।

941. स्वास्थ्य अरिष्ट योग–लग्न में दुर्बल चंद्र और पापग्रह केंद्र और आठवें भाव में हो तो यह योग होता है। नवजात शिशु को मृत्यु का संकट हो सकता है। यह भी ध्यान देने योग्य है कि अरिष्ट भंग योग इस योग को निरस्त करता है।

942. पापग्रह बालारिष्ट योग–चंद्र लग्न में और पापग्रह सप्तम भाव में स्थित हो तो यह योग होता है। नवजात शिशु को आसन्न मृत्यु से संकट हो सकता है। यह भी ध्यान रखना चाहिए कि यह एक पृथक विचार है, इस प्रभाव के निरस्तीकरण हेतु अरिष्ट भंग योग भी देखना चाहिए।

943. पंच बालारिष्ट योग–चंद्र लग्न में हो, शनि बारहवें भाव में हो, सूर्य नौवें भाव में, मंगल आठवें भाव में और बृहस्पति शक्ति से वंचित हो तो यह योग होता है। नवजात शिशु को आसन्न मृत्यु का संकट हो सकता है। यह भी ध्यान रखना चाहिए कि यह एक पृथक विचार है, इस प्रभाव के निरस्तीकरण हेतु अरिष्ट भंग योग भी देखना चाहिए।

944. वर्ज मुष्टि योग–लग्न में कर्क या वृश्चिक राशि हो और सभी शुभ ग्रह चतुर्थ से दशम भाव में और सभी पाप ग्रह दशम से चतुर्थ स्थान पर हों तो यह योग होता

है। नवजात शिशु को आसन्न मृत्यु से संकट हो सकता है। यह भी ध्यान रखना चाहिए कि यह एक पृथक विचार है, इस प्रभाव के निरस्तीकरण हेतु अरिष्ट भंग योग भी देखना चाहिए।

945. **मातृपुत्र अरिष्ट योग**—लग्न और चंद्र यदि शुभ दृष्टि से वंचित हों और पापग्रहों से घिरे हुए हों तो यह योग होता है। नवजात शिशु और उसकी मां का उसके जन्म के समय या जन्म के कुछ समय बाद निधन हो सकता है। यह भी ध्यान रखना चाहिए कि यह एक पृथक विचार है, इस प्रभाव के निरस्तीकरण हेतु अरिष्ट भंग योग भी देखना चाहिए।

946. **संकट बालारिष्ट योग**—मंगल, शनि और सूर्य छठे या आठवें भाव में एक साथ हों तो यह योग होता है। नवजात शिशु के मृत्यु के आसन्न संकट से असुरक्षित होता है। यह भी ध्यान रखना चाहिए, कि यह एक पृथक विचार है, इस प्रभाव के निरस्तीकरण हेतु अरिष्ट भंग योग भी देखना चाहिए।

947. **अरिष्ट भंग योग**—बृहस्पति लग्न में हों और बली हों तो यह योग होता है। यह योग बालारिष्ट योग को जिससे नवजात शिशु को मौत का संकट रहता है, निरस्त या भंग करता है।

948. **कष्ट भंग योग**—बली बुध, बृहस्पति या शुक्र केंद्र में किसी भी भाव में स्थित हों तो कष्ट भंग योग होता है। यह योग बालारिष्ट योग को जो नवजात शिशु भी मौत का संकेत देता है, को भंग करता है।

949. **लग्नेश अरिष्ट भंग योग**—लग्नेश अत्यधिक बली हो, शुभ ग्रह से दृष्ट हो एवं केंद्र में स्थित हों तो यह योग होता है। यह योग बालारिष्ट योग, जो नवजात शिशु की मौत का संकेत देता है, को निरस्त या भंग करता है।

950. **पक्ष अरिष्ट भंग योग**—कृष्ण पक्ष में दिन के समय जन्म हो या शुक्ल पक्ष की रात्रि में जन्म हो तो यह अरिष्ट भंग योग होता है। यह योग बालारिष्ट योग को निरस्त या भंग करता है।

951. **ग्रहण अरिष्ट भंग योग**—राहु लग्न से तृतीय भाव में हो या षष्टम भाव में हो या एकादश भाव में हो तो अरिष्ट भंग योग होता है। यह योग बालारिष्ट योग को निरस्त या भंग करता है।

952. **बालारिष्ट भंग योग**—लग्न में कर्क या वृष राशि हो और राहु स्थित हो तो अरिष्ट भंग योग होता है। यह योग बालारिष्ट योग को निरस्त या भंग करता है।

953. **अर्द्ध अरिष्ट भंग योग**—सभी ग्रह शीर्षोदय राशियों (3/5/6/7/8 और 11) में स्थित हों तो यह योग होता है। यह बालारिष्ट योग को नष्ट या भंग करता है।

954. **ज्ञानेंद्र योग**—चंद्र यदि बृहस्पति या बुध के द्रेष्काण में हो तो यह योग होता है। यह योग बालारिष्ट योग को निरस्त या भंग करता है।

955. **अल्पायु योग**—लग्नेश और अष्टमेश दोनों स्थिर राशि में हों या एक चर राशि में और दूसरा द्विस्वभाव राशि में हो तो यह योग होता है। यह योग जातक को अल्प आयु या बत्तीस वर्ष तक की आयु प्रदान करता है।

956. अल्पायु योग—लग्न और चंद्र दोनों स्थिर राशि के हो या एक चर राशि और दूसरी द्विस्वभाव राशि में हो तो यह योग होता है। यह योग जातक को अल्प आयु अथवा 32 वर्ष तक की आयु प्रदान करता है।

957. अल्पायु योग—लग्न और होरा लग्न दोनों स्थिर राशि के हों या चर राशि में दूसरी द्विस्वभाव राशि में हों तो यह योग होता है। यह योग जातक को अल्प आयु या 32 वर्ष की आयु प्रदान करता है।

958. अल्पायु योग—लग्नेश और शुभ ग्रह आपोक्लिम भाव में हो या अष्टमेश और पापग्रह आपोक्लिम भाव में हो तो यह योग होता है। यह योग जातक को अल्पायु या 32 वर्ष तक की आयु प्रदान करता है।

959. अल्पायु योग—लग्नेश दुर्बल और अष्टमेश केंद्र में स्थित हो तो अल्पायु योग होता है। यह योग जातक को अल्पायु या 32 वर्ष तक की आयु प्रदान करता है।

960. अल्पायु योग—लग्नेश दुर्बल और अष्टमेश निर्बल और अष्टम भाव पीड़ित हो तो यह योग होता है। यह योग जातक को अल्पायु या 32 वर्ष तक की आयु प्रदान करता है।

961. अल्पायु योग—पंचम भाव, अष्टम भाव और अष्टमेश पीड़ित हो तो यह योग होता है। यह योग अल्प आयु या जातक की 32 वर्ष तक आयु का संकेत देता है।

962. अल्पायु योग—बृहस्पति मेष या वृश्चिक राशि में आठवें भाव में हो और चंद, मंगल और शनि से दृष्ट हों तो यह योग होता है। यह योग जातक को अल्प आयु या 32 वर्ष तक की आयु प्रदान करता है।

963. अल्पायु योग—बृहस्पति या शुक्र लग्न में हों और पंचम भाव में पाप ग्रह हो तो यह योग होता है। यह योग जातक को अल्प आयु या 32 वर्ष तक की आयु का संकेत देता है।

964. अल्पायु योग—दुर्बल चंद्र और दुर्बल लग्नेश अपोक्लिम भाव में स्थित हों और पापग्रहों से दृष्ट हों तो यह योग होता है। यह योग जातक को अल्प आयु या 32 वर्ष तक की आयु प्रदान करता है।

965. अल्पायु योग—सूर्य लग्न में हो और पापग्रहों से घिरा हुआ हो तो यह योग होता है। यह योग जातक को अल्प आयु या 32 वर्ष तक की आयु का संकेत देता है। यह योग अनेक परिस्थितियों में जातक को लंबी अवधि तक लगभग मरणासन्न (कोमा) की अवस्था में डाल सकता है, अथवा शरीर को पूर्ण लकवाग्रस्त कर सकता है।

966. अश्वायु योग—केंद्र में शुभ ग्रह न हो और अष्टम भाव में हों तो यह योग होता है। यह योग जातक को अल्प आयु या 32 वर्ष तक की आयु का संकेत देता है।

967. कुक्कुरायु योग—चंद्र बारहवें भाव में हो और पाप ग्रह छठे भाव में हों तब वह योग होता है। यह योग जातक को अल्प आयु या 32 वर्ष तक की आयु का संकेत देता है।

968. अभिमन्यु आयु योग—तृतीयेश और मंगल अस्त, पाप ग्रहों से पीड़ित हों तो यह योग होता है। यह योग जातक को अल्प आयु या 32 वर्ष तक की आयु का संकेत देता है।

969. कीट पतंग योग—अष्टमेश और शनि अस्त या पाप ग्रहों से पीड़ित हों तो अल्पायु योग होता है। यह योग जातक को अल्प आयु या 32 वर्ष तक की आयु का संकेत देता है।

970. मक्षिकायु योग—अष्टमेश केतु से युत होकर लग्न में स्थित हों तो यह योग होता है। यह योग जातक को अल्प आयु या 32 वर्ष तक की आयु का संकेत देता है।

971. जलचर योग—लग्नेश और अष्टमेश दोनों द्विस्वभाव राशि या एक चर और दूसरी स्थिर राशि में हो तो यह योग होता है। यह योग जातक की मध्यायु या 70 वर्ष तक की आयु को दर्शाता है।

972. मधुमध्य योग—लग्न और चंद्र दोनों द्विस्वभाव राशि में या एक चर राशि में और दूसरा स्थिर राशि में हों तो यह योग होता है। यह योग जातक की मध्यायु 70 वर्ष तक को दर्शाता है।

973. हृदयाघात योग—लग्न और होरा लग्न दोनों द्विस्वभाव राशि में हो या एक चर राशि में और दूसरी स्थिर राशि में हों तो यह योग होता है। यह योग जातक की आयु 70 वर्ष दर्शाता है।

974. तंत्रिकाघात योग—लग्नेश और शुभ ग्रह पणफर भाव में हों या अष्टमेश और समस्त पाप ग्रह पणफर भाव में हों तो यह योग होता है। यह योग जातक की मध्यायु 70 वर्ष तक को दर्शाता है।

975. नाड़ीघात योग—बली बुध केंद्र में हो, आठवां भाव रिक्त हो व शुभ ग्रहों से दृष्ट हों तो यह योग होता है। यह योग जातक की मध्यायु 70 वर्ष तक को दर्शाता है।

976. उच्च रक्तचाप योग—चंद्रमा स्वक्षेत्री हो या लग्न में हों और शुभ ग्रह सातवें भाव में हों तो यह योग होता है। यह योग जातक की मध्यायु 70 वर्ष तक की दर्शाता है।

977. रक्ताल्पता योग—पाप ग्रह यदि 2/3/4/5/8/11 वें भाव में स्थित हों तो यह योग होता है। यह योग जातक की मध्यायु 70 वर्ष तक की दर्शाता है।

978. घातक योग—निर्बल लग्नेश हो, बृहस्पति केंद्र या त्रिकोण में हो और पाप ग्रह दुःस्थान पर हों तो यह योग होता है। यह योग जातक की मध्यायु 70 वर्ष तक की दर्शाता है।

979. मध्यायु योग—बृहस्पति दुर्बल लग्नेश के साथ केंद्र में हो या त्रिकोण में हों तो यह योग होता है। यह योग जातक की मध्यायु 70 वर्ष तक की दर्शाता है।

980. पूर्णायु योग—लग्नेश और अष्टमेश दोनों चर राशि में हों या एक द्विस्वभाव राशि में, दूसरा स्थिर राशि में हों तो यह योग होता है। यह योग जातक की दीर्घायु 100 वर्ष तक की दर्शाता है।

981. सफल पूर्णायु योग—लग्न और चंद्र दोनों चर राशि में हों, या एक द्विस्वभाव में और दूसरा स्थिर राशि में हों तो यह योग होता है। यह योग जातक की दीर्घायु 100 वर्ष तक की दर्शाता है।

982. युधिष्ठिर पूर्णायु योग—लग्न और होरा लग्न दोनों चर राशि में हो या एक द्विस्वभाव राशि में और दूसरी राशि में हों तो यह योग होता है। यह योग जातक की पूर्णायु 100 वर्ष तक की दर्शाता है।

983. अर्जुन पूर्णायु योग—लग्नेश और शुभ ग्रह पणफर भाव में हों या अष्टमेश और सभी पाप ग्रह पणफर भाव में हों तो यह योग होता है। यह योग जातक की पूर्णायु 100

वर्ष तक की दर्शाता है। जातक अपनी आयु में प्रारंभ से ही यश की प्राप्ति करता है।

984. **भीम पूर्णायु योग**–अष्टमेश उच्च का होकर केंद्र में हो या त्रिकोण में शुभ ग्रहों से युत हो तो यह योग होता है। यह योग जातक की पूर्णायु 100 वर्ष तक की दर्शाता है।

985. **नकुल पूर्णायु योग**–लग्नेश लग्न में हो और अष्टमेश अष्टम भाव में हो तो यह योग होता है। यह योग जातक की पूर्णायु 100 वर्ष तक की दर्शाता है।

986. **सहदेव पूर्णायु योग**–लग्नेश, पंचमेश और अष्टमेश बली हो और स्वयं की राशि में हों, स्वयं के नवमांश में हो, या मित्र भाव में हों तो यह योग होता है। यह जातक की पूर्णायु 100 वर्ष दर्शाता है।

987. **द्रोपदी पूर्णायु योग**–षष्टमेश या द्वादशेश षष्टम भाव में हों या द्वादश भाव में या अष्टम भाव में या लग्न में हों तो यह योग होता है। यह योग जातक की पूर्णायु 100 वर्ष तक की दर्शाता है।

988. **शतायु योग**–लग्नेश, अष्टमेश, दशमेश और शनि केंद्र में, त्रिकोण में या एकादश भाव में हों तो यह योग होता है। यह योग जातक की पूर्णायु 100 वर्ष तक की दर्शाता है।

989. **हिडिंबा योग**–लग्नेश उच्च का, चंद्र एकादश भाव में और बृहस्पति अष्टम भाव में हों तो यह योग होता है। यह योग जातक की पूर्णायु 100 वर्ष तक की दर्शाता है।

990. **चिरायु योग**–शनि आठवें भाव में हो तो यह योग होता है। यह योग जातक की पूर्णायु 100 वर्ष तक की दर्शाता है।

991. **पितामह योग**–सूर्य, बृहस्पति और मंगल नौवें भाव में हों, वर्गोत्तम में हों, मकर या कुंभ राशि में हों जबकि चंद्र बली होकर लग्न में हों तो यह योग होता है। यह योग सुखी जीवन प्रसन्न जीवन जातक को प्रदान करता है।

992. **श्रीगरुड़ योग**–शनि और बृहस्पति लग्न से दसवें अथवा नौवें स्थान पर हो और नवमांश में भी ऐसा ही हो। शुभ ग्रहों से दृष्ट हों जबकि सूर्य लग्न में स्थित हो तो यह योग होता है। इस योग से जातक अत्यधिक दीर्घ जीवन का उपभोग करता है तथा किसी भी अल्पायु के संकेत का दमन करता है।

993. **गजायु योग**–लग्न में कर्क राशि हो चंद्र या बृहस्पति स्थित हों और शुक्र और बुध केंद्र में हों और शेष ग्रह 3/6/11 वें भाव में हों तो यह योग होता है। यह योग जातक की पूर्णायु 100 वर्ष तक की दर्शाता है।

994. **सर्पायु योग**–त्रिकोण में कोई पाप ग्रह न हो शुभ ग्रहों से विहीन केंद्र हो और आठवें भाव में पाप ग्रह हों तो यह योग होता है। शास्त्रानुसार यह योग जातक को दिव्य बनाता है।

995. **कच्छपायु योग**–लग्न से ग्रहों का क्रम इस प्रकार हो कि शनि सबसे पहले और मंगल सबसे बाद में हो और ये दोनों ही ग्रह वैशेषिकांश में हों तो यह योग होता है। जातक को यह योग अमर बना देता है।

996. **गरुड योग**–बृहस्पति और शुक्र मीन राशि में हों या चंद्र वृष राशि में और वृष के नवमांश में हो या मंगल सिंहासनांश प्राप्त कर चुका हो तो यह योग होता है। जातक मंत्रोच्चारण द्वारा असीम जीवन पाएगा।

997. भागीरथी योग–शनि देवलोकांश में हो मंगल पर्वतांश में और बृहस्पति लग्न में और सिंहासनांश में हो तो यह योग होता है। जातक साधु तुल्य जीवन का आनंद प्राप्त करेगा।

998. सरस्वती योग–शनि देवलोकांश में हो मंगल पर्वतांश में और बृहस्पति लग्न में और सिंहासनांश में हो तो यह योग होता है। इस योग का जातक साधु तुल्य जीवन का आनंद प्राप्त करेगा।

999. यमुना योग–केंद्र में बृहस्पति गोपुरांश में हो और शुक्र त्रिकोण में पर्वतांश में हो जबकि लग्न कर्क हो तो यह योग होता है। यह योग जातक को दीर्घायु देता है।

1000. सरयू योग–धनु लग्न हो, बृहस्पति स्थित हो तथा मेष राशि में नवमांश उदित हों, जबकि शुक्र सप्तम भाव में हो तथा चंद्र कन्या राशि में हो तो यह योग होता है। जातक इस योग में परमानंद प्राप्त करता है।

1001. मुनीश्वर योग–नवमेश नवम भाव में होकर चंद्र से दृष्ट हो जो कि मंगल के नवमांश में हो तो यह योग होता है। जातक शास्त्रों की व्याख्या करने वाला तथा दीर्घायु होता है।

1002. भ्रम योग–शनि वक्री हो, जबकि मंगल के घर में स्थित हो तथा लग्न से केंद्र या आठवें भाव में हो और बलि मंगल से दृष्ट हो तो यह योग होता है। जातक को अल्पायु या दो वर्ष की उम्र में मृत्यु का संकट होता है। यह ध्यान रहे कि यह एक पृथक विचार है, जो कि सत्य सिद्ध होने के लिए अन्य संकेतों द्वारा किया जाना आवश्यक है। हमें अरिष्ट भंग योग को भी इस योग के निरस्तीकरण के संदर्भ में देखना चाहिए।

1003. काल छाया योग–बृहस्पति मंगल द्वारा शासित घर में तथा आठवें भाव में हों और सूर्य, चंद्र, मंगल तथा शनि द्वारा दृष्ट हो किंतु शुक्र की दृष्टि से विहीन हो तो यह योग होता है। जातक को अल्पायु या तीन वर्ष की उम्र में मृत्यु का संकट होता है। अरिष्ट भंग योग को भी इस योग के निरस्तीकरण के संदर्भ में देखना चाहिए।

1004. छाया नाशक योग–छठे या आठवें भाव में कर्क राशि हो और बुध स्थित हों तथा चंद्र से दृष्ट हों तो यह योग होता है। जातक को अल्पायु या चार वर्ष की उम्र में मृत्यु का संकट होता है। अरिष्ट भंग योग को भी इस योग के निरस्तीकरण के संदर्भ में देखना चाहिए।

1005. चतुर्थी योगारिष्ट योग–छठे या आठवें भाव में कर्क राशि हो और बुध स्थित हों तथा चंद्र से दृष्ट हों तो यह योग होता है। जातक को अल्पायु या चार वर्ष की उम्र में मृत्यु का संकट होता है। अरिष्ट भंग योग को भी इस योग के निरस्तीकरण के संदर्भ में देखना चाहिए।

1006. योगारिष्ट सर्पायु योग–चंद्र से दृष्ट शनि यदि चंद्र के नवमांश में हो और लग्नेश भी चंद्र से दृष्ट हो तो यह योग होता है। जातक को छः वर्ष की आयु में मृत्यु का संकट होता है। अरिष्ट भंग योग को भी इस योग के निरस्तीकरण के संदर्भ में देखना चाहिए।

1007. योगारिष्ट कच्छप आयु योग—शनि सूर्य और मंगल लग्न में हों और सप्तमेश शुक्र हो और क्षीण चंद्र स्थित हो और बृहस्पति की दृष्टि चंद्र पर नहीं हो तो यह योग होता है। जातक को सात या आठ वर्ष की आयु में मृत्यु का संकट होता है। अरिष्ट भंग योग को भी इस योग के निरस्तीकरण के संदर्भ में देखना चाहिए।

1008. त्रिग्रह योगारिष्ट योग—सूर्य, चंद्र और मंगल पंचम भाव में स्थित हों तो यह योग होता है। जातक को नौ वर्ष की उम्र में मृत्यु का संकट हो सकता है। यह ध्यान रहे कि यह एक पृथक विचार है, जो कि सत्य साबित होने के लिए अन्य संकेतों द्वारा सिद्ध किया जाना आवश्यक है। हमें अरिष्ट भंग योग को भी इस योग के निरस्तीकरण के संदर्भ में देखना चाहिए।

1009. त्रिग्रह अल्पांश योगारिष्ट योग—मंगल, चंद्र और सूर्य पांचवें भाव में इसी क्रम में हों और पांच अंशों से ज्यादा के (अलग–अलग) न हों तो योगारिष्ट (योगज आयु) योग होता है। जातक को नौ वर्ष की आयु में मृत्यु का संकट होता है। अरिष्ट भंग योग को भी इस योग के निरस्तीकरण के संदर्भ में देखना चाहिए।

1010. लग्नेश पापग्रह योगारिष्ट योग—लग्नेश पाप ग्रह हो और चंद्र से बारहवें भाव में बैठा हो और अन्य पाप ग्रह से दृष्ट हों तो यह योग होता है। जातक को नौ वर्ष की आयु में मृत्यु का संकट होता है। अरिष्ट भंग योग को भी इस योग के निरस्तीकरण के संदर्भ में देखना चाहिए।

1011. अस्तय योगारिष्ट योग—सूर्य, चंद्र और मंगल पांचवें स्थान पर हों, चंद्र क्षीण और अस्त हो तो यह योग होता है। जातक को नौ वर्ष की आयु में मृत्यु का संकट होता है। अरिष्ट भंग योग को भी इस योग के निरस्तीकरण के संदर्भ में देखना चाहिए।

1012. शापित योगारिष्ट योग—लग्नेश शनि हो और मकर के नवमांश में और केवल बुध से दृष्ट हो तो यह योग होता है। जातक को दस वर्ष की आयु में मृत्यु का संकट होता है और पिता का शाप मिलता है। अरिष्ट भंग योग इस योग को भंग करता है।

1013. तात योगारिष्ट योग—शनि मकर के नवमांश में हो और केवल बुध से दृष्ट हो तो यह योग होता है। जातक को दस वर्ष की आयु में मृत्यु और पिता को शाप का संकट होता है। अरिष्ट भंग योग को भी इस योग के निरस्तीकरण के संदर्भ में देखना चाहिए।

1014. ताप योगारिष्ट योग—बुध सूर्य के अति निकट हो और शुभ ग्रहों से दृष्ट हो तो यह योग होता है। जातक को ग्यारह वर्ष की आयु में मृत्यु का संकट हो सकता है यद्यपि वह आसानी से जी सकता है। यह एक बहुत सामान्य योग है और असंभावित रूप से इस नकारात्मक स्वरूप को व्यक्त करता है और इसके लिए आवश्यक है कि अरिष्ट भंग योग को इसके भंग होने के लिए देखें।

1015. शीत योगारिष्ट योग—सूर्य चंद्र के स्वभाव का होकर आठवें भाव में हो शनि से युत हो और शुक्र से दृष्ट हो तो यह योग होता है। जातक को बारह वर्ष की उम्र में मृत्यु का संकट होता है। अरिष्ट भंग योग इस योग को भंग करता है।

1016. पितृ योगारिष्ट योग—लग्नेश शनि हो और वृश्चिक के नवमांश में हो केवल सूर्य से दृष्ट हो तो यह योग होता है। जातक को बारह वर्ष की उम्र में मृत्यु और पितृ शाप का संकट होता है। अरिष्ट भंग योग को भी इस योग के निरस्तीकरण के संदर्भ में देखना चाहिए।

1017. पितृदृष्ट योगारिष्ट योग—शनि वृश्चिक के नवमांश में हों और केवल सूर्य से दृष्ट हो तो यह योग होता है। जातक को बारह वर्ष की उम्र में मृत्यु और पितृ शाप का संकट होता है। अरिष्ट भंग योग को भी इस योग के निरस्तीकरण के संदर्भ में देखना चाहिए।

1018. हानिकर योगारिष्ट योग—लग्नेश शनि तुला के नवमांश में हो केवल बृहस्पति से दृष्ट हो तो यह योग होता है। जातक को तेरह वर्ष की आयु में मृत्यु और पितृ शाप का संकट होता है। अरिष्ट भंग योग को भी इस योग के निरस्तीकरण के संदर्भ में देखना चाहिए।

1019. काल संकट योगारिष्ट योग—शनि तुला के नवमांश में हो और केवल बृहस्पति से दृष्ट हो तो यह योग होता है। जातक को तेरह वर्ष की आयु में मृत्यु का एवं पितृ शाप का संकट हो सकता है। अरिष्ट भंग योग को भी इस योग के निरस्तीकरण के संदर्भ में देखना चाहिए।

1020. बुध दृष्टा योगारिष्ट योग—लग्नेश सूर्य कन्या के नवमांश में केवल बुध से दृष्ट हो तो यह योग होता है। जातक की कुल उम्र चौदह वर्ष होगी और दृष्ट स्वभाव वाला होगा। अरिष्ट भंग योग को भी इस योग के निरस्तीकरण के संदर्भ में देखना चाहिए।

1021. कुल योगारिष्ट योग—शनि कन्या के नवमांश में हो और केवल बुध से दृष्ट हो तो यह योग होता है। जातक की उम्र चौदह वर्ष होगी और वह दुष्ट स्वभाव वाला होगा। अरिष्ट भंग योग को भी इस योग के निरस्तीकरण के संदर्भ में देखना चाहिए।

1022. रक्त योगारिष्ट योग—लग्नेश होकर शनि सिंह के नवमांश मे हो और केवल राहु से दृष्ट हो तो यह योग होता है। जातक को पंद्रह वर्ष की आयु में मौत से संकट उत्पन्न हो सकता है और किसी तेज हथियार से घाव हो सकता है। अरिष्ट भंग योग को भी इस योग के निरस्तीकरण के संदर्भ में देखना चाहिए।

1023. धातुघातक योगारिष्ट योग—शनि सिंह के नवमांश में हो और केवल राहु से दृष्ट हो तो यह योग होता है। जातक को पंद्रह वर्ष की आयु में मृत्यु का संकट उत्पन्न हो सकता है और किसी तेज हथियार से घाव हो सकता है। अरिष्ट भंग योग को भी इस योग के निरस्तीकरण के संदर्भ में देखना चाहिए।

1024. सर्पदंश योगारिष्ट योग—शनि लग्नेश हो और कर्क के नवमांश में और केवल केतु से दृष्ट हो तो यह योग होता है। जातक को सोलहवें वर्ष की आयु में सर्पदंश से मृत्यु का संकट उत्पन्न होता है। अरिष्ट भंग योग को भी इस योग के निरस्तीकरण के संदर्भ में देखना चाहिए।

1025. नाग योगारिष्ट योग—शनि कर्क के नवमांश में हो और केवल केतु से दृष्ट हो तो यह योग होता है। जातक को सोलह वर्ष की आयु में सर्पदंष से मृत्यु का संकट उत्पन्न होता है। अरिष्ट भंग योग को भी इस योग के निरस्तीकरण के संदर्भ में देखना चाहिए।

1026. नागमणि योगारिष्ट योग–शनि लग्नेश हो और मिथुन नवमांश में स्थित हो और लग्नेश से दृष्ट हो तो यह योग होता है। जातक को उम्र के सत्रह वर्ष की आयु में मृत्यु का संकट होता है तब तक वह नायक का जीवन जीयेगा और सुविधा संपन्न जीवन यापन करेगा। अरिष्ट भंग योग इस योग को निरस्त करता है।

1027. अश्व योगारिष्ट योग–शनि मिथुन नवमांश में हो, लग्नेश से दृष्ट हो तो यह योग होता है। जातक को उम्र के सत्रह वर्ष की उम्र में मृत्यु से संकट हो सकता है तब तक वह नायक का जीवन जीयेगा और भौतिक सुख सुविधाओं से युक्त जीवन यापन करेगा। अरिष्ट भंग योग इस योग को निरस्त करता है।

1028. परिवर्तन योगारिष्ट योग–लग्नेश और अष्टमेश यदि पापग्रह हों और स्थान परिवर्तन आपस में करें तो यह योग होता है। जातक को उम्र के अठारह वर्ष की उपरांत मृत्यु का संकट हो सकता है। अरिष्ट भंग योग इस योग को निरस्त करता है।

1029. गुरु क्षय योगारिष्ट योग–लग्नेश और अष्टमेश यदि पापग्रह हो और छठे व बारहवें भाव में गुरु न हों तो यह योग होता है। जातक की कुल आयु अठारह वर्ष होगी। अरिष्ट भंग योग इस योग को निरस्त करता है।

1030. बीसा योगारिष्ट योग–लग्नेश उच्च का हो और शुभ ग्रहों से दृष्ट न हो और शनि गुरु के नवमांश में हो और राहु से युत हो तो यह योग होता है। जातक की मृत्यु बीस वर्ष की आयु में में हो सकती है। अरिष्ट भंग योग इस योग को निरस्त करता है।

1031. निंद्रा योगारिष्ट योग–लग्नेश शुभ ग्रहों से दृष्ट न होए उच्च का हो शनि गुरु के नवमांश में हो और केतु से युत हो तो यह योग होता है। जातक को बीस वर्ष की अल्पायु में मृत्यु का संकट होता है इसके सत्य होने के लिए अन्य संकेत होने आवश्यक हैं। अरिष्ट भंग योग इस योग को भंग करता है।

1032. जल योगारिष्ट योग–केंद्र में पाप ग्रह हो चंद्र शुक्र या गुरु से दृष्ट न हों और चंद्र छठे या आठवें भाव में हो तो यह योग होता है। जातक को बीस वर्ष की अल्पायु में मृत्यु का संकट होता है। अरिष्ट भंग योग इस योग को निरस्त करता है।

1033. अग्नि योगारिष्ट योग–सूर्य गुरु से युत होकर वृश्चिक लग्न में हो जबकि अष्टमेश केंद्र में हो तो यह योग होता है। जातक को बाईस वर्ष की अल्पायु में मृत्यु का संकट होता है। अरिष्ट भंग योग इस योग को निरस्त करता है।

1034. बभ्रु योगारिष्ट योग–शनि लग्न में हो, दुर्बल या स्वाभाविक शत्रु राशि में हो और शुभ ग्रह आपोक्लिम भाव में हो, तो यह योग होता है। जातक को छब्बीस या सत्ताईस वर्ष की अल्पायु में मृत्यु का संकट होता है। अरिष्ट भंग योग इस योग को निरस्त करता है।

1035. व्योम योगारिष्ट योग–अष्टमेश पाप ग्रह हो गुरु से दृष्ट हो और एक पाप ग्रह से दृष्ट हो जबकि बारहवें भाव में चंद्र राशि का स्वामी बैठा है। जातक को अठ्ठाईस वर्ष की अल्पायु में मृत्यु का संकट होता है।

1036. निकृष्ट योगारिष्ट योग–अष्टमेश पाप ग्रह हो, पाप ग्रह से दृष्ट हो जबकि बृहस्पति चंद्र राशि या नवमांश राशि के स्वामी से युत होकर आठवें भाव में स्थित हो तो यह योग होता है। जातक को अठ्ठाईस वर्ष की आयु में मृत्यु का संकट होता है। अरिष्ट भंग योग इस योग को निरस्त करता है।

1037. **पिता–पुत्र योगारिष्ट योग**–आठवें भाव में सूर्य के साथ चंद्रमा तथा शनि की युति हो तो यह योग होता है। जातक को उनतीस वर्ष की आयु में मृत्यु का संकट होता है। अरिष्ट भंग योग इस योग को निरस्त करता है।

1038. **शक्तिविहीन योगारिष्ट योग**–अष्टमेश केंद्र में हो और लग्नेश शक्तिविहीन हो तो यह योग होता है। जातक को 30 से 32 वर्ष की आयु में संकट होता है। अरिष्ट भंग योग इस योग को निरस्त करता है।

1039. **अमावस्या योगारिष्ट योग**–चंद्र क्षीण हो, अष्टमेश केंद्र में हो या पाप ग्रह आठवें भाव में हो और लग्न शक्तिविहीन हो और पाप ग्रह स्थित हो तो यह योग होता है। जातक को 32 वर्ष की अल्पायु में मृत्यु का संकट होता है। अरिष्ट भंग योग इस योग को निरस्त करता है।

1040. **सरस्वती योग**–बृहस्पति अति उच्च के हों और शनिवार और रविवार न हो तो यह योग होता है। जातक ज्ञान और शिक्षा में उच्चतम दक्षता प्राप्त करता है।

1041. **विद्या योग**–जन्म का दिन शुक्रवार हो, मीन लग्न हो और शुक्र ठीक उच्च का हो तो विद्या योग होता है। जातक ज्ञान और शिक्षा में उच्चतम दक्षता प्राप्त करता है।

1042. **ज्ञान योग**–जन्म का दिन बृहस्पतिवार हो, कर्क लग्न हो और बृहस्पति उच्च का हो तो विद्या योग होता है। जातक ज्ञान और शिक्षा में उच्चतम दक्षता प्राप्त करता है।

1043. **स्ववीर्यधन योग**–मेष में चंद्र हो, शनि कुंभ राशि में हो शुक्र मकर में हो और सूर्य धनु राशि में हो तो यह योग होता है। जातक अपने श्रम से धनार्जन करता है।

1044. **इंद्रजीत राज योग**–बृहस्पति लग्न में हो चंद्र दसवें स्थान पर हो या बृहस्पति पांचवें भाव में तथा चंद्र दूसरे भाव में हो। पूर्ववर्ती व्याख्या शकट योग को भंग करती है जिसके अनुसार बृहस्पति यदि चंद्र से आठवें भाव में होने पर शकट योग होता है। जातक अपनी इंद्रियों पर विजय प्राप्त करता है, प्रायश्चित करेगा तथा अति उत्तम शाही चिह्नों से सुशोभित होकर उच्च राजकीय प्रतिष्ठा को प्राप्त करेगा।

1045. **तीर्थ यात्रा योग**–एक शुभ ग्रह आठवें भाव में हो और शुभ ग्रह से दृष्ट हो तो यह योग होता है। जातक तीर्थ स्थानों पर जाएगा और धार्मिक एवं आध्यात्मिक स्थलों पर भ्रमण करेगा।

1046. **जल योग**–सूर्य, चंद्र और शनि केंद्र, नौवें या बारहवें भाव में एक साथ हों जबकि अन्य ग्रह शक्तिविहीन हों तो यह योग होता है। जातक विवेक, नेतृत्व क्षमता और संपन्नता से वंचित होता है और परजीवी, अस्थिर, संतप्त, मितव्ययी और विवेकविहीन होता है।

1047. **विश्वासघाती योग**–नवमेश बारहवें स्थान पर हो द्वादशेश दूसरे भाव में निर्बल हो और तीसरे भाव में पाप ग्रह हो तो विश्वासघाती योग होता है। जातक परान्नजीवी, दुष्ट और दुष्कर्मों में रुचि लेने वाला, न के बराबर संपत्ति वाला, दूसरे के जीवन साथी में रुचि लेने वाला और ऋणी रहने वाला होता है।

1048. दूरगामी योग—बृहस्पति, शनि और चंद्र केंद्र में हों तो यह योग होता है। जातक को दुर्भाग्यवश अपनी जन्म भूमि से दूर गमन कर जाना पड़ता है।

1049. पलायन योग—मंगल और शनि बारहवें, आठवें या पांचवें भाव में हों तो यह योग होता है। जातक को अपनी जन्म भूमि से दुर्भाग्यवश अन्यत्र गमन कर जाना पड़ता है।

1050. जन्मभूमि वियोग योग—मंगल और शनि बारहवें, आठवें या पांचवें भाव में साथ–साथ हों तो यह योग होता है। जातक को अपनी जन्म भूमि का दुर्भाग्य से त्याग करना पड़ता है, या जन्म भूमि से दूर जाना पड़ता है।

1051. सोनमादक योग—शनि लग्न में हो मंगल पांचवें, सातवें या नौवें भाव में हो तो यह योग होता है। जातक को मानसिक असंतुलन के या उन्माद के विकसित होने का संकट उत्पन्न हो सकता है।

1052. विचलित योग—बारहवें भाव में चंद्र शनि की युति हो तो यह योग होता है। जातक को मानसिक असंतुलन के या उन्माद के विकसित होने का संकट उत्पन्न हो सकता है।

1053. सोनमादक योग—जन्म दिन के समय का हो, लग्न शनि के द्रेष्कोण में हो या मंगल के द्रेष्कोण में हो जबकि सूर्य चंद्र से युत लग्न या नौवें भाव में हो, जबकि बृहस्पति केंद्र या तीसरे भाव में हो तो यह योग होता है। जातक को मानसिक असंतुलन के या उन्माद के विकसित होने का संकट उत्पन्न हो सकता है।

1054. दंगल योग—लग्न शनि या मंगल के द्रेश्कोण मे हो जबकि सूर्य चंद्र की युति लग्न, पांचवें या नौवें भाव में हो और बृहस्पति केंद्र अथवा तीसरे भाव में हो तो यह योग होता है। जातक को मानसिक असंतुलन के या उन्माद के विकसित होने का संकट उत्पन्न हो सकता है।

1055. असंतुलित योग—बृहस्पति लग्न में हो, जबकि शनि और मंगल सातवें भाव मे हों तो यह योग होता है। जातक को मानसिक असंतुलन के या उन्माद के विकसित होने का संकट उत्पन्न हो सकता है।

1056. मलेच्छ योग—शनि लग्न में हो और सूर्य सप्तम भाव में हो तो यह योग होता है। जातक जीवन के प्रारंभ में यद्यपि अच्छे स्थान पर हो सकता है पर बाद में कुछ मायनों में परित्यक्त हो सकता है।

1057. पशु योग—शनि लग्न में हो और मंगल तीसरे स्थान पर हो तो यह योग होता है। जातक जीवन के प्रारम्भ में यद्यपि अच्छे स्थान पर हो सकता है पर बाद में कुछ अर्थों में परित्यक्त हो सकता है।

1058. पिता–पुत्र मलेच्छ योग—सूर्य तथा शनि की एक ही द्रेष्कोण, नवमांश या त्रिंशांश में हो तो यह योग होता है। जातक जीवन के प्रारम्भ में यद्यपि अच्छे स्थान पर हो सकता है पर बाद में कुछ मायनों में परित्यक्त हो सकता है।

1059. केशहीन योग—बारहवें भाव में पाप राशि हो और पाप ग्रह से दृष्ट हो तो यह योग होता है। जातक के केशों का क्षय होगा तथा वह गंजा हो सकता है।

060. खलवात योग—धनु लग्न में पाप ग्रह स्थित हो तो यह योग होता है। जातक के केशों का क्षय होगा तथा वह गंजा हो सकता है।

1061. **खलवात योग**–सिंह, धनु, वृश्चिक, कन्या या कर्क लग्न हो जबकि मंगल से दृष्ट चंद्र लग्न में स्थित हो तो यह योग होता है। जातक गंजा हो सकता है।

1062. **विलोमबुद्धि योग**–चंद्र और मंगल साथ हों और लग्नेश से दृष्ट हों तो यह योग होता है। जातक विकृत मस्तिष्क वाला होगा।

1063. **वातरोग योग**–मंगल पांचवें, सातवें या नौवें भाव में हो तो यह योग होता है। जातक को वात असंतुलन से संबंधित विकार होंगे। जातक अधीरता या उत्तेजना, अशांति, अनिद्रा, शरीर में जल की कमी, कब्ज, सर्दी और अवसाद का शिकार हो सकता है।

1064. **वातारनिका रोग योग**–सूर्य लग्न में, चंद्र दुर्बल हो और शनि बारहवें भाव में हो तो यह योग होता है। जातक को वात असंतुलन से संबंधित विकार होंगे।

1065. **कारावास योग**–पापग्रह दूसरे, पांचवें, नौवें तथा बारहवें भाव में हो तो यह योग होता है। यह योग जातक को कैद या कारावास की सजा दिलवा सकता है।

1066. **मृत्यु कारावास योग**–पापग्रह दूसरे, पांचवें, नौवें तथा बारहवें भाव में हो और लग्न धनु, मेष या वृष राशि का हो तो यह योग होता है। जातक को कारावास तथा फाँसी का संकट उत्पन्न हो सकता है।

1067. **कैद योग**–मिथुन, तुला या कुंभ लग्न में पाप ग्रह स्थित हों तो यह योग होता है। जातक को कैद या कारागार मे कारावास की सजा का संकट उत्पन्न हो सकता है।

1068. **बंधन योग**–कर्क, सिंह या मीन लग्न में पापग्रह स्थित हों तो यह योग होता है। जातक को किले में कैद का संकट उत्पन्न हो सकता है।

1069. **कीटजीवन योग**–वृश्चिक लग्न में पाप ग्रह हो तो यह योग होता है। यह योग जातक को भूमिगत कैद की सजा दिलवा सकता है।

1070. **नेत्र बंधन योग**–लग्न में शनि हो, दसवें स्थान पर चंद्र हो और शुक्र से दृष्ट हो तो यह योग होता है। यह योग जातक को कैद या कारावास का संकट उत्पन्न कर सकता है।

1071. **मस्तिष्का योग**–सूर्य दसवें स्थान पर शुभ ग्रह की दृष्टि से विहीन हो तो यह योग होता है। जातक श्रेष्ठ सेवक होगा।

1072. **काल योग**–शनि दसवें भाव में शुभ ग्रह से दृष्ट नहीं हो तो यह योग होता है। जातक श्रेष्ठ सेवक होगा।

1073. **हनुमंता योग**–मंगल दसवें भाव में शुभ ग्रह से दृष्ट नहीं हो तो यह योग होता है। जातक श्रेष्ठ सेवक होगा।

1074. **राजमंत्री योग**–शनि और सूर्य दसवें भाव में शुभ ग्रह से दृष्ट नहीं हो तो यह योग होता है। जातक सामान्य सेवक होगा।

1075. **जनसेवक योग**–मंगल और शनि दसवें भाव में शुभ ग्रह से दृष्ट नहीं हो तो यह योग होता है। जातक सामान्य सेवक होगा।

1076. **सेवक योग**–सूर्य और मंगल दसवें भाव में शुभ ग्रह से दृष्ट नहीं हो तो यह योग होता है। जातक सामान्य सेवक होगा।

1077. **धूर्त योग**–शनि और मंगल दसवें भाव में शुभ ग्रह से दृष्ट नहीं हो तो यह योग होता है। जातक निकृष्ट सेवक होगा।

1078. अपस्मार योग–सूर्य, चंद्र और मंगल लग्न या अष्टम भाव में पापग्रह से दृष्ट हों तो यह योग होता है। जातक मिरगी या अपस्माार तथा अन्य बीमारियों से ग्रस्त रहेगा।

1079. मिर्गी योग–चंद्र और बुध केंद्र में पापग्रह से दृष्ट हों तो यह योग होता है। जातक को मिरगी या अपस्भार रोग हो सकता है।

1080. सत्यमदा योग–पापग्रह पांचवें तथा आठवें स्थान पर हों तो यह योग होता है। जातक मिरगी का रोगी हो सकता है।

1081. नक्षत्र योग–शनि और मंगल छठे या आठवें भाव में हो तो यह योग होता है। नक्षत्र आकाष में अपने चारों ओर कांति चक्र रखते हैं। जातक को मिरगी का रोग हो सकता है।

1082. वामशछेद योग–दसवें, चौथे और सातवें भाव में क्रमशः चंद्र, शुक्र और एक पापग्रह हों तो यह योग होता है। जातक अपनी वंशावली में अंतिम हो सकता है।

1083. दासी पुत्र योग–शनि के नवमांश में शुक्र द्वादश भाव में हो तो यह योग होता है। जातक दासी का पुत्र हो सकता है।

1084. दासी प्रभाव योग–सूर्य और चंद्र दोनों दुर्बल हों या दोनों शनि के साथ विपरीत अवस्था में हों तो यह योग होता है। जातक दासी पुत्र होगा।

1085. धातु नेत्र दोष योग–राशि से षष्टमेश वक्री ग्रह हो। नेत्र रोग की ओर इंगित करता है।

1086. अनुउत्साही नेत्र दोष योग–लग्न से षष्टमेश शनि से दृष्ट हो तो यह योग होता है। यह योग जातक के जीवन में निरुत्साही या भाव शून्य व्यवहार और नेत्र रोग में असंतुलन की ओर इंगित करता है।

1087. संताप नेत्र दोष योग–चंद्र के साथ बृहस्पति, शुक्र, मंगल या बुध लग्न में हों तो यह योग होता है। जातक को जीवन में किसी समय उच्च ताप से या संताप से या काम संबंधों में अति आसक्ति या अति भाग या हथियारों से नेत्र विकार का संकट उत्पन्न हो सकता है।

1088. नेत्रहीना योग–मंगल यदि पाप राशि में हो या केंद्र में पाप राशि से दृष्ट हो तो यह योग होता है। जातक को अंधा होने का संकट उत्पन्न हो सकता है।

1089. अंधत्व योग–शुभ ग्रह आठवें या बारहवें भाव में हों तथा सूर्य दसवें भाव में हों तो यह योग होता है। जातक को अंधत्व होने का संकट उत्पन्न हो सकता है।

1090. भेंगा दोष योग–सूर्य और चंद्र वक्री ग्रह द्वारा शासित राशि में एक साथ हों तो यह योग होता है। जातक भेंगा होगा।

1091. स्वर्ण नेत्र दोष योग–सूर्य और चंद्र की युति छठे या बारहवें भाव में हो तो यह योग होता है। जातक भेंगा होगा।

1092. कर्ण दोष योग–षष्टमेश शुक्र लग्न में हो तथा चंद्र और एक पापग्रह की संयुक्त दृष्टि लग्न पर हो तो यह योग होता है। जातक को बहरा होने का संकट उत्पन्न हो सकता है या दाहिने कान में असंतुलन हो सकता है।

1093. जिह्वा दोष योग–बुध कर्क, वृश्चिक या मीन राशि में हो। चंद्र से दृष्ट सूर्य चतुर्थ भाव में हो और षष्टमेश पर पाप दृष्टि हो तो यह योग होता है। जातक फुसफुसाहट या मरमराहट की ध्वनि से बोल पाएगा।

1094. जिह्वा दोष योग—अर्द्ध चंद्र मंगल से युत होकर लग्न में स्थित हो तो यह योग होता है। जातक की वाणी में फुसफुसाहट या मरमराहट होगी।

1095. वाक् दोष योग—षष्टमेश यदि बुध हो तो यह योग होता है। जातक को भोजन के स्वाद की रुचि में कमी हो सकती है।

1096. सरस्वती श्राप योग—बुध मकर या कुंभ राशि में शनि से पूर्णतया दृष्ट हो तो यह योग होता है। जातक की वाणी में असंतुलन हो सकता है और बोलते समय हकलाने वाला हो सकता है।

1097. कुब्जादोष योग—निर्बल चंद्र राशि के प्रथम या अंतिम नवमांश में मंगल के साथ तृतीय भाव में पापग्रह से दृष्ट हो, शनि चतुर्थ और लग्नेश शत्रु क्षेत्री हों तो यह योग होता है। जातक बौना या वामन हो सकता है।

1098. चतुष्चक्र योग—कोई भी ग्रह चर राशि में नहीं हो तो यह योग होता है। जातक बहुमुखी प्रतिभा का धनी, बेहद शक्तिशाली, दीर्घजीवी और यशस्वी होगा।

1099. कामातुर योग—शुक्र दंडव (द्विस्वभाव) राशि (मिथुन) में अपने नवमांश में हो तो यह योग होता है। जातक अत्यधिक कामुक, कामवासना में लिप्त और कामातुर हो सकता है। उसके अनेक स्त्रियों अथवा पुरुषों से शारीरिक संबंध होंगे।

1100. श्रृंगारी योग—सिंह राशि की प्रथम होरा में शुक्र चतुर्थ भाव में स्थित हो तो यह योग होता है। जातक कामुक, कामवासना में लिप्त और कामातुर हो सकता है।

1101. क्रूरहत्या योग—मंगल और चंद्र की युति एक ही नवमांश में हो तो यह योग होता है। जातक क्रूरहत्या कर सकता है।

1102. पातक दोष योग—लग्नेश मंगल से युत हो जबकि चंद्र छठे भाव में हो तो यह योग होता है। जातक अपराधी प्रवृत्ति का होगा।

1103. अपराधी दोष योग—सूर्य और चंद्र की युति एक ही नवमांश में हो तो यह योग होता है। जातक अपराधी प्रवृत्ति का हो सकता है।

1104. विषभय योग—जल राशि में चंद्र पाप ग्रह से युत हो और शनि से दृष्ट हो तो यह योग होता है। जातक को बिच्छू अथवा वृश्चिक से खतरा होता है।

1105. धांद्ध योग—शनि तथा शुक्र यदि आठवें या दसवें भाव में स्थित हो और किसी भी शुभ दृष्टि से विहीन हों तो यह योग होता है। जातक नपुसंकता का शिकार हो सकता है।

1106. मंदकामी योग—शनि और शुक्र यदि आठवें या दसवें भाव में बिना किसी शुभ दृष्टि के स्थित हों तो यह योग होता है। जातक नामर्द या मंदकाम प्रवृत्ति का होता है।

1107. धातुहीन योग—शनि दुर्बल हों तथा छठे या बारहवें भाव में स्थित हो तो यह योग होता है। जातक नपुसंक हो सकता है।

1108. नपुंसक योग—शनि दुर्बल हो तथा छठे या बारहवें भाव में स्थित हो तो यह योग होता है। जातक नामर्द या मंदकाम की प्रवृत्ति का होता है।

1109. विश्वासघात धांद्ध योग—सातवें भाव में स्थित शुक्र यदि लग्न में स्थित लग्नेश से दृष्ट हो जबकि सप्तमेश वक्री हो तथा चंद्र और शनि साथ हों तो यह योग होता

है। जातक के मन में अपनी पत्नी के प्रति खराब भावनाएं होंगी, या फिर उसमें अपनी पत्नी के प्रति आकर्षण की कमी रहेगी। ऐसे में वह अंत में प्रेमिका या दूसरी पत्नी भी रख सकता है।

1110. अनाकर्षण योग—सातवें भाव में स्थित शुक्र यदि लग्न में स्थित लग्नेश से दृष्ट हो जबकि सप्तमेश वक्री हो तथा चंद्र और शनि साथ हों तो यह योग होता है। जातिका अपने पति के प्रति बुरी भावनाएं रखती है या फिर उसमें अपने पति में आकर्षण की कमी लगेगी। ऐसे में वह गुप्त पति या नया पति भी रख सकती है।

1111. अर्शदोष योग—अष्टमेश पापग्रह सातवें स्थान पर बिना किसी शुभ ग्रह की दृष्टि के स्थित हो तो यह योग होता है। जातक को बवासीर या नसों में सूजन का संकट उत्पन्न हो सकता है।

1112. अर्शदोष योग—जातक का जन्म दिन के समय में हो शनि सातवें भाव में वृश्चिक राशि में हो तथा मंगल नौवें भाव में स्थित हो तो यह योग होता है। जातक को बवासीर या नसों में सूजन का संकट उत्पन्न हो सकता है।

1113. अर्शदोष योग—शनि और मंगल लग्नेश के साथ बारहवें भाव में स्थित हों तो यह योग होता है। जातक को बवासीर या नसों में सूजन का संकट उत्पन्न हो सकता है।

1114. अर्शदोष योग—चौथे भाव में मंगल वृश्चिक राशि में बृहस्पति से दृष्ट न हो तो यह योग होता है। जातक को बवासीर या नसों में सूजन का संकट उत्पन्न हो सकता है।

1115. अर्शदोष योग—शनि लग्न में व मंगल सातवें भाव में हो तो यह योग होता है। जातक को बवासीर या नसों में सूजन का संकट उत्पन्न हो सकता है।

1116. व्रणदोष योग—वृश्चिक लग्न में हों और शुक्र तथा गुरु से दृष्ट नहीं हों तो यह योग होता है। जातक को अल्सर ट्यूमर या कैंसर हो सकता है।

1117. व्रणदोष योग—मंगल के नवमांश में शनि केतु से युत, चतुर्थ भाव में हो तो व्रणदोष योग होता है। जातक को अल्सर ट्यूमर या कैंसर हो सकता है।

1118. व्रणदोष योग—शनि केतु से युत होकर छठे, सातवें या बारहवें भव में हो तो यह योग होता है। जातक को अल्सर ट्यूमर या कैंसर हो सकता है।

1119. दत्रुदोष योग—जल राशि में मंगल सातवें भाव में शनि से दृष्ट जो कि चतुर्थ नवमांश में शनि की राशि में हो तो यह योग होता है। जातक की त्वचा पर फोड़े फुंसी निकलने का संकट उत्पन्न होता है।

1120. अंडदोष योग—चंद्र, मंगल और शुक्र वृश्चिक राशि में कुंभ के नवमांश में हों तो यह योग होता है। जातक की अंड ग्रंथि में सूजन होने का संकट उत्पन्न हो सकता है।

1121. वामन योग—चंद्र राशि के प्रथम या अंतिम नवमांश में हो, शनि की तृतीय या दशम दृष्टि हो जबकि लग्न राशि लघु सोपान में हो (दक्षिणी अक्षांश में) तो यह योग होता है। जातक कद में छोटा होता है।

1122. वामन योग—चंद्र राशि के प्रथम या अंतिम नवमांश में हो शनि की तृतीय या दशम् दृष्टि से दृष्ट हो लग्न राशि लघु सोपान में हो (उत्तरी अक्षांश में) तो यह योग होता है। जातक कद में छोटा होता है।

1123. कुलपमषला योग–पापग्रह और शुभ ग्रह केंद्र में हो लग्नेश पर चंद्र की दृष्टि न हो तो यह योग होता है। जातक मातृभूमि से दूर जाकर रहता है। उसके अपने परिवारजनों द्वारा निष्कासित किया जाता है। पत्नी और बच्चों को खो देता है और गरीबी में जीवन बिताता है।

1124. कुलपमषला योग–शुभ ग्रह केवल धनु के नवमांश में हों तो यह योग होता है। जातक निजभूमि से दूर जाकर रहता है। परिवारजनों द्वारा निष्कासित किया जाता है। पत्नी और बच्चों को खो देता है और गरीबी में जीवन जीता है।

1125. गणित विद्यार्जन योग–मंगल दूसरे भाव में चंद्र के साथ बुध से दृष्ट हो या बुध केंद्र में हों तो यह योग होता है। जातक की गणित विषय में गहन समझ होगी।

1126. गणित विद्यार्जन योग–द्वितीयेश बुध हो और उच्च राशि में हो जबकि बृहस्पति लग्न में हो और शनि आठवें भाव में हो तो यह योग होता है। जातक गणितज्ञ होगा।

1127. गणित विद्यार्जन योग–बृहस्पति केंद्र या त्रिकोण में हो और शुक्र उच्च राशि का हो तो गणित विद्यार्जन योग होता है। जातक गणितज्ञ होगा।

1128. गणित विद्यार्जन योग–द्वितीयेश बुध हो और उच्च राशि में हो जबकि बृहस्पति लग्न में हो और शनि आठवें भाव में हों तो यह योग होता है। जातक गणित विद्या से ही यश के साथ जीवनयापन करेगा।

1129. गणित विद्यार्जन योग–सूर्य और बुध एक साथ दूसरे भाव में हों, शनि से दृष्ट हों तो यह योग होता है। जातक गणितज्ञ होगा।

1130. गणितज्ञ योग–सूर्य और बुध केंद्र में या त्रिकोण में या ग्यारहवें भाव में साथ हों तो यह योग होता है। जातक गणित विद्या में प्रकांड होगा।

1131. वेद वेदांग योग–बृहस्पति उच्च राशि में या स्वक्षेत्री दूसरे भाव में स्थित हों तो यह योग होता है। जातक अध्यात्म (वेद) का गहनतम ज्ञान प्राप्त करता है और उस ज्ञान से संबंधित समस्त धाराओं की परतें अपनी गहरी समझ से खोलता है।

1132. वेदांत योग–शनि बुध और सूर्य पांचवें भाव साथ हों तो यह योग होता है। जातक अंततः जीवन के मूल सत्य से अवगत होता है।

1133. ज्योतिषिका योग–बुध केंद्र में हो द्वितीयेश बली हो और शुक्र उच्च राशि का दूसरे भाव में हो तो यह योग होता है। जातक ज्योतिषियों के समूह में अग्रणी होता है।

1134. ज्योतिषिका योग–द्वितीयेश सूर्य या मंगल बृहस्पति और शुक्र से दृष्ट हो, जबकि बुध पर्वतांश में हों तो यह योग होता है। जातक को ज्योतिष विज्ञान की फलित क्रिया व गणित मूलाधार का अच्छा ज्ञान होगा।

1135. ज्योतिषिका योग–सूर्य और बुध द्वितीय भाव में साथ हों तो ज्योतिषिका योग होता है। जातक को ज्योतिष विज्ञान की क्रिया फलित व गणित मूलाधार का विशद ज्ञान होगा।

1136. ज्योतिषिका योग–बुध अच्छी स्थिति में चौथे भाव में स्थित हो तो यह योग होता है। जातक को ज्योतिष का फलित एवं गणित का अच्छा ज्ञान होगा।

1137. काव्य अलंकार योग–शुक्र दूसरे भाव में अच्छी स्थिति में हो तो यह योग होता है। जातक को काव्य व साहित्य का ज्ञान प्राप्त होता है।

1138. गूढ़भावर्थिवित योग–राहु पंचम भाव में स्थित हो तो यह योग होता है। जातक गूढ़ अर्थ समझने की क्षमता रखता है।

1139. तर्कशास्त्र योग–द्वितीयेश बृहस्पति या शुक्र हो और सूर्य या मंगल से दृष्ट हो और स्वयं से मूल त्रिकोण राशि में या उच्च राशि में स्थित हो तो यह योग होता है। जातक तर्क शास्त्रियों के बीच प्रमुख जाना जाता है।

1140. तर्कशास्त्र योग–सूर्य और मंगल दूसरे भाव में साथ हों तो यह योग होता है। जातक तर्क विज्ञान का ज्ञाता और प्रतिभावान तर्क शास्त्री होगा।

1141. तर्कशास्त्र योग–मंगल दूसरे भाव में अच्छी स्थिति में हो तो यह योग होता है। जातक तर्क विज्ञान का ज्ञाता और प्रतिभाशाली तर्क शास्त्री होगा।

1142. शब्द शास्त्र योग–द्वितीयेश गुरु उच्च बल प्राप्त और सूर्य और शुक्र से दृष्ट हो तो यह योग होता है। जातक भाषा, निरुक्त और व्याकरण पर अधिकार प्राप्त कर लेता है।

1143. वेदांत विद्या योग–द्वितीयेश बुध उच्च का हो, शनि गोपुरांश में हो और बृहस्पति सिंहासनांश में हो तब यह योग होता है। जातक वेदांत में निपुण होता है।

1144. वेदांत विद्या योग–बृहस्पति त्रिकोण में या केंद्र में बुध से दृष्ट हो और शनि पर्वतांश में हो तो यह योग होता है। जातक वेदांत में निपुण होता है।

1145. वेदांत विद्या योग–शुक्र लग्न में या किसी और केंद्र में उत्तमांश में हो जबकि चंद्र देवलोकांश में हो तो यह योग होता है। जातक वेदांत विद्या में निपुण होता है।

1146. वेदांत विद्या योग–लग्नेश पर्वतांश में दूसरे भाव में या लग्न में किसी शुभ ग्रह के साथ अच्छी स्थिति में हो जबकि शुक्र बारहवें भाव में स्थित हो तो यह योग होता है। जातक वेदांत विद्या में निपुण होता है।

01147. उभयचारी योग–केवल पाप ग्रह सूर्य से दूसरे और बारहवें भाव में स्थित हो तो यह योग होता है। उभयचारी योग की विविधता सारी अच्छे योगों के प्रभावों को नष्ट, बीमार, दीन–हीन, चापलूस तथा बदमाश बना देती है।

1148. फानी योग–सूर्य कुंभ राशि में हो, सूर्य मेष राशि में, चंद्र वृश्चिक राशि में और शुक्र कन्या राशि में हो तो यह योग होता है। जातक विश्रांति विहीन और कला विहीन होता है।

1149. काक योग–शुक्र तथा शनि मेष राशि में, सूर्य वृश राशि में, चंद्र मीन राशि में, मंगल कर्क राशि में हो तो यह योग होता है। जातक पैतृक संपत्ति से विहीन होता है जबकि उसका पिता साधन संपन्न होता है।

1150. राज संबंध योग–लग्न से दशमेश यदि अमात्यकारक से युत या दृष्ट हो या स्वयं अमात्यकारक दसवें भाव में स्थित हो या दशमेश से युत हो तो यह योग होता है। जातक राज सभा का प्रमुख होता है। आधुनिक संदर्भ में सरकार उच्च पद प्राप्त करता है।

1151. राज संबंध योग–एकादशमेश की दृष्टि एकादश भाव पर हो और दसवें भाव में न ही पापग्रह हो और न ही पापग्रह की दृष्टि, तो राज संबंध योग होता है। जातक राज सभा में प्रमुख होता है। आधुनिक संदर्भ में सरकार उच्च पद प्राप्त करता है।

1152. राज संबंध योग–आत्मकारक और अमात्यकारक की युति हो तो राज संबध योग होता है। जातक राज अत्यधिक बुद्धिमान होता है और राज सभा का प्रमुख होता है। आधुनिक संदर्भ में सरकार उच्च पद प्राप्त करता है।

1153. सूर्य चंद्र योग–सूर्य और चंद्र एक ही भाव में हो तो यह योग होता है। जातक शूरवीर, अहंकारी, पत्थर का कार्य करने में दक्ष, मशीन और औजारों के कार्य में प्रवीण, अत्यधिक संपन्न, रूखा या निष्ठुर, निर्दयी और आसानी से महिला के समक्ष झुकने वाला होता है।

1154. सूर्य मंगल योग–सूर्य और मंगल की युति किसी भाव में हो तो यह योग होता है। जातक बलिष्ठ, ऊर्जावान, प्रख्यात, बदमाश, पापी, आक्रामक और निष्ठुर होता है।

1155. बुधादित्य योग–सूर्य और बुध एक ही भाव में हो तो बुधादित्य योग कहलाता है। जातक मधुर भाषी, शूरवीर, चतुर, विद्वान, अध्ययनशील, धनवान, अनुशासित, स्वयं के धनोपार्जन से सेवा करने वाला होता है। विद्वान एवं प्रतिष्ठित अपने सभी कार्यों से होता है।

1156. सूर्य गुरु योग–सूर्य और गुरु की युति किसी भाव में हो तो यह योग होता है। जातक अध्यापक, गुरु, दास, आश्रित, धार्मिक कार्यों से संबंधित व्यवसाय से जुड़ा होता है। जातक शासक द्वारा सम्मानित, धन व मित्रों सें घिरा हुआ, ख्याति प्राप्त, दूसरों का भला चाहने वाला तथा करने वाला होता है।

1157. सूर्य शुक्र योग–सूर्य तथा शुक्र की युति किसी भाव में होने पर सूर्य शुक्र योग होता है। जातक बुद्धिमान, शस्त्र संचालन में निपुण, आदर्शवादी, स्त्री द्वारा कमाने वाला, नाट्य, अभिनय तथा संगीत द्वारा लाभान्वित तथा कारावास भोगने वाला, वृद्धावस्था में दृष्टि से कमजोर होता है।

1158. सूर्य शनि योग–सूर्य तथा शनि की युति किसी भाव में यदि हो तो यह योग होता है। जातक धातु विज्ञान में पारंगत होता है। धार्मिक कार्यों में लीन, पत्नी तथा बच्चों से कटा हुआ, विद्वान शत्रुओं के दबाव में रहने वाला तथा परंपराओं को मानने वाला होता है।

1159. चंद्र मंगल योग–चंद्र तथा मंगल यदि एक ही भाव में हो तो यह योग होता है। जातक धनवान, वीर, लड़ाई में विजेता, शराब, मिट्टी की चीजों तथा धातु का विक्रेता होता है। वह रक्त विकार से ग्रस्त होता है तथा माता का शत्रु होता है।

1160. चंद्र बुध योग–चंद्र तथा बुध यदि एक ही भाव में हो तो यह योग होता है। जातक दिखने में अच्छा, मधुर वक्ता, ईमानदारी से जुड़े कार्यों में लीन, धार्मिक, आशीष प्राप्त, कवि, सुहृदयी तथा पत्नी के प्रति गहरा जुड़ाव रखने वाला होता है।

1161. चंद्र बुध योग–चंद्र तथा बुध यदि एक ही भाव में हो तो यह योग होता है। जातक दिखने में अच्छा, मधुर वक्ता, ईमानदारी से जुड़े कार्यों में लीन, धार्मिक, आशीष प्राप्त, कवि, सुहृदयी तथा पत्नी के प्रति गहरा जुड़ाव रखने वाला होता है।

1162. चंद्र गुरु योग–चंद्र तथा गुरु की युति किसी भाव में हो तो यह योग होता है। जातक अधिक बलशाली, ईमानदार, प्रसिद्ध, चतुर, ज्ञानी, ईमानदारी से जुड़े कार्यों

में लीन, औरों के प्रति अच्छा व्यवहार रखने वाला, धनवान, प्रेम संबंध में अटल, मधुर भाषी, परिवार का मुखिया तथा भ्रमित बुद्धि वाला होता है।

1163. **चंद्र बुध योग**—चंद्र तथा बुध किसी भाव में युत हो तो यह योग होता है। जातक खरीदने व बेचने के कार्य में चतुर, दर्जी के कार्य में व लेनदेन में दक्ष, लड़ाकू, इत्र व फूलों का शौकीन, आलसी, कवि तथा पापी होता है।

1164. **चंद्र शनि योग**—चंद्रमा तथा शनि की युति किसी भाव में होने पर यह योग होता है। जातक पुनः विवाहित, विधवा से जन्मा, बूढ़ी महिला से जुड़ाव रखने वाला, मांसाहारी, मोहिनी शक्ति, धन तथा बहादुरी से वंचित तथा घोड़े और हाथी के प्रति रुझान रखने वाला होता है।

1165. **मंगल बुध योग**—मंगल तथा बुध की किसी भी भाव में युति होने पर यह योग होता है। जातक दवा बनाने के व्यवसाय से जुड़ा होता है। किसी विधवा अथवा निम्न महिला के प्रति झुकाव रखता है। धातु तथा कला में पारंगत तथा पहलवान अथवा मुक्केबाज होता है। वह ज्यादा धनवान नहीं होता परंतु वाक्‌चातुर्य से भरा होता है।

1166. **मंगल गुरु योग**—मंगल तथा गुरु की युति किसी भाव में हो तो यह योग होता है। जातक ज्ञानी, धनवान, बेहद चतुर, दक्ष, व्याख्याता, शिल्पकार, शास्त्रों के प्रयोग में दक्ष, केवल सुनने मात्र से याद कर लेने वाला, नेता तथा आदर प्राप्त करने वाला होता है।

1167. **मंगल शुक्र योग**—मंगल तथा शुक्र की युति किसी भाव में होने पर यह योग बनता है। जातक धोखेबाज, झूठा या सट्‌टेबाज होता है। वह औरों के जीवनसाथी के प्रति झुकाव रखता है। वह सभी द्वारा नकारा जाता है, लेकिन गणित विषय में दक्षता हासिल किये होता है। जातक पहलवान या चरवाहा हो सकता है तथा व्यक्ति विशेष के सद्‌गुण के आधार पर जन समुदाय में पहिचाना जाता है।

1168. **मंगल शनि योग**—मंगल तथा शनि की युति किसी भाव में होने पर यह योग होता है। जातक दुःखी, झगड़ालू, दंडनीय, धोखेबाज, बोलने में चतुर, हथियारों के उपयोग में लीन, अपने परिवार के विश्वास से अलग पथ अपनाने वाला होता है तथा उसे विष या किसी प्रकार की चोट से खतरा रहता है।

1169. **बुध गुरु योग**—बुध तथा गुरु यदि किसी भाव में युत हो तो यह योग होता है। जातक वक्ता, ज्ञानी, मिलनसार, खूबसूरत, धनी, नृत्य, संगीत तथा गायन में दक्ष, अत्यंत ईमानदार तथा इत्र का बेहद शौकीन होता है।

1170. **बुध शुक्र योग**—बुध तथा शुक्र की युति यदि किसी भाव में हो तो यह योग होता है। जातक वक्ता, ईमानदार, वेदों का ज्ञाता, अत्यंत धनी, एक अच्छा मूर्तिकार, संगीत में निपुण, सही प्रकार के वस्त्र धारण करने वाला, भूमि का मालिक, हमेशा प्रसन्न रहने वाला होता है।

1171. **बुध शनि योग**—बुध तथा शनि यदि किसी भाव में युत हो तो यह योग होता है। जातक का शारीरिक गठन अनाकर्षक होता है। वह ज्ञानी, धनी, बहुत से लोगों का पालन करने वाला, झगड़ालू, चंचल मन का, विभिन्न कलाओं में दक्ष, अपने से बड़ों की आज्ञा की अवहेलना करने वाला तथा धोखेबाज होता है।

1172. गुरु शुक्र योग—गुरु तथा शुक्र एक ही भाव में युत हों तो यह योग होता है। जातक अत्यंत ज्ञानी, ईमानदार जीवनसाथी से अभिमंत्रित, धनी, धार्मिक, ईमानदार तथा अपने अर्जित ज्ञान द्वारा कमाने वाला होता है।

1173. गुरु शनि योग—गुरु तथा शनि यदि किसी भाव में युत हों तो यह योग होता है। जातक बलवान, प्रसिद्ध, सेना या किसी समूह विशेष का नेता, कलाकार, अपने जीवन साथी के प्रति शंकालु, घुमक्कड़, पशुओं की देखरेख करने वाला होता है।

1174. शुक्र शनि योग—शुक्र तथा शनि यदि किसी भाव में युत हों तो यह योग होता है। जातक योद्धा, घुमक्कड़, अच्छा मूर्तिकार, लेखक या चित्रकार, कसरती, पशुओं के समूह की देखभाल करने वाला, निकट की कमजोर दृष्टि वाला, काम संबंधों के सामान्य तरीकों से विचलित होकर आनंदित होने वाला होता है तथा जातक का विवाह उसकी आर्थिक समृद्धि की कुंजी साबित होता है।

1175. सूर्य चंद्र मंगल योग—किसी भाव में सूर्य, चन्द्रमा तथा मंगल के साथ होने पर यह योग होता है। जातक बहादुर, धनी, वैज्ञानिक, मूर्तिकार, मंत्र तंत्र में दक्ष, शत्रुओं का नाश करने वाला होता है। तथा वह रक्त विकारों से ग्रस्त होता है।

1176. सूर्य चंद्र बुध योग—किसी भाव में सूर्य, चंद्रमा तथा बुध के साथ होने पर यह योग होता है। जातक राजा का भरोसेमंद, यशस्वी, शस्त्रों तथ वेदों में दक्ष, अत्यंत ज्ञानी, धन तथा सुंदरता प्राप्त, मृदु भाषी, कहानियों तथा काव्य का शौकीन होता है।

1177. सूर्य चंद्र गुरु योग—सूर्य, चंद्रमा तथा गुरु किसी भाव में साथ हो तो यह योग होता है। जातक अत्यंत ईमानदार, विद्वान, नेता, बौद्धिक स्थिरता वाला, सदाचारी, आसानी से क्रूर होने वाला, विदेशी भूमि पर रहने वाला, अपने आस पास के लोगों पर आसानी से प्रभाव डालने वाला तथा धोखेबाज होता है।

1178. सूर्य चंद्र शुक्र योग—सूर्य, चंद्रमा तथा शुक्र यदि एक ही भाव में हों तो यह योग होता है। जातक ईमानदारी के पथ से वंचित होता है, दूसरों की धन, संपत्ति प्राप्त करने का इच्छुक, दूसरों के पति/ पत्नी में आसक्त, दिखने में आकर्षक, विद्वान, धनी, शत्रुओं में घिरे रहने की आषंका से भयभीत तथा उसे दंत्य विकारों से कष्ट होता है।

1179. सूर्य चंद्र शनि योग—सूर्य, चंद्रमा तथा शनि यदि एक ही भाव में हो तो यह योग होता है। जातक नौकर, धन तथा कृपा से विहीन, अनैतिक प्रवृत्ति वाला, धोखेबाज, धातु संबंधित कार्यों में लिप्त, निरर्थक श्रम ग्रहण करने वाला होता है।

1180. सूर्य मंगल बुध योग—सूर्य, मंगल तथा बुध यदि एक ही भाव में हो तो यह योग होता है। जातक तामसी, अहंकारी, बहादुर, क्रूर, पहलवान, निर्लज्ज, जीवन साथी की वजह से भौतिक साधनों से धन से, संतति से विहीन होता है।

1181. सूर्य मंगल गुरु योग—सूर्य, मंगल तथा गुरु यदि किसी भाव में हो तो यह योग बनता है। जातक अत्यंत धनी, वाक्पटु वक्ता, नेता या सेनापति, उदार, सत्यवादी, झगड़ालू तथा प्रधानता रखने वाला होता है। इसी के साथ जातक मनोरंजन का शौकीन होता है तथा उसका झुकाव न्याय देने की ओर रहता है।

1182. सूर्य मंगल शुक्र योग—सूर्य, मंगल तथा शुक्र एक ही भाव में साथ साथ हो तो यह

योग होता है। जातक भाग्यशाली, अत्यधिक बुद्धिमान, समृद्धिशाली, मिलनसार, रूखा, दिखने में अच्छा, कम बोलने वाला व्यक्ति, दृष्टि विकार युक्त दुर्वासनाओं से प्रसन्नता देने वाला होता है।

1183. **सूर्य मंगल शनि योग**–सूर्य, मंगल तथा शनि यदि एक ही भाव में साथ–साथ हो तो यह योग होता है। जातक अनजान, दरिद्र, पिता तथा मित्रजनों से वंचित, शरीर पर बाल वाला, अपंग, झगड़ालू तथा ज्यादातर बीमार रहने वाला होता है।

1184. **सूर्य बुध गुरु योग**–सूर्य, बुध व गुरु एक साथ होने पर यह योग होता है। जातक हाजिर जवाब, शास्त्रों के अध्ययन में लीन, लेखक, मूर्तिकार, धनी, बहादुर तथा नेत्र विकारों से कष्ट भोगता है।

1185. **सूर्य बुध शुक्र योग**–सूर्य, बुध तथा शुक्र यदि किसी भाव में एक साथ हो तो यह योग होता है। जातक बातूनी, घुमक्कड़, छरहरे शारीरिक गठन वाला, ज्ञानी, अभिभावकों तथा शिक्षकों द्वारा अपमानित तथा अपने जीवन साथी द्वारा दी गई यातना सहने वाला होता है।

1186. **सूर्य बुध शनि योग**–सूर्य, बुध तथा शनि यदि किसी भाव में साथ हो तो यह योग होता है। जातक मित्रों तथा रिश्तेदारों द्वारा अस्वीकृत, धूर्त, ईर्ष्यालु, नपुंसकों जैसा व्यवहार करने वाला तथा अवमानना सहने वाला होता है।

1187. **सूर्य गुरु शुक्र योग**–किसी भी भाव में यदि सूर्य, गुरु तथा शुक्र एक साथ हो तो यह योग होता है। जातक ज्ञानी, रंक, राजा की शरण लेने वाला, नौकर तथा कमजोर दृष्टि वाला होता है।

1188. **सूर्य गुरु शनि योग**–किसी भाव में यदि सूर्य, गुरु तथा शनि साथ हो तो यह योग होता है। जातक बोलने में चतुर, शासक का कृपापात्र, निडर, पवित्र विचारों वाला, पत्नी, मित्र तथा संतान प्राप्त करने वाला तथा महिलाओं पर व्यर्थ धन व्यय करने वाला होता है।

1189. **सूर्य शुक्र शनि योग**–सूर्य, शुक्र तथा शनि यदि किसी भाव में एक साथ हो तो यह योग होता है। जातक धूर्त, घमंडी, सदा शत्रुओं में घिरे रहने से भयभीत, ज्ञान, कृपा तथा प्रसिद्धि से वंचित, अकुशल, अनैतिक कार्यों का अनुसरण करने वाला होता है।

1190. **चंद्र मंगल बुध योग**–किसी भाव में चंद्रमा, मंगल तथा बुध के साथ होने पर यह योग होता है। जातक धूर्त, स्वयं अपने प्रियजनों द्वारा अपमानित, नैतिकता तथा धन से संपूर्ण जीवन मित्रजनों से विहीन तथा पेटू होता है।

1191. **चंद्र मंगल गुरु योग**–चंद्रमा, मंगल तथा गुरु के किसी भाव में साथ होने पर यह योग होता है। जातक देखने में अच्छा, प्यारे चेहरे वाला, प्रेम रोगी, प्रिय, जल्दी क्रुद्ध होने वाला होता है।

1192. **चंद्र मंगल शुक्र योग**–चंद्रमा, मंगल तथा शुक्र यदि किसी भाव में साथ हों तो यह योग होता है। जातक असभ्य नारी का स्वामी, हमेशा घुमक्कड, चंचल मन वाला होता है।

1193. **चंद्र मंगल शुक्र लग्न योग**–चंद्रमा, मंगल तथा शुक्र यदि लग्न में साथ हों तो जातक निंदित नारी से अति निकट संबंध रखने वाला, घुमक्कड़, चंचल मन वाला

तथा सर्वदा सर्दी, जुकाम की चिंता से भयभीत रहने वाला होता है।

1194. **चंद्र मंगल शनि योग**–चंद्रमा, मंगल तथा शनि यदि किसी भाव में साथ हो तो यह योग होता है। जातक अपने बालपन से ही अपनी माता के अधिकारों से वंचित रहने वाला, धूर्त, चंचल मन वाला, निशिद्ध कार्यों में लीन होता है। इस योग में ऐसा भी हो सकता है कि जातक की मां का स्वर्गवास उसके बालपन में हो जाए या फिर वह स्वयं मातृहत्या कर डाले।

1195. **चंद्र बुध गुरु योग**–किसी भाव में यदि चंद्रमा, बुध तथा गुरु के साथ साथ होने पर यह योग होता है। जातक ज्ञानी, प्रसिद्ध वक्ता, धनी, ईमानदार, बीमार, राजा का कृपापात्र, वित्तीय रूप से सहायक भी होता है।

1196. **चंद्र बुध शुक्र योग**–चंद्रमा, बुध तथा शुक्र यदि किसी भाव में साथ होने पर यह योग होता है। जातक अच्छे ज्ञान प्राप्ति की ओर अग्रसर होने वाला, माननीय, मतलबी व्यवहार वाला, अत्यंत लोभी, औरों के प्रति ईर्ष्यालु होता है।

1197. **चंद्र बुध शनि योग**–चंद्र, बुध तथा शनि एक ही भाव में हो तो यह योग होता है। जातक विद्वान, योग्य, शासक से सम्मानित होने वाला, मधुर भाषी, बीमार और नेता होता है।

1198. **चंद्र गुरु शुक्र योग**–चंद्र, गुरु तथा शुक्र एक ही भाव में स्थित हों तो यह योग होता है। जातक अत्यंत आकर्षक, ईमानदार मां के गर्भ से जन्म लेने वाला कई कलाओं में दक्ष होता है।

1199. **चंद्र गुरु शनि योग**–चंद्र, गुरु तथा शनि एक ही भाव में साथ हों तो यह योग होता है। जातक शास्त्रों का ज्ञाता, शासक का प्रिय, चतुर, प्रख्यात, बीमारी से दूर, गांव या कस्बे का मुखिया तथा महिलाओं से जुड़ा होता है।

1200. **चंद्र शुक्र शनि योग**–चंद्र, शुक्र और शनि किसी भाव में साथ हों तो यह योग होता है। जातक कुशल लेखक, ऊँचे कुल का, अत्यधिक प्रिय, नेक चलन वाला होता है।

1201. **मंगल बुध गुरु योग**–मंगल, बुध तथा गुरु एक ही भाव में साथ हों तो यह योग होता है। जातक अपने ही परिवारजनों द्वारा सम्मानित, संगीत नाट्य कलाओं व काव्य में लीन रहने वाला, युवतियों से संपर्क रखने वाला, अच्छी स्त्री का पति तथा दूसरों की भलाई करने वाला होता है।

1202. **मंगल बुध गुरु योग**–मंगल, बुध तथा गुरु एक ही भाव में साथ हों तो यह योग होता है। जातक अपने ही परिवारजनों द्वारा सम्मानित, संगीत नाट्य कलाओं व काव्य में लीन रहने वाला, युवतियों से संपर्क रखने वाला, अच्छी स्त्री का पति तथा दूसरों की भलाई करने वाला होता है।

1203. **मंगल बुध शुक्र योग**–मंगल, बुध तथा शुक्र यदि किसी भाव में एक साथ हों तो यह योग होता है। जातक बातूनी, चंचल, अपंग, छरहरी काया वाला, हीन जाति में उत्पन्न, धूर्त, उत्साही तथा धनी होता है।

1204. **मंगल बुध शनि योग**–मंगल, बुध तथा शनि यदि किसी भाव में एक साथ हों तो यह योग होता है। जातक सदैव भयभीत रहने वाला, शरीर से नत, नेत्र व मुख के

विकारों से युक्त, प्रत्युत्पन्नमति वाला, निम्न वर्ग का कार्य करने वाला तथा आवारा होता है।

1205. **मंगल गुरु शुक्र योग**—मंगल, गुरु तथा शुक्र यदि किसी भाव में एक साथ हों तो यह योग होता है। जातक को जीवनसाथी तथा संतान तथा सुख सुविधाओं के सुख से पूर्ण होता है। वह शासक द्वारा पसंद किया जाने वाला तथा सुसंगति में रहने वाला होता है।

1206. **मंगल गुरु शनि योग**—मंगल, गुरु तथा शनि यदि किसी भाव में एक साथ हों तो यह योग होता है। जातक शरीर से नत, क्रूर, धूर्त, मित्रहीन, अहंकारी तथा शासक का कृपापात्र होता है।

1207. **मंगल शुक्र शनि योग**—मंगल, शुक्र तथा शनि किसी भाव में साथ हों तो यह योग होता है। जातक के पास विदेशी आवास होता है। उसकी संतान खराब होती है तथा किसी खूबसूरत नारी द्वारा अपमानित होता है।

1208. **बुध गुरु शुक्र योग**—बुध, गुरु तथा शुक्र के किसी भाव में साथ होने पर यह योग होता है। जातक देखने में अच्छा, शत्रुओं से वंचित, सत्यवादी तथा अनंत प्रसिद्धि को प्राप्त होता है।

1209. **बुध गुरु शनि योग**—बुध, गुरु तथा शनि यदि किसी भाव में एक साथ हों तो यह योग होता है। जातक समृद्ध, भौतिक सुख साधनों से पूर्ण, ज्ञानी, भाग्यशाली तथा जीवनसाथी के प्रति समर्पित होता है।

1210. **बुध शुक्र शनि योग**—बुध, शुक्र तथा शनि यदि किसी भाव में एक साथ हों तो यह योग होता है। जातक अत्यवादी, अनैतिक, औरों के जीवनसाथी में आसक्त तथा घुमक्कड़ होता है।

1211. **गुरु शुक्र शनि योग**—गुरु, शुक्र तथा शनि यदि किसी भाव में एक साथ हों तो यह योग होता है। जातक विख्यात, प्रसिद्ध, स्पष्ट विचारधारा वाला तथा असामान्य परिस्थितियों में जन्म लेने के बाद भी एक राजा के समान जीवन व्यतीत करता है।

1212. **सूर्य चंद्र मंगल बुध योग**—सूर्य, चंद्र, मंगल तथा बुध यदि किसी भाव में एक साथ हों तो यह योग होता है। जातक बीमार, लेखक, भ्रांति उत्पन्न करने में निपुण, शातिर, वक्ता तथा बेईमान होता है।

1213. **सूर्य चंद्र मंगल गुरु योग**—सूर्य, चंद्र, मंगल तथा गुरु यदि किसी भाव में साथ हों तो यह योग होता है। जातक प्रसिद्ध, बुद्धिमान, धनी, निपुण, शासक के प्रति समर्पित, बीमारी से वंचित होता है।

1214. **सूर्य चंद्र मंगल शुक्र योग**—सूर्य, चंद्र, मंगल तथा शुक्र यदि किसी भाव में एक साथ हों तो यह योग होता है। जातक ज्ञानी, सुखी, संतान तथा पत्नी/पति के सुख से पूर्ण, धनी तथा सच्चरित्र होता है।

1215. **सूर्य चंद्र मंगल शनि योग**—सूर्य, चंद्र, मंगल तथा शनि यदि किसी भाव में एक साथ हों तो यह योग होता है। जातक मूर्ख, वामन, गरीब, घुमक्कड़, विश्रांति विहीन नेत्रों वाला, विश्वासघाती होता है।

1216. सूर्य चंद्र बुध गुरु योग—सूर्य, चंद्र, बुध तथा गुरु यदि किसी भाव में एक साथ हों तो यह योग होता है। जातक स्वस्थ, धनी, बलवान, ईमानदार, देखने में अच्छा, सुंदर नेत्रों वाला तथा मूर्तिकार होता है।

1217. सूर्य चंद्र बुध शुक्र योग—सूर्य, चंद्र, बुध तथा शुक्र यदि किसी भाव में एक साथ हों तो यह योग होता है। जातक वक्ता, वाक्पटु, शासक द्वारा पसंद किया जाने वाला तथा दोषपूर्ण दृष्टि वाला होता है।

1218. सूर्य चंद्र बुध शनि योग—सूर्य, चंद्र, बुध तथा शनि यदि किसी भाव में एक साथ हों तो यह योग होता है। जातक भिक्षा पर निर्भर करने वाला, कृतघ्न, असत्यवादी तथा नेत्र विकारों से ग्रसित होता है।

1219. सूर्य चंद्र गुरु शुक्र योग—सूर्य, चंद्र, गुरु तथा शुक्र यदि किसी भाव में एक साथ हों तो यह योग होता है। जातक शासक द्वारा सम्मानित, जलीय तथा वन क्षेत्रों का मालिक, विभिन्न सुख साधनों के सुख से पूर्ण होता है।

1220. सूर्य चंद्र गुरु शनि योग—सूर्य, चंद्र, गुरु तथा शनि यदि किसी भाव में एक साथ हों तो यह योग होता है। जातक माननीय, धन तथा संतान के सुख से पूर्ण, दुर्बल काया वाला, संतुलित दृष्टिकोण वाला, सुयोग्य नारी द्वारा पसंद किया जाने वाला होता है।

1221. सूर्य चंद्र शुक्र शनि योग—सूर्य, चंद्र, शुक्र तथा शनि यदि किसी भाव में एक साथ हों तो यह योग होता है। जातक डरपोक, पेटू, दुर्बल काया वाला, सदा भयभीत रहने वाला तथा महिला जैसा व्यवहार करने वाला पुरुष होता है।

1222. सूर्य मंगल बुध गुरु योग—सूर्य, मंगल, बुध तथा गुरु यदि किसी भाव में एक साथ हों तो यह योग होता है। जातक बहादुर, आवारा, व्यभिचारी, धनी, नेता, दुर्भाग्य तथा नेत्र विकारों द्वारा कष्ट भोगने वाला होता है।

1223. सूर्य मंगल बुध शुक्र योग—सूर्य, मंगल, बुध तथा शुक्र यदि किसी भाव में एक साथ हों तो यह योग होता है। जातक व्यभिचारी, बेषर्म, धूर्त तथा विचित्र वेषभूशा वाला होता है।

1224. सूर्य मंगल बुध शनि योग—सूर्य, मंगल, बुध तथा शनि यदि किसी भाव में एक साथ हों तो यह योग होता है। जातक ज्ञानी, योद्धा, सेनापति, शासक का सलाहकार तथा अधर्म कार्यों में लीन होता है।

1225. सूर्य मंगल गुरु शुक्र योग—सूर्य, मंगल, गुरु तथा शुक्र यदि किसी भाव में एक साथ हों तो यह योग होता है। जातक प्रसिद्ध, धनी, भाग्यशाली तथा शासक द्वारा सम्मान प्राप्त करने वाला होता है।

1226. सूर्य मंगल गुरु शनि योग—सूर्य, मंगल, गुरु तथा शनि यदि किसी भाव में साथ हों तो यह योग होता है। जातक सम्माननीय, लिया गया कार्य भली भांति समाप्त करने वाला, मित्र, संबंधियों तथा शाही कृपा के सुख से पूर्ण तथा मानसिक रूप से असंतुलित होता है।

1227. सूर्य मंगल शुक्र शनि योग—सूर्य, मंगल, शुक्र तथा शनि यदि किसी भाव में एक साथ हों तो यह योग होता है। जातक बुद्धि, सुंदरता तथा सद्‌गुणों से विरक्त, मानसिक वेदना सहने वाला तथा सभी लोगों द्वारा शासित होता है।

1228. सूर्य बुध गुरु शुक्र योग—सूर्य, बुध, गुरु तथा शुक्र यदि किसी भाव में एक साथ हों तो यह योग होता है। जातक प्रसिद्ध, धनी, नेता, सभी आकांक्षाओं को पूर्ण कर लेने में सक्षम होता है।

1229. सूर्य बुध गुरु शनि योग—सूर्य, बुध, गुरु तथा शनि यदि किसी भाव में एक साथ हों तो यह योग होता है। जातक लड़ाकू, घमंडी, निरुत्साही तथा नपुंसक की भांति व्यवहार करने वाला होता है।

1230. सूर्य बुध शुक्र शनि योग—सूर्य, बुध, शुक्र तथा शनि यदि किसी भाव में एक साथ हों तो यह योग होता है। जातक धर्मपरायण, ज्ञानी, निश्चिंत, सत्यवादी, अच्छा वक्ता तथा मित्रों का सहायक होता है।

1231. सूर्य गुरु शुक्र शनि योग—सूर्य, गुरु, शुक्र तथा शनि यदि किसी भाव में एक साथ हों तो यह योग होता है। जातक लोभी, नेता, साहसी, कला में निपुण तथा शासक का कृपापात्र होता है।

1232. चंद्र मंगल बुध गुरु योग—चंद, मंगल, बुध तथा गुरु यदि किसी भाव में एक साथ हों तो यह योग होता है। जातक धार्मिक शास्त्रों में निपुण, राजा या नेता तथा अत्यंत प्रसिद्ध होता है।

1233. चंद्र मंगल बुध शुक्र योग—चंद्र, मंगल, बुध तथा शुक्र यदि किसी भाव में एक साथ हों तो यह योग होता है। जातक झगड़ालू, आलसी, धूर्त अपने ही लोगों का शत्रु, देखने में सुंदर तथा किसी धूर्त व्यक्ति का जीवनसाथी हो सकता है।

1234. चंद्र मंगल बुध शनि योग—चंद्र, मंगल, बुध तथा शनि यदि किसी भाव में एक साथ हों तो यह योग होता है। जातक साहसी, मित्र सुख से वंचित, पत्नी, संतान को प्राप्त करने वाला होता है। ग्रहों का यह संयोजन जातक को दो माताएं तथा दो पिता प्राप्त कराता है अर्थात् यह संकेत जातक के गोद लिया जाने की ओर है।

1235. चंद्र मंगल गुरु शुक्र योग—चंद्र, मंगल, गुरु तथा शुक्र यदि किसी भाव में एक साथ हों तो यह योग होता है। जातक बहादुर, धनी, ज्ञानी, मित्रों तथा अच्छे जीवनसाथी के सुख से पूर्ण तथा अपंग होता है।

1236. चंद्र मंगल गुरु शनि योग—चंद्र, मंगल, गुरु तथा शनि यदि किसी भाव में एक साथ हों तो यह योग होता है। जातक ज्ञानी, उदार, साहसी, मानसिक रूप से संतुलित, धनी, दोषपूर्ण श्रवणशक्ति वाला होता है। यह योग जातक को परिणामस्वरूप मानसिक विकारों से ग्रस्त करा देता है।

1237. चंद्र मंगल शुक्र शनि योग—चंद्र, मंगल, शुक्र तथा शनि यदि किसी भाव में एक साथ हों तो यह योग होता है। जातक अनैतिक व्यवहार वाले व्यक्ति का जीवनसाथी होता है। वह हमेशा दुःखी, बहादुर, भयहीन तथा सर्प के समान नेत्रों वाला होता है।

1238. चंद्र बुध गुरु शुक्र योग—चंद्र, बुध, गुरु तथा शुक्र यदि किसी भाव में एक साथ हों तो यह योग होता है। जातक ज्ञानी, प्रसिद्ध, धनी, अनाथ, शत्रु विहीन तथा दोषपूर्ण श्रवण शक्ति वाला होता है।

1239. चंद्र बुध गुरु शनि योग—चंद्र, बुध, गुरु तथा शनि यदि किसी भाव में एक साथ हों तो यह योग होता है। जातक ईमानदार, ज्ञानी, प्रसिद्ध, दाता, असामान्य रूप से धनी तथा राजा का सलाहकार होता है।

1240. चंद्र बुध शुक्र शनि योग—चंद्र, बुध, शुक्र तथा शनि यदि किसी भाव में एक साथ हों तो यह योग होता है। जातक व्यभिचारी, धूर्त जीवनसाथी से विवाहित, ज्ञानी, बहुत से लोगों से शत्रुता रखने वाला तथा नेत्र विकार वाला होता है।

1241. चंद्र गुरु शुक्र शनि योग—चंद्र, गुरु, शुक्र तथा शनि यदि किसी भाव में एक साथ हों तो यह योग होता है। जातक मातृ विहीन, सत्यवादी, व्यभिचारी, घुमक्कड़ तथा त्वचा विकारों वाला होता है।

1242. मंगल बुध गुरु शुक्र योग—मंगल, बुध, गुरु तथा शुक्र यदि किसी भाव में एक साथ हों तो यह योग होता है। जातक धनी, स्वस्थ, अत्यंत माननीय तथा स्त्री से झगड़ने वाला होता है।

1243. मंगल बुध गुरु शुक्र योग—मंगल, बुध, गुरु तथा शुक्र यदि किसी भाव में साथ हों तो यह योग होता है। जातक धनी, स्वस्थ, अत्यंत माननीय तथा स्त्री से झगड़ने वाला होता है।

1244. मंगल बुध शुक्र शनि योग—मंगल, बुध, शुक्र तथा शनि यदि एक ही भाव में स्थित हों तो यह योग होता है। जातक युद्ध कला में निपुण, लेखक, पहलवान, स्वस्थ, प्रख्यात और कुत्ते पालने वाला होगा।

1245. मंगल गुरु शुक्र शनि योग—मंगल, गुरु, शुक्र तथा शनि यदि किसी भाव में एक साथ हों तो यह योग होता है। जातक प्रख्यात, समृद्ध, साहसी, दूसरे के जीवनसाथी में रुचि लेने वाला होगा।

1246. बुध गुरु शुक्र शनि योग—बुध, गुरु, शुक्र तथा शनि यदि किसी भाव में एक साथ हों तो यह योग होता है। जातक अत्यंत विद्वान, असाधारण स्मृति वाला, सत्यवादी, सौम्य, इंद्रियग्राही होगा।

1247. सूर्य चंद्र मंगल बुध गुरु योग—सूर्य, चंद्र, मंगल, बुध तथा गुरु यदि एक ही भाव में हों तो यह योग होता है। जातक दुःखी, जीवनसाथी से संबंध विच्छेद होने से पीड़ित होता है। जब पांच या छःह ग्रह साथ हों तो यह संकेत मिलता है कि जातक अल्प वृद्धि वाला होगा।

1248. सूर्य चंद्र मंगल बुध शुक्र योग—सूर्य, चंद्र, मंगल, बुध तथा शुक्र यदि किसी भाव में एक साथ हों तो यह योग होता है। जातक दूसरे के लिए कार्य करने वाला, मित्रों तथा संबंधियों से वंचित, असत्यवादी, नपुंसक मित्रों वाला होगा।

1249. सूर्य चंद्र मंगल बुध शनि योग—सूर्य, चंद्र, मंगल, बुध तथा शनि यदि किसी भाव में एक साथ हों तो यह योग होता है। जातक सुख साधनों से वंचित जीवनसाथी तथा धन से वंचित, कारावास भुगतने वाला, अल्प जीवन जीने वाला होता है।

1250. सूर्य चंद्र मंगल गुरु शुक्र योग—सूर्य, चंद्र, मंगल, गुरु तथा शुक्र यदि एक ही भाव में हों तो यह योग होता है। जातक अभिभावकों द्वारा अस्वीकृत, संतप्त, आतंकवादी या हत्यारा दृष्टिहीन होता है।

1251. सूर्य चंद्र मंगल गुरु शनि योग—सूर्य, चंद्र, मंगल, गुरु तथा शनि यदि किसी भाव एक साथ हों तो यह योग होता है। जातक युद्ध कौशल में निपुण, दूसरों का धन प्राप्त करने वाला धूर्त और स्त्री प्रेम से विमुख होता है।

1252. सूर्य चंद्र मंगल शुक्र शनि योग—सूर्य, चंद्र, मंगल, शुक्र तथा शनि यदि किसी भाव में एक साथ हों तो यह योग होता है। जातक अपदस्थ, गरीब और दूसरे के जीवनसाथी में आसक्त होता है।

1253. सूर्य चंद्र बुध गुरु शुक्र योग—सूर्य, चंद्र, बुध, गुरु तथा शुक्र यदि किसी भाव में एक साथ हों तो यह योग होता है। जातक धनी, नेता, राजा का सलाहकार, न्यायाधीश, दंड देने का अधिकारी प्रसिद्ध तथा शक्तिशाली होता है।

1254. सूर्य चंद्र बुध गुरु शनि योग—सूर्य, चंद्र, बुध, गुरु तथा शनि यदि किसी भाव में एक साथ हों तो यह योग होता है। जातक मानसिक असंतुलन वाला, दूसरों पर निर्भर रहने वाला, दूसरों द्वारा पोषित, क्रूर, कायर के समान, धोखा देने वाला होता है।

1255. सूर्य चंद्र बुध शुक्र शनि योग—सूर्य, चंद्र, बुध, शुक्र तथा शनि यदि किसी भाव में एक साथ हों तो यह योग होता है। जातक रोगी लंबे शारीरिक गठन वाला धन, मित्र तथा अन्य सुख साधनों से वंचित होता है।

1256. सूर्य चंद्र गुरु शुक्र शनि योग—सूर्य, चंद्र, गुरु, शुक्र तथा शनि यदि एक ही भाव में हों तो यह योग होता है। जातक विद्वान, निडर, जीवनसाथी में आसक्त, वक्ता, अस्थिर दिमाग वाला होता है।

1257. सूर्य मंगल बुध शुक्र गुरु योग—सूर्य, मंगल, बुध, शुक्र तथा गुरु यदि किसी भाव में एक साथ हों तो यह योग होता है। जातक विख्यात, सेना का नायक, भाग्यशाली, खूबसूरत, शासक होता है।

1258. सूर्य मंगल बुध गुरु शनि योग—सूर्य, मंगल, बुध, गुरु तथा शनि यदि किसी भाव में एक साथ हों तो यह योग होता है। जातक सदैव मानसिक रूप से विचलित या व्याकुल रहता है। गंदे और चिथड़े वस्त्र पहनता है, भिक्षा के अन्न पर जीवित रहता है।

1259. सूर्य मंगल बुध शुक्र शनि योग—सूर्य, मंगल, बुध, शुक्र तथा शनि यदि किसी भाव में एक साथ हों तो यह योग होता है। जातक शत्रुओं तथा रोगों से उत्पीड़ित, अभागा, भूखों मरने वाला तथा अपने निवास से दूर चला जाने वाला होता है।

1260. सूर्य मंगल गुरु शुक्र शनि योग—सूर्य, मंगल, गुरु, शुक्र तथा शनि यदि किसी भाव में एक साथ हों तो यह योग होता है। जातक विद्वान, विचारक, बौद्धिक कार्यों में लीन और रसायन का व्यवसाय करने वाला होता है।

1261. सूर्य बुध गुरु शुक्र शनि योग—सूर्य, बुध, गुरु, शुक्र तथा शनि यदि किसी भाव में एक साथ हों तो यह योग होता है। जातक वेदों का ज्ञाता, नेक, गुरु के प्रति समर्पित और दयालु होता है।

1262. **चंद्र मंगल बुध गुरु शुक्र योग**—चंद्र, मंगल, बुध, गुरु तथा शुक्र यदि किसी भाव में एक साथ हों तो यह योग होता है। जातक सदाचारी, विद्वान, समृद्ध, बीमारियों से दूर तथा कई मित्रों वाला होता है।

1263. **चंद्र मंगल बुध गुरु शनि योग**—चंद्र, मंगल, बुध, गुरु और शनि यदि किसी भाव में एक साथ हों तो यह योग होता है। जातक धूर्त, भिक्षा में प्राप्त भोजन पर निर्भर करने वाला तथा रतौंधी से ग्रस्त होता है।

1264. **चंद्र मंगल बुध शुक्र शनि योग**—चंद्र, मंगल, बुध, शुक्र तथा शनि यदि किसी भाव में साथ हों तो यह योग होता है। जातक कुरूप, बेवकूफ, नपुंसक, विचारक, परसेवाभावी होता है।

1265. **चंद्र मंगल गुरु शुक्र शनि योग**—चंद्र, मंगल, गुरु, शुक्र तथा शनि यदि किसी भाव में एक साथ हों तो यह योग होता है। जातक तुच्छ सेवक, तथा नेत्र विकार वाला होता है।

1266. **चंद्र बुध गुरु शुक्र शनि योग**—चंद्र, बुध, गुरु, शुक्र तथा शनि यदि किसी भाव में एक साथ हों तो यह योग होता है। जातक अत्यंत माननीय, नेता, सदाचारी तथा अनेक लोगों का नेतृत्व करने वाला होता है।

1267. **मंगल बुध गुरु शुक्र शनि योग**—मंगल, बुध, गुरु, शुक्र तथा शनि यदि किसी भाव में एक साथ हों तो यह योग होता है। जातक आसानी से क्रोधित होने वाला, मृत्यु दंड या कारावास देने का अधिकारी, राजा का प्रिय, आलसी, बीमार होता है।

1268. **सूर्य चंद्र मंगल बुध गुरु शुक्र योग**—सूर्य, चंद्र, मंगल, बुध, गुरु तथा शुक्र यदि किसी भाव में एक साथ हों तो यह योग होता है। जातक ज्ञान, जीवन साथी, धन तथा सद्‌गुणों से संपन्न होता है। तीर्थयात्री, प्रसिद्ध, पर्वत तथा वन का वासी, शरीर से नत तथा बातूनी होता है।

1269. **सूर्य चंद्र मंगल बुध गुरु शनि योग**—सूर्य, चंद्र, मंगल, बुध, गुरु तथा शनि यदि किसी भाव में एक साथ हों तो यह योग होता है। जातक परोपकारी, धर्मप्रवण, अस्थिर मस्तिष्क वाला, उजाड़ भूमि पर निवास करने वाला, व्यभिचारी तथा दूसरों की सहायता करने वाला होता है।

1270. **सूर्य चंद्र मंगल बुध शुक्र शनि योग**—सूर्य, चंद्र, मंगल, बुध, शुक्र तथा शनि यदि किसी भाव में एक साथ हों तो यह योग होता है। जातक शंकालु, प्रसिद्ध, शत्रुओं का नाश करने वाला, कलह प्रिय, व्यभिचारी, अपने निवास से दूर जाने वाला होता है।

1271. **सूर्य चंद्र मंगल गुरु शुक्र शनि योग**—सूर्य, चंद्र, मंगल, गुरु, शुक्र तथा शनि यदि किसी भाव में एक साथ हों तो यह योग होता है। जातक धूर्त, दूसरों की सेवा में मग्न, आसानी से क्रोधित होने वाला, तपेदिक से ग्रस्त तथा अन्य वक्षस्थल की बीमारियों से ग्रस्त होता है। सुख सुविधाओं से वंचित परंतु संतुष्ट होता है तथा अपने जीवनसाथी के प्रति समर्पित होता है।

1272. सूर्य चंद्र बुध गुरु शुक्र शनि योग—सूर्य, चंद्र, बुध, गुरु, शुक्र तथा शनि यदि किसी भाव में एक साथ हों तो यह योग होता है। जातक जीवनसाथी तथा धन से वंचित, मानसिक वेदना से ग्रस्त, दयालु, राजा का सलाहकार तथा रमणीय होता है।

1273. सूर्य मंगल बुध गुरु शुक्र शनि योग—सूर्य, मंगल, बुध, गुरु, शुक्र तथा शनि यदि किसी भाव में एक साथ हों तो यह योग होता है। जातक वनों तथा पहाड़ियों में भटकने वाला, तीर्थ यात्रा करने वाला, जीवनसाथी, धन तथा संतान से वंचित होता है।

1274. चंद्र मंगल बुध गुरु शुक्र शनि योग—चंद्र, मंगल, बुध, गुरु, शुक्र तथा शनि यदि किसी भाव में एक साथ हों तो यह योग होता है। जातक धर्म परायण, प्रसिद्ध, आलसी, धनी, राजा का सलाहकार, कई पत्नियों/पतियों वाला, तीर्थयात्राओं का उत्तरदायित्व लेने वाला तथा तपस्वी स्वभाव वाला होता है।

1275. सूर्य चंद्र मंगल बुध गुरु शुक्र शनि योग—सूर्य, चंद्र, मंगल, बुध, गुरु, शुक्र तथा शनि यदि किसी भाव में साथ हों तो यह योग होता है। जातक सूर्य के समान यशस्वी, शासक द्वारा सम्मानित, भगवान शिव की आराधना करने वाला, धनी तथा परोपकार करने में सक्षम होता है।

1276. जातक चिह्न योग—मंगल लग्न में हो जबकि गुरु तथा शुक्र सातवें भाव में हों तो यह योग होता है। जातक के माथे पर चोट का निशान होता है।

1277. जातक चिह्न योग—लग्न में मंगल के साथ शुक्र तथा चंद्रमा हो तो यह योग होता है। जातक के माथे पर दूसरे या छठे वर्ष की आयु में निशान हो जाता है।

1278. जातक चिह्न योग—शुक्र लग्न में हो तथा राहु आठवें स्थान में हो तो यह योग होता है। जातक के माथे तथा बाएं कान पर किसी प्रकार का निशान पाया जाता है।

1279. जातक चिह्न योग—राहु सातवें भाव में हो तथा गुरु लग्न में हो तथा शुक्र किसी पापग्रह से आठवें भाव में युत हो तो यह योग होता है। जातक की बाईं भुजा पर निशान पाया जाता है।

1280. जातक चिह्न योग—राहु सातवें भाव में हो, गुरु लग्न में हो तथा शुक्र किसी पापग्रह से आठवें भाव में युत हो तो यह योग होता है। जातक की बाईं भुजा पर निशान पाया जाता है।

1281. उच्चाभिलाषी योग—मीन के अंतिम अंशस्थ सूर्य यदि त्रिकोण में हो, चंद्रमा कर्क में हो तथा बृहस्पति भी कर्क में हो तो जातक राज्यपाल या मंत्री होता है।

1282. उच्चाभिलाषी योग—यदि छह ग्रह निर्मल किरणयुक्त सबल होकर लग्न में स्थित हों तो मंडलाधिकारी होने का योग होता है।

1283. उच्चाभिलाषी योग—यदि समस्त शुभ ग्रह बलवान, परिपूर्ण किरण होकर लग्न में स्थित हों और पापग्रह अस्त होकर उनके साथ न हों तो जातक प्रतिष्ठित पद प्राप्त करता है। इस योग के होने से अत्यधिक सम्मान प्राप्त होता है।

1284. उच्चाभिलाषी योग—समस्त शुभ ग्रह पणफर स्थान में हों और पापग्रह द्विस्वभाव राशि में हों तो जातक रक्षा मंत्री होता है।

1285. उच्चाभिलाषी योग—लग्नेश लग्न में हो अथवा मित्र की राशि में मित्र से दृष्ट हो तो जातक राज्य में किसी उच्च पद को प्राप्त करता है। यदि उक्त योग में शुभ राशि लग्न में हो तो जातक को शिक्षामंत्री का पद प्राप्त होता है।

1286. उच्चाभिलाषी योग—पूर्ण चंद्रमा यदि मेष राशि के नवांश में स्थित हो और उस पर गुरु की दृष्टि हो, अन्य ग्रहों की दृष्टि न हो तथा कोई भी ग्रह बीच में न हो तो जातक शासनाधिकारी होता है।

1287. उच्चाभिलाषी योग—पूर्ण चंद्रमा लग्न से 3/6/10/11 वें स्थानों में गुरु से दृष्ट हो अथवा चंद्र राशि 10वें या सातवें भाव में गुरु से दृष्ट हो तथा अन्य किसी भी ग्रह की दृष्टि न हो तो जातक राजनीति में सफलता प्राप्त करता है।

1288. उच्चाभिलाषी योग—पूर्ण चंद्रमा उच्च में हो और उसके ऊपर शुभ ग्रहों की दृष्टि हो तो उच्चाभिलाषी योग बनता है।

1289. उच्चाभिलाषी योग—पूर्ण चंद्रमा सूर्य के नवांश में हो और समस्त शुभ ग्रह केंद्र में हों तथा पाप ग्रहों का योग न हो तो भी यह योग होता है। जातक उच्च पद पाता है।

1290. उच्चाभिलाषी योग—चंद्र, बुध और मंगल उच्च स्थान में या अपने–अपने नवांश में हों तथा ये तीसरे या बारहवें भाव में हों और चंद्रमा सहित गुरु पांचवें भाव में स्थित हो तो जातक प्रतापी मंत्री होता है।

1291. उच्चाभिलाषी योग—कोई भी तीन ग्रह अपने उच्च, नवांश या स्वराशि में स्थित हों और उनपर शुभ ग्रह की दृष्टि हो तो जातक विधायक होता है।

1292. उच्चाभिलाषी योग—तीन शुभ ग्रहों के उच्चराशिस्थ होने से जातक को मंत्री पद प्राप्त होता है।

1293. उच्चाभिलाषी योग—गुरु और चंद्रमा के उच्च होने पर यह योग होता है और जातक शिक्षा मंत्री होता है।

1294. उच्चाभिलाषी योग—गुरु, मंगल और चंद्रमा तीनों के उच्च होने पर जातक को मुख्यमंत्री पद प्राप्त होता है।

1295. उच्चाभिलाषी योग—चार ग्रहों के उच्च होने पर जातक को केंद्र या अन्य बड़ी सभा में उच्च पद प्राप्त होता है।

1296. उच्चाभिलाषी योग—यदि जन्म के समय सभी ग्रह योगकारक हों तो उच्चाभिलाषी योग होता है। जातक राष्ट्रपति होता है। दो–तीन ग्रहों के योगकारक होने पर जातक का राज्यपाल होने का योग बनता है।

1297. उच्चाभिलाषी योग—वृष राशिस्थ चंद्रमा को जन्म के समय बृहस्पति देखता हो तो जातक की राजनीति में कीर्ति बढ़ती है।

1298. उच्चाभिलाषी योग—अपने उच्च, त्रिकोण या स्वराशि में स्थित होकर कोई भी ग्रह चंद्रमा को देखता हो तो जातक को मंत्री पद प्राप्त होता है।

1299. उच्चाभिलाषी योग—यदि चंद्रमा अपनी राशि या द्रेष्कोण में स्थित हो तो व्यक्ति मंडलपति होता है। शुभ ग्रहों के पूर्ण बलवान होने से यह योग अधिक शक्तिशाली होता है।

1300. उच्चाभिलाषी योग—जन्म के समय सूर्य अपने नवांश में और चंद्रमा अपनी राशि में हो तो जातक महादानी और उच्च पदाधिकारी होता है।

1301. उच्चाभिलाषी योग—लग्न में शनि और सातवें भाव में नवोदित बृहस्पति हो और उस पर शुक्र की दृष्टि हो तो जातक मुखिया होता है। पंचायत का प्रधान भी होता है।

1302. उच्चाभिलाषी योग—शुक्र, सूर्य और चंद्रमा तीनों एक स्थान में गुरु से दृष्ट हों तो जातक मुखिया होता है और उसका सर्वत्र सम्मान होता है।

1303. उच्चाभिलाषी योग—शुक्र, चंद्र और सूर्य तीसरे भाव में हों, मंगल सातवें भाव में हो, गुरु नौवें भाव में हो और लग्न में वर्गोत्तम नवांश स्थित हो तो जातक मंत्री होता है। यह योग गुरु की महादशा और मंगल की अंतर्दशा में घटित होता है।

1304. उच्चशासक योग—जन्म के समय बुध, गुरु, शुक्र बली होकर नौवें भाव में हों और मित्र ग्रहों की इन पर दृष्टि हो तो जातक उच्च शासनाधिकारी होता है।

1305. सर्वशक्तिसंपन्न योग—चंद्रमा तीसरे या दसवें भाव में हो और गुरु अपने उच्च में हो तो जातक सर्व संपत्तियुक्त शासनाधिकारी होता है।

1306. महानुभाव योग—पूर्ण चंद्रमा कर्क में हो तथा बली, बुध, गुरु और शुक्र अपने नवांश में स्थित होकर चौथे भाव में हों और इन ग्रहों पर सूर्य की दृष्टि हो तो साधारण व्यक्ति भी मंत्री पद प्राप्त करता है। इस व्यक्ति के तेज एवं बौद्धिक प्रखरता के कारण बड़े—बड़े महानुभाव भी उससे प्रभावित होते हैं।

1307. विशारद योग—मूल त्रिकोण में सूर्य दसवें भाव में हो और शुक्र, गुरु तथा चंद्र स्वराशि में स्थित होकर तीसरे, छठवें और ग्यारहवें भावों में हों तो जातक उच्च श्रेणी का राजनीति विशारद होता है। उसे चुनाव में स्वयं ही सफलता प्राप्त होती है।

1308. मंत्रीपरिषद योग—बली सूर्य यदि गुरु के साथ अपने उच्च में स्थित होकर दसवें भाव में हो, शुक्र अपने नवांश में बली होकर नौवें भाव में हो, लग्न में शुभ वर्ग या शुभ ग्रह स्थित हों और उन पर बुध की दृष्टि हो तो व्यक्ति चुनाव में विजय प्राप्त करता है। इस योग के होने से उसे मंत्री पद प्राप्त होता है।

1309. विधानमंडल योग—पूर्ण चंद्रमा वृष में हो और उसको तुला राशि स्थित शुक्र पूर्ण दृष्टि से देख रहा हो तथा बुध चौथे भाव में स्थित हो तो जातक विधायक होता है।

1310. सांसद योग—मंगल अपने उच्च में हो और उस पर सूर्य, चंद्र एवं गुरु की दृष्टि हो तो जातक सांसद होता है और उत्तम सुख प्राप्त करता है।

1311. विधायक योग—उच्च राशि का चंद्र लग्न में हो, गुरु धन भाव में, शुक्र तुला में, बुध कन्या में, मंगल मेष में और सूर्य अपनी सिंह राशि में हों तो जातक विधायक होता है।

1312. प्रभुत्वशाली योग—चंद्रमा और सूर्य दसवें भाव में, शनि लग्न में, गुरु चौथे भाव में और शुक्र, बुध तथा मंगल ग्यारहवें भाव में हों तो व्यक्ति अत्यंत शक्तिशाली मंत्री होता है।

1313. यशस्वी योग—लग्न में मंगल, दसवें भाव में शनि और सूर्य, सातवें भाव में गुरु, नौवें में शुक्र, ग्यारहवें भाव में बुध और चौथे भाव में चंद्रमा हो तो जातक यशस्वी शासक होता है।

1314. चाणक्य योग—क्षीण चंद्रमा भी उच्चस्थ हो तो जातक को राजनीति में प्रवीण बनाता है। पूर्ण चंद्रमा उच्च राशि का होने पर व्यक्ति को उत्तम और प्रतिष्ठित पद प्राप्त होता है।

1315. राज्यपाल योग—गुरु और शुक्र अपने—अपने उच्च में स्थित होकर 1/2/4/7/9/10/11वें भाव में हों तो व्यक्ति राज्यपाल होता है।

1316. मुख्यमंत्री योग—बलवान गुरु लग्न में, शुक्ल पक्ष की अष्टमी के अनंतर का चंद्रमा ग्यारहवें भाव में बुध से दृष्ट हो और चंद्रमा से दूसरे स्थान में सूर्य हो तो जातक मुख्यमंत्री होता है। उच्च का गुरु और चंद्र मुख्यमंत्री बनाने वाले योगों में सर्वप्रधान हैं।

1317. गृहरक्षा योग—गुरु से दृष्ट सूर्य, चंद्र से दृष्ट शुक्र, मंगल से दृष्ट शनि चर राशियों में स्थित हों तो जातक रक्षामंत्री या गृहमंत्री होता है।

1318. विजयी योग—कन्या लग्न में बुध, मीन में गुरु, तीसरे स्थान में बली मंगल, छठे भाव में शनि और चौथे स्थान में शुक्र हो तो जातक चुनाव में निश्चय ही सफलता प्राप्त करता है।

1319. उच्चाधिकारी योग—मकर लग्न में शनि, सातवें भाव में सूर्य, आठवें भाव में शुक्र, वृश्चिक राशि में मंगल और कर्क राशि में चंद्र हो तो जातक उच्च शासनाधिकारी होता है।

1320. मंडलाधिकारी योग—मकर लग्न में शनि, सातवें भाव में चंद्र और गुरु, कन्या में बुध और शुक्र अथवा कन्या राशि में स्थित बुध शुक्र द्वारा दृष्ट हो तो जातक मंडलाधिकारी होता है।

1321. शासनाधिकारी योग—गुरु से शनि, सूर्य और चंद्र क्रमशः दूसरे, चौथे, सातवें भाव में स्थित हों और शेष ग्रह तीसरे व ग्यारहवें भाव में हों तो जातक को निश्चय ही शासनाधिकार मिलता है।

1322. मंत्रीपद योग—वर्गोत्तम नवांशगत उच्च राशि स्थित पूर्ण चंद्र को जो जो शुभ ग्रह देखते हैं, उसकी महादशा या अंतर्दशा में मंत्री पद प्राप्त होता है।

1323. उच्चाभिलाषी योग—तीसरे, छठे, ग्यारहवें भावों में क्रूर ग्रहों की राशियां हों और इन भावों में किसी भी भाव में स्वगृही ग्रह हों तो जातक को पुलिस विभाग में अधिकारी का पद प्राप्त होता है।

1324. विवाह हीन योग—यदि जन्मकुंडली में सप्तमेश शुभयुक्त न होकर छठे, आठवें या बारहवें भाव में हो अथवा नीच का हो तो जातक का विवाह नहीं होता है, अथवा विधुर होगा।

1325. स्त्री सुख वंचित योग—यदि षष्ठेश, अष्टमेश तथा द्वादशेश सातवें भाव में हो तथा ये ग्रह शुभ ग्रह से युत या दृष्ट न हों, अथवा सप्तमेश छठे, आठवें या बारहवें भाव का स्वामी हो हो तो जातक को स्त्री सुख नहीं मिलता है।

1326. भार्याहीन योग—यदि शुक्र और चंद्रमा साथ होकर किसी भाव में बैठे हो और शनि तथा मंगल सातवें भाव में हों तो जातक का विवाह नहीं होता है।

1327. **विवाहबंधक योग**—सातवें भाव में शनि और चंद्रमा के होने की स्थिति में जातक का विवाह नहीं होता है। अगर विवाह होगा भी तो स्त्री बंध्या होगी।

1328. **अल्प स्त्री सुख योग**—यदि सातवें भाव में केतु हो और उस पर शुक्र की दृष्टि हो तो जातक के भाग्य में स्त्री सुख कम होगा।

1329. **स्त्री विमुख योग**—पांचवें, सातवें अथवा नौवें भाव में शुक्र और मंगल हो तो जातक का विवाह नहीं होगा और यदि होगा तो उसे स्त्री सुख नहीं मिलेगा।

1330. **भार्यामरण योग**—यदि लग्न में केतु हो और सातवें भाव में पापग्रह हों तो पापग्रहों की दृष्टि हो तो भार्यामरण योग होता है।

1331. **दुराचारिणी योग**—लग्न और चंद्रमा 1/3/5/7/9/11 वें भाव में हों तो जातिका पुरुष की आकृतिवाली, परपुरुष में रत अर्थात् दुराचारिणी होगी।

1332. **व्यभिचारिणी योग**—यदि लग्न और चंद्रमा 1/3/5/7/9/11 वें भाव में हों और उन पर शुभग्रह की दृष्टि न हो तो जातिका दुष्ट स्वभाव की व्यभिचारिणी होगी।

1333. **पतिव्रता योग**—यदि लग्न और चंद्रमा 2/4/6/8/10/12 वें भाव में हों तो जातिका सुंदरी, शीलवती और पतिव्रता होगी।

1334. **विदुषी योग**—यदि जातिका की कुंडली में 2/4/6/8/10/12 वें भाव में मंगल, बुध, गुरु और शुक्र हों तो वह विदुषी, साध्वी और गुणवती होगी।

1335. **वैधव्य योग**—सातवें भाव में मंगल हो तथा उस पर पापग्रहों की दृष्टि हो तो जातिका विवाह के कुछ समय बाद ही विधवा होगी।

1336. **वैधव्य योग**—मंगल की राशि में स्थिर राहु पापग्रह से युत होकर आठवें या बारहवें भाव में हो तो जातिका विधवा होगी।

1337. **वैधव्य योग**—लग्न और सातवें भाव में पापग्रह हों तो जातिका विवाह के सात–आठ वर्ष बाद विधवा होगी।

1338. **वैधव्य योग**—चंद्रमा से सातवें, आठवें या बारहवें भाव शनि, मंगल दोनों हों तथा वे पापग्रह से दृष्ट हों तो जातिका विवाह के बाद शीघ्र विधवा होगी।

1339. **वैधव्य योग**—षष्ठेश और अष्टमेश छठे या बारहवें भाव में पापग्रह युत या दृष्ट हों तो जातिका विधवा होगी।

1340. **वैधव्य योग**—चंद्रमा से सातवें भाव में मंगल, शनि, राहु और सूर्य इन चारों ग्रहों में से कोई दो ग्रह हों तो जातिका को वैधव्य योग होगा।

इनके अलावा भी अनेक योग हैं जिन्हें यहां स्थानाभाव के कारण नहीं दे रहे हैं।

●

मेलापक या कुंडली मिलान

भारतीय समाज में विवाह से पूर्व वर व कन्या की कुंडली मिलाने की परंपरा है। जिस प्रकार जन्मकुंडली में उस जातक का भविष्य छिपा होता है, उसी प्रकार दो व्यक्तियों के मिलन और उनके दांपत्य जीवन को अधिकाधिक सुखी बनाने के लिए आवश्यक है। यह केवल परंपरा नहीं है, अपितु भावी दंपति के स्वभाव, गुण, प्रेम और आचार व्यवहार के बारे में ज्ञात करना है। दांपत्य जीवन को अधिकाधिक सुखमय और मंगलमय बनाने के लिए कुंडलियों का मिलान आवश्यक है। वर तथा कन्या यदि समान आचार व्यवहार वाले नहीं होते तो दांपत्य जीवन सुखमय नहीं हो सकता।

भारतीय समाज में प्रेम विवाह को कल्याणकारी नहीं माना गया है। जबकि जन्मकुंडली मिलवाकर दो अपरिचित व्यक्तियों का जीवनभर के लिए गठबंधन कर दिया जाता है, और उनका दांपत्य जीवन मधुरता के साथ बीतता है। इसलिए यदि प्रेम विवाह जैसी परिस्थिति में प्रेमी–प्रेमिका के स्वभाव आदि के बारे में ज्योतिष द्वारा ज्ञात कर लिया जाए तो उनका अत्यंत उपकार हो सकता है।

विवाह मनुष्य के जीवन में वह क्षण है, जहां एक निर्णय पर उसके सारे जीवन का निर्धारण हो जाता है कि उसे किस व्यक्ति के साथ जीवनभर चलना है। आधुनिक युग में प्रेम विवाह बढ़ता जा रहा है, लेकिन कुंडली का मिलान न होने के कारण अधिकांश प्रेम विवाह अल्पावधि के ही रह जाते हैं। ग्रहों की शांति के स्थान पर उनकी परिणति तलाक पर होती है। यह सब वैदिक और वैज्ञानिक आधार वाली मेलापक पद्धति की उपेक्षा करने से ही होता है। उपयुक्त मिलान न होने की स्थिति में वैवाहिक जीवन में वैमनस्य, वैधव्य, अथवा पारिवारिक कष्टों का सामना करना पड़ता है। ज्योतिष नक्षत्र, योग, ग्रह और राशि आदि तत्वों के आधार पर व्यक्ति के स्वभाव और गुणों को निर्धारित करता है।

ज्योतिष स्पष्ट संकेत देता है कि अमुक नक्षत्र, ग्रह और राशि के प्रभाव से उत्पन्न जातक का अमुक नक्षत्र, ग्रह और राशि के प्रभाव से उत्पन्न जातक के साथ संबंध करना अनुकूल है या नहीं। प्रभाव शामक सामंजस्य के होने से दोनों के स्वभाव और गुणों में समानता है। क्योंकि एक का भाग्य एवं भविष्य भी दूसरे के साथ मिलने वाला है। यह सब ज्योतिष के द्वारा ही संभव है। जिस समय भगवान राम का विवाह हो रहा था तो धनुष यज्ञ के समय ही महर्षि परशुराम ने कह दिया था कि सीता तेरे भाग्य में दांपत्य सुख नहीं लिखा है। और हुआ भी यही, राम को राजतिलक के क्षण पर वनवास हुआ और वनवास के दौरान

सीता का अपहरण हुआ। वनवास से लौटी तो मामूली सी घटना से गर्भावस्था की स्थिति में ही पति ने परित्याग कर दिया। अंत में तो सीता को पृथ्वी में ही समाना पड़ा। इसलिए ज्योतिष अत्यंत महत्वपूर्ण विज्ञान है। आजकल तो निजी सचिव और प्रबंधक आदि पदों के लिए भी उनकी जन्मकुंडली देखकर नियुक्ति का प्रचलन प्रारंभ हो गया है। यह सही भी है, क्योंकि दो व्यक्तियों के व्यापारिक अथवा अन्य जीवन के शुभाशुभ फल भी ग्रहों के अनुकूल होने या न होने पर निर्भर होते हैं। यह भी देखने में आया है कि मंत्रालय बदलने से ही धरातल पर विकास दिखाई देने लगता है। ज्योतिष में लग्न को शरीर और चंद्रमा को मन माना गया है। प्रेम मन से होता है, शरीर से नहीं। इसलिए जन्मकुंडलियों का मिलान जन्म राशि से किया जाता है। वर कन्या के जन्म नक्षत्रों से ही आठ कूटों का निर्णय किया हाता है। ये आठ कूट हैं–

1. वर्ण, 2. वश्य, 3. तारा, 4. योनि, 5. ग्रह मैत्री, 6. गण मैत्री, 7. भकूट एवं 8. नाड़ी

गुण मिलान से वर और कन्या की प्रजनन शक्ति, स्वास्थ्य, विद्या एवं आर्थिक परिस्थिति का ज्ञान किया जाता है। आठों कूटों की क्रम संख्या ही इनके गुणों का सूचक है। अर्थात् वर्ण का 1, वश्य के 2, तारा के 3, योनि के 4, ग्रह मैत्री के 5, गण मैत्री के 6, भकूट के 7 एवं नाड़ी के 8 गुण होते हैं। इस प्रकार कुल 36 गुण होते हैं। विवाह के लिए इसमें कम से कम आधे अर्थात् 18 गुणों का मिलना आवश्यक होता है। परंतु इसमें नाड़ी और भकूट के गुण अवश्य होने चाहिए। इनके गुणों के बिना विवाह मंगलकारी नहीं हो सकता, क्योंकि इनसे मृत्यु, संतान और आर्थिक स्थिति का फल ज्ञात किया जाता है।

वर्ण विचार

वर्ण से व्यावहारिकता का ज्ञान होता है। मीन, वृश्चिक और कर्क राशियां ब्राह्मण वर्ण हैं। मेष, सिंह और धनु क्षत्रिय वर्ण हैं। कन्या, वृष और मकर वैश्य वर्ण हैं। मिथुन, तुला और कुंभ शूद्र वर्ण हैं। इस वर्ण विचार में श्रेष्ठ वर्ण की कन्या त्याज्य होती है। पहले वर तथा कन्या की राशि मालूम कर वर्ण ज्ञात करना चाहिए। इसके पश्चात उक्त सारणी के अनुसार वर्ण का गुण ज्ञात करना चाहिए।

वर्ण गुण का बोध निम्न सारणी से किया जा सकता है–

कन्या▼ /वर▶	**ब्राह्मण**	**क्षत्रिय**	**वैश्य**	**शूद्र**
ब्राह्मण	1	0	0	0
क्षत्रिय	1	1	0	0
वैश्य	1	1	1	0
शूद्र	1	1	1	1

वर की राशि का वर्ण कन्या के राशि वर्ण से उच्च हो या समान वर्ण का हो तो एक गुण प्राप्त होता है अन्यथा शून्य गुण होगा।

वश्य विचार

मकर का पूर्वार्द्ध, मेष, सिंह, वृष और धनु का उत्तरार्द्ध ये राशियां चतुष्पद हैं। वृश्चिक सर्प संज्ञक है। तुला, मिथुन, कन्या और धनु का पूर्वार्द्ध द्विपद संज्ञक हैं। कर्क राशि कीट संज्ञक है। मकर का उत्तरार्द्ध, कुंभ और मीन ये राशियां जलचर हैं। सिंह राशि के अतिरिक्त सभी राशियां मनुष्य राशि के वश में हैं। जल राशियां नर राशियों का भक्ष्य है। वृश्चिक को छोड़कर शेष राशियां सिंह राशि के वश्य हैं। समान वश्य होने पर 2 गुण, एक वश्य और दूसरा शत्रु होने पर एक गुण, एक वश्य और दूसरा भक्ष्य होने पर आधा गुण तथा शत्रु और एक भक्ष्य होने पर शून्य गुणाभाव रहेगा। इसे निम्न सारणी से समझा जा सकता है–

कन्या ▾ वर ▸	चतुष्पद	सर्प	द्विपद	कीट	जलचर
चतुष्पद	2	1	1.5	1	2
सर्प	1	2	0	1	1
द्विपद	0	0	2	0	1
कीट	1	1	0	2	1
जलचर	1	1	1	1	2

तारा विचार

तारा से संपन्नता का ज्ञान होता है। कन्या के नक्षत्र से वर के नक्षत्र तक गिने और वर के नक्षत्र से कन्या के नक्षत्र तक गिनें, दोनों संख्याओं को अलग–अलग 9 से भाग देने पर यदि शेष 3, 5, 7 बचे तो अशुभ तारा होती है। एक में तारा शुभ और दूसरे में अशुभ हो तो डेढ़ तथा दोनों में तारा शुभ हो तो 3 गुण होते हैं। तारा को निम्न सारणी द्वारा आसानी से समझा जा सकता है–

▾ कन्या वर ▸	1	2	3	4	5	6	7	8	9
1	3	3	1.5	3	1.5	3	1.5	3	3
2	3	3	1.5	3	1.5	3	1.5	3	3
3	1.5	1.5	0	1.5	0	1.5	0	1.5	1.5
4	3	3	1.5	3	1.5	3	1.5	3	3
5	1.5	1.5	0	1.5	0	1.5	0	1.5	1.5
6	3	3	1.5	3	1.5	3	1.5	3	3
7	1.5	1.5	0	1.5	0	1.5	0	1.5	1.5
8	3	3	1.5	3	1.5	3	1.5	3	3
9	3	3	1.5	3	1.5	3	1.5	3	3

योनि विचार

योनि विचार से वर तथा कन्या के शारीरिक संबंधों का विचार किया जाता है। अश्विनी आदि नक्षत्रों के अनुसार जातक की योनि ज्ञात की जाती है। अश्विनी और शतभिषा की अश्व योनि, स्वाति और हस्त की महिष, पूर्वाभाद्रपद और धनिष्ठा की सिंह, भरणी और रेवती की गज, कृतिका और पुष्य की मेष, श्रवण और पूर्वाषाढ़ा की वानर, उत्तराषाढ़ा और अभिजित की नकुल, रोहिणी और मृगशिरा की सर्प, ज्येष्ठा और अनुराधा की मृग, मूल और आर्द्रा की श्वान, पुनर्वसु और आश्लेषा की बिलाव, पूर्वाफाल्गुनी और मघा की मूषक, दिशाखा और चित्रा की व्याघ्र एवं उत्तराफाल्गुनी और उत्तरा भाद्रपद की गौ योनि होती है। इसे निम्न सारणी से ज्ञात किया जा सकता है–

वर की योनि ▶ ▼ कन्या की योनि	अश्व	गज	मेष	सर्प	श्वान	बिलाव	मूषक	गौ	महिष	व्याघ्र	मृग	वानर	नकुल	सिंह
अश्व	4	2	3	2	2	3	3	3	0	1	3	2	2	1
गज	2	4	3	2	2	3	3	3	3	1	3	2	2	0
मेष	3	3	4	2	2	3	3	3	0	1	3	0	2	1
सर्प	2	2	2	4	2	1	1	2	2	2	2	1	0	2
श्वान	2	2	2	2	4	1	2	2	2	2	0	2	2	2
बिलाव	3	3	3	1	1	4	0	3	3	2	3	2	2	2
मूषक	3	3	3	1	2	0	4	3	3	2	3	2	1	1
गौ	3	3	3	2	2	3	3	4	3	0	3	2	2	1
महिष	0	3	3	2	2	3	3	3	4	1	1	2	2	1
व्याघ्र	1	1	1	2	2	2	2	1	1	4	1	2	2	1
मृग	3	3	3	2	0	3	2	3	3	1	4	2	2	3
वानर	2	2	0	1	2	2	2	2	2	2	2	4	2	2
नकुल	2	2	2	0	2	2	1	2	2	2	2	2	4	2
सिंह	1	0	1	2	2	2	2	1	1	2	1	2	2	4

वर तथा कन्या की योनियों का आपसी वैर त्याज्य है। जैसे गौ और व्याघ्र में, सिंह और गज में, नकुल और सर्प में, अश्व और महिष में, श्वान और हरिण में, वानर और मेष में, मूषक और मार्जार में परस्पर महावैर है। वर तथा कन्या की एक योनि होना शुभ है। योनियों में परस्पर अतिमित्र हो तो 4 गुण, मित्र हो तो 3 गुण, सहज प्रकृति समान हो तो 2 गुण, सामान्य वैर हो तो 1 गुण एवं अतिशत्रुता हो तो शून्य अर्थात् गुणाभाव होगा जिसे उक्त सारणी से समझा जा सकता है।

ग्रह मैत्री

ग्रह मैत्री से वर तथा कन्या के व्यवहार और आपसी संबंध का ज्ञान का ज्ञान होता है। ग्रह मैत्री कूट के संबंध में वर तथा कन्या के राशि स्वामियों का ऐक्य अथवा मैत्री भावादि से अभिप्राय है। वर कन्या की राशियों में परस्पर अधिमित्रता या राश्यैक्य होने पर

5 गुण, एक सम और दूसरा मित्र हो तो 4 गुण, एक दूसरे के सम हो तो 3 गुण, एक मित्र और दूसरा शत्रु हो तो 1 गुण, एक सम और दूसरा शत्रु हो तो आधा गुण एवं दोनों की राशियां परस्पर शत्रु हो तो शून्य अर्थात् गुणाभाव होता है।

अष्टकूट में राशि स्वामी की मैत्री को विशेष महत्व दिया गया है। मिलान में वर्ण, योनि, गण और षडाष्टक दोष होने पर भी यदि परस्पर राशि मैत्री पाई जाती हो तो इन दोषों का निवारण हो जाता है। यदि वर कन्या के राशिपतियों में परस्पर वैर हो लेकिन नवांशपति परस्पर मित्र हो तो विवाह शुभ माना जाता है। ग्रहों की मैत्री के बारे में पिछले अध्याय में बता चुके हैं।

गण विचार

गण से वर तथा कन्या के मानसिक तालमेल का विचार किया जाता है। मघा, आश्लेषा, धनिष्ठा, ज्येष्ठा, मूल, शतभिषा, कृतिका, चित्रा और दिशाखा ये नक्षत्र राक्षस गण, तीनों पूर्वा, तीनों उत्तरा, रोहिणी, भरणी और आर्द्रा ये नक्षत्र मनुष्य गण और अनुराधा, पुनर्वसु, मृगशिरा, श्रवण, रेवती, स्वाति, हस्त, अश्विनी और पुष्य नक्षत्र देवता संज्ञक माने जाते हैं। इनका गुण दोष निम्न सारणी से ज्ञात किया जा सकता है–

▾ कन्या / वर ▸	देवता	मनुष्य	राक्षस
देवता	**6**	**5**	**1**
मनुष्य	**6**	**6**	**0**
राक्षस	**0**	**0**	**6**

गण दोष परिहारः राशिपतियों में परस्पर मित्रता या राशिनवांशपति में भिन्नता हो तो गणदोष नहीं रहता। ग्रह मैत्री तथा वर कन्या के नक्षत्रों की नाड़ियों में भिन्नता होने पर भी गणदोष नहीं होता।

भकूट विचार

भकूट को राशि कूट भी कहते हैं। भकूट से वर कन्या में आपसी मेलमिलाप का विचार किया जाता है। भकूट दोष के कारण उत्पन्न सामंजस्यता का अभाव ग्रह मैत्री ठीक हों तो काफी कम हो जाता है। कन्या की राशि से वर की राशि तक और वर की राशि से कन्या की राशि तक गिनना चाहिए। वर कन्या की राशि परस्पर छठे या आठवें हो तो षडाष्टक योग होता है। इस योग में दोनों की मृत्यु, इनके माता–पिता अथवा निकटस्थ बंधु को मृत्यु तुल्य कष्ट होने की आशंका होती है। यदि राशि परस्पर पांचवीं और नौवीं हो तो नवपंचम दोष होता है। इस दोष में संतान की हानि होती है। यदि दोनों की राशियां परस्पर दूसरी और बारहवीं हो तो इसे द्विर्द्वादश दोष कहते हैं और इस दोष में धन की हानि एवं आर्थिक परेशानियों का सामना करना पड़ता है। इससे भिन्न होने पर सुखी रहते हैं।

षडाष्टक परिहार

1. मेष वृश्चिक, वृष तुला, मिथुन मकर, कर्क धनु, सिंह मीन एवं कन्या कुंभ आदि मित्र राशियों का षडाष्टक शुभ होता है। जबकि शत्रु षडाष्टक ही विशेषतया त्याज्य होता है। जैसे– मेष कन्या, वृष धनु, मिथुन वृश्चिक, कर्क कुंभ, सिंह मकर, तुला मीन राशियों का शत्रुगत षडाष्टक होने से त्याज्य माना गया है।
2. षडाष्टक परिहार स्वरूप तारा शुद्धि, राशीश मैत्री, राशिवश्यैक्य, अथवा राशि स्वामी ग्रह समान होने पर षडाष्टक दोष भी ग्राह्य होता है।

नवपंचम परिहार

1. वर की राशि से कन्या की राशि पांचवीं हो और कन्या की राशि से वर की राशि नौवीं हो तो यह नवपंचम शुभ होता है।
2. मीन कर्क, वृश्चिक कर्क, मिथुन कुंभ और कन्या मकर ये चार नवपंचक विशेषतया त्याज्य माने जाते हैं।
3. वर तथा कन्या दोनों के चंद्र राशि अधिपति अथवा राशि नवांशपति परस्पर मित्रक्षेत्री हों तो नवपंचम अविचारणीय होता है।

द्विर्द्वादश दोष का परिहार

1. वर की राशि से कन्या की राशि दूसरी हो तो कन्या धन हानिकारक और बारहवीं हो तो धनपति और पति प्रिय होती है।
2. मेष वृष, मिथुन कर्क, सिंह कन्या, तुला वृश्चिक, धनु मकर एवं कुंभ मीन राशियों का द्विर्द्वादश अनिष्टकारक होता है।
3. यद्यपि सिंह और कन्या के द्विर्द्वादश को मुहूर्तमार्तंड में ग्राह्य माना गया है।
4. इसके अतिरिक्त कुछ परिस्थितियों में वर कन्या की परस्पर राशि स्थिति विशेष शुभकारी होती है। जैसे दोनों की राशि एक ही मकर का होना, दोनों की राशियों का त्रि एकादश होना, राशियों का आपस में चतुर्थ दशम होना एवं परस्पर सम सप्तम होना शुभ होता है। परंतु कर्क मकर तथा सिंह कुंभ राशियों का समसप्तक योग अशुभ होता है।

नाड़ी दोष विचार

अष्टकूट निर्धारक तत्वों में नाड़ी का विशेष महत्व है। नाड़ी से संतान सुख का विचार किया जाता है। वर तथा कन्या का नक्षत्र एक ही नाड़ी में होना अशुभ माना गया है। यदि दोनों की आदि नाड़ी हो तो विवाह के बाद वियोग निश्चित है। मध्य नाड़ी हो तो दोनों को हानि तथा अंत्य नाड़ी हो तो वैधव्य का दुख होता है। गोदावरी से दक्षिण के प्रांतों में नाड़ी दोष को मान्यता ही नहीं है। लेकिन यह सत्य पाया गया है कि जिन वर वधू की कुंडलियों में नाड़ी दोष होता है, उन्हें संतान प्राप्ति में बाधाएं आती हैं अथवा संतान नहीं होती। इसके अलावा यदि होती भी हैं तो पूर्ण रूप से विकसित नहीं होती। यदि नाड़ी दोष हो तो पांचवें भाव का भी विचार कर लेना चाहिए, उसमें भी तो दोष नहीं है।

अश्विनी, आर्द्रा, पुनर्वसु, उत्तरा फाल्गुनी, हस्त, ज्येष्ठा, मूल, शतभिषा, और पूर्वाभाद्रपद नक्षत्र की नाड़ी आदि मानी गई है। भरणी, मृगशिरा, पुष्य, पूर्वा फाल्गुनी, चित्रा, अनुराधा,

पूर्वाषाढ़ा, धनिष्ठा और उत्तरा भाद्रपद की नाड़ी मध्य मानी गई है। कृतिका, रोहिणी, आश्लेषा, मघा, स्वाति, दिशाखा, उत्तराषाढ़ा, श्रवण और रेवती नक्षत्र की नाड़ी अंत्य मानी गई है। नाड़ी गुण को निम्न सारणी से ज्ञात किया जा सकता है–

▾कन्या /वर ▸	आदि	मध्य	अंत्य
आदि	0	8	8
मध्य	8	0	8
अंत्य	8	8	0

नाड़ी दोष परिहार

- यदि वर तथा कन्या दोनों का नक्षत्र एक हो, लेकिन राशियां भिन्न हों तो नाड़ी दोष नहीं होता।
- यदि वर तथा कन्या की राशि एक हो और नक्षत्र अलग हों तो भी नाड़ी दोष का परिहार हो जाता है। लेकिर कन्या का नक्षत्र वर के नक्षत्र से पहले नहीं होना चाहिए।
- यदि वर तथा कन्या के राशि व नक्षत्र एक ही हों, लेकिन नक्षत्र के चरण में भेद हो तो नाड़ी दोष का परिहार हो जाता है।
- यदि वर तथा कन्या दोनों की राशि का स्वामी गुरु, शुक्र या बुध हो तो नाड़ी दोष नहीं होता।
- रोहिणी, आर्द्रा, मृगशिरा, पुष्य, श्रवण, उत्तरा भाद्रपद एवं रेवती नक्षत्र हो तो नाड़ी दोष का परिहार हो जाता है।
- नाड़ी दोष होने पर तांबा, सोना, गाय, कांस्य, चांदी का दान एवं महामृत्युंजय मंत्र का जाप अनुष्ठान करना सर्वबाधा दोष हरण एवं शुभ होता है।

मेलापक मिलान के लिए वर कन्या की निम्न कुंडली को देखें:–

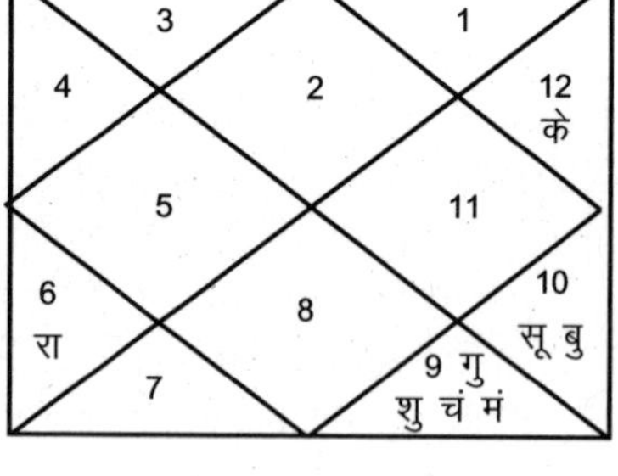

वर

कन्या

ग्रह स्थिति				
ग्रह व/अ	राशि	अंश	नक्षत्र	चरण
लग्न	वृष	06:58:33	कृतिका	4
सूर्य	मकर	12:03:35	श्रवण	1
चंद्र	धनु	15:08:55	पूर्वाषाढ़ा	1
मंगल	धनु	15:41:27	पूर्वाषाढ़ा	1
बुध अ	मकर	11:50:37	श्रवण	1
गुरु	धनु	00:43:28	मूल	1
शुक्र	धनु	05:37:31	मूल	1
शनि	धनु	19:05:46	पूर्वाषाढ़ा	2
राहु	कन्या	02:34:55	उ.फाल्गुनी	2
केतु	मीन	02:34:55	पू.भाद्रपद	4

ग्रह स्थिति				
ग्रह व/अ	राशि	अंश	नक्षत्र	चरण
लग्न	वृश्चिक	01:33:36	दिशाखा	4
सूर्य	कुंभ	23:32:53	पू.भाद्रपद	2
चंद्र	मीन	28:56:01	रेवती	4
मंगल	धनु	22:59:32	पूर्वाषाढ़ा	3
बुध व/अ	मीन	04:20:05	उ.भाद्रपद	1
गुरु	मकर	09:03:42	उ.आषाढ़ा	4
शुक्र अ	कुंभ	15:12:35	शतभिषा	3
शनि	वृष	20:36:21	रोहिणी	4
राहु	धनु	21:09:08	पूर्वाषाढ़ा	3
केतु	मिथुन	21:09:08	पुनर्वसु	1

वर का चंद्र धनु में स्थित है, जो कन्या की कुंडली का द्वितीय भाव है। कन्या का चंद्र मीन में स्थित है, जो वर की कुंडली का एकादश भाव है। अतः वर तथा कन्या के चंद्र एक–दूसरे से क्रमशः 10 व 4 पड़ते हैं। दोनों के चंद्र की यह परस्पर स्थिति शुभ है।

कन्या का मंगल उसी नक्षत्र में है जो वर के चंद्र का नक्षत्र है। कन्या का राहु उसी नक्षत्र में है जो वर के चंद्र का नक्षत्र है। वर का चंद्र उसी नक्षत्र में है जहां कन्या का लग्नेश। वर का मंगल उसी नक्षत्र में है जहां कन्या का लग्नेश। वर का शनि उसी नक्षत्र में है जहां कन्या का लग्नेश। दोनों की कुंडलियों में कालसर्प योग बन रहा है।

अष्टकूट गुण मिलान

कूट	वर	कन्या	पूर्णांक	प्राप्तांक	प्रभाव
	पूर्वाषाढ़ा 1	**रेवती 4**		**0**	
वर्ण	क्षत्रिय	ब्राह्मण	1.0	0	क्षमता
वश्य	चतुष्पद	जलचर	2.0	1.0	प्रधानता
तारा	मित्र	विपत्त	3.0	1.5	भाग्य
योनि	वानर	गज	4.0	2.0	मानसिकता
ग्रह मैत्री	गुरु	गुरु	5.0	5.0	गुण प्रधानता
गण	मनुष्य	देव	6.0	5.0	सामंजस्य
भकूट	धनु	धनु	7.0	7.0	प्रेम
नाड़ी	मध्य	अंत्य	8.0	8.0	स्वास्थ्य
			36	29.5	

अष्टकूट कुंडली मिलान में वर तथा कन्या का मेलापक श्रेष्ठ है। क्योंकि आधे से ज्यादा गुण मिलते हैं, और भकूट तथा नाड़ी के गुण भी श्रेष्ठ हैं। लेकिन नक्षत्र के मिलान से परस्पर संबंध में मतभेद हो सकता है। वर का गण मनुष्य तथा कन्या का गण देव है जो कि मध्यम श्रेणी का है। वर का नक्षत्र कन्या के नक्षत्र से अशुभ स्थान में है, और स्त्री पुरुष होने से घर–परिवार की सुख–शांति में कमी रहेगी। परस्पर संबंध में प्रेम की कमी

रहेगी। वर का नक्षत्र कन्या के नक्षत्र के 13वें नक्षत्र के बाद है, अतः मेल शुभ है। कुशलता में वृद्धि होगी। दोनों की योनि भिन्न है, लेकिन उनमें शत्रुता नहीं होने से मेल मध्यम श्रेणी का है। वर की चंद्र राशि कन्या की राशि से दशम होने के कारण शुभ है। दंपति धनी होंगे, परिवार में उन्नति होगी। वर कन्या की चंद्र राशि के राशीश परस्पर मित्र होने के कारण शुभ है और परिवार में संपन्नता होगी। वर कन्या की चंद्र राशि में परस्पर मेल होने के कारण दोनों में आपसी समझ अच्छी होगी। वर कन्या के नक्षत्र अलग होने से दोनों का मेल शुभ है, वैवाहिक जीवन में खुशी होगी। वर तथा कन्या के नक्षत्रों में परस्पर मित्रता होने के कारण मेल शुभ है। संतान प्राप्ति में बाधा नहीं होगी।

मंगल या कुज दोष

मंगल को पापी ग्रह माना गया है। जन्मांग का तीसरा और छठा भाव इसके कारकत्व में आते हैं। मंगल को युद्ध के देवता कार्तिकेय का ही स्वरूप माना गया है। यह जन्मांग में अपने स्थान से चौथे, सातवें और आठवें भाव पर पूर्ण दृष्टि रखता है, क्योंकि इन भावों की रक्षा का भार सेनापति पर ही होता है। मंगल तीसरे, छठे, दसवें व ग्यारहवें में शुभ और पहले, दूसरे, पांचवें, सातवें, नौवें में अरिष्टकारक और चौथे, आठवें तथा बारहवें में अति अरिष्टकारक होता है। जब लग्न में मंगल व केतु हों अथवा लग्न पर उनकी पूर्ण दृष्टि हो तथा पांचवें भाव पर शनि व राहु का प्रभाव हो तो जातक अपने अहंकार की तुष्टि के लिए दूसरे की हत्या करने से भी नहीं चूकता।

मंगल से बनने वाले सुनफा और अनफा योग, चंद्र, मंगल, शनि और शुक्र से बनने वाला इंद्र योग, पंचमहापुरुष योगों में से मंगल से बनने वाला रुचक योग, चंद्र मंगल योग आदि व्यक्ति को संपन्न, सुखी और पराक्रमी और सफल राजनीतिज्ञ भी बनाता है। इतने अच्छे फल देने वाला मंगल अमंगलकारी भी होता है, और संपूर्ण वैवाहिक जीवन को दुखमय बना देता है। मंगल दोष होने से विवाह में विलंब, विघ्न, व्यवधान या धोखा होता है। आपस में मनमुटाव, आरोप–प्रत्यारोप, संबंध विच्छेद और यदि दोष प्रबल हो तो पति या पत्नी में से एक की मृत्यु भी संभावित होती है। इसके लिए सरल सा नियम है कि कुंडली में 1/4/7/8/12वें भाव में मंगल हो तो मांगलिक दोष होता है। मंगल दोष के बारे में अगस्त्य संहिता में कहा गया है–

धन व्यये च पाताले जामित्रे चाष्टये कुजे।
भार्या भर्तु विनाशाय भर्तुश्च स्त्री विनाशनम्।।

बृहत् पाराशर होरा के अनुसार,

लग्ने व्यये सुखे वापि सप्तमे वा अष्टमे कुजे।
शुभ दृग् योग हीने च पतिं हंति न संशयम्।।

भावदीपिका के अनुसार,

धन व्यये च पाताले जामित्रे चाष्टये कुजे।
स्त्रीणां भर्तु विनाशः स्यात् पुंसां भार्या विनश्याति।।

अर्थात् यदि जन्म लग्न से पहले, दूसरे, चौथे, सातवें, आठवें या बारहवें भाव में मंगल हो तो मंगल दोष होता है।

शास्त्रोक्ति है कि

लग्नेंदु शुक्राद् दुःस्थाने यद्यस्थित क्षिति संभवः।
तद्दशापाक समये दोषमाहुर्मनीषिणः।।

अर्थात् यदि मंगल लग्न, चंद्रमा या शुक्र से दुःस्थान में स्थित हो तो उसकी दशा में अशुभ फल होते हैं। सामान्यतः मंगल दोष को जन्म लग्न व चंद्र से देखा जाता है। लेकिन शुक्र से भी इसका विचार किया जाता है।

जैसा कि हमने पहले बताया है कि जन्मकुंडलियों के मिलान में मुख्य रूप से चार पक्षों पर विचार किया जाता है। सबसे पहले, क्या एक कुंडली दूसरे के लिए मारक तो नहीं है? दूसरा, क्या दोनों में मानसिक सामंजस्य रहेगा? और तीसरा संतान और चौथा आर्थिक व कुटंब आदि पर असर। यदि कूट मिलान में आधे से अधिक गुण मिल जाते हैं, तो दूसरे, तीसरे व चौथे मिलान की पुष्टि मान ली जाती है। लेकिन इससे पहले विचार अर्थात् मारक की पुष्टि नहीं होती। इसलिए मारक गुण का मिलान प्रमुख है। इसके लिए मांगलिक विचार किया जाता है। यदि वर या कन्या में कोई एक मंगली है तो दूसरे का मंगली होना आवश्यक है। इससे एक कुंडली के दोष को दूसरी कुंडली काट देती है, और अधिकांश परिस्थितियों में मंगल दोष नहीं होता। एक कुंडली का दूसरे के लिए मारक होना केवल मंगल पर ही निर्भर नहीं होता, इसके लिए शनि, राहु और सूर्य भी कारक होते हैं। सप्तम भाव का शनि हो तो उसकी काट अवश्य ही देख लेनी चाहिए। क्योंकि यह द्विभार्या या द्विभर्या अथवा वैधव्य योग भी देता है। इसलिए इस दोष निवारण के लिए घट विवाह, कदली विवाह या पीपल से विवाह कराना प्रचलित है। यदि जाने–अनजाने में मंगल दोष रहते हुए विवाह हो जाता है, जैसा कि आज के युग में प्रेम विवाह के बढ़ते प्रचलन में संभव है, दंपति को बाद में मंगल की शांति करा लेनी चाहिए। इससे उनका जीवन अवश्य ही सुखमय होगा। अनेक ऐसे योग हैं जो मंगल दोष को समाप्त कर देते हैं। लेकिन यदि कन्या की कुंडली में चौथे भाव में मंगल हो और उसका विवाह किसी मंगल दोष रहित वर से करा दी जाए तो निश्चित ही पति की मृत्यु होती है।

जन्मकुंडली में मंगल और चंद्रमा की स्थिति भी अत्यंत महत्वपूर्ण होती है। लेकिन अर्द्धशिक्षित लोगों ने मंगल दोष के बारे में भय अधिक फैला रखा है, जिससे अभिभावक आतंकित हो जाते हैं। कुछ अर्द्धशिक्षितों ने इस दोष को इतना महिमामंडित कर दिया है कि अनेक कन्याओं को अधिक आयु तक कुंआरी रहना पड़ता है। लेकिन ऐसे भी योग हैं जिनसे मंगल दोष का परिहार हो जाता है और अनेक उपाय ऐसे हैं जिनसे मंगल दोष की शांति हो जाती है। अतः मंगल दोष से भयभीत नहीं होना चाहिए। मनुष्य का जीवन उसके सुखी दांपत्य जीवन पर निर्भर करता है, दांपत्य जीवन में अच्छा स्वास्थ्य, भोग सामग्री, पूर्ण रति सुख और दीर्घायु के लिए वैदिक रीति से जन्मकुंडली का सही मिलान आवश्यक है।

पृथ्वी मंगल और शुक्र के बीच में स्थित है, और शुक्र ऐश्वर्य का कारक है तो मंगल भी समस्त सुख अर्थात् पति–पत्नी, संतानादि देने वाले हैं। शास्त्रों के अनुसार, लग्न शरीर

का, चंद्र मन का और शुक्र रति सुख का प्रतिनिधित्व करता है। इसलिए जातक का जन्म लग्न से, चंद्र लग्न से और शुक्र लग्न से मंगल दोष का विचार करना चाहिए। जन्मकुंडली के 1/2/4/7/8/12वें भाव में यदि मंगल के साथ या अलग कोई क्रूर या पाप ग्रह भी हो तो दोगुना, तीन हों तो तीन गुना, चार हों तो चार गुना और यदि इन पांचों भावों में पृथक या एक साथ पांच ग्रह हों तो पांच गुना दोष होता है।

लग्नस्थ मंगल

लग्न में बैठा हुआ मंगल व्यक्ति को क्रोधी, हठी और जिद्दी बनाता है, क्योंकि यह उग्र और आक्रामक ग्रह है। लग्नस्थ मंगल की चतुर्थ दृष्टि सुख स्थान पर हो तो गृहस्थ सुख को बिगाड़ती है। सप्तम दृष्टि पति के स्थान पर होने से दांपत्य सुख को नष्ट करती है। अष्टम भाव पर मंगल की पूर्ण दृष्टि पति व पत्नी दोनों के लिए मारक होती है।

द्वितीयस्थ मंगल

दूसरे भाव अर्थात् धन व परिवार भाव में स्थित मंगल परिवारविहीन करता है। द्वितीयस्थ मंगल की दृष्टि यदि पांचवें, आठवें या नौवें भाव पर पड़ती है, अतः द्वितीय भाव में स्थित मंगल पुत्र से वचित करता है, मारक सिद्ध होता है व दुर्भाग्यपूर्ण स्थिति पैदा करता है। यदि कन्या की राशि में दूसरे भाव में मंगल हो और वह स्वराशि मेष, वृश्चिक अथवा अग्नि राशि मेष, सिंह या धनु में हो तो वह पति के लिए घातक होगी। परपुरुष में आसक्ति होगी। उसे युवावस्था में ही घर–गृहस्थी चलाने के लिए दूसरा विवाह करना पड़ेगा। यदि दूसरे भाव में मंगल के साथ राहु हो तो जातिका के दो या तीन विवाह होते हैं। अपनी उम्र से अधिक उम्र के व्यक्ति से या विधुर से शादी होती है। पिता की मृत्यु के बाद ही भाग्योदय होता है। जातिका जन्मभूमि में ही रहती है तथा परदेश में सुखी व धनी होती है। दूसरे भाव का मंगल पैतृक संपत्ति को भी नष्ट करने वाला होता है। इसके दुष्परिणाम संतति को भी भोगने होते हैं।

चतुर्थस्थ मंगल

चौथे भाव अर्थात् सुख भाव में मंगल धन संपत्ति देता है। यदि राजकीय सेवा में हो तो मंगल की दशा में विशेष लाभ मिलता है। अन्य ग्रहों की दशाओं में भी मंगल का अंतर आने पर जिन ग्रहों की दशा होगी उन ग्रहों के संबंध के अनुसार लाभ देता है। मंगल यदि स्त्री राशियों में हो तो अधिक लाभ देता है। लेकिन चौथे स्थान का मंगल अनुकूल ग्रहों के प्रभाव भी कम कर देता है और माता, मित्र, सुख, भूमि, गृह तथा वाहन सुख में कमी आती है। 18, 28, 36 व 48वें वर्ष में शारीरिक कष्ट होगा तथा पुत्र का सुख नहीं होगा। यदि वधू की कुंडली में चौथे भाव में मंगल हो तो जातिका महाकामी होगी और पति के साथ विरोधभाव रहेगा। परिवार का सुख न होने के साथ ही यदि ऐसी कन्या का विवाह अमंगली जातक के साथ करा दिया जाए तो निश्चित ही पति अथवा माता पिता की मृत्यु होती है। चौथे स्थान का मंगल सातवें, दसवें और ग्यारहवें भाव पर दृष्टि रखता है, ऐसे

में वह पति–पत्नी को अलग तो करता ही है, यदि पापक्रांत हो तो मारक दृष्टि का संधान भी करता है।

यहां हम संजना और दिनेश का उदाहरण दे रहे हैं।

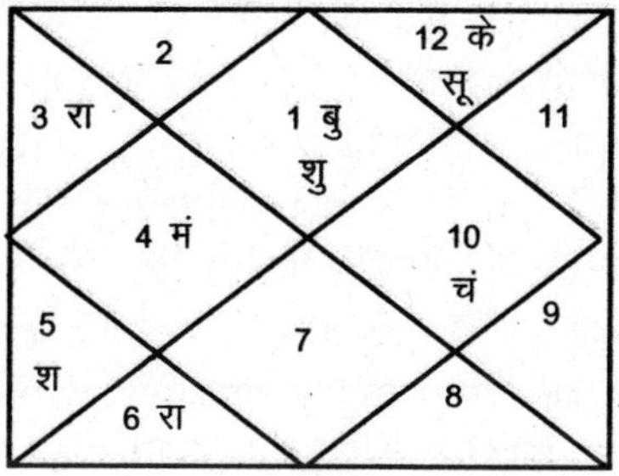

संजना

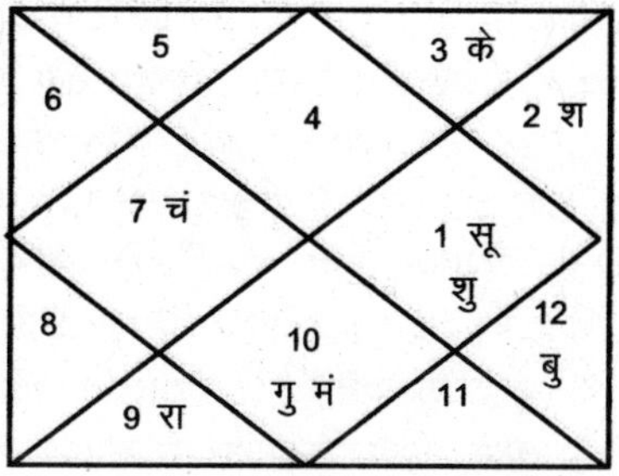

दिनेश

संजना का जन्म 03 मार्च 1978 को प्रातः 7 बजकर 55 मिनट पर ग्वालियर में हुआ। उसका विवाह 17 अप्रैल 1973 को दोपहर 2 बजे ग्वालियर में पैदा हुए दिनेश से हुआ। दिनेश जन्म कुंडली से मंगली नहीं है, लेकिन चंद्र कुंडली से चौथे भाव में मंगल है। दोनों के राशि व लग्न स्वामी मित्र हैं। उनके गुण भी 26.5 मिलते हैं। लेकिन दिनेश की कुंडली में पत्नीकारक शुक्र अस्त है तथा सातवें भाव पर केतु व शनि की दृष्टि है। दिनेश लग्न और चंद्र दोनों से मंगली है। चंद्र से मंगल उच्चस्थ होकर बृहस्पति के साथ चौथे भाव में है। अतः मंगल का दुष्प्रभाव निष्क्रिय हुआ। दोनों के छठे भाव में राहु है। संजना की कुंडली में सप्तमेश शुक्र षष्ठेश बुध के साथ लग्न में स्थित है, और उनकी सातवें भाव पर दृष्टि है। सातवें भाव पर ही बृहस्पति की भी दृष्टि है। लेकिन लग्नेश मंगल कर्क राशि में नीच का है और चौथे भाव में स्थित है और मंगल दोष का निर्माण कर रहा है। मंगल की सप्तम भाव पर पूर्ण दृष्टि है। शनि की भी सातवें भाव पर दृष्टि है। संजना भी लग्न, चंद्र और शुक्र तीनों से मंगली है। जबकि मंगल दोष का निवारण हो जाता है। अतः दोनों की कुंडलियों में मंगल दोष साम्य नहीं हुआ। लेकिन विवाह के तीन माह के बाद ही संजना मायके आ गई और छह माह में ही उनका तलाक हो गया। यही नहीं इसी अवधि में संजना की माता का भी निधन हो गया।

सप्तमस्थ मंगल

सातवां स्थान पति–पत्नी का स्थान माना गया है। अतः सातवें स्थान का वैवाहिक दृष्टिकोण से अत्यधिक महत्व है। इस भाव से दांपत्य सुख का विचार किया जाता है। जिस व्यक्ति के सातवें भाव में मंगल होता है, उसे दांपत्य सुख में बाधा आती है। जीवन साथी के स्वास्थ्य में उतार–चढ़ाव व स्वभाव में उग्रता रहती है। सातवें भाव का मंगल लग्न, धन व कर्म स्थान पर दृष्टि डालता है। जिससे धन की हानि, विकृत संतान और चारित्रिक पतन होता है। मंगल की यह दशा दांपत्य जीवन में कटुता लाती है और पति

पत्नी को अलग रहने पर बाध्य करती है। चौथे भाव में मेश, वृश्चिक और सिंह का मंगल जातक को दुराग्रही व दंभी बनाता है। सातवें भाव का मंगल जातक को प्रबल मंगली बनाता है। इसे कांतघाती मंगल भी कहते हैं। ऐसा मंगल मृत्युतुल्य संकट देता है, तलाक की नौबत आती है अथवा अलग रहने पर मजबूर करता है।

यहां हम भगवान राम की कुंडली का उदाहरण लेते हैं। श्रीराम की कुंडली में मंगल सातवें भाव में स्थित है। उच्च बृहस्पति और स्वक्षेत्री चंद्र की भी मंगल पर शुभ दृष्टि है, लेकिन वे दोनों स्वयं सप्तमेश और अष्टमेश शनि तथा नौवें भाव में स्थित केतु से पीड़ित है। इसके साथ ही राहु की सप्तम भाव पर दृष्टि है तथा पत्नी कारक शुक्र राहु और केतु से पीड़ित है। लग्नस्थ शुभ सौम्य ग्रहों गुरु और चंद्रमा, उच्चस्थ गुरु व स्वगृही चंद्र पर प्राकृतिक पाप ग्रहों मंगल व शनि की पूर्ण दृष्टि गुरु व चंद्र द्वारा स्थापित राजयोग को भंग कर रही है। यही कारण है कि राजा के घर में जन्म लेने और उच्चकुलीन पत्नी मिलने के बाद भी उन्हें पहले वनवास में दांपत्य सुख नहीं मिला और फिर वापस आने पर राजपाट तो मिला लेकिन असामान्य परिस्थितियों में पत्नी का परित्याग करना पड़ा। अर्थात् उच्चस्थ मंगल ने सातवें भाव में अपना अशुभ प्रभाव प्रत्यक्ष रूप में दिखाया। सप्तमेश शनि का उच्चस्थ राशि में चतुर्थ केंद्र में पंचमहापुरुष योगों में से शशयोग निर्मित कर रहा है। लेकिन शनि का अपनी उच्चस्थ राशि में वक्री होने के कारण अधिक गुण मिलान के बावजूद मंगल दोष के कारण वैवाहिक सुख नहीं मिला।

अष्टमस्थ मंगल

आठवें भाव में मंगल को मंगल दोष की पराकाष्ठा कहा जा सकता है, क्योंकि आठवें भाव से हम जीवन या मृत्यु का विचार करते हैं। स्त्री की कुंडली में यह स्थान सौभाग्य सूचक माना जाता है। आठवें भाव का मंगल संपूर्ण वैवाहिक सुख का नाश करता है। जीवन सहचर की मृत्यु, अपयश आदि इसका परिणाम है। सभी ऋषि–मुनियों ने मंगल की इस स्थिति को अत्यंत अशुभ कहा है। अष्टमस्थ मंगल के कारण मित्र भी शत्रुवत व्यवहार करते हैं। शास्त्रों में कहा गया है–

शुभास्तस्व किं खेचारा कुर्यनये विधाने पिचेदष्टमे भूमिसुनूः

अर्थात् जातक की कुंडली में आठवें भाव में मंगल हो तो शुभ स्थानों में बैठे शुभ ग्रह भी शुभ फल नहीं देते हैं। ऐसे मंगल दोष का परिहार होना बहुत आवश्यक है।

आठवें भाव में मंगल यदि वृष, कन्या या मकर में हो तो कुछ शुभ होता है, लेकिन मकर का मंगल संतानहीन बनाता है। मंगल यदि कर्क, वृश्चिक या मीन का हो तो जातक की जल में डूबकर मृत्यु का डर रहता है। उसे परिवार का भी तिरस्कार झेलना पड़ता है।

द्वादशस्थ मंगल

बारहवें भाव से भोग, त्याग, शैया सुख, निद्रा, यात्रा, व्यय, क्रय शक्ति और मोक्ष का विचार किया जाता है। अतः बारहवें भाव का मंगल हो तो पति पत्नी में सामंजस्य नहीं रहता है। जीवन टूटकर बिखर जाता है। इसके फलस्वरूप जातक क्रोधी, कामुक और दुष्कर्मी हो जाता है। उसे धन का भी अभाव रहता है। वह पत्नी की हत्या भी कर सकता

है। द्वादश मंगल की पूर्ण दृष्टि तीसरे, छठे व सातवें स्थान पर हो तो जातक की बंधुओं से शत्रुता होती है।

मंगल दोष का परिहार

शास्त्रों में मंगल दोष के अनेक परिहार कहे गए हैं। ये परिहार मंगल दोष की तीव्रता में कमी ला सकते हैं, लेकिन दोष का परिहार नष्ट नहीं कर सकते। मंगल दोष विशेष परिस्थितियों में स्वतः न्यून या निरस्त हो जाता है। जन्मकुंडली में मंगल अनिष्ट स्थानों में बलवान होकर पड़ा रहेगा तो वह दोषकारी होगा अन्यथा दुर्बल होने के कारण, शुभ ग्रहों से युत या दृष्ट होने या सूर्य के साथ होने अथवा अस्त होने पर दोषकारी नहीं होता। सामान्यतः शास्त्रों में लिखा है कि यदि वर या कन्या मंगली दोष से ग्रस्त है तो उसका विवाह मंगली जातक से ही कराना चाहिए। ऐसा करने से दोष का परिहार हो जाता है।

- शास्त्रों के अनुसार और अनुभव के आधार पर यदि लग्न में मंगल मेष अथवा मकर राशि, बारहवें भाव में धनु राशि, चौथे भाव में वृश्चिक राशि, सातवें भाव में वृष अथवा मकर राशि एवं आठवें भाव में कुंभ अथवा मीन राशि हो तो मंगल दोष कम हो जाता है।
- चौथे, सातवें अथवा बारहवें भाव में मेष या कर्क का मंगल हो तो दोष नहीं लगता।
- यदि कन्या की कुंडली में मंगल दोष हो और वर की कुंडली में उसी भाव में शनि हो तो मंगल दोष का परिहार हो जाता है।
- यदि शनि की मंगल पर दृष्टि हो तो मंगल दोष नहीं लगता।
- यदि लग्न में मकर राशि का मंगल व सातवें स्थान में कर्क राशि का चंद्रमा हो तो मंगल दोष नहीं होता।
- यदि बारहवें भाव में मंगल, बुध तथा शुक्र तीनों हों तो मंगल दोष नहीं होता।
- यदि बली गुरु और शुक्र स्वराशि या उच्च का होकर लग्न या सातवें भाव में हो तो मंगल दोष नहीं होता।
- यदि मंगल वक्री, नीच या अस्त का हो तो मंगल दोष नहीं होता।
- शनि यदि एक की कुंडली में लग्न, चौथे, सातवें, आठवें या बारहवें भाव में हो और दूसरे का मंगल इन्हीं भावों में हो तो मंगल दोष नहीं होता।
- वर या कन्या में एक मांगलिक हो और दूसरे की कुंडली में तीसरे, छठे या ग्यारहवें भाव में राहु, मंगल या शनि हो तो मंगल दोष समाप्त हो जाता है।
- यदि मंगल स्वराशि अथवा उच्च का हो तो मंगली दोष का परिहार हो जाता है।
- यदि मंगल गुरु या मंगल राहु या मंगल चंद्र एक साथ हों तो मंगल दोष नहीं लगता।
- केंद्र त्रिकोण में शुभ ग्रह और तीसरे, छठे या ग्यारहवें पाप ग्रह हों तथा सप्तमेश सातवें भाव में हो तो मंगल दोष नहीं लगता।
- यदि कर्क व सिंह लग्न में लग्नस्थ मंगल केंद्र व त्रिकोण का अधिपति हो तो राजयोग होता है और मंगल दोष नहीं होता।
- लग्न में बुध व शुक्र हो तो मंगल दोष नहीं होता।
- यदि सातवें भाव का मंगल गुरु को देखता हो तो मंगल दोष का परिहार हो जाता है।

- यदि एक की कुंडली में जहां मंगल हो दूसरे की कुंडली में उसी भाव में राहु या शनि हो तो मंगल दोष नहीं लगता।
- विषस्य विषमौधम के अनुसार मांगलिक जातक का मंगली जातक के साथ विवाह करने से मंगल दोष समाप्त हो जाता है।
- मंगल अनिष्ट स्थान में हो और उसका अधिपति केंद्र या त्रिकोण में हो तो मंगल दोष का परिहार हो जाता है।
- प्रायः माना जाता है कि 28 वर्ष की आयु के पश्चात मंगल दोष क्षीण हो जाता है, लेकिन अनुभव में आया है कि मंगल अपना प्रभाव हर हाल में डालता है।
- कुछ आचार्यों का मत है कि राहु और मंगल की युति हो तो मंगल दोष का परिहार हो जाता है, लेकिन अनुभव में आया है कि धन भाव अर्थात् दूसरे स्थान में स्थित मंगल व राहु अत्यधिक अनिष्ट करते हैं।
- कुछ ज्योतिषियों का मानना है कि यदि मंगल गुरु से युत या दृष्ट हो तो दोष प्रभावहीन हो जाता है, लेकिन भगवान राम की जन्मकुंडली में सातवें भाव में उच्च मंगल ने राजयोग तो दिया साथ ही सीता से वियोग भी हुआ। उच्च बृहस्पति और स्वक्षेत्री चंद्र की भी मंगल पर शुभ दृष्टि है, लेकिन वे दोनों स्वयं सप्तमेश और अष्टमेश शनि तथा नौवें भाव में स्थित केतु से पीड़ित हैं। इसके साथ ही राहु की सप्तम भाव पर दृष्टि होने के साथ ही पत्नी कारक शुक्र राहु और केतु से पीड़ित है। इसलिए उन्हें पत्नी सुख नहीं मिला।
- आधुनिक युग में अधिकांशतः ज्योतिषी कंप्यूटर से कुंडली का मिलान करते हैं। कंप्यूटरों में जो नियम फीड कर दिए गए हैं, उनके आधार पर गणना होती है, अतः किसी अच्छे ज्योतिषी से ही कुंडली का मिलान करवाना उचित होता है, जो सूक्ष्म गणना करने में सक्षम हो, और उसे सभी योग ज्ञात हों। यद्यपि आजकल अनेक सॉफ्टवेयर अपडेट होकर मार्केट में आ गए हैं, फिर भी अच्छे ज्योतिष उनके साथ अपने ज्ञान से भी गणना करते हैं। फलित ज्योतिष ग्रंथों में दिए गए मंगल दोष परिहार मंगल दोष को नष्ट नहीं कर सकते केवल उसकी तीव्रता में कमी ला सकते हैं। कुछ विशेष परिस्थितियों में मंगल दोष स्वतः ही न्यून या निरस्त हो जाता है।

अब हम एक उदाहरण देखते हैं–

वर की कुंडली में जन्म लग्न से आठवें और चंद्र लग्न से पहले स्थान में मंगल है। कन्या जन्म लग्न से दूसरे और चंद्र कुंडली में दसवें तथा शुक्र कुंडली से सातवें भाव में मंगली है।

भौम तुल्यो यदा भौमो पापो वा तादृशो भवेत्।
वर बध्वोर्मिथस्वत्र भौम दोषो न विद्यते।।

अर्थात् अनिष्ट स्थानों में वर तथा कन्या दोनों की कुंडली में मंगल हो तो परस्पर दोषों का नाश होकर विवाह संबंध शुभप्रद हो जाता है। जैसे गणित में ऋण ऋण जुड़कर धन हो जाता है। यहां वर की कुंडली में लग्न से मंगल आठवें भाव में है, जबकि कन्या की कुंडली में मंगल दूसरे भाव में है। अतः मंगल दोष भंग हो जाता है।

सप्तमे यदा सौरिर्लग्ने वापि चतुर्थके।
अष्टमे द्वादशे चैव तदा भौमो न दोषकृत।।

वर की कुंडली में लग्न से आठवें भाव में मंगल है, जबकि कन्या की कुंडली में सूर्य पुत्र शनि सातवें भाव में है। अतः मंगल दोष भंग हो जाता है।

यदि वर कन्या की कुंडली में एक में पूर्वोक्त प्रकार से मंगल हो दूसरी में अनिष्ट स्थानों में से किसी एक में शनि हो तो परस्पर मंगल दोष नहीं होता।

कन्या की कुंडली में मंगल दूसरे भाव में है, जबकि वर की कुंडली में शनि आठवें भाव में है।

राशि मैत्रम् यद याति गणैक्य वा यदा भवेत्।
अथवा गुण बाहुल्ये भौम दोषो न विद्यते।।

यदि वर तथा कन्या की कुंडलियों में परस्पर राशि मैत्री हो, गणैक्य हो, 27 गुण या इससे अधिक मिलते हों तो भी मंगल दोष नहीं होता। मंगल दोष का यह अपवाद भकूट और गण अंकों पर आधारित है। वर तथा कन्या की कुंडलियों के अनुसार, भकूट मिलान में वर की कुंडली में चंद्रमा धनु राशि में है और कन्या की कुंडली में चंद्रमा मीन राशि में है। भकूट मिलान शुभ है और 7 अंक मिलते हैं।

गण मिलान में वर का गण मनुष्य है और कन्या का गण देव है। गण मिलान शुभ है और 5 अंक मिलते हैं।

अष्टकूट मिलान में वर तथा कन्या के 36 में से 29.5 अंक मिलते हैं। अतः मंगल दोष का निवारण हो जाता है।

दोषकारी कुजो यस्य बलीचे दुक्त दोष कृत।
दुर्बलः शुभ दृष्टोवा सूर्येणस्मऽगतोपिवा।।

जन्मकुंडली में मंगल अनिष्ट स्थानों में बलवान होकर पड़ा हो तभी वह दोषकारी होगा अन्यथा दुर्बल होने, शुभ ग्रह दृष्ट होने या सूर्य के साथ अस्त होने पर दोषकारी नहीं होता। अतः वर की कुंडली में मंगल दोष नहीं होता।

पंचक स्थानगे भौमे लगनेंदु गुरु संस्थिते।
बुधे स्थिते न दोषोऽस्ति दृष्टं दोष न चिंतयेत्।।

यदि मंगल अनिष्ट भावों में चंद्रमा, गुरु या बुध के साथ हो तो मंगल दोष नहीं होता। यदि इनके द्वारा दृष्ट हो तो भी दोष के बारे में विचार नहीं करना चाहिए।

अष्टमे भौम दोषस्तु धनु मीन द्वयोर्विना।
अष्टमे कुज दोषस्यात् कर्कट मकरयोर्विना।।

यदि आठवें भाव में मंगल गुरु की राशि या अपनी नीच या उच्च राशि 4/9/10/12 में हो तो मंगली दोष नहीं होता। अर्थात् वृष, मिथुन, सिंह और धनु लग्न वालों को अष्टम में मंगल का दोष नहीं होता। वर की वृष कुंडली में मंगल आठवें भाव में धनु राशि में है अतः मंगल दोष नहीं होता।

गुरु मंगल संयोगे भौमे दोषो न विद्यते। अर्थात् गुरु और मंगल की युति हो तो मंगल दोष नहीं होता। वर की कुंडली में मंगल गुरु के साथ है, अतः मंगल दोष नहीं होता।

शशि मंगल संयोगे भौम दोषो न विद्यते। यदि मंगल और चंद्रमा की युति हो तो भी मंगल दोष नहीं होता। अतः वर की कुंडली में मंगल और चंद्र की युति होने के कारण मंगल दोष नहीं होता।

सबले गुरौ मृगौ वा लग्ने धूनेऽपि वाऽथवा भौमे।
सक्रिणो नीचारिगृहे वार्कस्थेपि वा न कुज दोषः।।

अर्थात् यदि बली गुरु या शुक्र लग्न या सातवें भाव में हो या मंगल वक्री हो या नीच का हो या शत्रु राशि में स्थित होकर कमजोर हो तो मंगल दोष नहीं होता। वर की कुंडली में मंगल दोष नहीं होता। अतः वर तथा कन्या की कुंडली में मंगल दोष का निवारण हो जाता है।

हम पहले कह चुके हैं कि अन्य ग्रहों के योग व उनके परिणाम के बारे में भी ज्ञात करना अनिवार्य होता है। दूसरे भाव में मंगल धनु राशि में हो तो वह जातिका पति के लिए घातक होगी। परपुरुष में आसक्ति होगी। उसे युवावस्था में ही घर–गृहस्थी चलाने के लिए दूसरा विवाह करना पड़ेगा। यदि दूसरे भाव में मंगल के साथ राहु हो तो जातिका के दो या तीन विवाह होते हैं। अपनी उम्र से अधिक उम्र के व्यक्ति से या विधुर से शादी होती है। पिता की मृत्यु के बाद ही भाग्योदय होता है। जातिका जन्मभूमि में ही रहती है तथा परदेश में सुखी व धनी होती है। दूसरे भाव का मंगल पैतृक संपत्ति को भी नष्ट करने वाला होता है। इसके दुष्परिणाम संतति को भी भोगने होते हैं। कहते हैं कि यदि केंद्र में या मंगल के साथ राहु हो तो मंगल दोष भंग हो जाता है, लेकिन जातिका का मंगल दोष भंग नहीं हुआ और उसके दो विवाह हुए, वे भी अपनी आयु से अधिक के वर के साथ। यहां गुण बाहुल्ये न दोषे मंगली भवेत अर्थात् अधिक गुण मिलने से मंगली दोष नहीं होता का परिहार भी काम नहीं आया। वर कन्या के 29.5 गुण मिलने के बाद भी उनका वैवाहिक जीवन सुखी नहीं है। जिस भाव का कारक तथा स्वामी बलवान हो उस भाव का सौख्य मिलता है।

जैसा कि बताया गया है कि लग्न में मेष राशि का मंगल, चौथे भाव में वृश्चिक का, सातवें भाव में मकर का, आठवें भाव में कर्क का और बारहवें भाव में धनु राशि का मंगल हो तो मंगल दोष नहीं होता। यदि मंगल अष्टमेश होकर लग्न में हो तो मंगल पंचमहापुरुष का योग बनाता है। मंगल इस भाव से चौथे, सातवें और आठवें भाव को देखता है। ज्योतिष का सिद्धांत है कि जो ग्रह जिस भाव में अपनी राशि पर दृष्टि डालता है, उस भाव को बलवान बनाता है।

चौथे भाव में वृश्चिक राशि का मंगल होने से मंगल दोष का परिहार हो जाता है, क्योंकि रुचक योग बनने के साथ–साथ मंगल यहां केंद्र और त्रिकोण का स्वामी होकर अति शुभ हो जाता है, लेकिन अन्य कोई राशि हो और अमंगली से विवाह हो तो यही मंगल पति की मृत्यु का कारक होता है। सातवें भाव में मकर राशि का मंगल उच्च का होकर रुचक योग बनाता है। जाया भाव में उच्च का मंगल वैवाहिक सुख में वृद्धि करता है। आठवें भाव में मंगल कर्क राशि का मंगल दोषनाशक बताया गया है। जो ग्रह जिस भाव में नीच का हो, उस भाव को कमजोर कर देता है। पाराशर और जातक तत्व ग्रंथों में आठवें भाव का बलवान होना दांपत्य सुखनाशक बताया गया है। इसी प्रकार बारहवें भाव में धनु राशि का मंगल होने से मंगल दोष का परिहार हो जाता है।

अन्य ग्रह भी करते हैं अमंगल

मंगल दोष के बारे में जितना और जैसा प्रचारित किया गया है यह उतना अमंगलकारी है नहीं। मंगल वैवाहिक जीवन में विलंब, व्यवधान और जीवनसाथी से तनाव आदि का कारक होता है, लेकिन कई बार अन्य ग्रह भी अधिक हानिकारक हो सकते हैं और वैवाहिक जीवन को छिन्न भिन्न कर सकते हैं। अतः इसकी पूरी जिम्मेदारी मंगल पर नहीं थोपी जा सकती। इसलिए कुंडली में अन्य ग्रहों का विश्लेषण और उनके कुप्रभावों को भी ज्ञात करना आवश्यक होता है।

अब एक ऐसा उदाहरण लेते हैं जिसमें मंगल के अलावा अन्य ग्रह मारक बने। मेनका गांधी की जन्मकुंडली में मंगल आठवें भाव में और वक्री है। मंगल कुंभ राशि में और गुरु की पूर्ण दृष्टि में है। इनके पति संजय गांधी की जन्मकुंडली में मंगल बारहवें भाव में है। मंगल मित्र राशि में धनु में चतुर्थेश होकर तटस्थ है। अतः दोनों की कुंडली में अनिष्ट भाव में मंगल होने से मंगल दोष भंग हो जाना चाहिए था। इनके दांपत्य सुख में कमी नहीं आनी चाहिए थी, लेकिन विवाह के कुछ वर्ष बाद ही हवाई दुर्घटना में पति की मृत्यु हो गई। संजय गांधी की कुंडली में शनि सातवें भाव में वक्री है, और अपनी ही राशि मकर पर दृष्टि डाल रहा है। अर्थात् शनि आत्मानाशक बन रहा है। यहां मंगल को दोष देने के स्थान पर शनि का विशेष प्रभाव रहा है। मेनका गांधी की कुंडली में शनि पांचवें भाव में है और सातवें भाव पर दृष्टि डाल रहा है, इसने आग में घी का काम किया। किसी पाप ग्रह की निज भाव पर दृष्टि जीव कारक का नाश करती है। इससे स्पष्ट है कि गुण बाहुल्य वैवाहिक सुख का एक कारक हो सकता है, लेकिन निर्णायक नहीं।

यदि जन्मकुंडली वर की हो या कन्या की, यदि उसका सातवां स्थान दोषी नहीं है अर्थात् सातवें स्थान का स्वामी कोई भी ग्रह हो वह लग्न से दूसरे, छठे, आठवें या बारहवें किसी स्थान में हो और सातवें भाव का स्वामी किसी नीच राशि में नहीं बैठा है। किसी भी अन्य भाव का स्वामी नीच होकर सातवें भाव में स्थित नहीं है। सातवें भाव में राहु या केतु स्थित नहीं है तथा सातवें भाव का स्वामी सूर्य से अस्त नहीं है या शून्य अंश नहीं है। अथवा छठे, आठवें या बारहवें भाव का स्वामी सातवें भाव में नहीं बैठा है या किसी भी ग्रह की सातवें भाव पर नीच दृष्टि नहीं है तो ऐसी स्थिति में वर तथा कन्या की कुंडलियों में एक भी गुण न मिलता हो तो भी वैवाहिक सुख में कमी नहीं आएगी। और इसके विपरीत यदि यह स्थिति न हो और 36 गुण मिलने पर भी वैवाहिक जीवन सुखमय नहीं होगा।

एक अन्य उदाहरण लेते हैं। एक कन्या स्वाति का जन्म दिल्ली में 31 दिसंबर 1969 को रात्रि 20 बजकर 22 मिनट पर हुआ। कन्या की कुंडली में आठवें भाव में मंगल कुंभ राशि में राहु के साथ है। अतः राहु इस योग को और प्रबल बना रहा है। कुंभ राशि में मंगल होने से मंगल दोष का परिहार हो जाना चाहिए था, लेकिन यहां राहु ने इस योग को और प्रचंड बना दिया। स्वाति विवाह के कुछ माह बाद ही मायके आ गई और फिर अगले वर्ष उसका तलाक हो गया। यहां वैवाहिक सुखनाश करने में मंगल ने नहीं, बल्कि राहु ने भूमिका निभाई। स्वाति चंद्र कुंडली से भी छठे भाव में मंगल होने से मंगली है।

उसका शनि भी वक्री होकर सातवें भाव पर दृष्ट है। अतः मंगल की कुंभ राशि में स्थिति और राहु की युति ने बुरा फल ही दिया।

ब्रिटेन के राजकुमार चार्ल्स चंद्र लग्न से आठवें भाव में मंगली हैं। मंगल स्वक्षेत्र वृश्चिक राशि में है। अतः कुंडली मंगली है। उनका विवाह जुलाई 1985 में हुआ और 1996 में विवाह विच्छेद हो गया। उनकी मंगल की दशा अप्रैल 1987 से अप्रैल 1994 तक रही। परंतु इस बीच विवाह विच्छेद नहीं हुआ। अतः मंगल ग्रह दोष मंगल की दशा में घटित होना आवश्यक नहीं है। जिस समय चार्ल्स का विवाह विच्छेद हुआ उन पर राहु में राहु की दशा चल रही थी। अतः यहां राहु ने भूमिका निभाई।

मंगलकारी भी है मंगल

यदि लग्न, लग्नेश, चंद्र लग्न, चंद्र लग्नेश, सूर्य लग्न आदि के अनुसार कुंडली पर मंगल का प्रभाव सर्वाधिक होता है तो व्यक्ति नागरिक प्रशासन, सैन्य प्रशासन, वैधानिक प्रशासन, विधिवेत्ता, भवन निर्माण, कृषि कार्य, खनिज विज्ञान, भूगर्भ विज्ञान, युद्ध कौशल, चिकित्सा सर्जरी, पुलिस सेवा आदि में विशेषता प्राप्त करता है। मंगल कुंडली में किसी भी भाव में हो लेकिन अपनी राशि मेष या वृश्चिक में हो, उच्च राशि मकर या नीच राशि कर्क में हो अथवा किसी भी राशि में होकर मेष, वृश्चिक, मकर या कर्क पर पूर्ण, चतुर्थ, सप्तम या अष्टम दृष्टि डालता हो तो जातक उक्त में से किसी न किसी क्षेत्र में विख्यात होता है। ये क्षेत्र पराक्रम या साहस के होते हैं।

यहां हम प्रसिद्ध अभिनेता शत्रुघ्न सिन्हा का उदाहरण लेते हैं। इनकी कुंडली में मंगल अपने तीसरे भाव में नीच राशि कर्क में वृष लग्न के प्रबल कारक शनि के साथ है। तृतीय भाव पराक्रम का भाव है। मंगल की पूर्ण दृष्टि लग्नेश एवं षष्ठेश शुक्र की तुला राशि पर तथा अपनी उच्च राशि चंद्र अर्थात् मकर राशि पर है। वृष लग्न के लिए यह भाव भाग्य का है। वहीं मंगल की अष्टम पूर्ण दृष्टि कुंभ राशि अर्थात् दसवें कर्म भाव पर है। इसलिए वृष लग्न के लिए कारक ग्रहों बुध, शुक्र, शनि में से शनि एवं शनि की दोनों राशियां मंगल के पूर्ण प्रभाव में हैं। वहीं शुक्र और बुध मंगल की राशि वृश्चिक में हैं। सूर्य भी मंगल की राशि में है। चंद्र व शनि के बीच राशि परिवर्तन योग भी है। इस प्रकार कारक ग्रह, लग्नेश, चंद्र लग्न और सूर्य लग्न किसी न किसी रूप में मंगल के प्रभाव में हैं। मंगल के इसी प्रभाव ने शत्रुघ्न सिन्हा को सफलता के शिखर तक पहुंचा दिया।

मंगल को मंगलकारी बनाने के उपाय

यदि जन्मकुंडली में मंगल दोष है तो अभिभावकों को घबराने की आवश्यकता नहीं है। हमारे धर्म–शास्त्रों में ऋषि–मुनियों ने अनेक उपाय बताए हैं जिनसे मंगल की शांति की जा सकती है। इनमें व्रत, अनुष्ठान, मंत्र जाप आदि शामिल हैं।

दान–मंगल गोचर में अनिष्ट फल दे रहा हो तो उसकी शांति के लिए मंगलवार को लाल फल, लाल फूल, लाल चंदन, लाल कपड़ा, लाल गुड़, मसूर की दाल, गेहूं, तांबा, सोना, केशर, कस्तूरी, रक्त प्रवाल, लाल बैल और लाल मिट्टी वाली जमीन अथवा रक्तदान करना शुभ होता है।

मंत्र जाप

वैदिक मंत्र– ॐ अग्निर्मूर्धादिवः ककुत्पत्तिः पृथिव्याअयम्। अपा रेता सिजिन्वति।।

बीज मंत्र– ॐ क्रां क्रीं क्रौं सः भौमायः नमः

मनोरथ सिद्धि मंत्र– ॐ ऐं ह्रौं श्रीं प्रां कं ग्रहाधिपतये भौमाय स्वाहा।

तांत्रिक मंत्र– ॐ अंगारकाय नमः

उपासना मंत्र– ॐ हुं श्रीं मंगलाय नमः

मंगल गायत्री मंत्र– ॐ अंगारकाय विद्महे शक्तिहस्ताय धीमहि तन्नो भौमः प्रचोदयात्।

रत्न– मूंगा

व्रत– शुक्ल पक्ष के किसी भी मंगलवार से व्रत रखें। व्रत की संख्या 21 या 45 मंगलवार हो। व्रत में नमक पूर्णतः वर्जित है। भोजन में गुड़ से बना हलवा या लड्डुओं का भोग लगाकर प्रसाद रूप में वितरित कर सायंकाल सेवन करें। भोजन से पूर्व मंगल को लाल चंदन, लाल पुष्प और जल से अर्घ्य दें। मस्तक पर लाल टीका लगाएं। व्रत के दिन मंगल मंत्र की एक या छह माला अवश्य जप करें। मंगल स्तोत्र और मंगल कवच का पाठ करना चाहिए।

व्रत–अनुष्ठा–मंगल दोष से ग्रस्त महिलाओं के जीवन में दांपत्य सुख के लिए वट सावित्री व्रत को वरदान कहा गया है। यह व्रत ज्येष्ठ माह की अमावस्या को किया जाता है। सुख, सौभाग्य और धन प्रदाता इस व्रत में वट वृक्ष की पूजा की जाती है। इस व्रत से जुड़ी सावित्री और सत्यवान की कहानी है, जिसने यमराज के हाथों से न केवल अपने पति को छुड़ा लिया था, अपितु अपने सास–ससुर का भी स्वास्थ्य मांग लिया था। वट वृक्ष के मूल में ब्रह्मा, तने में विष्णु व ऊपरी भाग में शिव का और सर्वांग भाग में सावित्री का वास होता है।

मंगला गौरी व्रत–मंगली कन्या का विवाह यदि अनजाने में मंगल दोष रहित वर से कर दिया जाए तो यह व्रत मंगल के कुप्रभाव को नष्ट करता है। अखंड सौभाग्य कामना की पूर्ति के लिए यह व्रत सभी व्रतों में उत्तम माना गया है। यह व्रत विवाह के बाद पांच वर्ष तक करना चाहिए। यह व्रत श्रावण के शुक्ल पक्ष के मंगलवार से आरंभ किया जाता है।

घट विवाह–यदि जन्मकुंडली में प्रबल मंगल दोष हो तो घट विवाह कराकर केले या पीपल के पेड़ अथवा विष्णुजी की प्राण प्रतिष्ठित प्रतिमा के फेरे लेने के बाद वर से विवाह करना चाहिए। इससे मंगल दोष समाप्त हो जाता है, लेकिन यह कार्य गुप्त तरीके से करना चाहिए। कन्या स्वयं कुंभ, पीपल या विष्णु जी का वरण करे और माता–पिता दर्शक रहें।

मंगल चंडिका स्तोत्र–मंगल दोष से पीड़ित कन्या नित्य घी का दीपक जलाकर 21 बार मंगल चंडिका स्तोत्र का पाठ करे तो मंगल दोष क्षीण हो जाता है।

मंगल यंत्र पूजा–पद्म एवं मत्स्य पुराण में मंगल दोष के निवारण के लिए स्वाति नक्षत्र के योग में मंगल यंत्र की नित्य षोडशोपचार पूजा अर्चना करना बताया गया है। इसमें मंगल के 21 नामों का उच्चारण करते हुए मंगल यंत्र पर लाल पुष्प अर्पित करें। मूंगा जड़ित मंगल यंत्र की पूजा करके हनुमान जी के चरणों में अर्पित करना चाहिए।

महारुद्र यज्ञ—हरिवंश पुराण के अनुसार मंगल दोष से ग्रस्त जातक को महारुद्र यज्ञ करना मंगलकारी होता है। यदि मंगल अत्यधिक प्रबल प्रभाव में हो तो महामृत्युंजय मंत्र का जप करने से शांति करानी चाहिए। इसके साथ ही मंलगवार को व्रत भी रखें तो शीघ्र लाभ मिलता है।

कार्तिकेय स्तोत्र—पुराणानुसार मंगल को युद्ध के देवता कार्तिकेय का स्वरूप माना गया है। शिव ने अपना तेज अग्नि में डाला जिससे इन्हें अंगारक भी कहा गया है। गंगा ने इन्हें स्वीकारा और छह कृतिकाओं ने इन्हें पाला था। इसलिए कार्तिकेय की उपासना से भी मंगल प्रसन्न हो जाते हैं।

दीप अनुष्ठान—यह अनुष्ठान शुभ मुहूर्त में मंगलवार से प्रारंभ करें और 21 मंगलवार तक करें। मंगल यंत्र की षोडशोपचार पूजा कर मंगल स्तोत्र का पाठ करें। उसके पश्चात कागज की गुलाबी प्लेट में सवा रुपया रखें और उस पर अपने नाम से लाल चंदन से टीका करें। एक टीका अपने अनाम वर के नाम से करें। फिर सिक्के को मसूर की दाल से ढक दें। इसके ऊपर आटे का लाल रंग का दीपक और एक लाल गुलाब का फूल रखें। संध्या समय हनुमान जी के मंदिर में जाकर उक्त सामग्री हनुमान जी के चरणों में रखें व बाएं पैर पर खड़ी होकर मंगल स्तोत्र का पाठ करें। इस पाठ के समय दीपक जलता रहना चाहिए। इसके बाद अगले मंगलवार को दीपक और गुलाब की संख्या दो और आगे एक—एक बढ़ाते जाएं तथा 21वें मंगलवार को 21 गुलाब रखें और 21 दीपक जलाएं। इस अनुष्ठान से विवाह तय हो जाता है। विवाह के पश्चात इस अनुष्ठान को 21 से प्रारंभ कर एक दीपक व एक गुलाब के साथ समाप्त करें।

कुछ टोटके—ससुराल से लाया गया कुत्ता न पालें। हठपूर्वक कोई कार्य न करें तथा जीवनसाथी की सहमति से ही निर्णय लें। चरित्रवान रहें तथा घर में तोता या मैना ना पालें। मां, मौसी, बहन, बुआ, साली, बेटी लड़कियों, वृद्धों तथा विधवाओं की सेवा करें, इससे मंगल की अशुभता में कमी आती है। हाथी दांत तथा चांदी का चौकोर टुकड़ा सदैव अपने पास रखें। वट वृक्ष की जड़ खोदकर उसमें मीठा दूध चढ़ाएं।

दंडाधिकारी और रक्षक शनि

सूर्य पुत्र शनि सौर मंडल में बृहस्पति के बाद सबसे बड़ा ग्रह है। सौर मंडल में सूर्य की परिक्रमा करने वाला शनि छठा ग्रह है। शनि सभी ग्रहों में सबसे सुंदर रंगीन वलयों वाला और 33 चंद्रमा वाला ग्रह है। इसके श्याम वर्ण होने के कारण सूर्य ने अपना पुत्र मानने से मना कर दिया था। इससे शनि की भावनाओं को ठेस लगी और पुत्र अपने पिता से शत्रु भाव रखने लगा। भगवान सूर्य के पुत्रों में शनि अपनी भीषणता एवं बल में सर्वोपरि हैं। शनि की रुक्षता का कारण पिता का प्यार न मिलना ही है। इन्होंने अपनी मां का तिरस्कार देखा और स्वयं अपना भी। शनि के मन में पिता के प्रति शत्रुता का भाव है, लेकिन सूर्य के मन में कभी ऐसा विचार नहीं आया। फिर भी अनेक कारणों से शनि और सूर्य का संबंध शत्रुवत् ही है। शनि पश्चिम का स्वामी है, तो सूर्य पूर्व का। शनि शीतल एवं काला है, तो सूर्य उष्ण एवं उज्जवल। शनि मृत्यु, दुख, दरिद्रता, बीमारी, कर्ज, तिरस्कार आदि का परिचायक है तो सूर्य जीवन, सुख, वैभव, शक्ति, प्रफुल्लता का परिचायक है। सूर्य मेष राशि में उच्च का होता है, परंतु शनि नीच का। सूर्य तुला राशि में नीच का होता है, तो तुला में शनि उच्च का होता है। अतः ज्योतिष में भी सूर्य और शनि विपरीत गुणों वाले हैं।

शनि ग्रह रोहिणी नक्षत्र का अतिक्रमण करता है, तो रोहिणी शकट भेदन योग बनता है। इस अप्रतिम योग के फलस्वरूप पृथ्वी पर बारह वर्ष तक घोर अकाल पड़ता है, और अंत में प्रलय हो जाती है। जब रघुवंशी महाराजा दशरथ अयोध्या पर शासन कर रहे थे, तब यही योग पड़ने वाला था। तब प्रजा को दुर्भिक्ष और प्रलय से बचाने के लिए स्वयं नक्षत्र लोक में पहुंच गए थे और शनि से रोहिणी को न भेदने की विनती की, लेकिन शनि नहीं माने। तब क्षत्रियोचित कर्म के अनुसार दशरथ ने शनि पर आक्रमण किया तब प्रजावत्सल राजा दशरथ की निष्ठा से प्रसन्न होकर शनि ने उनसे वर मांगने को कहा। दशरथ के वर मांगने पर शनि ने कभी रोहिणी को न भेदने का वचन दिया। तब दशरथ ने उनकी विशेष स्तुति की, जिससे प्रसन्न होकर शनि ने एक और वर मांगने को कहा। दशरथ ने विनती की कि आप अकारण किसी को दुख न दें। इस पर शनि ने कहा, कि जिस जातक के जन्म लग्न में चौथे अथवा आठवें भाव में मेरी स्थिति होगी अथवा गोचर में ऐसा होगा तो उसे मृत्यु तुल्य कष्ट हो सकता है। लेकिन जो जातक तुम्हारे द्वारा रचित स्तोत्र का पाठ करेगा और तेल से मेरी लौह प्रतिमा की अर्चना करेगा उसकी मैं रक्षा करूंगा।

शनि के अनेक धाम भारत में प्रसिद्ध हैं, जिनमें एक महाराष्ट्र के शिंगणापुर में है। यहां उनकी प्रतिमा के पास नीम का पेड़ है, जिसकी टहनी बढ़कर यदि शनि को छाया पहुंचाने का प्रयास करे तो वह स्वयं ही सूख जाती है। यहां लोगों के घरों में दरवाजे पर चौखट होती है, लेकिन किवाड़ नहीं हैं। इसी प्रकार ग्वालियर में तो एक रेलवे स्टेशन का नाम ही शनैश्चरा है। कहा जाता है कि लंका में रावण की कैद से मुक्त कर शनि को जहां फैंका था वह स्थान भारत में ग्वालियर के पास शनैश्चरा पर्वत ही था। इसके अलावा पांडिचेरी में कराईकेल तिरुनल्लार में स्थित है।

शनि की साढ़े साती

भारतीय जनमानस में यह धारणा प्रचलित है कि शनि की साढ़े साती बहुधा मानसिक, शारीरिक और आर्थिक रूप से दुखदायी एवं कष्टदायी होती है। शनि की साढ़े साती सुनते ही लोग चिंतित और भयभीत हो जाते हैं। साढ़े साती में असंतोष, निराशा, आलस्य, मानसकि तनाव, विवाद, शत्रु और रोग से कष्ट, चोरों व अग्नि से हानि और घर–परिवार में बुजुर्गों की मृत्यु जैसे अशुभ फल होते हैं।

ज्योतिष तत्व प्रकाश में कहा गया है–

द्वादशे जन्मे राशौ द्वितीये च शनैश्चरः।
सार्धानि सप्त वर्षाणि तथा दुःखैर्युतो भवेत्।।

अर्थात् जन्म राशि से गोचर में जब शनि द्वादश, प्रथम एवं द्वितीय स्थानों में भ्रमण करता है तो शनि की साढ़े साती कहलाती है। एक साढ़े साती तीन ढैया से मिलकर बनती है। क्योंकि शनि एक राशि में लगभग ढाई वर्ष तक रहता है। प्रायः जीवन में तीन बार साढ़े साती आती है।

शनि की साढ़े साती के तीन चक्रों का उदाहरण निम्न सारणी के द्वारा दिया जा सकता है–

साढ़े साती चक्र	शनि का गोचर	प्रारंभ तिथि	समाप्ति तिथि	अंतराल वर्ष मास दिन	अष्टकवर्ग शनि	सर्व
प्रथम चक्र						
प्रथम ढैया				–	5	25
(जन्म राशि से द्वादश)	वृश्चिक					
	वृश्चिक वक्री			–		
द्वितीय ढैया	धनु			–	1	20
(जन्म राशि पर)	धनु वक्री		01–02–1961	1–0–5		
तृतीय ढैया						
(जन्म राशि से द्वितीय)	मकर	01–02–1961	17–09–1961	0–7–16	1	23
	मकर वक्री	07–10–1961	27–01–1964	2–3–20	5	25
द्वितीय चक्र						
प्रथम ढैया						
(जन्म राशि से द्वादश)	वृश्चिक	27–12–1984	31–05–1985	0–5–10	5	25
	वृश्चिक वक्री	16–09–1985	16–12–1987	2–3–0		
द्वितीय ढैया	धनु	16–12–1987	20–03–1990	2–3–4	1	20
(जन्म राशि पर)	धनु वक्री	20–06–1990	14–12–1990	0–5–24		
तृतीय ढैया	मकर	20–03–1990	20–06–1990	0–3–0	1	23
(जन्म राशि से द्वितीय)	मकर वक्री	14–12–1990	05–03–1993	2–2–21		

तृतीय चक्र

प्रथम ढैया					
(जन्म राशि से द्वादश)	वृश्चिक	02–11–2014	26–01–2017	2–2–24	5 25
	वृश्चिक वक्री	20–06–2017	26–10–2017	0–4–6	
द्वितीय ढैया	धनु	26–01–2017	20–06–2017	0–4–24	1 20
(जन्म राशि पर)	धनु वक्री	26–10–2017	24–01–2020	2–2–28	
तृतीय ढैया	मकर	24–01–2020	29–04–2022	2–3–5	1 23
(जन्म राशि से द्वितीय)	मकर वक्री	12–07–2022	17–01–2023	0–6–5	

साढ़े साती में शनि का वास और उसका फल

वास स्थान	समयावधि	निवास का फल
मुख	3 माह 10 दिन	हानिप्रद
दाहिनी भुजा	1 वर्ष 1 माह 10 दिन	विजय, उत्साह
दाहिना पैर	10 माह	भ्रमण
बायां पैर	10 माह	भ्रमण
हृदय	1 वर्ष 4 माह 20 दिन	धन संपत्ति की प्राप्ति
बाईं भुजा	1 वर्ष 1 माह 10 दिन	पीड़ा
मस्तिष्क	10 माह	शांति और सुख की प्राप्ति
बायां नेत्र	3 माह 10 दिन	शुभ फल की प्राप्ति
दायां नेत्र	3 माह 10 दिन	शुभ फल की प्राप्ति
गुदा	6 माह 20 दिन	चिंता, विकार की प्राप्ति

साढ़े साती का फल

ज्योतिष शास्त्र में शनि की साढ़े साती का फल इस प्रकार बताया गया है–

कल्याणं खलु यच्छति रविसुतो राशौ चतुर्थष्ट में व्याधि बंधुविरोध देशगमनं क्लेशंच चिंताधिकम्।

राशौ द्वादशशीर्षजन्मह्रदये पादौ द्वितीय शनिर्नाक्लेशकरोऽपि दुर्जनभयं पुत्रान् पीड़नम्।।

हानिःस्यान्मरणं विदेशगमनं सौख्यं च साधारणम् रामारिध्यविनाशनं प्रकुरुते तुर्याष्टमे वाथवा।।

अर्थात् चंद्र राशि से चौथे या आठवें स्थान में शनि आने पर रोग, भाइयों से लड़ाई, विदेश में प्रवास, कष्ट, चिंता ये फल मिलते हैं। चंद्र राशि से बारहवें, पहले या दूसरे स्थान में शनि के गोचर से साढ़े साती में सिर, हृदय, पैर में पीड़ा होती है। दुष्टों से भय होता है। पुत्रों और पशुओं को कष्ट होता है।

लेकिन यह भी प्रत्यक्ष अनुभव किया गया है कि संपूण साढ़े साती पीड़ादायक नहीं होती। बल्कि साढ़े साती के समय में ही कई लोगों को अत्यधिक शुभ फल जैसे विवाह, संतान का जन्म, नौकरी–व्यवसाय में उन्नति, चुनाव में विजय, विदेश यात्रा आदि शुभ लाभ भी मिलते हैं।

किसी भी व्यक्ति के जीवन में साढ़े साती तीन बार आती है। शनि की साढ़े साती का प्रथम चक्र अत्यंत बलवान होता है। इस अवधि में जातक को शारीरिक कष्ट, अवरोध एवं अनेक प्रकार से क्षति उठानी पड़ सकती है। माता–पिता को भी शनि पीड़ित करता है। द्वितीय आवृत्तिं में शनि अपेक्षाकृत मध्यम प्रभाव डालता है। इस अवधि में जातक को अपने श्रम च संघर्ष से उन्नति होगी। मानसिक अशांति अवश्य बनी रह सकती है, लेकिन भौतिक उन्नति निश्चित होगी। माता–पिता या अन्य बुजुर्गों का वियोग सहन करना पड़ सकता है। तृतीय चक्र की साढ़े साती में शनि अनेक कठोर फल देता है। इस अवधि में मारक का प्रभाव अधिक होने के कारण जातक को प्रबल शारीरिक कष्ट हो सकता है। इस आक्रमण से सौभाग्यशाली ही सुरक्षित रह पाते हैं।

साढ़े साती की ढैया के फल

सामान्यतः पाया गया है कि साढ़े साती की तीन ढैया में से एक शुभ, एक मध्यम और एक अशुभ फलदायी होती है। इसका निर्णय शनि के अष्टक वर्ग में प्राप्त शुभ रेखाओं की संख्या के आधार पर किया जाता है। यदि शनि अष्टक वर्ग में चार रेखाएं तथा सर्वाष्टक वर्ग में 28 रेखाएं हैं तो शनि मिश्रित फलदायी होता है। इससे कम रेखाएं हों तो अशुभ और अधिक होने पर शुभ फल प्राप्त होते हैं। यदि जन्मकुंडली में शनि उच्च का हो या योगकारक हो या चंद्रराशि का स्वामी हो तो जातक के लिए शनि का दुष्प्रभाव औरों की अपेक्षा बहुत कम होता है।

प्रथम ढैया का फल

इस अवधि में शनि चंद्र राशि से बारहवें में भ्रमण करता है, तथा दूसरे, छठे एवं नौवें भावों पर पूर्ण दृष्टि होती है। प्रथम ढैया में शनि का निवास सिर पर रहता है। इससे मानसिक व शारीरिक सुख में कमी आती है। नेत्रों की व्याधि, चश्मे आदि का प्रयोग संभव है। अचानक आर्थिक हानि होती है। अवांछित अतिरिक्त व्यय, अपव्यय होता है। जातक आर्थिक रूप से व्यथित रहता है। आय की अपेक्षा व्यंय अधिक होता है। कुटुंब–परिवार से वियोग हो सकता है। परिवार में अशांति रहती है। पिता को कष्ट होता है। पिता से तनाव होता है। भाग्य का पतन होने का भय रहता है। कार्यों में परेशानियां व विलंब होता है। प्रयासों के बाद भी सुफल नहीं मिलते। लोगों से सहयोग नहीं मिलता। राजकीय लोगों से पीड़ा संभव है। आध्यात्मिकता में रुचि जाग्रत होती है। दुर्घटनाओं का भय रहता है। व्यर्थ भ्रमण होता है। दूर की यात्रा करनी पड़ती हैं जिनमें कष्ट उठाना पड़ता है। यह शनि पंचम से अष्टम होता है अतः संतान के लिए भी यह समय कष्टप्रद होता है।

द्वितीय ढैया का फल

इस अवधि में शनि चंद्र राशि पर भ्रमण करता है तथा तीसरे, सातवें एवं दसवें भावों पर पूर्ण दृष्टि होती है। शनि इस ढैया में उदर भाग में रहता है। अतः शरीर के संपूर्ण मध्य भाग में रोग व्याधि संभव होती है। शारीरिक तेज प्रभावित होता है। बुद्धि–विवेक कार्य नहीं करता जिसके परिणामस्वरूप गलत निर्णय होते हैं। भाइयों से तथा व्यापार में साझीदार से विवाद होता है। पत्नी को शारीरिक कष्ट अथवा पत्नी से झगड़ा होता है।

आर्थिक चिंताएं निरंतर रहती हैं। मानसिक स्तर पर प्रबल उद्वेलन रहता है। व्यर्थ का भय व्यथित करता है। कोई भी कार्य मनोनुकूल नहीं होता। अपूर्ण कार्य दुःखी करते हैं। पारिवारिक तथा व्यावसायिक जीवन प्रभावित होता है। किसी संबंधी को मारक कष्ट भी होता है। दूर के स्थानों की यात्राएं, शत्रुओं से कष्ट, आत्मीय जनों से अलगाव, व्याधि, संपत्ति की क्षति व सामाजिक मित्रों का अभाव एवं कार्यों में अवरोध इस चरण के फल हैं।

तृतीय ढैया का फल

इस अवधि में शनि चंद्र राशि से दूसरे में भ्रमण करता है, तथा चौथे, आठवें एवं ग्यारहवें भावों पर पूर्ण दृष्टि होती है। उतरती साढ़े साढ़े साती में शनि पैरों पर रहता है, अतः इस अवधि में पैरों में कष्ट होता है। शारीरिक दृष्टि से निर्बलता आती है। दैहिक रूप से जड़ता का अनुभव होता है। शरीर में आलस्य रहता है। आनंद बाधित होता है। व्यर्थ के विवाद उत्पन्न होते हैं। आत्मीय जनों से अकारण संघर्ष होता है व उन्हें गंभीर व्याधि अथवा किसी को मरणतुल्य कष्ट होता है। सुखों का नाश होता है। पदाधिकार पर संकट आता है। व्यय अत्यधिक होता है। पैसा आता है, लेकिन उसी गति से व्यय भी होता है। निम्न श्रेणी के लोगों से कष्ट होता है। शनि की अष्टम भाव पर दृष्टि होने से आयु प्रभावित होती है। चतुर्थ भाव पर दृष्टि होने से गृह सुख, मातृ सुख, वाहन सुख आदि भौतिक सुख–सुविधाओं में बाधा आती है।

शनि की साढ़े साती व ढैया के उपाय

शनि की साढ़े साती या ढैया के अशुभ प्रभावों को कम करने के लिए निम्न उपाय करने से निश्चित ही लाभ मिलता है–

1. मंत्र

(क) महामृत्युंजय मंत्र का नित्य 10 माला 125 दिनों तक अर्थात् सवा लाख जप करें।

ॐ त्रयंबकं जयामहे सुगंधिं पुष्टिवर्द्धनमं।
उर्वारुक मिवबंधनान्मष्त्योर्मुक्षीय मामष्तात्।।

(ख) शनि के निम्न वैदिक मंत्र का 21 दिन में 23 हजार जप करें–

ॐ शन्नोदेवीरभिष्टय आपो भवंतु पीतये।
शंयोरभिस्रवंतु नः। ॐ शं शनिश्चराय नमः।।

(ग) पौराणिक शनि मंत्र

ॐ नीलांजन समाभासं रविपुत्रं यमाग्रजम्।
छायामार्तण्ड संभूतं तं नमामि शनैश्वरम्।।

2. स्तोत्र

शनि के निम्नलिखित स्तोत्र का प्रतिदिन 11 बार पाठ करें–

कोणस्थः पिंगलो बभ्रुः कृष्णो रौद्रोऽतको यमः।
सौरिः शनैश्चरो मंदः पिप्पलादेन संस्तुतः।।
तानि शनि नामानि जपेदश्वत्थसन्निधौ।
शनैश्चरकृता पीड़ा न कदाचिद् भविष्यति।।

3. **रत्न/धातु**

- शनिवार के दिन काले घोड़े की नाल या नाव की सतह की कील का बना छल्ला मध्यमा अंगुली में धारण करें।
- कम से कम चार रत्ती का नीलम रत्न पंच या अष्टधातु की अंगूठी में बनवाकर मध्यमा अंगुली में धारण करें।

4. **व्रत**

शनिवार का व्रत रखें। व्रत के दिन शनिदेव की पूजा कवच, स्तोत्र मंत्र जाप करें। व्रत में दिन में दूध, लस्सी तथा फलों के रस का सेवन करें। सायंकाल हनुमानजी या भैरव जी का दर्शन करें। काले उड़द की खिचड़ी काला नमक मिलाकर खा सकते हैं, या उड़द की दाल का मीठा हलवा ग्रहण करें।

5. **औषधि**–प्रति शनिवार सुरमा, काले तिल, सौंफ, नागरमोथा और लोध्र मिले हुए जल में स्नान करें।
6. **दान**–शनि की प्रसननता के लिए उड़द, सरसों का तेल, नीलम, कुलथी, भैंस, लौह, दक्षिणा और श्याम वस्त्र दान करें।
7. **अन्य उपाय**

- शनिवार को सायंकाल पीपल के वृक्ष के चारों ओर 7 बार कच्चा सूत लपेटें। इस समय शनि के ॐ प्रां प्रीं प्रौं सः शनिश्चराय नमः अथवा अन्य किसी मंत्र का जाप करते रहें। फिर पीपल के नीचे सरसों के तेल का दीपक प्रज्ज्वलित करें तथा अपने ज्ञात व अज्ञात अपराधों के लिए क्षमा मांगें।
- शनिवार को अपने हाथ की नाप का 19 गुना काले धागे को माला बनाकर धारण करें।
- शनिवार के दिन उड़द, काले तिल, गुड़ मिलाकर लड्डू बना लें। जिस जगह पर हल न चला हो वहां ले जाकर भूमि में गाड़ दें।
- बिच्छू घास की जड़ शनिवार को काले डोरे में लपेट कर धारण करें।

लघु कल्याणी ढैया एवं कंटक शनि का फल

शनि का चंद्र राशि से चतुर्थ और अष्टम भाव में भ्रमण लघु कल्याणी ढैया कहलाता है।

कल्याणीं प्रददाति वै रविसुतो राशेश्चतुर्थाष्टमे।

यदि जन्म या चंद्र राशि धनु है तो जब शनि चतुर्थ अर्थात् मीन राशि में तथा अष्टम अर्थात कर्क राशि में भ्रमण करेगा तो लघु कल्याणी ढैया कहलाएगी।

चंद्र लग्न से गोचर में शनि चतुर्थ, सप्तम या दशम स्थान में हो तो कंटक शनि कहलाता है। उदाहरणार्थ यदि जन्म राशि धनु है तो जब शनि मीन, मिथुन और कन्या में भ्रमण करेगा तो कंटक शनि कहा जाएगा।

शनि के चतुर्थ स्थान की ढैया का फल

चंद्र राशि से शनि चतुर्थ स्थान में भ्रमण करता है तो छठे, दसवें एवं चंद्र लग्न पर पूर्ण दृष्टि रहती है। शनि की इस दशा से जातक का स्थान परिवर्तन या स्थानांतरण होता है। आवासीय सुख की क्षति होती है। हृदय संबंधी कष्ट या अनियमित रक्तचाप संभव होता

है। संबंधियों से वियोग होता है। पारिवारिक सुख में कमी आती है। जनता एवं राज्य दोनों द्वारा विरोध होता है। शनि की पूर्ण दृष्टि छठे भाव पर रहती है। अतः कार्य क्षेत्र में अवरोध आता है। शनि की दशम दृष्टि चंद्र लग्न पर रहती है, जिससे मन में अत्यधिक घबराहट का अनुभव होता है।

शनि के सप्तम स्थान की ढैया का फल

जन्म राशि से शनि सप्तम स्थान में भ्रमण करता है तो नवम्, चंद्र लग्न एवं चतुर्थ भाव पर पूर्ण दृष्टि रहती है। इस दशा में पत्नी को शारीरिक कष्ट होता है अथवा पत्नी या व्यापार के साझीदार से गंभीर मतभेद होते हैं। जातक मूत्र–जनन तंत्र संबंधी रोगों से कष्ट पाता है। मानसिक चिंताएं बढ़ती हैं। नवम् भाव पर दृष्टि होने से भाग्य में गतिरोध आता है। पिता को कष्ट होता है। मान–सम्मान पर आंच आती है तथा कार्यक्षेत्र में उथल–पुथल होती है। चतुर्थ पर दृष्टि होने से माता का स्वास्थ्य प्रभावित रहता है। वाहन संबंधी कष्ट होते हैं। घर भी छोड़ना पड़ता है और दीर्घ प्रवास होता है। कष्टदायी यात्राएं होती हैं।

शनि के अष्टम स्थान की ढैया का फल

जन्म राशि से शनि अष्टम स्थान में भ्रमण करता है तो दसवें, दूसरे एवं पंचम भाव पूर्ण दृष्टि रहती है। आयु और बल प्रभावित होता है। दीर्घावधि की बीमारी या दुर्घटना की आशंका रहती है। अपमानित होने का भय रहता है। राजकीय लोगों से पीड़ा का भय रहता है। कार्यक्षेत्र में परिवर्तन का योग बनता है। कार्य व्यापार पर आघात लगता है। धन संपत्ति की हानि होती है। संतान को कष्ट होता है या संतान वियोग की संभावना बनती है।

शनि के दशम स्थान की ढैया का फल

शनि यदि राशि से दसवें स्थान में भ्रमण करता है तो बारहवें, चतुर्थ एवं सप्तम भावों को भी अपनी पूर्ण दृष्टि से प्रभावित करता है। कार्यक्षेत्र में अवरोध आता है। आजीविका क्षेत्र में उत्थान, पतन या व्यतिक्रम होता है। किसी ऐसे कार्य, व्यापार में प्रवृत्ति हो जिसमें असफलता हो या ऐसा दुष्ट कर्म बन जाए जिसके कारण अप्रतिष्ठा हो, सम्मान भंग होने की संभावना होती है। अनावश्यक आर्थिक व्यय के प्रसंग आते हैं। पत्नी से मतभेद या अलगाव संभव है। घर संपत्ति के बारे में चिंता उत्पन्न होती है।

●